blended

Revisão técnica

Adolfo Tanzi Neto
Especialista em Planejamento, Implementação e Gestão de EaD pela
Universidade Federal Fluminense (UFF)
Mestre em Linguística Aplicada pela Universidade Estadual de Campinas (Unicamp)
Doutorando em Linguística Aplicada e Estudos da Linguagem na Pontifícia Universidade Católica
de São Paulo (PUC-SP) e Pesquisador Visitante na Universidade de Oxford, Inglaterra
Consultor da Fundação Lemann, participou como coordenador no Grupo de Experimentações em
Ensino Híbrido, parceria entre o Instituto Península e a Fundação Lemann

Lilian Bacich
Mestre em Educação: Psicologia da Educação pela PUC-SP
Doutoranda em Psicologia Escolar e do Desenvolvimento Humano na
Universidade de São Paulo (USP)
Consultora do Instituto Península, participou como coordenadora no Grupo de
Experimentações em Ensino Híbrido, parceria entre o Instituto Península e a Fundação Lemann

H813b   Horn, Michael B.
            Blended : usando a inovação disruptiva para aprimorar a
         educação / Michael B. Horn, Heather Staker ; [tradução:
         Maria Cristina Gularte Monteiro ; revisão técnica: Adolfo
         Tanzi Neto, Lilian Bacich]. – Porto Alegre : Penso, 2015.
            xxvi, 292 p. : il. ; 25 cm.

            ISBN 978-85-8429-044-4

            1. Educação – Ensino híbrido. I. Staker, Heather. II.
         Título.

                                                        CDU 37

Catalogação na publicação: Poliana Sanchez de Araujo – CRB 10/2094

Michael B. Horn | Heather Staker

blended

▲

Usando a
INOVAÇÃO DISRUPTIVA
para aprimorar a educação

Reimpressão 2021

penso

2015

Obra originalmente publicada sob o título
Blended: Using Disruptive Innovation to Improve Schools
ISBN 9781118955154

All Rights Reserved. This translation published under license with the original Publisher John Wiley & Sons, Inc.
Copyright © 2014, John Wiley & Sons, Inc., Hoboken, NJ 07030. USA.

Gerente editorial: *Letícia Bispo de Lima*

Colaboraram nesta edição:

Editora: *Priscila Zigunovas*

Assistente editorial: *Paola Araújo de Oliveira*

Tradução: *Maria Cristina Gularte Monteiro*

Capa: *Márcio Monticelli*

Imagem de capa: *hakkiarslan/iStock/Thinkstock,* Abstract colorful artistic background

Preparação de originais: *Luiza Drissen Signoreli Germano*

Leitura final: *Paola Araújo de Oliveira*

Editoração: *Techbooks*

Reservados todos os direitos de publicação, em língua portuguesa, à
PENSO EDITORA LTDA., uma empresa do GRUPO A EDUCAÇÃO S.A.
Av. Jerônimo de Ornelas, 670 – Santana
90040-340 – Porto Alegre – RS
Fone: (51) 3027-7000   Fax: (51) 3027-7070

É proibida a duplicação ou reprodução deste volume, no todo ou em parte, sob quaisquer formas ou por quaisquer meios (eletrônico, mecânico, gravação, fotocópia, distribuição na Web e outros), sem permissão expressa da Editora.

Unidade São Paulo
Av. Embaixador Macedo Soares, 10.735 – Pavilhão 5 – Cond. Espace Center
Vila Anastácio – 05095-035 – São Paulo – SP
Fone: (11) 3665-1100   Fax: (11) 3667-1333

SAC 0800 703-3444 – www.grupoa.com.br

IMPRESSO NO BRASIL
PRINTED IN BRAZIL

Os autores

Michael B. Horn é cofundador do Clayton Christensen Institute for Disruptive Innovation e diretor executivo de seu programa de educação. Lidera uma equipe que orienta, por meio de sua pesquisa, legisladores e líderes comunitários sobre o poder da inovação disruptiva nas esferas de ensino da educação básica e do ensino superior. Sua equipe tem o objetivo de transformar os sistemas de ensino de modelo industrial monolíticos em projetos centrados no estudante que atendam cada aluno com sucesso, permitindo que todos alcancem seu potencial máximo.

Horn é autor do premiado livro *Inovação na sala de aula: como a inovação disruptiva muda a forma de aprender*, escrito conjuntamente com os professores da Harvard Business School Clayton M. Christensen e Curtis W. Johnson. A revista *Newsweek* classificou o livro em 14º lugar em sua lista dos "cinquenta livros para o nosso tempo". Horn escreveu diversas publicações governamentais sobre ensino híbrido e, com Frederick Hess, é coeditor do livro *Private Enterprise and Public Education*. Também escreveu artigos para publicações importantes, como *Forbes, Washington Post, The Economist, Huffington Post* e *Education Week*, e, juntamente com Brian Greenberg, do Silicon Schools Fund, conduz o "Blended Learning 101", uma série em cinco partes de conteúdo livre na internet, desenvolvida em parceria com a Khan Academy.

Horn participa regularmente de sessões do legislativo estadual e é palestrante frequente em conferências educacionais e em sessões de planejamento em todos os Estados Unidos. A revista *Tech & Learning* nomeou-o em sua lista das cem pessoas mais importantes na criação e no desenvolvimento do uso de tecnologia na educação.

Além disso, é editor executivo da *Education Next*, uma revista de opinião e pesquisa sobre política educacional, e participa nos conselhos da Fidelis Education e do Silicon Schools Fund. Também é membro do conselho consultivo da Education Innovation na Arizona State University, do Conselho Consultivo da Digital Learning para o Conselho de Educação, em Massachusetts, e do comitê consultivo para o Hechinger Institute sobre Educação e Mídia na Faculdade de Educação da Columbia University. Horn possui bacharelado em História pela Yale University e MBA pela Harvard Business School.

Heather Staker é pesquisadora sênior para a prática da educação no Clayton Christensen Institute for Disruptive Innovation. Ela concedeu entrevistas no rádio e na televisão e em audiências do legislativo em todos os Estados Unidos como porta-voz para ensino híbrido, aprendizagem baseada na competência e projeto centrado no estudante. Staker participou como autora ou coautora, entre outras, das seguintes publicações: *The Rise of K–12 Blended Learning*, *Classifying K–12 Blended Learning*, e *Is K–12 Blended Learning Disruptive?*.

Nomeada pela Scholastic como uma das cinco pessoas para se observar na educação em 2012, Staker escreveu artigos para *Education Next*, *Deseret News* e *THE Journal*, além de ter realizado palestras em mais de 20 conferências sobre educação e inovação em todos os Estados Unidos. Staker também é coprodutora de Brain Chase, uma aventura de aprendizagem mundial de seis semanas, na forma de uma caça ao tesouro, para estudantes da educação infantil e do ensino fundamental durante as férias de verão.

Antes do Christensen Institute, ela trabalhou como consultora de estratégia para a McKinsey & Company e como membro do Conselho Estadual de Educação da Califórnia durante a administração do governador Pete Wilson, lecionou história americana na Harvard University, iniciou uma pré-escola cooperativa e vendeu produtos Olay para a Procter & Gamble. Ela tem BA em Administração Pública pela Harvard University e MBA pela Harvard Business School.

Agradecimentos

Após a publicação de *Inovação na sala de aula*, uma coisa muito boa aconteceu. Professores, diretores de escola, pais, empreendedores, fundadores, filantropos, tecnólogos, líderes corporativos, professores universitários e muitos outros nos procuraram. Todos compartilhávamos um objetivo comum: transformar nosso sistema educacional em um sistema centrado no aluno que permita que todas as crianças alcancem seu verdadeiro potencial.

Muitas dessas pessoas trabalhavam na educação; muitas não. Muitas concordavam com nossa visão e queriam se conectar com nossa rede crescente de inovadores; outras não concordavam e queriam me ensinar. Graças à solidariedade delas – e aos milhares de telefonemas, reuniões e visitas a escolas de que tive o privilégio de participar com pessoas em todo o mundo –, eu aprendi muito. Sou inspirado diariamente pela paixão das pessoas que trabalham para melhorar a educação para os estudantes ao redor do mundo.

Em nosso trabalho no Clayton Christensen Institute, um grupo de reflexão (*think tank*) e pesquisa sem fins lucrativos e apartidário dedicado a melhorar o mundo por meio de inovações disruptivas que ajudei a fundar, temos sido capazes de alavancar esse acesso para documentar o que aprendemos por meio de estudos de caso, artigos, *blogs*, palestras, seminários e nosso Blended Learning Universe, um banco de dados de perfis de escolas de ensino híbrido. Nenhuma dessas pesquisas seria possível sem nossos generosos doadores. Neste livro, reunimos tudo o que vimos e aprendemos com nossas teorias de inovação para ajudá-lo a planejar ambientes de ensino híbrido que movam nosso sistema educacional na direção de um sistema centrado no aluno.

Após *Inovação na sala de aula*, sempre me perguntava como alguém escreve um segundo livro. A resposta, para mim, foi ter uma incrível coautora e parceira de ideias. Heather Staker é brilhante, apaixonada e provavelmente a pessoa mais produtiva que já conheci. Não fosse por suas hábeis escrita, visão e pesquisa, este livro não teria se concretizado.

Tivemos a sorte de contar com uma equipe incrível no Christensen Institute ao longo dos últimos sete anos, que contribuiu para este livro. Katherine Mackey foi nossa primeira funcionária e escreveu vários dos estudos de caso que estimularam este trabalho. Meg Evans pesquisou os desafios que as escolas que adotaram o ensino híbrido vivenciaram e tornou nosso trabalho, baseado na teoria, mais real. Anna Gu foi a fundo para checar nossos dados e localizar as fontes. Cathleen Calice encontrou tempo para as milhares de reuniões que inspiraram este livro, bem como para escrevê-lo. As pesquisas de Tom Arnett, Charity Eyre, Julia Freeland e Mike Lemaire ajudaram a moldar este volume. Minha querida amiga e presidente do conselho do Christensen Institute, Gisele Huff, foi interlocutora e orientadora fundamental ao longo dos anos e ajudou na materialização desta obra. Ann Christensen e Hayden Hill tornaram nosso trabalho mais impactante. Michelle Rhee-Weise ajudou a conectar nosso trabalho com a realidade em evolução do ensino superior. E eu permaneço em dívida com meu mentor, Clayton M. Christensen, que continua a me inspirar e ensinar sob todos os aspectos.

Tenho a sorte de ter uma companheira para a vida toda em minha esposa, Tracy, que é tão apaixonada pelo meu trabalho quanto eu e deseja de forma igualmente ardente que tenhamos sucesso em transformar as escolas em todo o mundo em escolas centradas no estudante que possam personalizar o ensino às necessidades de cada um. Enquanto damos boas-vindas a nossas filhas a este mundo, seu estímulo, sua edição, sua torcida e seu amor me impulsionam para a frente. Dedico este livro a ela.

Michael B. Horn
Lexington, Massachusetts

Em 2010, iniciei uma pesquisa sobre o surgimento do ensino híbrido nas escolas norte-americanas. À época, eu não tinha ideia de que esse projeto, então pequeno – um esforço conjunto entre o Clayton Christensen Institute e Alex Hernandez e Eric Chan do Charter School Growth Fund –, mudaria tanto a minha vida pessoal. Após alguns meses de pesquisa, conheci a Acton Academy, uma escola híbrida que Jeff e Laura Sandefer fundaram em Austin, Texas. Fiquei tão impressionada com a escola que convenci meu marido a nos mudarmos de Honolulu, Havaí, para a capital do Texas, para que nossos cinco filhos pudessem se matricular lá.

Hoje, toda vez que visito uma escola, tenho uma pergunta em mente: "Trata-se de uma escola para a qual desejaríamos enviar nossos próprios filhos?". Tenho esperança de que, ao longo da próxima década, a resposta seja cada vez mais *sim*.

Agradecimentos

Sou grata a Michael Horn, cujo desenvolvimento de *Inovação na sala de aula* estimulou uma conversa profunda sobre como recentralizar a aprendizagem nas necessidades individuais do estudante. Ele é amplamente aclamado por seu intelecto e sua eloquência, mas aqueles que trabalham em sua equipe sabem que é igualmente dotado como gestor e mentor de pessoas.

Várias pessoas me abriram portas que levaram a oportunidades de viver de acordo com o desejo que sinto de ajudar a melhorar as escolas e o sistema educacional. Entre elas, Clayton M. Christensen, Pete Wilson, Salem Abraham, Beth Ann Bryan, Sari Factor, Francie Alexander, Roger Porter, Richard Wallace, Leilani Williams e a equipe Brain Chase.

Muitos professores e profissionais que trabalham com crianças forneceram um apoio inestimável à nossa família neste ano. Agradecimentos especiais a Miranda Livingston, Andrea Hall, Carley Clayton, Monica Fisher, Caroline Rudolph, Kaylie Dienelt Reed, Anna Blabey Smith, Samantha Simpson, Terri Dove, DeeAnne Paulson, Debra Wissman e Janelle Black, que ensinaram, orientaram e amaram muitas crianças de Austin, inclusive as minhas.

Fui inspirada por meus pais, que consideram que o ensino está entre as mais elevadas vocações. L. Whitney Clayton, meu pai, abandonou sua bem-sucedida carreira de advogado para se tornar ministro e professor. Kathy Clayton, minha mãe, trabalhou por trinta anos como professora, facilitou a aprendizagem centrada no aluno em suas salas de aula bem antes de o conceito ser conhecido e, em seu estilo poético, escreveu um livro lindo sobre ele, que inspirou meu pensamento para esta obra.

Tate, Savannah, Audrey, Henry e Grayson Staker são responsáveis pela paixão e pela urgência que sinto em ajudar a articular a questão de tornar as escolas não apenas mais eficazes pelos padrões da sociedade, mas também mais alegres e carinhosas do ponto de vista de uma criança. Ser mãe deles é a maior oportunidade da minha vida. Allan Staker é meu eterno companheiro e amor. Ele continuamente me fortalece, me encoraja e me lembra que não há atalho para a aventura. Dedico este livro a ele.

Heather Staker
Austin, Texas

Apresentação à edição brasileira

A parceria entre a Fundação Lemann e o Instituto Península é movida pela causa comum às duas instituições: contribuir para a melhoria da qualidade da educação de todos os estudantes brasileiros. Ao unirem esforços no apoio à formação de professores, estabelecem também iniciativas conjuntas para a ampliação do acesso a inovações voltadas para o ensino personalizado no Brasil.

Com a disponibilidade cada vez maior de ferramentas digitais que podem colaborar no processo de ensino e aprendizagem, voltamos a discutir questões que, em algum momento, foram deixadas de lado. Uma delas é "como oferecer uma educação que contemple as diferentes necessidades dos alunos na contemporaneidade?". Na década de 1970, passamos por uma revolução educacional quando começou a discussão do ensino centrado no aluno. Nessa época, muito já vinha sendo feito em diversos países, inclusive no Brasil, principalmente nos anos iniciais ou pré-escolares de formação. Entretanto, temos observado que pouca mudança efetivamente aconteceu e que a discussão sobre as formas de aprender e ensinar, assim como a reflexão sobre as necessidades e habilidades dos nossos alunos, muitas vezes têm sido negligenciadas no contexto escolar. Ao mesmo tempo, o ensino personalizado já faz parte da realidade de muitas escolas em todo o mundo.

Blended é um guia de referência que busca fomentar a reflexão de educadores em relação aos procedimentos para a implementação de uma proposta personalizada de ensino que, em nosso país, estamos conceituando como *ensino híbrido*. Educadores e gestores encontram – nos relatos feitos pelos autores – exemplos bem-sucedidos de utilização do modelo *blended learning* nas escolas norte-americanas. Além disso, o livro apresenta definições dos modelos e características de implementação do ensino híbrido em diferentes situações, possibilitando uma reflexão sobre esse processo por meio do contraste entre o modo como ensinamos e o modo como nossos alunos aprendem no Brasil e os exemplos relatados.

Cabe ressaltar que o conteúdo deste livro foi utilizado como referência para o processo pioneiro realizado no Grupo de Experimentações em Ensino Híbrido, desenvolvido pelo Instituto Península e pela Fundação Lemann. O objetivo foi estimular os professores na busca por novas formas de atuação, planejamento e uso integrado das tecnologias digitais em sala de aula, para que verificassem até que ponto esses encaminhamentos metodológicos poderiam impactar os resultados esperados em relação ao desempenho de sua turma. À equipe de gestão do Grupo de Experimentações, formada por representantes do Instituto Península e da Fundação Lemann, coube elaborar os desafios pelos quais os 16 professores participantes, vindos da educação básica de escolas públicas e privadas de todo o Brasil, passaram durante oito meses dessa experiência. Essas propostas, inspiradas no livro *Blended*, foram implementadas de acordo com as características da cultura e do cenário educacional brasileiro. As reflexões dos professores no processo, embasadas em uma revisão da literatura, foram organizadas em textos que compõem o livro *Ensino híbrido: personalização e tecnologia na educação*. Dessa forma, são leituras que se complementam, possibilitando uma reflexão ampliada sobre o percurso, as facilidades e os desafios na utilização de encaminhamentos metodológicos que evidenciam uma abordagem integrada das tecnologias digitais em sala de aula objetivando a personalização do ensino. Ao publicar esses livros no Brasil, o Instituto Península e a Fundação Lemann esperam ampliar as possibilidades para educadores interessados em melhorar ainda mais sua atuação em sala de aula, tendo sempre como foco o aprendizado de todos os alunos.

Boa leitura!

Ana Maria Diniz
Presidente do conselho do Instituto Península

Denis Mizne
Diretor executivo da Fundação Lemann

Lilian Bacich
Adolfo Tanzi Neto
Fernando de Mello Trevisani
Coordenadores do Grupo de Experimentações em Ensino Híbrido
organizado pelo Instituto Península e pela Fundação Lemann

Prefácio: Quando inovação disruptiva e paradigmas se chocam

Estamos na vanguarda de uma mudança na educação. Por muito tempo, as pessoas andaram de um lado para o outro gritando sobre o que aflige nossas escolas e oferecerem diferentes soluções. Contudo, não há nenhuma panaceia. Cada área tem uma parte da solução, mas, devido à forma como nossas escolas funcionam, cada parte é, com frequência, diametralmente oposta à outra. Com o surgimento do ensino híbrido nas escolas de educação básica* dos Estados Unidos, temos a oportunidade de ir além do que anteriormente foram concessões. Permitam-me esclarecer como os conceitos de *paradigma* e *disrupção* se relacionam.

A estrutura das revoluções científicas, de Thomas Kuhn, que nos introduziu ao conceito de paradigmas, é um dos livros mais úteis que já li. Ele resume um modelo simples e geral de como corpos de entendimento surgem e se aprimoram, com base em uma vida inteira de estudos sobre a história da ciência. A ênfase do modelo de Kuhn não é a *arrancada* inicial de um corpo de entendimento *per se*. Em vez disso, ele se concentra em como os corpos de entendimento se aprimoram.

Um corpo de entendimento normalmente inicia com uma hipótese sobre um padrão entre uma coisa e outra. O método de melhorar o entendimento quase sempre é uma *anomalia* – uma descoberta de alguma coisa que o padrão original não consegue explicar. As anomalias forçam os pesquisadores a rever a explicação original de causalidade e ajustá-la de modo a explicar a nova observação e também as originais. Por meio do processo de confrontar e resolver as anomalias que anteriormente não puderam ser explicadas, um corpo de entendimento torna-se cada vez mais capaz de explicar as coisas.

---

* N. de R.T.: O termo *educação básica* refere-se ao K-12, expressão que em língua inglesa designa os anos de estudo que precedem o ensino superior. Este período, no Brasil, compreende a educação infantil, o ensino fundamental e o ensino médio.

Em algum ponto de certos corpos de entendimento, a causalidade torna-se tão amplamente compreendida e aceita que o trabalho dos pesquisadores naquela área passa instintivamente a se basear naquele conhecimento. Kuhn chamava esse corpo de entendimento da causalidade de "paradigma". Trata-se de um modelo que articula o que deve ser observado e analisado; os tipos de perguntas que devem ser feitas, como devem ser estruturadas e respondidas; e como os resultados das investigações devem ser interpretados.

Os pesquisadores raramente questionam um paradigma, pois ele é muito útil para entender o que está acontecendo em uma área. Portanto, pressupõem que ele seja válido e se envolvem na *ciência normal*. Isso implica aprender a medir as coisas, definir e caracterizar os fenômenos e sondar os limites de aplicação do paradigma. Grande parte desse trabalho envolve agrupar e comparar. É assim que os pesquisadores continuam a descobrir anomalias. Quando eles observam uma anomalia, trabalham para ajustar e reapresentar o paradigma de modo a acomodar a observação periférica – ou declaram que a anomalia ocorre fora dos limites do paradigma.

Ocasionalmente, entretanto, os pesquisadores descobrem uma anomalia que o paradigma não pode explicar. Então, com frequência, colocam-na em uma prateleira em algum lugar – o equivalente acadêmico de um "arquivo morto". Quando descobrem outra anomalia que o paradigma simplesmente não consegue explicar, ela também é colocada de lado por um tempo. Então, quando houver arquivos mortos suficientes, um pesquisador empreendedor os estudará e anunciará: "Ei, pessoal! Olhem todos esses arquivos mortos! Vocês conseguem ver o padrão em todos eles? O paradigma simplesmente não pode ser verdadeiro!".

Em geral, apenas uma teoria que é usada em outro ramo da ciência, no qual os adeptos originais e mais profundos do paradigma têm pouca experiência, pode ajudar a revelar o padrão dessas anomalias. Por isso, com frequência os devotos defendem a validade do paradigma original até a morte. Na verdade, o conjunto de ferramentas instintivo que eles usaram para aprender em seu ramo da ciência os torna incapazes de ver as anomalias que põem em dúvida o paradigma. Por essa razão, Kuhn observou que novos pesquisadores, cujo treinamento e cujas disciplinas são diferentes, normalmente iniciam a derrubada de um paradigma e o desenvolvimento do novo conhecimento que toma o seu lugar.

O processo de desenvolver, testar e derrubar paradigmas está em operação 24 horas por dia, sete dias por semana. Ele não é um acontecimento. Frequentemente, leva-se décadas para construir e, então, desacreditar paradigmas.

Como um aparte, muitas pessoas usam o termo "paradigma" para diversos propósitos. A maioria delas nunca leu o livro de Kuhn. Elas o utilizam em um discurso a fim de coroar sua opinião como uma "mudança de paradigma", para reforçar o nível da luta intelectual de um agressor com um inimigo acadêmico, e assim por diante. No meu cantinho do mundo, o termo "inovação disruptiva"* é igualmente usado e aplicado em demasia por pessoas desinformadas que buscam, de toda maneira, justificativa para qualquer coisa que queiram fazer.

A RELAÇÃO ENTRE ESTRATÉGIA E INOVAÇÃO

Grande parte da energia consumida na ciência normal implica estudar as concessões, que normalmente podem ser apresentadas como um gráfico bidimensional: para obter mais de uma coisa, no eixo vertical, você obtém menos de outra, no eixo horizontal. A relação entre as concessões, chamada de "fronteira de eficiência", pode ser linear, convexa ou côncava. Colocar um satélite em órbita, por exemplo, implica concessões. Elevá-lo a uma órbita baixa o torna mais rápido nas telecomunicações, mas ele precisa ser pequeno, leve e focado em uma única missão; um satélite em uma órbita alta pode ser maior e ter múltiplas missões, mas é muito mais caro; e assim por diante.

A decisão de posicionar empresas ou produtos em um ponto em uma fronteira de eficiência entre concessões como essas é o que meus amigos Michael Raynor e Michael Porter chamam de "estratégia". Na educação, algumas delas poderiam ser as seguintes: O modelo de ensino deve ser de mão única (palestra) ou de mão dupla (discussão)? Nosso modelo deve ser baseado em aulas particulares ou no ensino em grupo? Devemos construir escolas grandes para tirar partido das economias de escala ou devemos preferir escolas menores com menos alunos por professor? Essas são concessões estratégicas ao longo de uma fronteira teórica. Após uma concessão estratégica ter sido feita, os tipos de inovação em que os educadores se focalizam são o que chamamos de "inovações de sustentação". Esses tipos de inovação tornam bons produtos ainda melhores. Eles ajudam a fazer de maneira eficaz as concessões estratégicas selecionadas.

Os paradigmas, como aqueles no projeto e na colocação do satélite, não determinam um ponto ideal na fronteira da concessão. Em vez disso, definem as concessões a serem discutidas e as medidas a serem usadas na avaliação das respostas. Na educação, o paradigma enquadra fatores como a proporção aluno-professor ou as concessões entre aprendizagem baseada em projeto (en-

---

* N. de R.T.: Segundo Michael Horn, há opções sustentadas e disruptivas no ensino híbrido. A opção *sustentada* é criar uma solução híbrida que dê aos educadores "o melhor dos dois mundos" – isto é, as vantagens do ensino *on-line* combinadas a todos os benefícios da sala de aula tradicional. A opção *disruptiva* é empregar o ensino *on-line* em novos modelos que se afastem da sala de aula tradicional e foquem inicialmente nos não consumidores que valorizam a tecnologia pelo que ela é – mais adaptável, acessível e conveniente.

gajamento) e aprendizagem baseada em palestra (absorção de conhecimento). A ciência normal raramente questiona a existência dessas concessões.

A inovação disruptiva ocorre quando um empreendedor ou um profissional descobre como fazer uma mudança oferecendo mais de algo sem exigir menos de outro. Frequentemente, a quebra de uma concessão inicia a derrubada de paradigmas. Uma razão fundamental de as inovações disruptivas serem tão hábeis em derrubar paradigmas – e líderes da indústria – é que as inovações de sustentação são estáticas. Elas tiram o melhor partido das concessões realizadas no passado.

Aqueles com a perspectiva de um inovador disruptivo inicialmente aceitam as concessões estabelecidas no paradigma antigo. Mas veem que a trajetória da melhoria tecnológica é mais rápida do que os clientes são capazes de usar. À medida que o desempenho da tecnologia passa do "não basta" para o "mais do que suficiente", as concessões são quebradas. A interseção das trajetórias na teoria da disrupção libera dinamicamente as restrições que criam as concessões.

A trajetória que se torna disruptiva sempre começa entre clientes pouco exigentes na base dos setores. À luz da educação, a maioria dos professores, como eu, admitiu desde o início, pelo menos verbalmente, que as palestras *on-line* iriam, ao longo do tempo, superar de forma disruptiva as palestras tradicionais em classe. No entanto, coletivamente, acreditávamos que seria impossível o ensino *on-line* rivalizar com a discussão em um seminário de pesquisa no ensino médio ou na faculdade, ou com o ensino baseado em casos na Harvard Business School. No ataque da disrupção, víamos esses locais como refúgios seguros para o ensino tradicional.

Agora, entretanto, entra em cena o meu amigo Espen Anderson, professor na Norwegian School of Management, em Oslo. Ele está rompendo concessões na aprendizagem de sala de aula. O arranjo é disruptivo e contínuo. Ele está em Boston por razões médicas enquanto escrevo este texto, mas seus alunos ainda precisam aprender por meio do método de caso em Oslo. A solução de Espen? Ele amarrou a gravata borboleta, que é sua assinatura, em um robô na sala de aula de Oslo, prendeu seu *tablet* acima do pescoço do robô e trouxe com ele, para Boston, seu controle sem fio. Os alunos de Espen sentam-se em lugares designados, e cada cadeira tem três botões. Um sinaliza: "Quero fazer um comentário em apoio ao último comentário"; outro protesta: "Discordo do último comentário"; o terceiro notifica: "Tenho um comentário sobre um tópico diferente". Isso permite que Espen chame um aluno que figurativamente levantou a mão e oriente a direção da discussão. O professor pode, então, figurativamente caminhar até a lousa para resumir o que os alunos estão dizendo, bem como ir até aquele que o chamou e responder não apenas verbalmente, mas com linguagem corporal, ao que o aluno diz.

Conto essa história não para dizer que o ensino da educação básica se parecerá com sua sala de aula no futuro, mas para ilustrar como, devido ao fato de o processo de aperfeiçoamento tecnológico melhorar a uma taxa mais rápida do que as pessoas podem usá-lo, Espen está nos mostrando que concessões que historicamente estavam implícitas em alguns dos paradigmas da educação estão agora sendo rompidas.

Eis uma forma de estruturar o processo: o tempo é uma forma de evitar que tudo aconteça ao mesmo tempo. O futuro e o passado existem no presente, mas eles não são distribuídos uniformemente no mundo todo (William Gibson, Sean Carroll e outros tiveram pensamentos semelhantes). A sala de aula de Espen Anderson está no futuro ou no presente?

Se simplesmente esperarmos que o futuro se torne presente – ou seja, se esperarmos até que dados sobre novas formas de ensinar e aprender entrem em cena –, eles continuarão a competir com outros dados, e pouca coisa irá mudar. Isso acontece porque, sem uma teoria convincente como base, seus dados não terão uma voz mais alta nem uma lógica mais convincente do que os meus. A base da ação e da mudança é a teoria, não os dados.

Muitos elementos do paradigma sobre ensino e aprendizagem serviram muito bem a porções da sociedade no passado. Agora temos uma teoria – a inovação disruptiva – que dá significado aos dados que estão surgindo. Em muitas partes do mundo, os dados das salas de aula, incluindo a de Espen, estão declarando que as concessões na educação estão sendo rompidas.

Posso ver que no meu passado como professor fui limitado por concessões. Minhas inovações eram de sustentação. Fui um bom professor para estudantes que pensavam como eu ou que tiveram experiências como as minhas. Sou medíocre, na melhor das hipóteses, para ensinar aqueles que estruturam o mundo de forma diferente. O ensino *on-line* oferece a chance de darmos oportunidades sob medida para cada estudante. Para ter discussões intelectualmente estimulantes com meus alunos, eu tinha de manter baixo o número de matrículas. Sempre pensei que o professor ensinava, e os alunos escutavam. Não penso mais. Discussões estimulantes entre grandes números de estudantes em locais bastante diferentes são possíveis agora. Além de os professores ensinarem os estudantes, os estudantes podem ensinar uns aos outros. Felizmente estamos aprendendo como aprender e ensinando como ensinar. Como Eric Hoffer comentou: "Em uma época de mudanças drásticas, são os que têm capacidade de aprender que herdam o futuro. Quanto aos que já aprenderam, estes descobrem-se equipados para viver em um mundo que não existe mais".

Este livro, de meus colegas Michael B. Horn e Heather Staker, é uma descrição maravilhosa de como muitas das concessões no ensino e na aprendizagem estão sendo rompidas. Em vez de nossa necessidade de aceitar menos de uma coisa a fim de obter mais de outra, podemos, agora, ter a confiança de que realmente é possível alcançar mais, ponto. À medida que a capacidade de ensino *on-line* ascende a trajetória do aperfeiçoamento e evita mais e mais concessões, o ensino híbrido preserva o acesso do melhor do ensino e da aprendizagem presenciais enquanto conduzimos a disrupção. O ensino híbrido tira o melhor partido dos antigos e dos novos paradigmas disponíveis para todos nós que queremos aprender. E este livro visa a ajudar os professores, os diretores de escola, os superintendentes e os pais a aprender como implementar o ensino híbrido hoje e não permanecer à margem, esperando o futuro surgir em algum outro lugar.

Clayton M. Christensen
Harvard Business School

Lista de vídeos

	Contexto	Descrição	Página
Introdução			
1	Rotação Individual	A **Teach to One** usa o modelo de Rotação Individual para personalizar o ensino por meio de uma variedade de modalidades de aprendizagem de cada estudante.	13
2	Rotação por Estações	A **KIPP Empower** usa o modelo de Rotação por Estações para oferecer instrução de grupos pequenos em caso de cortes de financiamento.	16
Capítulo 1			
3*	Rotação por Estações	A **Alliance College-Ready Public Schools** usa a Rotação por Estações para fornecer o mesmo material de três formas diferentes.	40
4*	Rotação por Estações	A **Aspire ERES Academy** usa a Rotação por Estações para facilitar o ensino diferenciado.	40
5*	Rotação por Estações	A **Mission Dolores Academy**, uma escola católica em San Francisco, usa o modelo de Rotação por Estações para satisfazer necessidades individuais de uma forma financeiramente sustentável.	40
6	Rotação por Estações	A **Avenues: World School** fornece aos estudantes *laptops* e um ambiente de aprendizagem aberto para apoiar a Rotação por Estações.	41

Lista de vídeos

	Contexto	Descrição	Página
7	Laboratório Rotacional	A **Rocketship Education** baseia-se em uma cultura forte e em um modelo de equipe inovador para facilitar seu Laboratório Rotacional.	42
8	Sala de Aula Invertida	Aaron Sams discute como e por que inverte sua sala de aula na **Woodland Park High School**.	44
9*	Sala de Aula Invertida	Na **DongPyeong Middle School**, alguns professores inverteram suas salas de aula para que seus alunos se engajassem e aprimorassem sua aprendizagem.	44
10	Rotação Individual	**Carpe Diem**: o modelo de rotação Individual da Carpe Diem em Yuma, Arizona, baseia-se em um projeto exclusivo de instalações e de pessoal.	46
11*	Flex	Na **San Francisco Flex Academy**, os estudantes aprendem *on-line* e obtêm ajuda em uma base flexível de orientadores acadêmicos e professores.	49
12*	Ambiente Virtual Enriquecido	As **Henry County Schools**, na Georgia, fornecem um espaço de aprendizagem e contato face a face com professores para enriquecer o aprendizado de alunos de cursos *on-line* na Impact Academy.	52
Capítulo 2			
13	Flex	O modelo Flex da **Acton Academy** para o ensino fundamental exibe ensino *on-line* seguida por projetos de grupo e discussões socráticas.	80
Capítulo 3			
14*	À la Carte	O **Quakertown Community School District** produz cursos À la Carte para proporcionar flexibilidade aos estudantes.	97

	Contexto	Descrição	Página
15	À la Carte	Um professor *on-line* da Florida Virtual School é designado para cursos À la Carte que as **Miami-Dade County Public Schools** oferecem em laboratórios de aprendizagem virtual.	104
Capítulo 4			
16*	Híbrido	Na **Burnett Elementary**, os professores trabalham em pequenas equipes com pessoal do distrito para compor salas de aula híbridas.	122
Capítulo 5			
17	Flex	As **Summit Public Schools** estruturam o dia escolar para fornecer ensino personalizado por meio do modelo Flex.	145
Capítulo 6			
18	Vários modelos	A **Big Picture Learning** posiciona os professores como mentores e prioriza os estágios como elementos fundamentais da experiência de seus alunos.	171
Capítulo 9			
19	Flex	A **USC Hybrid High School** muda o papel do professor e cria uma cultura intencional para fornecer seu modelo Flex.	246
20	Laboratório Rotacional	Na **Gilroy Prep School**, os alunos vivenciam um Laboratório Rotacional como um aspecto central de sua programação diária.	248

*Nota: Alguns vídeos estão disponíveis somente na página original do livro em inglês. Ao acessar o *link* indicado nesta edição, o leitor será automaticamente direcionado para essa página, onde encontrará a informação de "Password" para acesso aos vídeos.

Sumário

Introdução 1
    Padrão de inovação disruptiva 2
    Inovação disruptiva e ensino *on-line* 3
    O modelo industrial de educação 5
    Aprendizagem centrada no estudante 8
    Por que as escolas estão chegando a um ponto crítico 11
    Construindo um campo de especialistas 17
    O que você encontrará neste livro 18

Parte I   Entendimento 29

1 O que é ensino híbrido? 31
    A marcha ascendente do ensino *on-line* 32
    O que é (e o que não é) ensino híbrido 34
    Modelos de ensino híbrido 37
    Combinando os modelos híbridos 52
    Apêndice 1.1: Discussão de termos-chave 54
    Apêndice 1.2: Taxonomia do ensino híbrido na educação básica ... 55

2 Qualquer sala de aula pode ser híbrida? 65
    A teoria dos híbridos 67
    O ensino híbrido é disruptivo? 70
    Modelos de ensino híbrido 71
    Modelos disruptivos de ensino híbrido 74
    Prevendo a revolução do ensino na educação básica 75
    O que será das escolas? 77

Parte 2   Mobilização   91

3   Identifique seu desafio   93
A alternativa ao amontoamento   96
Definindo o problema ou estabelecendo a meta   97
Os líderes devem focar em palavras de ordem sustentadas ou disruptivas?   101
Como identificar oportunidades essenciais   102
Como identificar oportunidades de não consumo   103
Ameaças *versus* oportunidades   105

4   Organize para inovar   111
Uma estrutura para o planejamento da equipe   112
Aplicação da estrutura de equipe às escolas   118
Usando múltiplos tipos de equipes   127
O custo de errar   128

Parte 3   Planejamento   133

5   Motive os alunos   135
A importância da disposição dos alunos para aprender   136
O modelo do trabalho a ser realizado   137
O trabalho a ser realizado pelos alunos   141
A arquitetura de um trabalho   143
Executando o trabalho para os alunos   144
O que e como integrar   150
O papel do ensino híbrido na execução dos trabalhos dos alunos   153
O perigo de pedir aos alunos para mudar a forma de realizar tarefas   154

6   Eleve o ensino   165
A concepção do papel do professor do ponto de vista dos alunos   166
Desenhando o papel do professor a partir da perspectiva do professor   172
Fazendo o certo para alunos e professores   177

7   Planeje a configuração virtual e física   183
Arquitetura e interfaces do produto   184
A mudança na arquitetura do computador pessoal   186
A mudança para a modularidade na educação   187

Conteúdo *on-line* integrado *versus* modular	189
Sistemas operacionais integrados *versus* modulares	197
Espaço físico integrado *versus* modular	200
Alinhando sua estratégia às suas circunstâncias	202
Apêndice 7.1: Panorama do conteúdo *on-line* em uso entre programas híbridos da educação básica	203

8 Escolha o modelo — 213

Adapte o modelo ao tipo de problema	215
Adapte o modelo ao tipo de equipe	218
Adapte o modelo à experiência desejada do aluno	220
Adapte o modelo ao papel do professor	223
Adapte o modelo ao espaço físico	225
Adapte o modelo à disponibilidade de dispositivos conectados à internet	228
Priorizando opções e fazendo a seleção	230
Adotando modelos múltiplos	230
Apêndice 8.1: Que modelos de ensino híbrido são mais adequados para suas circunstâncias?	233

Parte 4   Implementação — 237

9 Crie a cultura — 239

O que é cultura?	240
O poder da cultura para as crianças	241
O poder da cultura nas escolas	242
Como moldar a cultura	244
O poder da cultura nas implementações do ensino híbrido	246
Não é tarde demais	249

10 Descubra seu caminho para o sucesso — 255

Planejamento orientado à descoberta	256
Comece com os resultados	258
Crie uma lista de verificação de pressupostos	259
Implemente um plano – aprender mais	263
Devemos prosseguir, mudar ou engavetar o plano?	266

11 Conclusão — 269
    Implemente ao longo do tempo — 270
    O ensino híbrido é um esporte de equipe — 271
    Entenda, mobilize, planeje, implemente — 273

Apêndice: Questões para discussão — 277

Índice — 283

Introdução

Você entra em uma escola limpa e pintada com cores vivas. Produções artísticas dos alunos pendem das paredes e a biblioteca é bem abastecida. A equipe de professores é esforçada e interessada, e os administradores mantêm a escola funcionando de uma forma organizada. A escola proporciona aos alunos computadores, esportes e excursões de estudo. Sim, muitas escolas no mundo enfrentam dificuldades, particularmente nas áreas carentes das cidades; documentários como *Waiting for Superman* e *A Right Denied* destacaram a decadência desoladora das escolas públicas dos Estados Unidos. Mas certamente algumas escolas são boas. E se você é como a maioria dos pais, acredita que as escolas que seus filhos frequentam – públicas, particulares, urbanas, suburbanas ou rurais – os estão preparando bem.[1]

Este livro aborda a integração do ensino *on-line* nas escolas. Ele visa a não apenas ser um recurso para aqueles que desejam realizar mudanças significativas em suas escolas ou que já estão pensando sobre o ensino híbrido, mas também a apresentá-lo a pessoas que se sentem satisfeitas com o ensino que têm. As escolas estão chegando ao ponto crítico, em uma transformação digital que mudará para sempre a forma como o mundo aprende. Se o ensino *on-line* ainda não sacudiu as escolas próximas a você, logo o fará. Os autores de *Inovação na sala de aula* (incluindo Michael B. Horn, coautor deste livro) fizeram uma previsão em 2008, prognosticando que, em 2019, 50% dos cursos do ensino médio seriam de alguma forma *on-line*.

Anos depois, tal previsão ainda parece correta – alguns diriam até conservadora.[2] As pessoas podem debater acerca de quando isso ocorrerá, mas acreditamos que a questão mais interessante é se o indiscutível surgimento do ensino *on-line* nos ensinos fundamental e médio é uma coisa boa. Nosso sistema está caminhando para um automatismo do tipo ficção científica, irremediavelmente impessoal, ou o aumento do número de estudantes aprendendo *on-line* é positivo? E como podemos garantir que o seja?

PADRÃO DE INOVAÇÃO DISRUPTIVA

Perguntar se o ensino *on-line* é uma coisa boa é o mesmo que perguntar se o *e-mail*, a Target* (www.target.com) e o Turbo Tax** (https://turbotax.intuit.com) são coisas boas. O serviço de Correios pode não ser fã do *e-mail*, mas a maioria das pessoas descobriu que ele torna a comunicação mais rápida, mais conveniente e mais acessível do que postar uma carta com selos. As grandes lojas de departamento podem não amar a Target, mas incontáveis consumidores desfrutam de melhores padrões de vida devido à acessibilidade das lojas com descontos. Os escritórios de contabilidade lamentam o dia em que o Turbo Tax foi criado, mas muitos indivíduos e pequenas empresas o consideram uma benção.

E-mail, *sites* de descontos e Turbo Tax são exemplos do que o professor Clayton M. Christensen, da Harvard Business School, chama de "inovação disruptiva". Embora inovação disruptiva, ao se ouvir pela primeira vez, possa não soar como algo agradável aos educadores, ela oferece muitos benefícios. O termo refere-se a produtos e serviços que iniciam com aplicações simples, na base do mercado, para aquelas pessoas que não possuem meios financeiros ou conhecimento para participar de outra forma no mercado.[3] Por exemplo, antes de o Turbo Tax surgir, a maioria das pessoas lutava com um lápis e uma calculadora para preencher suas próprias declarações de renda, porque não podia pagar uma empresa de contabilidade fiscal para fazer esse trabalho. Mas o programa Intuit's Turbo Tax está "rompendo" o sistema atual, ou estabelecido, constituído de empresas contábeis profissionais. Ele fornece a milhões de pessoas, que não podem pagar um profissional, uma forma simples e acessível de preparar declarações de renda da maneira correta.

As inovações disruptivas competem segundo uma nova definição de desempenho. Isso significa que elas definem qualidade de forma completamente diferente de como o sistema estabelecido o faz. De modo geral, sua nova definição de qualidade gira em torno de um benefício, como acessibilidade, conveniência, viabilidade ou simplicidade. No caso da preparação do imposto de renda, com o Turbo Tax, indivíduos que não podem pagar pelo serviço de um profissional contábil ou moram muito longe para ir até uma filial da Receita Federal têm um serviço de preparação do IR literalmente na mão.

---

* N. de R.T.: A Target é uma loja de departamentos norte-americana que também comercializa seus produtos *on-line*.

** N. de R.T.: O Turbo Tax é um recurso *on-line* utilizado para calcular taxas e impostos.

Não apenas isso. Milhões de indivíduos e pequenas empresas que anteriormente eram clientes dos grandes escritórios contábeis os substituíram pelo Turbo Tax. Isso ilustra como as inovações disruptivas movem-se implacavelmente para o topo do mercado, na medida em que se esforçam para atrair clientes cada vez mais exigentes. Para isso, elas devem melhorar de acordo com a definição *estabelecida* de desempenho e, ao mesmo tempo, permanecer mais acessíveis, convenientes, viáveis ou simples. No caso da contabilidade fiscal, o sistema estabelecido competia com base em sua capacidade de ajudar em situações fiscais complicadas e navegar em áreas nebulosas nas quais as pessoas precisavam do auxílio de um especialista. Inicialmente, o Turbo Tax tinha capacidade limitada para atender os clientes nessas situações. Ele simplesmente oferecia conveniência e acessibilidade para aqueles gratos por absolutamente qualquer ajuda. Porém, ao longo do tempo, na tentativa de atrair clientes mais exigentes do sistema estabelecido, o programa tornou-se capaz de resolver problemas cada vez mais sofisticados. Ele também acrescentou aspectos, como "Consulta ao vivo" e "Fale com um especialista", para ajudar em tempo real. Hoje, fornece assistência e aconselhamento tão sofisticados que muitos estão abandonando as empresas especializadas e adotando o Turbo Tax. Esses novos clientes recebem benefícios duplos – *expertise* adequada, *além de* maior conveniência e acessibilidade. Certamente, ele pode não ser tão bom quanto o melhor especialista em pessoa, mas é bom o suficiente para inúmeras pessoas.

INOVAÇÃO DISRUPTIVA E ENSINO *ON-LINE*

O padrão de inovação disruptiva ajuda a resolver a questão sobre a integração do ensino *on-line* em escolas de educação básica ser uma benção ou uma maldição. Por um lado, a disrupção explica por que o ensino *on-line* começou principalmente fora do núcleo da sala de aula, e *não* como uma solução imediata para ensinar matemática e leitura a estudantes de classes regulares (embora muitas escolas estejam fazendo isso, como discutiremos posteriormente). Semelhante a outras disrupções, o ensino *on-line* começou com aplicativos simples para atender estudantes em circunstâncias em que não havia alternativa para a aprendizagem. Chamamos essas situações de "não consumo", porque são ocasiões nas quais não há absolutamente nenhuma alternativa para a tecnologia disruptiva. Em escolas de educação básica, o ensino *on-line* começou nas disciplinas avançadas que muitas delas esforçam-se para oferecer em casa; em escolas pequenas, rurais e urbanas, que não podem oferecer um amplo conjunto de disciplinas com professores altamente qualificados em certas matérias; em disciplinas de recuperação para estudantes que precisam melhorar suas notas para se formar; e com estudantes que são ensinados em casa ou que optam por essa modalidade.* Inicialmente, mesmo uma disciplina básica *on-line* era uma opção interessante para aqueles estudantes que não tinham nenhuma outra alternativa.

Entretanto, assim como outras disrupções bem-sucedidas marcham para o topo do mercado para atrair clientes mais exigentes, o ensino *on-line* melhorou drasticamente desde seu surgimento. Este padrão de inovação disruptiva pode ser reconfortante, porque oferece a garantia de que tecnologias disruptivas baratas melhorem ao longo do tempo. O acesso à internet nos Estados Unidos é mais rápido e mais confiável do que era há dez anos. Ferramentas de comunicação virtual, como o Skype e o Google HangOuts, tornam a comunicação *on-line* sincronizada simples e barata. O conteúdo da internet está se tornando mais envolvente. E a maioria dos estudantes agora tem um dispositivo com internet ao seu alcance, seja um *laptop*, seja um *tablet*, seja um telefone celular.[4]

Além disso, um número cada vez maior de estudantes está experimentando a aprendizagem virtual, embora continue a frequentar suas escolas tradicionais físicas – um fenômeno chamado "ensino híbrido". O surgimento do ensino híbrido é um sinal de que o ensino *on-line* está marchando para o topo do mercado. Ao acrescentar um componente físico, o ensino *on-line* pode oferecer mais supervisão, mais tutoria presencial e mais diversão presencial com os amigos para a maioria de estudantes que necessitam da escola para esses propósitos tanto quanto para ajudá-los a obter conhecimento e habilidades. Este livro focaliza-se na ascensão do ensino híbrido em escolas de educação básica e nas notáveis implicações para estudantes, educadores e escolas à medida que ele ganha impulso.

Então, de volta à pergunta original: O crescimento do ensino *on-line* é uma coisa boa ou devemos lutar para preservar a sala de aula tradicional?

Para um grupo, a resposta é clara. Para os estudantes que necessitam mais do que suas escolas podem lhes oferecer hoje, o ensino *on-line* é uma coisa boa, já que certamente é melhor do que nada. Ele provê uma solução para recuperar notas para milhões de estudantes que, de outro modo, não têm como repetir disciplinas em que foram reprovados a tempo de se formarem. Proporciona aos estudantes a oportunidade de cursar programas de Advanced Placement (AP)** se suas escolas de ensino médio não os oferecem, que é o caso em aproximadamente 40% das escolas de ensino médio hoje.[5] Oportuniza um potencial suporte curricular para os cerca de 2,35 milhões de estudantes que estudam em casa a

---

* N. de R.T.: No sistema de ensino norte-americano há a possibilidade legal de os estudantes realizarem seus estudos em casa, com acompanhamento dos familiares (*homeschooling*).

** N. de R.T.: Advanced Placement é um programa que oferece, no Canadá e nos Estados Unidos, disciplinas de nível universitário para alunos do ensino médio. Esses créditos podem ser utilizados pelos estudantes quando estiverem cursando o ensino superior.

cada ano.⁶ E para incontáveis estudantes, o ensino *on-line* oferece acesso às disciplinas – avançadas e básicas – requeridas para admissão à universidade, que suas escolas não têm os recursos para fornecer.

A incidência de não consumo, particularmente no nível do ensino médio, é surpreendentemente alta. De fato, quase todos os estudantes do ensino médio perdem, de alguma forma, oportunidades de aprendizagem desejáveis e poderiam se beneficiar de uma alternativa *on-line*. Em 2007, 26% dos estudantes dos Estados Unidos estavam matriculados em uma escola de ensino médio que não oferecia *nenhuma* disciplina avançada – nada além de geometria, portanto, sem álgebra II, muito menos cálculo; nada além de biologia, portanto, sem química e física; absolutamente nenhuma aula de inglês avançado.⁷

Mas e quanto àqueles estudantes que frequentam escolas públicas e privadas que oferecem um conjunto de disciplinas e opções abrangentes? Eles saem perdendo por descartarem a disrupção do ensino *on-line* como uma modalidade de baixo custo? Para responder a essa pergunta, precisamos retroceder e olhar o quadro geral de por que o modelo de sala de aula tradicional, mesmo nas melhores escolas, não está à altura da velocidade que os estudantes necessitam para ter sucesso no mundo de hoje e por que podemos fazer melhor.

O MODELO INDUSTRIAL DE EDUCAÇÃO

Na Escola de Ensino Fundamental Santa Rita, no Distrito Escolar Los Altos, na Califórnia – uma escola suburbana em uma área rica da Califórnia –, uma cena se desenrolou, em 2010, não muito diferente de episódios que ocorrem em escolas em todo o país. Um aluno do 6º ano, Jack, iniciou o ano no nível mais baixo de sua classe em matemática. Ele se esforçava para acompanhar a turma e se considerava uma daquelas crianças que simplesmente jamais "conseguiriam". Em uma escola típica, ele teria sido colocado no grupo de matemática mais fraco. Isso significaria que ele não aprenderia álgebra até o ensino médio, o que afetaria negativamente suas escolhas de faculdade e de carreira.

Mas a história de Jack teve uma virada incomum. Sua escola transformou sua classe em um ambiente de ensino híbrido. Após 70 dias usando os tutoriais e os exercícios *on-line* da Khan Academy referentes ao conteúdo de matemática que ele deveria estudar de três a quatro dias por semana, em vez de permanecer monitorado no grupo de matemática fraco, Jack passou a ser um dos quatro melhores alunos de sua classe. Ele estava trabalhando em um material bem acima do nível do seu ano escolar.

O progresso rápido de Jack parece enredo de filme, ou mágica, mas não é. É um exemplo do poder do ensino *on-line* de ajudar os professores a diferenciar e a customizar a aprendizagem para se adequar às necessidades de um estudante.⁸

As origens das escolas atuais

As escolas atuais foram concebidas há mais de um século para serem exatamente o oposto da diferenciação e customização. Foram criadas para padronizar a forma de ensinar e de testar. As escolas com apenas uma sala de aula, que se espalhavam pelos Estados Unidos na virada do século XX, eram, por necessidade, boas em customizar uma educação para cada aluno, mas não eram uma forma economicamente eficiente para educar grandes números de estudantes. Apenas 50% das crianças e dos adolescentes de 5 a 19 anos, nos Estados Unidos, estavam matriculados na escola em 1900.[9] A fim de criar um sistema de educação universal que pudesse acomodar muitos estudantes, os educadores basearam-se no sistema industrial eficiente que havia surgido no país. Isso resultou em agrupamentos de estudantes por idade em séries, colocando-os em uma sala de aula com um professor e padronizando o ensino e a avaliação.[10] A teoria era que, com os estudantes agrupados por nível e, então, reunidos em salas de aulas, os professores poderiam ensinar "as mesmas matérias, da mesma maneira e no mesmo ritmo" – um processo padronizado, ou monolítico –, de modo que as escolas pudessem matricular um número muito maior de estudantes.[11]

Esse modelo industrial instituído em sala de aula, com agrupamentos de idade-série, funcionou espetacularmente bem. Em 1930, mais de 75% de todos os estudantes estavam ingressando no ensino médio e 45% se formaram.[12] As escolas com o modelo industrial preparavam estudantes para a economia daquela época e ajudaram a elevar milhões de pessoas para a classe média.[13] Em 1900, a maioria dos estudantes ia trabalhar na indústria e não necessitava de uma educação avançada; apenas 17% de todos os empregos requeriam trabalhadores intelectuais.[14] O fato de que muitos estudantes abandonavam o ensino médio, não frequentavam ou completavam uma faculdade, ou – mais propriamente – não aprendiam muito em termos acadêmicos[15] não os incapacitava quando ingressavam na força de trabalho nem afetava significativamente a economia norte-americana. Se Thomas Jefferson fosse vivo hoje, ele poderia até ter considerado esse tipo de sistema escolar – que classificava os estudantes em vários intervalos – um sucesso. Em sua proposição ideal, Jefferson esboçou uma visão de um sistema escolar de três níveis que classificaria os estudantes em vários intervalos com base no mérito. Na visão dele, apenas um grupo de estudantes de elite receberia educação adicional para que pudesse liderar sabiamente em cargos eletivos.[16] Em outras palavras, as desistências, que hoje lamentamos, teriam sido celebradas como um sinal de sucesso, visto que o sistema escolar visava a ordenar os estudantes em diferentes carreiras.

Por que as escolas de modelo industrial são insuficientes hoje

O desafio é que, no mundo atual – no qual mais de 60% dos empregos requerem trabalhadores intelectuais, e esperamos que as escolas eduquem todas as crianças a fim de que elas possam realizar todo o seu potencial humano –, esse modelo é insuficiente.[17] E ele não é insuficiente apenas para aqueles estudantes que começam a vida com as maiores desvantagens, como vimos com Jack, em Los Altos.

Eis o porquê. Como educadores e pais sabem, apenas ter a mesma idade não significa que duas crianças aprendam da mesma forma e no mesmo ritmo. Cada criança tem necessidades de aprendizagem diferentes, em momentos diferentes. Embora os acadêmicos, incluindo cientistas cognitivos, neurocientistas e pesquisadores de educação, tenham travado debates acirrados sobre quais são essas necessidades diferentes – alguns falam sobre inteligências e estilos de aprendizagem múltiplos, enquanto outros apontam as pesquisas que destroem essas noções[18] –, o que ninguém discute é que cada estudante aprende em um ritmo diferente. Alguns aprendem de forma mais rápida e outros mais lentamente. E o ritmo de cada um tende a variar com base na disciplina estudada ou mesmo no conceito. A razão para essas diferenças, em resumo, é dupla. Primeiro, todos nós temos aptidões diferentes – ou o que os cientistas cognitivos chamam de capacidade da "memória de trabalho", que significa a capacidade de absorver e trabalhar ativamente com uma determinada quantidade de informação proveniente de uma variedade de fontes, incluindo visual e auditiva. Segundo, todos temos níveis diferentes de conhecimentos prévios – ou o que os cientistas cognitivos chamam de "memória de longo prazo". Isso significa que as pessoas trazem experiências diferentes, ou conhecimento prévio, para cada experiência de aprendizagem, afetando o modo como aprenderão um conceito. Por exemplo, se um professor supõe que todos em uma classe estão familiarizados com um exemplo de história que é meramente acessório para o objeto principal de um determinado conteúdo a ser estudado, e o utiliza para ilustrar um determinado ponto, os estudantes não familiarizados com o exemplo ou que têm ideais errôneas sobre ele podem desenvolver concepções errôneas sobre o objeto principal da lição ou não compreendê-lo completamente.[19]

Ter isso em mente nos ajuda a entender por que quase todos nós tivemos a experiência de ficar, pelo menos uma vez, emperrados em uma aula em que, não importava quantas vezes o professor explicasse um conceito, simplesmente não conseguíamos compreendê-lo. A aula ia em frente, nós ficávamos para trás, e a frustração aumentava. Muitos de nós também vivenciamos o inverso. Às vezes, entendíamos as coisas antes de nossos colegas. Ficávamos entediados quando o professor repetidamente ensinava um conceito para aqueles que lutavam para entendê-lo. Um número assombroso de estudantes

– quase a metade, de acordo com um relato – abandona a escola, não porque tenham dificuldades, mas porque estão entediados.[20]

Isso significa que, se esperamos que todas as crianças sejam bem-sucedidas na escola e na vida, então precisamos ser capazes de customizar – ou personalizar – uma educação para as diferentes necessidades de aprendizagem de cada estudante. O desafio, entretanto, é que, na medida em que nosso sistema de ensino é construído para padronizar a forma como ensinamos e avaliamos, a despeito dos esforços heroicos de muitos professores que tentam cuidadosamente diferenciar o ensino, adaptar a lição a cada criança é quase impossível em uma sala de aula típica com 20 a 35 alunos e apenas um professor.[21] Com um sistema que determina a quantidade de tempo que os estudantes passam em aula, mas não espera que cada criança domine o conteúdo, muitos estudantes são forçados a passar para o próximo assunto quando a classe inteira passa, não quando estão prontos. Isso cria lacunas de aprendizagem que os assombram mais tarde.[22] Quando estudantes que poderiam adorar uma determinada matéria – matemática, por exemplo – ficam para trás e não têm a oportunidade de recuperá-la, eles supõem que matemática simplesmente "não é coisa para eles" e desistem do esforço. O sistema prejudica um imenso número de estudantes – como poderia ter sido o caso de Jack, na suburbana Los Altos – antes que tenham uma chance real de aprendizagem. Também prejudica os professores, na medida em que se espera que eles ajudem cada criança a ter sucesso, mas sem tempo adequado para ensino individual.

Em resumo, o modelo industrial da educação atual, no qual agrupamos estudantes em classes e ensinamos a mesma coisa no mesmo dia, é uma forma ineficaz de aprendizagem para a maioria das crianças. Isso não foi um problema por um longo tempo, antes de termos objetivos diferentes para nosso sistema de ensino, mas se tornou um problema agora que o mundo – e nossas esperanças para nossas crianças – mudou, mas nossas escolas, não.

APRENDIZAGEM CENTRADA NO ESTUDANTE

Os estudantes de hoje estão entrando em um mundo no qual necessitam de um sistema de ensino centrado neles. A aprendizagem centrada no estudante é essencialmente a combinação de duas ideias relacionadas: o ensino personalizado (que alguns chamam de "ensino individualizado") e a aprendizagem baseada na competência (também chamada de "aprendizagem baseada no domínio", "aprendizagem de domínio", "aprendizagem baseada na proficiência", ou, às vezes, "aprendizagem baseada em padrões").

Ensino personalizado

Existem várias noções do significado de ensino personalizado,[23] mas quando nos referimos a ele aqui, queremos dizer que a aprendizagem é adaptada às necessidades particulares de um determinado estudante. O poder do ensino personalizado, entendido dessa forma, é intuitivo. Quando os estudantes recebem ajuda individual de um professor, em vez de ensino em massa para um grupo, os resultados são geralmente muito superiores. Isso faz sentido, visto que, nessa situação, os professores podem fazer de tudo, desde ajustar seu ritmo, se estiverem indo muito rápido ou muito devagar, a reformular uma explicação ou fornecer um novo exemplo ou uma nova abordagem para fazer um tópico ganhar vida para um estudante. Além disso, eles geralmente persistem até que seus alunos compreendam totalmente a matéria. Uma abordagem personalizada também implica que os estudantes possam ter uma experiência de aprendizagem individual quando necessitam, mas possam participar de projetos e atividades de grupo quando isso for melhor para sua aprendizagem.

Estudos mostram o poder desse tipo de ensino personalizado para maximizar o sucesso do estudante. Um dos primeiros estudos a chamar a atenção para o ensino personalizado foi o clássico estudo "2 Sigma Problem", de Benjamin Bloom, publicado em 1984, que mediu os efeitos da aprendizagem de estudantes com um professor particular para fornecer ajuda customizada e imediata. O achado surpreendente foi que, ao final de três semanas, a média dos estudantes em ensino individual era aproximadamente dois desvios padrões acima da média do grupo-controle. Isso significa que o estudante em tutoria teve notas mais altas do que 98% dos estudantes no grupo-controle.[24] Uma metanálise mais recente, realizada por Kurt VanLehn, revisou a conclusão de Bloom e sugeriu que o tamanho do efeito do ensino individual parece estar mais em torno de 0,79 desvios padrões do que os 2 desvios padrões amplamente publicados.[25] Mesmo com essa revisão, entretanto, o impacto é imensamente significativo.

Aprendizagem baseada na competência

O segundo elemento crítico da aprendizagem centrada no estudante é a aprendizagem baseada na competência,[26] ou seja, a ideia de que os alunos devem demonstrar domínio de um determinado assunto – incluindo a posse, a aplicação ou a criação de conhecimento, de uma habilidade ou de uma disposição – antes de passar para o próximo. Os estudantes não seguem em frente a partir de um conceito com base no ritmo médio da classe ou dentro de uma quantidade de tempo preestabelecida, fixa.[27] A aprendizagem baseada na competência implica aspectos de perseverança e determinação, porque os estudantes, a fim de progredir, têm de trabalhar nos problemas até que estes sejam resolvidos com sucesso; eles não podem simplesmente esperar até que a unidade termine.

Se os estudantes passam para um conceito sem compreender perfeitamente um anterior, isso cria lacunas em sua aprendizagem. Não é de estranhar, então, que, em estudo após estudo, a aprendizagem baseada na competência produza melhores resultados do que a aprendizagem baseada no tempo.[28] Um pesquisador verificou que "estudantes em programas de aprendizagem de domínio em todos os níveis mostravam maiores ganhos em realização sobre aqueles em programas de ensino tradicional".[29] Outro estudo verificou que "a aprendizagem de domínio reduziu a distância acadêmica entre os estudantes mais lentos e os mais rápidos sem desacelerar os estudantes mais rápidos".[30] Outro ainda verificou que "professores que [utilizavam] aprendizagem de domínio [...] começaram a se sentir melhor em relação a ensinar e a seus papéis como professores".[31]

O ensino híbrido como facilitador

O ensino híbrido e a aprendizagem baseada na competência, bem implementados e em conjunto, formam a base de um sistema de aprendizagem centrado no estudante. Uma característica importante dessa modalidade é que os estudantes desenvolvem um sentido de atuação e propriedade por seu progresso e, subsequentemente, a capacidade de conduzir sua aprendizagem. Isso se traduz na capacidade de se tornar um eterno aprendiz, necessária no mundo em rápida mudança em que vivemos, no qual conhecimento e habilidades tornam-se obsoletos rapidamente.

O desafio, entretanto, é implementar a aprendizagem centrada no estudante em larga escala. Pagar um professor particular para cada aluno naturalmente seria maravilhoso, mas é proibitivamente caro. Diferenciar o ensino para cada criança – um passo na direção do ensino personalizado que professores em todo o país tentam valentemente dar – é difícil no sistema de ensino de modelo industrial atual. Do mesmo modo, permitir que todos os estudantes progridam em sua aprendizagem à medida que dominem a matéria pode ser viável em uma escola cuja proporção alunos-professor seja pequena e os agrupamentos flexíveis. No entanto, é desgastante para um professor individual fornecer novas experiências de aprendizagem para estudantes que vão além do âmbito de um curso e, portanto, esgotam os recursos da maioria das escolas.

Por essa razão, o ensino híbrido é tão importante. Ele é o motor que pode alimentar o ensino personalizado e baseado na competência. Assim como a tecnologia permite a customização de massa em tantos setores para satisfazer as diferentes necessidades de tantas pessoas, o ensino *on-line* pode permitir que os estudantes aprendam a qualquer momento, em qualquer lugar, em qualquer caminho e em qualquer ritmo, em larga escala. Em seu nível mais básico, ele permite que os estudantes avancem rapidamente se já dominaram um conceito, parem se precisarem assimilar alguma coisa ou retrocedam e retardem algum conteúdo que precise ser revisado. A tecnologia fornece aos estudantes uma forma simples de tomar diferentes caminhos para chegar a um destino comum. Ela pode liberar os professores para que se tornem planejadores, mentores, facilitadores, tutores, avaliadores e orientadores de ensino para chegar a cada estudante de maneiras antes impossíveis.

Naturalmente, apenas o fato de uma escola adotar o ensino *on-line* não garante de que ele será personalizado ou baseado na competência; escrevemos este livro para ajudar os educadores e os estudantes de todo o mundo a perceber esses benefícios. No entanto, a integração do ensino *on-line* nas escolas assinala a oportunidade mais poderosa que o mundo conheceu para tornar a aprendizagem centrada no estudante uma realidade global.

POR QUE AS ESCOLAS ESTÃO CHEGANDO A UM PONTO CRÍTICO

Milhares de distritos escolares em todos os Estados Unidos – mais de 75%, segundo algumas estimativas – estão começando a despertar para as possibilidades do ensino *on-line*.[32] Diferentes necessidades os estão conduzindo para um ponto crítico. Em 2010, começamos a coletar histórias de escolas, distritos, organizações de gestão de *charter schools** e outros grupos em todo o país que escolheram substituir o sistema antigo pelo modelo híbrido. Conversamos e, em muitos casos, visitamos mais de 150 desses programas.[33] Quando perguntados por que estão fazendo a mudança para o ensino híbrido, os líderes, com muita frequência, dizem uma de três coisas, que – não por acaso – refletem tanto o potencial para aprendizagem centrada no estudante quanto os desafios para realizá-la:

1. **Desejo de personalização.** Os líderes sentem uma urgência em prevenir que estudantes com dificuldades fracassem entre as etapas e, ao mesmo tempo, em ajudar os mais avançados a seguir em frente. O crescimento do estudante – a diferença entre o que sabe no início e no final do ano – não é suficientemente alto, e os líderes estão desesperados por uma forma de melhor adaptar o ensino às necessidades de cada indivíduo.

2. **Desejo de acesso.** A escola está se esforçando para oferecer uma gama de oportunidades de aprendizagem tão ampla quanto seus estudantes e comunidades necessitam. As famílias estão começando a perguntar por que, em um mundo conectado, seus estudantes não têm a oportunidade de ganhar créditos para um curso de engenharia do Massachusetts Institute of Technology (MIT) *on-line* ou mesmo de ter acesso a disciplinas

---

* N. de R.T.: *Charter schools* são escolas que surgiram nos Estados Unidos a partir de 1990. Nessas escolas, a gestão é feita, geralmente, por entidades privadas e financiadas pelo sistema público. A matrícula é gratuita e independe do lugar de moradia.

avançadas básicas. No mundo de hoje, as barreiras geográficas já não podem servir como desculpa legítima para a falta de oportunidades.

3. **Desejo de controlar custos.** As escolas enfrentam cortes de orçamento o tempo todo. Não é surpresa que os líderes sintam-se sobrecarregados. Além disso, as comunidades querem personalização. No entanto, ter um professor particular para cada criança é proibitivamente caro, assim, os líderes estão visualizando o ensino híbrido como uma grande oportunidade de alcançar o ideal de uma experiência de aprendizagem individualizada dentro de um ambiente social escolar, sem custo adicional. Muitas escolas também estão procurando formas de pagar melhor os professores.

Esses benefícios potenciais do ensino *on-line* – personalização, acesso e controle de custos – estão afastando as pessoas da educação tradicional e direcionando-as para a nova oportunidade do ensino híbrido. Assim como milhões de indivíduos abandonaram as empresas tradicionais de contabilidade fiscal em troca da acessibilidade e conveniência do Turbo Tax, milhões estão se sentindo atraídos pela personalização, pelo acesso e pelo controle de custos do ensino *on-line*. Esses benefícios potenciais são a força energizante conduzindo à previsão de que, em 2019, pelo menos 50% dos cursos do ensino médio serão *on-line* de alguma forma.

Se tais benefícios irão se materializar como o esperado, depende da implementação. Em alguns casos, as escolas que pretendem individualizar o ensino por meio do ensino *on-line* acabam forçando professores ocupados a utilizar uma tecnologia para a qual não têm nem tempo nem conhecimento a fim de reorientar suas salas de aula em torno das necessidades pessoais de cada estudante. Outros programas que buscam ampliar o acesso desenvolvem cursos *on-line* que não são mais eficazes do que as alternativas presenciais mais fracas. E, finalmente, muitos que esperam economizar dinheiro com o ensino *on-line* descobrem que, em vez de eliminar quaisquer custos, seus planos aumentam as despesas com os novos dispositivos e a banda larga.

Entretanto, alguns programas estão fazendo progresso. Algumas histórias da área oferecem um vislumbre de como diferentes líderes estão usando o ensino híbrido como motor para alimentar sua mudança do modelo industrial. Esses líderes estão aproveitando o ensino *on-line* para levar aos estudantes benefícios relacionados à personalização, ao acesso e ao controle de custos que estavam anteriormente fora de alcance.

Personalização

Na primavera de 2008, Joel Rose, chefe-executivo de capital humano na Secretaria de Educação da Cidade de Nova York, estava visitando um amigo que dirigia centros de treinamento de trabalhadores em Miami. Na parede de um dos centros, havia um cartaz que dizia: "Escolha sua modalidade". O cartaz fez Rose parar para pensar. Ele percebeu que as escolas funcionariam melhor se os estudantes pudessem aprender cada conceito na forma que melhor se adequasse a suas necessidades pessoais, em vez de em uma sala de aula de "tamanho único".

Com o suporte de Joel Klein, então chanceler da Secretaria de Educação da Cidade de Nova York, Rose garantiu um financiamento e, no verão de 2009, abriu a primeira "School of One" como um programa de matemática de verão, em uma escola de ensino médio na baixa Manhattan. Os estudantes participantes logo descobriram que seu programa de matemática não se parecia nada com a matemática das escolas de verão tradicionais. Ao fim de cada dia, a School of One testava cada estudante para diagnosticar precisamente o que eles sabiam. Com essa informação em mãos, durante a noite, a escola combinava o estudante com uma "*playlist* de aprendizagem" para o dia seguinte – o conjunto de atividades e conceitos precisos nos quais cada um trabalharia com base em suas necessidades. Na manhã seguinte, a escola projetava as tarefas do dia para cada estudante em monitores nas paredes, semelhantes aos controladores de voo em um aeroporto. As *playlists* para os estudantes eram extraídas de um *menu* de mais de mil lições de matemática; algumas dessas usavam programas *on-line*, enquanto outras eram destinadas para grupos pequenos, professores virtuais ou seminários presenciais. A ideia-chave por trás do modelo era encontrar os estudantes exatamente no ponto em que estavam academicamente e deixá-los progredir em seus próprios ritmos, de acordo com a modalidade que funcionasse melhor para eles para cada conceito.

ASSISTA AO CLIPE 1: A Teach to One usa o modelo de Rotação Individual para personalizar o ensino por meio de uma variedade de modalidades de aprendizagem de cada estudante.

www.grupoa.com.br/blended/vd/h/vd01.html

No fim do verão, os estudantes do projeto adquiriram habilidades matemáticas a uma taxa estimada como sendo sete vezes mais rápida do que seus pares da mesma região e que apresentavam notas pré-teste semelhantes.[34]

Sustentada por sua primeira prova de conceito, a School of One expandiu-se dos programas-piloto de verão para escolas regulares e, ao longo dos últimos anos, evoluiu gradualmente na forma de atender os estudantes, com um número ainda maior de possíveis lições de matemática. A individualização extrema teve um efeito poderoso. Rose disse que ela desperta nos estudantes uma consciência de seus pontos fortes e suas deficiências, que os inspira a ter bom desempenho em suas avaliações *on-line* diárias e a avançar para dominar novas habilidades. Além disso, o modelo ajuda os estudantes a sentir menos medo de admitir o que não entendem, porque todos eles estão trabalhando em seu próprio ritmo. Enquanto isso, os professores têm um conhecimento detalhado de como cada estudante está indo a cada dia, o que lhes permite responder de forma mais apropriada a alunos com dificuldades. Eles passam menos tempo corrigindo tarefas e mais tempo analisando as necessidades dos estudantes e fornecendo instrução individual ou em grupos pequenos.

Em 2011, Rose foi em frente e fundou a New Classrooms, uma organização sem fins lucrativos chamada Teach to One, semelhante ao modelo School of One original. Desde então, aquele modelo foi expandido para atender diversos distritos escolares fora da cidade de Nova York, incluindo Washington, D.C., e Chicago. Os resultados foram positivos. De acordo com um estudo da Columbia Teachers College sobre o impacto no primeiro ano do modelo de ensino híbrido Teach to One da New Classrooms para o ano letivo de 2012-2013, 2.200 estudantes, em sete escolas diferentes, vivenciaram, em média, quase 20% mais crescimento do que a média nacional em matemática na avaliação da Measures of Academic Progress (MAP) da Northwest Evaluation Association (NWEA).[35]

Acesso

Durante seu mandato, o ex-governador do Alabama, Bob Riley, sentia-se desencorajado em relação à falta de oportunidade para muitos estudantes em seu Estado. Riley nasceu em Ashland, Alabama, uma pequena cidade no distrito de Clay, onde sua família havia se dedicado à criação de gado e à agricultura por seis gerações. Não foi surpresa, quando eleito governador, em 2002, ele ter o coração voltado para os quase 32% de estudantes das escolas públicas do Alabama matriculados em escolas rurais. Riley queria que eles tivessem sucesso. No entanto, o Alabama simplesmente não tinha condições de prover professores qualificados que oferecessem toda a gama de cursos avançados para todas as suas pequenas escolas rurais. Em seu primeiro ano de mandato, Bob Riley teve conhecimento de que o Alabama era o 14º dos dezesseis Estados sulistas em disponibilidade de cursos de Advanced Placement para estudantes do ensino médio.[36]

Em 2004, Riley percebeu que o ensino *on-line* oferecia uma possível solução. Ele convocou uma força-tarefa para criar o projeto para o programa de ensino *on-line* Alabama Connecting Classrooms, Educators, & Students Statewide (ACCESS), com a missão de igualar as oportunidades educacionais em todo o estado.

A força-tarefa concordou com um plano básico de trazer uma ampla variedade de cursos de AP, de língua estrangeira, de créditos duplos, básicos e eletivos para os estudantes do ensino médio do Alabama – e, finalmente, diversos cursos também para estudantes das séries intermediárias – por meio do desenvolvimento de uma escola virtual estadual. Ela também trabalhou junto ao Alabama Supercomputer Authority para atualizar e ampliar a infraestrutura de internet para todo o estado.

O ACCESS licenciou cursos *on-line* de provedores externos e criou muitos de seus próprios cursos. No final de 2012, ela era a terceira maior escola estadual virtual do país, com 44.332 matrículas nos cursos – um aumento de 31% em relação ao ano anterior. Como resultado, o número de pessoas que realizaram o teste de AP nas escolas públicas do Alabama cresceu, da mesma maneira que a taxa de sucesso dos estudantes. De 2004 a 2012, o número dos que realizaram o teste de AP mais do que triplicou; o número de afro-americanos que realizaram o teste de AP aumentou mais de dez vezes; e o número de pontuações do exame que qualificavam para créditos para a universidade mais do que duplicou.[37] O ACCESS ajudou a oferecer opções de cursos avançados e de educação alternativa para milhares de estudantes dos ensinos fundamental e médio do Alabama que anteriormente não tinham tal opção.

Controle de custos

O Knowledge is Power Program (KIPP) é uma das maiores redes de *charter schools* nos Estados Unidos. As escolas KIPP são famosas por sua mentalidade "sem desculpas" – a convicção de que a KIPP não atribuirá a culpa por um fracasso de aprendizagem de seus alunos a nenhuma desculpa de falta de cuidados de saúde ou de parentalidade fraca.[38] A KIPP Empower Academy, uma das 141 escolas na rede KIPP nacional a partir de 2013-2014, tem sua sede no sul de Los Angeles e atende estudantes desde a educação infantil até o 5º ano. Mais de 90% dos estudantes se qualificam de acordo com as regras do governo federal para almoço grátis ou preço reduzido, e 10% se qualificam para educação especial.[39] Todos são afrodescendentes ou hispânicos ou se identificam como mais de uma raça.[40]

Quando assumiu o cargo de diretor-fundador da KIPP Empower, Mike Kerr sabia que queria basear o modelo pedagógico da escola no ensino de pequenos grupos, uma estratégia que tinha produzido fortes resultados em sua escola anterior, na cidade de Nova York. Ele planejava arrecadar fundos por meio do programa de redução do tamanho das turmas na Califórnia, para garantir que cada uma das cinco classes da educação infantil que comporiam a primeira coorte de estudantes não tivesse mais de vinte alunos por professor. Entretanto, meses antes do lançamento da nova escola, em 2010, Kerr e sua equipe souberam que, devido à recessão, a Califórnia havia cortado o financiamento para o programa de redução do tamanho das turmas. Como resultado, a KIPP Empower ficou sem um financiamento de mais de US$ 100 mil.[41]

Kerr e sua equipe se esforçavam para encontrar opções. A princípio, Kerr era cético em relação à sugestão de usar tecnologia para preservar a integridade de seu modelo de grupo pequeno. Contudo, após mais pesquisas, a equipe decidiu testar se um uso discreto de ensino *on-line* para parte do tempo de instrução poderia permitir que os professores preservassem a estratégia inicial, apesar do fato de que o tamanho das turmas precisaria aumentar de 20 para 28 alunos e de que a escola poderia iniciar com apenas quatro salas de aula, em vez de cinco.

Quando a KIPP Empower abriu suas portas para o primeiro dia de aula, no outono de 2010, 112 alunos da educação infantil iniciaram o que estava para se tornar um modelo tremendamente bem-sucedido para a KIPP Empower, que várias outras escolas KIPP estão reproduzindo hoje. Os alunos da educação infantil iniciaram com um bloco de leitura de 90 minutos, no qual um terço da classe se reunia em grupos pequenos com um professor-líder, outro terço trabalhava em grupos pequenos com um professor de intervenção e os demais trabalhavam independentemente em computadores individuais. A cada 30 minutos, os grupos rotacionavam para a próxima estação de trabalho. As crianças continuaram, ao longo do dia, com aproximadamente o mesmo modelo rotacional para escrita, matemática e ciências. Embora cada classe tivesse 28 estudantes no total, a proporção professor-alunos era de 1:14 (ou menos), porque as estações *on-line* liberavam os professores para se reunir com grupos menores.[42]

ASSISTA AO CLIPE 2: A KIPP Empower usa o modelo de Rotação por Estações para oferecer instrução de grupos pequenos em caso de cortes de financiamento.

www.grupoa.com.br/blended/vd/h/vd02.html

Hoje, a KIPP Empower atende aproximadamente 550 alunos da educação infantil ao 5º ano. A cada ano, seus resultados têm sido notáveis. Enquanto 61% dos alunos estavam no nível "básico baixo" no teste Benchmark STEP no outono de 2011, um total de 91% estavam no nível "proficiente ou avançado" na primavera de 2012.[43] No ano letivo seguinte, em 2012-2013, os estudantes continuaram a produzir resultados tão impressionantes quanto a lacuna de conteúdo que haviam enfrentado. O Índice de Desempenho Acadêmico (API, na sigla em inglês) da Califórnia classifica o crescimento acadêmico das escolas com base nos resultados da testagem estadual,[44] com 1.000 sendo a pontuação mais alta, e 800 a pontuação-alvo. A KIPP Empower fez uma pontuação de 991.

A empresa de consultoria sem fins lucrativos FSG publicou um estudo, em 2012, para explicar como a KIPP Empower alcançou esses resultados apesar de uma perda significativa de financiamento estadual. A escola iniciou com dois professores de tempo integral a menos do que se esperava, o que reduziu gastos. Devido ao seu modelo rotacional híbrido, ela manteve o ensino de grupos pequenos enquanto aumentou o número de estudantes matriculados de 200 (originalmente esperados em seu segundo ano de operações) para 231, o que trouxe uma receita extra. No total, o benefício financeiro foi de aproximadamente US$ 1.467 por aluno.[45] Apoiar um modelo híbrido, ou misto, implicou alguns custos extras com *hardware*, *software* e pessoal, que totalizaram aproximadamente US$ 520 por aluno – cerca de US$ 965 a menos do que o benefício financeiro.[46] Como resultado da economia, a equipe da KIPP Empower está otimista de que ela possa ser sustentável apenas com financiamento público em seu 5º ano, significando que não precisará levantar fundos externos nem comprometer sua estratégia de grupo pequeno ou os ideais de seus fundadores.

CONSTRUINDO UM CAMPO DE ESPECIALISTAS

Educadores e pais mal podem esperar e torcem para que alguém finalmente descubra como alavancar o ensino *on-line* para ajudar suas escolas a usufruir dos benefícios de personalização, de acesso e de controle de custos. Centenas de comprovações semelhantes às mencionadas mostram que, com o ensino *on-line*, a sociedade finalmente tem uma forma escalonável e sistemática de trazer essas vantagens para escolas de educação básica. Para um sistema carregado de problemas, de recursos limitados e cada vez mais antiquado, essa é uma boa notícia.

Isso não quer dizer que o ensino *on-line* e o ensino híbrido são, de alguma forma, a solução para todos os males que afligem as escolas. Contudo, juntamente com as dimensões de personalização, de acesso e de controle de custos, quando bem implementados, podem favorecer a instituição de forma ampla.

Vários anos após a primeira publicação de *Inovação na sala de aula*, muita coisa mudou na educação. Este livro é um guia para qualquer um que queira tornar os benefícios do ensino híbrido uma realidade para escolas e alunos. Ele vai além dos "quês" que os autores de *Inovação na sala de aula* identificaram, para dar aos educadores uma forma de ver os "comos" mais claramente. No final, cada leitor pode ser um especialista em ensino híbrido. O que pedimos em troca? Com esse conhecimento e essa *expertise* em mãos, que se tornem os líderes do ensino híbrido em sua comunidade e tomem medidas em benefício de todas as crianças.

O QUE VOCÊ ENCONTRARÁ NESTE LIVRO

A primeira parte do livro fornece algum conhecimento importante sobre ensino híbrido e se baseia substancialmente em quatro relatos de pesquisa sobre ensino híbrido que publicamos na internet de 2011 a 2013.[47] O Capítulo 1 apresenta um panorama do ensino híbrido – o que é e quais as diferentes formas em que se desdobra nas escolas. O Capítulo 2 apresenta uma previsão de como o ensino híbrido provavelmente se desenvolverá e o que isso significa para o futuro das escolas.

A parte seguinte ajuda os educadores a iniciar o caminho do ensino híbrido antes de começar a criar sua própria solução. O Capítulo 3 explica a importância de identificar um problema de aprendizagem complexo a resolver ou uma meta a alcançar antes de criar e implementar uma solução de ensino híbrido. Ele oferece aos educadores uma estrutura para ajudar a pensar como identificar esse desafio, essa meta. O Capítulo 4 oferece orientação sobre como compor a equipe certa para planejar a solução.

A terceira parte ajuda os educadores a planejar sua solução de ensino híbrido. O Capítulo 5 introduz a estrutura de trabalhos a serem feitos para ajudar os educadores a planejar a experiência ideal a fim de atender seus estudantes em particular. O Capítulo 6 concentra-se em como planejar uma experiência ideal para os professores. No Capítulo 7 tratamos da tecnologia: como escolher o conteúdo, o *software* e o *hardware* e planejar o próprio ambiente de aprendizagem. A colocação deste capítulo é intencionalmente tardia no livro, uma vez que muitos educadores cometem o grande erro de iniciar com a tecnologia antes de identificar o que querem fazer com ela. O Capítulo 8 interliga os capítulos para ajudar os educadores a escolher e customizar o modelo de ensino híbrido que melhor atende às suas necessidades. Para educadores ansiosos para colocar o ensino híbrido em ação, este capítulo reúne as vertentes anteriores para ajudá-los a criar um plano palpável.

Na quarta e última parte do livro, o Capítulo 9 ajuda os educadores a pensar a cultura que devem criar para que seu modelo de ensino híbrido tenha êxito. Finalmente, no Capítulo 10, introduzimos uma teoria chamada "planejamento orientado à descoberta" para ajudar a melhorar as chances de sucesso com a implementação de inovações como o ensino híbrido.

Portanto, com este princípio, é hora de arregaçarmos as mangas e começarmos a construir o futuro da aprendizagem.

NOTAS

1 Repetidas vezes os norte-americanos dão altos graus de aprovação às escolas em suas comunidades locais. Por exemplo, em 2013, 71% dos pais deram à escola que seu filho mais velho frequentava uma nota A ou B. Ver BUSHAW, W. J.; LOPEZ, S. J. The 45th Annual PDK/Gallup poll of the public's attitudes toward the public schools: which way do we go? *Kappan Magazine*, v. 95, n. 1, p. 21, 2013. Disponível em: <http://www.oapcs.org/files/u1/2013_PDKGallup.pdf>. Acesso em: 18 fev. 2015.

2 Tom Vander Ark, autor de *Getting Smart*, declarou, em uma conferência na Hoover Institution, que a previsão contida em *Inovação na sala de aula* de que 50% das classes do ensino médio seriam *on-line* ou híbridas antes do final da década parecia loucura cinco anos atrás, mas que acredita que ela será alcançada antes dessa data. Ver ARK, T. V. *Blended Learning in K–12 education*. [S. l.]: Hoover Institution, Stanford University, 2014.

3 CHRISTENSEN, C. M. *The innovator's dilemma*. Boston: Harvard Business School Press, 1997.

4 PEW INTERNET TEENS. *Internet user demographics*. 2012. Disponível em: <http://www.pewinternet.org/data-trend/teens/internet-user-demographics/>. Acesso em: 18 fev. 2015. Além disso, de acordo com o Projeto de Pesquisa Nacional Speak Up 2013, 89% dos estudantes do ensino médio relatam ter acesso a um *smartphone*. Ver PROJECT TOMORROW. *The new digital learning playbook:* mobile learning. 2013. Disponível em: <http://www.tomorrow.org/speakup/pdfs/SU2013_MobileLearning.pdf>. Acesso em 18 fev. 2015.

5 Banco de dados das escolas públicas do College Board 2013 e dados do Programa de AP.

6 Este número foi derivado de uma combinação de estatísticas sobre o número de famílias que ensinam seus filhos em casa – 2,04 milhões – e o número de estudantes matriculados em escolas virtuais de tempo integral – 310 mil. Os alunos nessas escolas virtuais de tempo integral tecnicamente não são estudantes ensinados em casa, porque a sua educação é financiada por dinheiro público, mas a maioria deles ainda está aprendendo em casa. Ver RAY, B. D. *2,04 Million homeschool students in the United States in 2010*. National Home Education Research Institute, 2011. Disponível em: <http://www.nheri.org/HomeschoolPopulation-

Report2010.pdf>. Acesso em: 19 fev. 2015.; WATSON, J. et al. *Keeping pace with K–12 online & Blended Learning*: an annual review of policy and practice, *2013*. Evergreen Education Group, 2013. Disponível em: <http://www.kpk12.com/wp-content/uploads/EEG_KP2013-lr.pdf>.

7 WESTED. U.S. Department of Education. *Connecting students to advanced courses online*: innovations in education. 2007. Disponível em: < https://www2.ed.gov/admins/lead/academic/advanced/coursesonline.pdf>. Acesso em: 19 fev. 2015. Na verdade, menos gritante, mas não menos prejudicial, milhares de estudantes da Califórnia hoje frequentam uma escola que não oferece o conjunto completo de disciplinas requeridas para admissão a uma faculdade na University of California ou nos sistemas da California State University.

8 HORN, M. B.; EVANS, M. *Creating a personalized learning experience*. AdvancED Source, 2013. Disponível em: <http://www.advanc-ed.org/source/creating-personalized-learning-experience>. Acesso em: 19 fev. 2015.

9 CHRISTENSEN, C. M.; HORN, M. B.; JOHNSON, C. W. *Inovação na sala de aula:* como a inovação disruptiva muda a forma de aprender. Porto Alegre: Bookman, 2012.

10 Os educadores nos Estados Unidos começaram a instituir o conceito de níveis de notas, que surgiu na Prússia, em meados da década de 1800, em Quincy, Massachusetts (CHRISTENSEN; HORN; JOHNSON, 2012). A prática se acelerou na virada do século XX, a fim de que os professores pudessem se concentrar em apenas um conjunto de estudantes que tinham aproximadamente a mesma idade.

11 TYACK, D.; CUBAN, L. *Tinkering toward utopia:* a century of public school reform. Cambridge: Harvard University Press, 1995.

12 CONANT, J. B. *The revolutionary transformation of the American high school.* Cambridge: Harvard University Press, 1959.

13 Muitos pintaram um quadro sombrio e mais pernicioso do modelo industrial de educação. Como foi mencionado em uma nota final anterior, as primeiras manifestações do que consideramos agora o ensino tradicional da educação básica surgiu no século VIII, na Prússia. A classe dominante acreditava que a educação pública compulsória, financiada pelos impostos, produziria cidadãos leais dispostos a se submeter à autoridade – particularmente ao rei. Johann Gottlieb Fichte, um filósofo prussiano e figura-chave no desenvolvimento do sistema, admitia abertamente que "[...] se você quer influenciar uma pessoa, é preciso fazer mais do que apenas falar com ela; você precisa moldá-la de tal forma que ela não deseje outra coisa se você não quiser que ela deseje" (KHAN, 2012, p. 77). Certamente, nem todos concordam com a ideia de que as salas de aula tradicionais contêm o mesmo DNA autoritário que seus progenitores prussianos. Aqueles que concordam, entretanto, pintam um quadro sombrio. De acordo com ex-professor do Ano do Estado de Nova York, John Taylor Gatto, a noção de "período de aula" foi posta em prática "de modo que a automotivação para aprender seria

emudecida por interrupções descuidadas". Seu argumento é que o soar intermitente do sino da escola, que divide a aprendizagem em "matérias" curtas e autônomas, impede que os estudantes tenham tempo para formar conexões transdisciplinares profundas, explorar "ideias possivelmente heterodoxas ou perigosas entre eles próprios", ou se envolver em indagações reais. Como tal, o horário escolar clássico é um instrumento para reforçar a subjugação à classe dominante (KHAN, S. *The one world schoolhouse*. New York: Hachette Book Group, 2012. p. 76-77).

14 BUTLER, P. et al. A revolution in interaction. In: ECHOLS, M. E. *ROI on human capital investment*. 2nd ed. Arlington: Tapestry Press, 2005.

15 HANUSHEK, E. A.; PETERSON, P. E.; WOESSMANN, L. *Endangering prosperity:* a global view of the american school. Washington: Brookings Institution Press, 2013.

16 Ver a legislação proposta por Thomas Jefferson na Virginia, "Bill for the more general diffusion of knowledge", disponível em: <http://edweb.sdsu.edu/People/Dkitchen/TE655/jefferson_a.htm>. Acesso em: 25 fev. 2015.

17 BUTLER, P. et al. A revolution in interaction. In: ECHOLS, M. E. *ROI on human capital investment*. 2nd ed. Arlington: Tapestry Press, 2005. No início da década de 1900, a maior parte do trabalho não agrícola envolvia a extração de matéria-prima e sua conversão em produtos acabados – ocupações, como mineração, condução de maquinário pesado ou operação de linhas de produção. Na virada do século XXI, entretanto, apenas 15% dos empregados nos Estados Unidos faziam esse tipo de trabalho. Agora, a maioria detém empregos na economia do conhecimento, em que os trabalhadores passam a maior parte do tempo interagindo, seja como gerentes, enfermeiros, vendedores, conselheiros financeiros, advogados, juízes ou mediadores. Essas ocupações requerem que os trabalhadores lidem com níveis mais altos de conhecimento, habilidade e ambiguidade, bem como façam julgamentos difíceis de formas que simplesmente não se aplicam na maioria das ocupações industriais. Além disso, a necessidade por essas habilidades complexas está aumentando; 70% de todos os empregos dos Estados Unidos criados entre 1998 e 2005 – 4,5 empregos no total – requeriam julgamento e experiência (JOHNSON, B. C.; MANYIKA J. M.; YEE, L. A. *The next revolution in interactions*. McKinsey Quarterly, 2005. Disponível em: <http://www.mckinsey.com/insights/organization/the_next_revolution_in_interactions>. Acesso em: 20 fev. 2015). Os autores enfatizam que a maioria dos países desenvolvidos está vivenciando essa tendência. Outros analistas da McKinsey indicaram que outra habilidade vital para os trabalhadores de hoje é a capacidade de aprender sobre o trabalho. O número de conjuntos de habilidades necessários na força de trabalho aumentou rapidamente, de 178, em setembro de 2009, para 924, em junho de 2012. Ver MILLS, J. et al. *Workforce skills development and engagement in training through skill sets*. DCVER Monograph Series, 2012. Disponível em: <http://files.eric.ed.gov/fulltext/ED538262.pdf>. Acesso em: 20 fev. 2015. Como Sir Michael

Barber coloca: "Aprendizagem e trabalho estão se tornando inseparáveis. Na verdade, pode-se argumentar que isso é precisamente o que significa ter uma economia de conhecimento ou uma sociedade de aprendizagem". Ver BARBER, M.; DONNELLY, K.; RIVZI, S. *An avalanche is coming*: higher education and the revolution ahead. IPPR, 2013, p. 51. Disponível em: <http://www.ippr.org/images/media/files/publication/2013/04/avalanche-is-coming_Mar2013_10432.pdf>. Acesso em: 20 fev. 2015. O resultado desse problema em uma escala mundial é que 75 milhões de pessoas estão desempregadas, mas as empresas não conseguem encontrar os chamados trabalhadores do conhecimento em número suficiente para preencher as vagas de emprego. Ver MCKINSEY & COMPANY. *Tackling youth unemployment*. McKinsey & Company, 2015. Disponível em: <http://mckinseyonsociety.com/education-to-employment/>. Acesso em: 23 fev. 2015.

18 Para um resumo mais completo sobre algumas dessas discussões, recomendamos os seguintes textos: FERREIRA, J. *Rebooting 'Learning Styles'*. Knewton, 2014. Disponível em: <http://www.knewton.com/blog/ceo-jose-ferreira/rebooting-learning-styles/>. Acesso em: 23 fev. 2015.; BAUERLEIN, M. *A concluded Battle in the curriculum wars*. Thomas B. Fordham Institute, 2014. Disponível em: <http://edexcellence.net/commentary/education-gadfly-daily/common-core-watch/a-concluded-battle-in-the-curriculum-wars>. Acesso em: 23 fev. 2015.; HORN, M. B. *Differentiating learning by 'Learning Style' might not be so wise*. The Clayton Christensen Institute, 2010. Disponível em: <http://www.christenseninstitute.org/differentiating-learning-by-learning-style-might-not-be-so-wise/>. Acesso em: 23 fev. 2015.

19 CLARK, R. C.; MAYER, R. E. *e-Learning and the science of instruction*: proven guidelines for consumers and designers of multimedia learning. San Francisco: Wiley, 2008. cap. 2. Esta é uma das razões por que a construção da base de conhecimentos dos estudantes de uma forma intencional é tão importante, mas supor que todos têm a mesma base de conhecimento e tratá-los igualmente é um erro.

20 BRIDGELAND, J. M.; DILULIO, J. J.; MORISON, K. B. *The silent epidemic*: perspectives of high school dropouts. A Report by Civic Enterprises em associação com Peter D. Hart Research Associates para a Bill & Melinda Gates Foundation, março de 2006, p. iii.

21 Para uma discussão mais completa desse fenômeno, ver Christensen, Horn e Johnson (2012). Além disso, como o ex-professor e atual CEO do Silicon Schools Fund, Brian Greenberg menciona, a personalização

> [...] está chegando naquele conceito de que todo estudante obtém o que necessita exatamente quando necessita. E, em termos de educação, chamamos isso de diferenciação. Mas acredito que diferenciação é uma palavra que foi inventada para fazer os professores se sentirem mal consigo

mesmos porque na realidade simplesmente não podemos fazer isto por meio de manuais. E é onde a tecnologia mantém alguma promessa de talvez dar aos professores o potencial de fazer mais personalização.

Ver GREENBERG, B.; SCHWARTZ, R.; HORN, M. *Blended Learning*: personalizing education for students. Coursera, Week 2, Video 2: Key Elements of the Student Experience, https://class.coursera.org/blendedlearning-001. Acesso em 25 fev. 2015. Acesso restrito.

22 Os educadores, com frequência, referem-se a essas lacunas como o problema "queijo suíço", devido à semelhança com os buracos nesse queijo. O desafio, para um professor no modelo industrial tradicional, é saber onde estão os buracos na aprendizagem de cada estudante.

23 Existem muitas definições de ensino personalizado na literatura, o que torna difícil avaliar a pesquisa sobre eficácia dessas abordagens, visto que muitas pessoas no campo usam o termo para se referir a tudo que se relaciona com aprendizagem com base em interesse ao uso de "estilos de aprendizagem". Isso significa ensinar pessoas tomando por base uma noção de que elas são aprendizes visuais ou auditivos, por exemplo. Como nossa explicação declara, não é isso que queremos dizer com o termo. Dito isso, algumas das definições baseadas na literatura são dadas a seguir, nesta nota, mas é importante esclarecer que acreditamos que ensino personalizado significa que os estudantes irão tanto aprender um conjunto básico de competências – conhecimento, habilidades e disposições – comuns a todos os estudantes *quanto* ramificar-se para diferentes áreas de estudo para seguir suas paixões. Embora não sejamos especialistas, há certos conceitos e padrões que valem a pena ser aprendidos e expostos para todos os estudantes, conceitos que existem provavelmente em menor número, são mais claros para professores e alunos, e têm rigor e qualidade conceitual mais altos do que a maioria dos estudantes dos Estados Unidos tem enfrentado historicamente.

Para criar um conjunto de definições operantes comuns para os campos de ensino *on-line* e híbrido, o iNACOL, a associação internacional de ensino *on-line* da educação básica, define ensino personalizado como

> [...] aprendizagem sob medida para os pontos fortes, as necessidades e os interesses de cada estudante – incluindo permitir que eles expressem e escolham o que, como, quando e onde aprendem – para proporcionar flexibilidade e apoio para assegurar o domínio dos padrões mais altos possíveis.

Ver PATRICK, S.; KENNEDY, K.; POWELL, A. *Mean what you say*: defining and integrating personalized, blended, and competency education. iNACOL, 2013. Disponível em: < http://www.inacol.org/cms/wp-content/uploads/2013/10/iNACOL-Mean-What-You-Say-October-2013.pdf>. Acesso em: 23 fev. 2015.

O National Education Technology Plan 2010, do Departamento de Educação dos Estados Unidos, diferencia entre ensino individualizado, personalizado e diferenciado da seguinte maneira:

> Individualização, diferenciação e personalização tornaram-se jargões na educação, mas existe pouca concordância sobre o que exatamente eles significam, além do conceito amplo de que cada um é uma alternativa ao modelo de ensino e aprendizagem de tamanho único. Por exemplo, alguns profissionais da educação usam personalização no sentido de que os estudantes têm a opção de escolher o que e como aprendem, de acordo com seus interesses, e outros usam o termo para sugerir que o ritmo do ensino é diferente para diferentes alunos. Ao longo de todo esse plano, usamos as seguintes definições: Individualização refere-se ao ensino que segue o ritmo das necessidades de aprendizagem dos diferentes alunos. As metas de aprendizagem são as mesmas para todos eles, mas podem progredir ao longo do material em velocidades diferentes, de acordo com suas necessidades de aprendizagem. Por exemplo, os alunos poderiam levar mais tempo para progredir em um determinado tópico, saltar tópicos que cobrem informações que eles já sabem ou repetir aqueles em que necessitam de mais ajuda. Diferenciação refere-se ao ensino que é feito sob medida para as preferências de aprendizagem de diferentes alunos. As metas de aprendizagem são as mesmas para todos eles, mas o método ou a abordagem ao ensino varia de acordo com as preferências de cada estudante ou com o que a pesquisa constatou que funciona melhor para estudantes como eles. Personalização refere-se ao ensino que segue o ritmo das necessidades de aprendizagem, talhado às preferências de aprendizagem e aos interesses específicos dos diferentes alunos. Em um ambiente que é totalmente personalizado, os objetivos e o conteúdo da aprendizagem, bem como o método e o ritmo, podem variar (portanto, personalização inclui diferenciação e individualização). Ver NATIONAL EDUCATION TECHNOLOGY PLAN. *Transforming American education:* learning powered by technology. 2010. Disponível em: <http://www.ed.gov/sites/default/files/NETP-2010-final-report.pdf>. Acesso em: 23 fev. 2015.

24 BLOOM, B. S. The 2 sigma problem: the search for methods of group instruction as effective as one-to-one tutoring. *Educational Researcher*, v. 13, n. 6, Jun./Jul., 1984. Disponível em: <http://www.comp.dit.ie/dgordon/Courses/ILT/ILT0004/TheTwoSigmaProblem.pdf>. Acesso em: 23 fev. 2015. Em seu estudo, estudantes em um grupo reuniam-se cada um com um bom professor particular. Os estudantes em um segundo grupo, o grupo-controle, aprendiam da forma convencional, em classes com aproximadamente 30 alunos por professor. Os pesquisadores designaram os estudantes aleatoriamente para ambas as condições de aprendizagem. Cada grupo tinha pontuações em teste de aptidão e interesses

iniciais na matéria semelhantes. Além dos achados do "2 Sigma", 90% dos estudantes em tutoria alcançaram o nível de realização somativa alcançado apenas por 20% dos estudantes sob condições de ensino convencional.

25 VANLEHN, K. The relative effectiveness of human tutoring, intelligent tutoring systems, and other tutoring systems. *Educational Psychologist*, v. 46, n. 4, 2011. Disponível em: <http://www.tandfonline.com/doi/abs/10.1080/00461520.2011.611369>. Acesso em: 23 fev. 2015.

26 A Competency Works, uma iniciativa colaborativa com o iNACOL como sua organização principal e o MetisNet facilitando a gestão do projeto, trabalhou com o campo para criar a seguinte definição para aprendizagem baseada na competência de alta qualidade. Ver STURGIS, C.; PATRICK, S. *It's not a matter of time:* highlights from the 2011 competency-Based Learning Summit", iNACOL, 2011. Disponível em: <http://www.inacol.org/cms/wp-content/uploads/2012/09/iNACOL_Its_Not_A_Matter_of_Time_full_report.pdf>. Acesso em: 23 fev. 2015.

   1 Avanço dos estudantes por domínio demonstrado.

   2 As competências incluem objetivos de aprendizagem explícitos, mensuráveis e transferíveis que empoderam os estudantes.

   3 A avaliação é significativa e uma experiência de aprendizagem positiva para os estudantes.

   4 Os estudantes recebem apoio rápido e diferenciado com base em suas necessidades de aprendizagem individuais.

   5 Os desfechos da aprendizagem enfatizam competências que incluem a aplicação e a criação de conhecimento juntamente com o desenvolvimento de importantes habilidades e disposições.

   Incorporado a muitas noções de aprendizagem baseada na competência está um sentido de "ritmo mínimo" ou "ritmo do professor", que significa que os estudantes não podem simplesmente se debater, não aprender nada e permanecer empacados. Cada vez mais deve ser dada atenção a alunos atrasados, de modo que eles continuem a progredir em um ritmo mínimo e não fiquem ainda mais para trás.

27 Outra forma de articular as diferenças entre aprendizagem baseada na competência e o sistema de modelo industrial é que, neste, o tempo é fixo, enquanto a aprendizagem é variável. No entanto, em um sistema de aprendizagem baseado na competência, o tempo é a variável, e a aprendizagem de cada estudante é fixa.

28 Somos gratos a Sal Khan por discutir a base de pesquisa para a aprendizagem de domínio em KHAN, S. *The one world schoolhouse.* New York: Hachette Book Group, 2012. p. 40–41.

29 LEVINE, D. *Improving student achievement through mastery learning programs.* São Francisco: Jossey-Bass, 1985.

30 DAVIS, D.; SORRELL, J. Mastery learning in public schools. *Educational Psychology Interactive*. Valdosta: Valdosta State University, 1995.

31 GUSKY, T.; GATES, S. *Synthesis of research on the effects of mastery learning in elementary and secondary classrooms*. Educational Leadership, v. 43, n. 8, 1986.

32 Watson et al. (2013, p. 17).

33 Resumos de muitos desses programas estão disponíveis no banco de dados Blended Learning Universe (BLU) em www.christenseninstitute.org.

34 STAKER, H. *The rise of K–12 Blended Learning*: profiles of emerging models. Clayton Christensen Institute e Charter School Growth Fund, 2011. Disponível em: <http://www.christenseninstitute.org/publications/the-rise-of-k-12-blended--learning-profiles-of-emerging-models/>. Acesso em: 23 fev. 2015.

35 READY, D. et al. *Student mathematics performance in year one implementation of teach to one*: math. New York: Center for Technology and School Change, 2013.

36 Esta seção foi adaptada do seguinte estudo de caso: STAKER, H.; TROTTER, A. *Providing Access to Alabama: Connecting Rural Classrooms through Distance and Online Learning*. Clayton The Christensen Institute, 2011.

37 THE 10TH ANNUAL AP REPORT TO THE NATION. Alabama Supplement, College Board, 2014. Disponível em: <http://media.collegeboard.com/digital-Services/pdf/ap/rtn/10th-annual/10th-annual-ap-report-state-supplement-alabama.pdf>. Acesso em: 23 fev. 2015.

ALABAMA DEPARTMENT OF EDUCATION. *Alabama still gaining in advanced placement*. Montgomery, 2010. Disponível em:,<http://www.media.alabama.gov/AgencyTemplates/education/alsde_pr.aspx?id=2803>. Acesso em: 25 fev. 2015.

38 KIPP. *How we do it*. 2013. Disponível em: <http://www.kipp.org/our-approach/fivepillars>. Acesso em: 23 fev. 2015.

39 BERNATEK, B. *Blended Learning in practice*: case studies from leading schools, featuring KIPP empower academy. Michael & Susan Dell Foundation, 2012. Disponível em: <http://5a03f68e230384a218e0-938ec019df699e606c950a-5614b999bd.r33.cf2.rackcdn.com/Blended_Learning_Kipp_083012.pdf>. Acesso em: 23 fev. 2015.

40 KIPP Empower Academy: Students & Teachers: great schools, http://www.greatschools.org/california/los-angeles/25197-KIPP-Empower-Academy/?tab=demographics, acessado em 10 de setembro de 2013.

41 BERNATEK, B. *Blended Learning in practice*: case studies from leading schools, featuring KIPP empower academy. Michael & Susan Dell Foundation, 2012. Disponível em: <http://5a03f68e230384a218e0-938ec019df699e606c950a-5614b999bd.r33.cf2.rackcdn.com/Blended_Learning_Kipp_083012.pdf >. Acesso em: 23 fev. 2015.

42 Bernatek (2012).

43 KIPP Empower Academy Results. 2013. Disponível em: < http://www.kippla.org/empower/academic-results.cfm>. Acesso em: 25 fev. 2015.

44 2012–13 ACCOUNTABILITY Progress Reporting (APR): school report: API growth and targets met: KIPP Empower Academy. California Department of Education, 2014. Disponível em:<http://api.cde.ca.gov/Acnt2013/2013SchSummary.aspx?allcds=19-647330121699>. Acesso em: 23 fev. 2015.

45 BERNATEK, B. *Blended Learning in practice:* case studies from leading schools, featuring kipp empower academy. Michael & Susan Dell Foundation, 2012. Disponível em: <http://5a03f68e230384a218e0-938ec019df699e606c950a-5614b999bd.r33.cf2.rackcdn.com/Blended_Learning_Intro_083012.pdf>. Acesso em: 23 fev. 2015. Ter dois professores a menos economizou cerca de US$ 623 por aluno; aumentar, em seu segundo ano de operações, o número de matrículas dos 200 alunos originalmente esperados para 231 alunos trouxe um adicional de US$ 844 em financiamento estadual e federal para cada aluno.

46 O custo extra com pessoal é na forma de um assistente de tecnologia.

47 Os Capítulos 1 e 2 citam extensivamente quatro ensaios que publicamos digitalmente nos anos anteriores à escrita deste livro. Esses relatos incluem HORN, M. B.; STAKER, H. *The rise of K–12 blended learning.* Clayton Christensen Institute, 2011. Disponível em: <http://www.christenseninstitute.org/The-rise-of-k-12-blended-learning.pdf>. Acesso em: 23 fev. 2015.; HORN, M. B.; STAKER, H. *Classifying K–12 Blended Learning.* Clayton Christensen Institute, 2012. Disponível em: <http://www.christenseninstitute.org/wp-content/uploads/2013/04/Classifying-K-12-blended-learning.pdf>. Acesso em: 23 fev. 2015.; CHRISTENSEN, C. M.; HORN, M. B.; STAKER, H. *Is K–12 Blended Learning disruptive?* Clayton Christensen Institute, 2013. Disponível em: <http://www.christenseninstitute.org/wp-content/uploads/2013/05/Is-K-12-Blended-Learning-Disruptive.pdf>. Acesso em: 23 fev. 2015.

Parte I

Entendimento

Entendimento › Mobilização › Planejamento › Implementação

Capítulo 1

O que é ensino híbrido?

É impossível participar dos círculos educacionais atualmente e não ouvir falar no ensino híbrido. Ele está no topo da lista dos temas atuais relacionados a mudanças na educação. Graças, em parte, a Sal Khan, fundador da Khan Academy – que atende mais de dez milhões de estudantes por mês em pelo menos 200 países com sua enorme biblioteca de vídeos instrutivos e exercícios interativos –, a ideia do ensino híbrido está se tornando comum.[1] Porém, antes da Khan Academy, e mesmo antes de o termo "ensino híbrido" surgir, milhões de estudantes estavam vivenciando a combinação do ensino *on-line* em suas escolas. O programa de intervenção da leitura Scholastic READ 180,* que inicialmente era carregado em computadores das escolas por meio de CD-ROMs e, posteriormente, migrou para a internet, está nas salas de aula desde 1998 e hoje atende aproximadamente 1,3 milhão de estudantes em mais de 40 mil salas de aula.[2] Embora a extensão exata do ensino híbrido na educação básica dos Estados Unidos seja desconhecida, os especialistas do Grupo de Educação Evergreen estimam que mais de 75% dos distritos oferecem algumas opções *on-line* ou híbridas.[3]

No entanto, qualquer exame sério sobre tecnologia na educação básica nos Estados Unidos deve reconhecer que a nação gastou mais de US$ 100 bilhões em computadores nas últimas décadas, com muito pouco para mostrar em termos de resultados.[4] Portanto, por que todo o sensacionalismo em relação ao ensino híbrido? O que o torna diferente da longa história de computadores e tecnologia nas escolas?

---

* N. de R.T.: Programa *on-line* para aprimorar as habilidades de leitura de estudantes da educação básica norte-americana (www.scholastic.com/read180).

A MARCHA ASCENDENTE DO ENSINO *ON-LINE*

O ensino híbrido tem suas raízes no ensino *on-line*. Como todas as inovações disruptivas – da Amazon.com ao TurboTax –, o ensino *on-line* está melhorando contínua e previsivelmente, na medida em que busca atender a usuários mais exigentes em situações mais difíceis.

Esse padrão de inovações disruptivas é fundamental para entender o que o ensino *on-line* tem pela frente. Quando surgiu, o ensino *on-line*, de modo previsível, tinha a reputação de ser uma alternativa secundária e barata para a sala de aula presencial tradicional. Entre os cerca de 40 mil estudantes da educação básica que estavam fazendo pelo menos um curso *on-line* em 2000, a maioria os utilizava como uma tentativa de última hora para recuperar notas a tempo para a formatura, para evitar abandonar a escola ou para estudar de forma independente em casa ou *on-line*.[5] O ensino *on-line* tinha pouco apelo para os estudantes dos cursos regulares.

Entretanto, fiel ao padrão das inovações disruptivas, o ensino *on-line* avançou firmemente de forma ascendente para alcançar uma variedade mais ampla de estudantes e até começou a substituir o ensino tradicional em certos casos. Em algumas escolas, os cursos de língua estrangeira *on-line* foram os primeiros a oferecer um substituto viável para uma disciplina tradicionalmente presencial. A High Tech High, uma rede de *charter schools* de San Diego, Califórnia, começou a usar o programa de língua estrangeira de Rosetta Stone, por exemplo, devido à reputação do programa de ajudar os estudantes a dominar os idiomas mais rápido do que é possível em uma aula no estilo de palestra. "Rosetta Stone gastou milhões em pesquisa e desenvolvimento, e o programa tem uma forma muito mais inteligente de interagir com seus usuários", disse Larry Rosenstock, CEO da High Tech High. Ele acredita que os estudantes podem aprender mais em um ano com o Rosetta Stone do que com os melhores professores presenciais.[6]

Um dos avanços mais significativos do ensino *on-line* foi basear-se mais fortemente em experiências físicas, ou presenciais, para fornecer apoio e sustentação para estudantes que aprendem nessa modalidade. No começo, os programas *on-line* eram bastante indiferentes ao local *onde* os estudantes aprendiam. Os cursos autônomos, ou independentes, funcionavam quer os estudantes estivessem aprendendo em casa, em um laboratório de informática ou na biblioteca. A localização física simplesmente não importava, desde que o aluno tivesse boa conexão de internet e disposição para uma experiência totalmente virtual.

Aqueles que forneciam os cursos *on-line* logo descobriram, entretanto, que existe um limite para o número de estudantes que podem trabalhar sem a supervisão explícita e a assessoria presencial de um adulto. Em *Inovação na Sala de Aula*, uma análise mostra que 50% de todas as disciplinas de ensino médio serão fornecidas *on-line* de alguma forma em 2019, e também que a educação em casa e a educação virtual de tempo integral *não* irão substituir o ensino tradicional, visto que seu rápido crescimento estaciona abaixo de 10% da população de estudantes da educação básica.[7] Isso sugere que mais de 90% dos estudantes continuarão a depender de supervisão adulta nas escolas tradicionais.

Essa estimativa de 90% soa verdadeira. A maioria das crianças necessita de um lugar seguro fora de casa para estar durante o dia, enquanto seus pais estão ocupados. Na verdade, uma das principais funções que as escolhas desempenham é puramente de custódia – cuidar das crianças e mantê-las seguras. A maioria dos estudantes também quer um lugar físico para se reunir e se divertir, bem como para receber ajuda de seus professores, dois outros aspectos importantes que podem ser separados da transmissão de conteúdo.

De olho na oportunidade de aproveitar as virtudes do ensino *on-line* para estes 90%, os diretores e professores de escolas inovadoras buscaram formas de unir o ensino *on-line* com a experiência da escola física tradicional. Esse esforço produziu o termo "ensino híbrido", que entrou no léxico do ensino da educação básica aproximadamente na virada do século XXI. Visto que a maioria dos pais e estudantes necessita que a escola seja mais do que puramente virtual, a combinação do ensino *on-line* e tradicional da educação básica representa um avanço importante na integração dessas modalidades.[8]

Fora da educação, outras tecnologias puramente virtuais seguiram o mesmo caminho de adicionar um elemento físico para atender mais pessoas. Por exemplo, algumas lojas virtuais estão ganhando terreno abrindo lojas físicas cujo propósito principal é servir como um *showroom* – um espaço onde clientes em potencial podem testar ou experimentar produtos que anteriormente eram visíveis apenas virtualmente – e então comprar da loja virtual. A Bonobos, uma loja de artigos masculinos que já foi dogmática em relação a vender apenas virtualmente, abriu seis lojas físicas em 2012. As lojas têm estoques limitados e empregam apenas alguns vendedores. O varejo "sem-lojas" é um exemplo da marcha ascendente da disrupção; após alcançar uma posição lançando-se como uma solução virtual simples, as empresas e as organizações em uma trajetória disruptiva buscam inovações de sustentação – tal como os *showrooms* – para permitir um atendimento a clientes mais exigentes.[9]

O QUE É (E O QUE NÃO É) ENSINO HÍBRIDO

Ensino híbrido é fundamentalmente diferente da tendência muito mais ampla de equipar as salas de aula com dispositivos e programas de computador, mas é facilmente confundida com ela. O uso comum do termo "ensino híbrido" nos círculos educacionais pelos meios de comunicação sofre de um problema de "ênfase aos extremos". As pessoas o usam o termo de forma demasiadamente ampla, para se referir a todos os usos da tecnologia na educação ("edtech") que se acumulam em uma sala de aula, ou demasiadamente restrita, para indicar apenas os tipos de aprendizagem que combinam o *on-line* e o presencial e com a qual têm mais afinidade.

A partir de 2010, entrevistamos os educadores responsáveis por mais de 150 programas de ensino híbrido para chegar a uma definição "exata" intermediária que fosse ampla o suficiente para permitir variações, mas restrita o suficiente para diferenciá-la da categoria ilimitada do uso de tecnologia para a educação nas escolas. Essa definição tem três partes.

Em parte, por meio do ensino *on-line*

Ensino híbrido é qualquer programa educacional formal no qual um estudante aprende, pelo menos em parte, por meio do ensino *on-line*, com algum elemento de controle do estudante sobre o tempo, o lugar, o caminho e/ou o ritmo.

A referência a um "programa de educação formal" é importante, porque exclui casos em que um estudante joga um *game* educativo no Xbox em casa ou baixa um aplicativo de aprendizagem enquanto está no supermercado, de forma independente de seu programa escolar formal. Mais essencial para a definição, entretanto, é "ensino *on-line*, com algum elemento de controle do estudante". Em todos os programas de ensino híbrido, os estudantes têm um pouco de sua aprendizagem via internet. Isso não significa usar qualquer ferramenta digital, como uma calculadora *on-line* ou o Google Docs. Aprender *on-line* significa uma grande mudança instrucional do ensino basicamente presencial para aquele que utiliza instrução e conteúdos baseados na *web*.[10]

Algum elemento de controle do estudante é fundamental; de outro modo, o ensino híbrido não seria diferente de um professor transmitindo o conteúdo da disciplina *on-line* para os alunos em uma sala de aula por meio de uma lousa eletrônica. A tecnologia usada para o ensino *on-line* deve passar o controle do conteúdo e do ensino para o estudante, pelo menos de alguma forma, para que possa ser qualificada como ensino híbrido do ponto de vista do estudante, em vez de apenas o uso de ferramentas digitais do ponto de vista do professor. Pode ser simplesmente o controle do ritmo – a possibilidade de, livremente, parar, retroceder ou pular determinado conteúdo *on-line*. Entretanto, com frequência, o ensino *on-line* estende-se a outros tipos de controle – em alguns casos, os estudantes podem escolher a hora em que aprendem *on-line*, o caminho que querem tomar para aprender um conceito ou mesmo o local onde querem completar o trabalho *on-line* – seja em uma sala de aula tradicional ou em qualquer outro lugar.[11]

O ponto principal é: a menos que um programa educacional inclua o ensino *on-line* com pelo menos algum elemento de controle por parte do estudante em termos de tempo, lugar, caminho e/ou ritmo, ele não é ensino híbrido.

Em parte, em um local físico supervisionado

A segunda parte da definição é que **o estudante aprende, pelo menos em parte, em um local físico supervisionado longe de casa.** Em outras palavras, o estudante frequenta uma escola tradicional, com professores ou supervisores. Frequentemente, é a escola do bairro, mas, em outros casos, é um centro de aprendizagem que pode até estar instalado no espaço de um shopping convertido em um laboratório de informática informal. E quanto a estudantes estudando na Starbucks? Isso não é ensino híbrido; a supervisão de um funcionário da Starbucks não conta. E quanto a estudantes aprendendo em tempo integral pela internet na mesa da cozinha? Eles também não são alunos de ensino híbrido, porque não estão vivenciando a parte "longe de casa". Ensino híbrido significa que os estudantes têm pelo menos um componente de escola física, longe de casa, incorporado ao seu curso.

Uma experiência de aprendizagem integrada

A terceira parte da definição é que **as modalidades, ao longo do caminho de aprendizagem de cada estudante em um curso ou uma matéria, estão conectadas para fornecer uma experiência de aprendizagem integrada.** Isso significa que, se os estudantes estão aprendendo história americana de uma forma híbrida, os componentes *on-line* e presencial atuam juntos para fornecer um curso integrado. O oposto seria os estudantes aprenderem alguns tópicos *on-line* e, então, retornarem à sua escola tradicional para repeti-los em uma aula presencial. Para prevenir tal falta de coordenação, a maioria dos programas de ensino híbrido usa um sistema de dados computadorizado para acompanhar o progresso de cada estudante, tentando combinar a modalidade – seja *on-line*, individual ou em um grupo pequeno – com o nível e o tópico apropriados. No entanto, em algumas escolas, os professores registram o progresso de forma antiquada e tentam conectar as modalidades manualmente. De qualquer forma, a ideia fundamental é que o ensino híbrido envolva uma "combinação" real de quaisquer que sejam os formatos dentro do curso de estudo. Hoje, muitos modelos híbridos ainda não alcançaram o ideal de integração total entre as modalidades, mas o conceito, ainda assim, é parte do que a maioria dos educadores tem em mente quando visualizam o ensino híbrido, e, portanto, é importante para a definição.

Aplicando a definição

Vamos usar esta definição em algumas situações hipotéticas para ver se elas são exemplos de ensino híbrido.

> **Cenário 1:** A professora de Dominique postou todos os seus planos de aula, tarefas e questionários no sistema de gestão de aprendizagem chamado Blackboard. Dominique pode acessar essa página da aula *on-line* de sua sala de aula física ou de casa usando o *tablet* que sua escola lhe emprestou.
>
> **Cenário 2:** Matthew é aluno de tempo integral da Mountain Heights Academy, anteriormente conhecida como Open High School of Utah. Ele completa seu trabalho em sua própria escola, mas se conecta com os professores *on-line* ao vivo por meio de uma *webcam* ou do programa de videoconferência Skype. Também usa o Skype para se conectar simultaneamente com o clube de xadrez virtual da escola e com o grêmio estudantil virtual.
>
> **Cenário 3:** Ângela gosta de jogos *on-line* de matemática, que joga no computador da biblioteca da escola. Ela também tem aulas de álgebra com um professor presencial, que não sabe sobre os jogos *on-line*, mas gosta de ver que Ângela parece estar mais rápida para lembrar de fatos matemáticos.

Se você concluiu que nenhum destes é um exemplo de ensino híbrido, está certo. No primeiro cenário, a internet está hospedando informações e ferramentas para a classe de Dominique, mas não está orientando o seu aprendizado; o professor presencial está fazendo isso. Portanto, Dominique não tem controle sobre o tempo, o local, o caminho ou o ritmo de sua aprendizagem. A classe está aprendendo a mesma coisa, ao mesmo tempo, e está abordando o mesmo conteúdo curricular, ou, talvez, está aprendendo em grupos pequenos, em vez de usar uma plataforma *on-line* para dar a cada estudante o nível certo do conteúdo em cada momento do ensino. Dominique está em uma sala de aula "rica em tecnologia", mas não híbrida.

O equívoco mais comum relacionado ao ensino híbrido é confundi-lo com ensino enriquecido por tecnologia. Muitas escolas estão implementando programas individuais nos quais cada estudante tem acesso a um computador pessoal. Contudo, a infusão de tecnologia nos ambientes escolares não é necessariamente sinônimo de ensino híbrido. Essa confusão não é limitada aos Estados Unidos; parece muito comum em todos os lugares, da Europa à Ásia. O Apêndice 1.1 discute mais o ensino enriquecido por tecnologia, bem como outros termos relacionados ao ensino híbrido ou confundidos com ele.

No segundo cenário, Matthew não está aprendendo em um local físico supervisionado longe de casa. Ele está se conectando com seus colegas de aula e professores em tempo real, mas não presencial na escola. Matthew é um aluno de escola virtual em tempo integral, e não um aluno de ensino híbrido.

No terceiro cenário, as atividades de matemática de Ângela não são conectadas para criar um curso de álgebra unificado, ou integrado. Ela aprende matemática na biblioteca, mas ninguém está coletando os dados e usando-os para atualizar seu plano de aprendizagem na aula de matemática tradicional. Ângela está usando o ensino *on-line* na biblioteca, mas não como parte de um programa de ensino híbrido.

MODELOS DE ENSINO HÍBRIDO

Então, se nenhum destes é um exemplo de ensino híbrido, qual seria o cenário? Visto que o ensino híbrido ainda está nos primeiros "confusos" estágios de seu desenvolvimento, as escolas estão pensando sobre ele de centenas de formas à medida que experimentam o que funciona melhor para elas. Como resultado, à primeira vista, muitos educadores dizem que seus programas não podem ser categorizados e que são completamente diferentes de qualquer outro.

Em nossa pesquisa, entretanto, verificamos que os cursos mais híbridos enquadram-se em algum lugar dentro dos parâmetros amplos de quatro modelos principais: Rotação, Flex, À la Carte e Virtual Enriquecido. A Figura 1.1 esquematiza as relações entre eles.

Em muitos casos, as escolas usam modelos múltiplos e os combinam de diferentes formas para criar um programa personalizado. O propósito desses termos é fornecer uma linguagem para descrever os elementos básicos das várias combinações. As próximas seções descrevem cada um deles e fazem um esboço de como podem acontecer na prática. A definição formal de cada modelo e os exemplos de diagramas estão no Apêndice 1.2.

Modelo de rotação

O modelo que atrai primeiro os professores em particular é o modelo de *Rotação*. Esta categoria inclui qualquer curso ou matéria em que os estudantes alternam – em uma sequência fixa ou a critério do professor – entre modalidades de aprendizagem em que pelo menos uma seja *on-line*. Com frequên-

Figura 1.1 Modelos de ensino híbrido.

cia, os estudantes alternam entre ensino *on-line*, ensino conduzido pelo professor em pequenos grupos e tarefas registradas em papel e realizadas em suas mesas. Eles também podem alternar entre ensino *on-line* e algum tipo de discussão ou projeto realizado com toda a turma. O fundamental é que o professor, ou o relógio, anuncie que chegou a hora de trocar, e todos mudem para sua próxima atividade designada no curso.

A ideia de rotacionar entre estações certamente não é nova para a educação. Na verdade, os professores têm rotacionado grupos de estudantes entre as tarefas por décadas, predominantemente no ensino fundamental. O novo elemento é que o ensino *on-line* agora é parte do ciclo.

Rotação por Estações

Em alguns casos, essa rotação ocorre dentro de uma sala de aula ou de um conjunto de salas de aula. Isso é chamado de *Rotação por Estações*. O exemplo clássico é o programa READ 180 da Scholastic; ele tem ajudado na transição das salas de aula para um modelo de Rotação por Estações desde seu início, em 1998. Agora, com mais de 40 mil salas de aula usando o READ 180, ele é um dos exemplos do modelo de mais longa duração e mais amplamente distribuído.[12] O sistema READ 180, voltado para estudantes do ensino fundamental ao ensino médio cujo desempenho da leitura está abaixo da proficiência, orienta os professores a iniciar e terminar cada sessão da aula com uma discussão que envolva toda a turma. Entre elas, os estudantes se dividem em grupos e alternam entre três estações.

1. **Ensino conduzido pelo professor em pequenos grupos**, no qual o professor utiliza livros e trabalha estreitamente com estudantes individuais.
2. **Aprendizagem individual**, usando o programa READ 180 para praticar habilidades de leitura.
3. **Leitura individual modelada e independente**, na qual os estudantes usam livros ou áudio do READ 180.

De acordo com o What Works Clearinghouse (WWC), um banco de dados mantido pelo governo norte-americano que fornece análise de pesquisa sobre o que funciona na educação para melhorar os desfechos dos estudantes, o programa READ 180 resultou em um ganho médio de 12 pontos percentuais para desempenho da leitura, e 4 pontos para compreensão da leitura entre alunos adolescentes. Com base nesses resultados, o WWC considera o grau de evidência para os efeitos potencialmente positivos do programa como "médio a grande", embora nenhum dos estudos do READ 180 esteja inteiramente dentro do âmbito do protocolo de revisão para padrões de evidência do WWC.[13] Além de sua eficácia, entretanto, sua dimensão o torna um exemplo proeminente de uma Rotação por Estações.

Para aqueles que desejam outros exemplos de Rotação por Estações, bem como dos outros modelos combinados, o Christensen Institute mantém o Blended Learning Universe (BLU),[14] um banco de dados com informações sobre programas híbridos no mundo todo, em que se pode realizar pesquisas por modelo e outros aspectos. O BLU lista diversos exemplos de Rotação por Estações, incluindo o KIPP Empower, descrito na Introdução deste livro;[15] escolas do Oakland Unified School District, da Califórnia; diversos distritos da Pensilvânia envolvidos na Pensilvânia Hybrid Learning Initiative; a rede de *charter schools* da Alliance College-Ready Public Schools; escolas da rede Aspire Public Schools; Mission Dolores Academy, em San Francisco, uma escola católica independente de educação infantil ao 9º ano; a The Avenues World School, uma escola particular de alta qualidade, na cidade de Nova York; a Elia Sarwat High School e o Zaya Learning Center, ambos em Mumbai, Índia.

▶ ASSISTA AO CLIPE 3: A Alliance College-Ready Public Schools usa a Rotação por Estações para fornecer o mesmo material de três formas diferentes.

www.grupoa.com.br/blended/vd/h/vd03.html

▶ ASSISTA AO CLIPE 4: A Aspire ERES Academy usa a Rotação por Estações para facilitar o ensino diferenciado.

www.grupoa.com.br/blended/vd/h/vd04.html

▶ ASSISTA AO CLIPE 5: A Mission Dolores Academy, uma escola católica em San Francisco, usa o modelo de Rotação por Estações para atender a necessidades individuais de uma forma financeiramente sustentável.

www.grupoa.com.br/blended/vd/h/vd05.html

> ASSISTA AO CLIPE 6: A The Avenues: World Schools fornece aos estudantes *laptops* e um ambiente de aprendizagem aberto para apoiar a Rotação por Estações.
>
> www.grupoa.com.br/blended/vd/h/vd06.html

Laboratório Rotacional

O Laboratório Rotacional é semelhante à Rotação por Estações, mas os estudantes se encaminham para o laboratório de informática para a parte de ensino *on-line* do curso. A ideia é liberar tempo dos professores e espaço da sala de aula, usando um laboratório de informática e uma estrutura de pessoal diferente para o componente *on-line*. As escolas têm usado laboratórios de informática por décadas; a diferença fundamental hoje é que os professores estão começando a integrar o tempo no computador com o tempo de sala de aula para criar um curso contínuo.

Muitas pessoas creditam à Rocketship Education, em San Jose, Califórnia, a colocação do Laboratório Rotacional no mapa. John Danner e Preston Smith lançaram a organização de gerenciamento *charter* (cooperativado), em 2006, para ajudar a eliminar a diferença de desempenho acadêmico entre grupos étnicos e socioeconômicos. O objetivo era ajudar um milhão de estudantes urbanos do ensino fundamental, de baixa renda, a acelerar academicamente sem depender de subsídios externos e arrecadação de fundos para suplementar o financiamento por aluno que suas escolas recebiam do governo.[16]

Para alcançar esse objetivo, Danner e Smith estabeleceram um modelo de Laboratórios Rotacionais, no qual os estudantes passam 25% de seu dia escolar em um laboratório de aprendizagem onde praticam habilidades básicas *on-line*. Monitores, em vez de professores habilitados, supervisionam os estudantes durante o tempo no laboratório. Durante os outros 75% do dia, eles permanecem em suas salas de aula tradicionais, para um período de matemática e ciências e dois períodos de alfabetização e estudos sociais. Esse modelo permite que a Rocketship tenha em suas escolas aproximadamente 75% dos professores que uma escola de ensino fundamental típica teria. Ela também libera os professores para que se concentrem nas habilidades de extensão do conceito e pensamento crítico, em vez de ensinar e treinar habilidades básicas.

ASSISTA AO CLIPE 7: A Rocketship Education baseia-se em uma cultura forte e um modelo de equipe inovador para facilitar seu Laboratório Rotacional.

www.grupoa.com.br/blended/vd/h/vd07.html

Após seu terceiro ano, a primeira escola da Rocketship ficou em 1º lugar, no Condado de Santa Clara, e em 5º, na Califórnia, quando comparada com escolas semelhantes – aquelas com pelo menos 70% de estudantes de baixa renda. A segunda escola Rocketship alcançou fama semelhante. No ano letivo 2011-2012, a porcentagem de estudantes da Rockeship considerados "proficientes" ou "avançados" nos padrões para matemática da Califórnia era apenas cinco pontos mais baixa do que a de estudantes nos distritos de alta renda da Califórnia – um passo notável na direção da eliminação da diferença de desempenho.[17] O modelo de Laboratório Rotacional ajudou as escolas a gerar economias anuais de aproximadamente US$ 500 mil nos gastos tradicionais por escola. A Rocketship realmente "economiza" este dinheiro; ela o utiliza para pagar salários mais altos para seus professores (10 a 30% mais altos do que os distritos vizinhos), fornecer uma jornada escolar ampliada, oferecer treinamento de liderança e empregar três ou quatro dirigentes escolares que fornecem desenvolvimento profissional adaptado para seus professores.

Outras instituições listadas no BLU como exemplos de Laboratório Rotacional incluem as escolas FirstLine, em Nova Orleans, algumas escolas de ensino fundamental no Milpitas Unified Public School District, da Califórnia, escolas de ensino fundamental e médio no Danville Independent School District, de Kentucky, e as escolas particulares Spark, em Johannesburg, África do Sul.

Salas de Aula Invertidas

O terceiro tipo de Modelo de Rotação, e o único que recebeu maior atenção na mídia até agora, é a Sala de Aula Invertida, assim denominada porque inverte completamente a função normal da sala de aula. Em uma sala de aula invertida, os estudantes têm lições ou palestras *on-line* de forma independente, seja em casa, seja durante um período de realização de tarefas. O tempo na sala de aula, anteriormente reservado para instruções do professor, é, em vez disso, gasto no que costumamos chamar de "lição de casa", com os professores fornecendo assistência quando necessário.[18]

Como isso pode melhorar a aprendizagem do estudante? O tempo de lição de casa e de aula expositiva apenas foram trocados. Os estudantes ainda aprendem por meio de aulas expositivas, e muitas destas em versões *on-line* são vídeos "caseiros".

Embora exista uma verdade nesta caracterização, ela não considera o *insight* fundamental por trás da Sala de Aula Invertida. Se alguns estudantes não entendem o que é apresentado em uma aula expositiva em sala de aula em tempo real, eles têm poucos recursos. O professor pode tentar ir mais devagar ou acelerar para se ajustar às necessidades diferenciadas, mas, inevitavelmente, o que é muito rápido para um estudante é muito lento para outro. Mudar o fornecimento do conteúdo básico para um formato *on-line* dá aos estudantes a oportunidade de retroceder ou avançar de acordo com sua velocidade de compreensão. Eles decidem o que e quando assistir, e isso – pelo menos teoricamente – lhes dá maior autonomia em sua aprendizagem.

Assistir aulas expositivas *on-line* pode parecer não muito diferente da lição de casa tradicional, mas há pelo menos uma diferença fundamental: o tempo em sala de aula não é mais gasto assimilando conteúdo bruto, um processo amplamente passivo. Em vez disso, enquanto estão na escola, os estudantes praticam resolução de problemas, discutem questões ou trabalham em projetos. O período em sala de aula torna-se um tempo para aprendizagem ativa, que milhares de estudos de pesquisa sobre aprendizagem indicam ser muito mais eficaz do que a aprendizagem passiva.[19] "Da ciência cognitiva, ouvimos que aprender é um processo de transferir informações da memória de curto prazo para a memória de longo prazo", disse Terry Aladjem, do Bok Center for Teaching and Learning da Harvard University. "A pesquisa de avaliação comprovou que a aprendizagem ativa cumpre essa tarefa melhor."[20]

Jon Bergmann e Aaron Sams, professores de ciências na Woodland Park High School, em Woodland Park, Colorado, começaram a inverter suas salas de aula em 2007; muitos os consideram pioneiros da Sala de Aula Invertida no ensino médio. Segundo Bergmann,

> A questão fundamental é: qual é o melhor uso de seu tempo de aula presencial? Eu afirmaria, pelo menos no meu caso, que não era eu de pé na frente dos meus alunos falando sem parar. Não era a resposta certa; a resposta certa era atividades envolvendo participação ativa, aprendizagem baseada em indagação e projetos, e todas aquelas coisas que sabemos que a pesquisa confirmou serem eficazes, significativas e importantes.[21]

ASSISTA AO CLIPE 8: Aaron Sams discute como e por que inverte sua sala de aula da Woodland Park High School.

www.grupoa.com.br/blended/vd/h/vd08.html

Em 2013, a J. A. and Kathryn Albertson Foundation doou US$ 1,5 milhão para escolas de Idaho para experimentar a Khan Academy, principalmente por meio de um modelo de Sala de Aula Invertida. Participaram do projeto-piloto 48 escolas e 12 mil estudantes de Idaho. Shelby Harris, uma professora de matemática do ensino médio na Kuna Middle School, diz que, como resultado deste piloto, ela não faz mais aulas expositivas. Em vez disso, trabalha com os alunos individualmente ou em grupos pequenos. "De alguma forma isso parece menos... professoral", ela disse. "Você quase tem de redefinir como você se vê como professor." Ela se considera, agora, uma treinadora na beira do campo, ou mesmo uma líder de torcida.[22] Exemplos do BLU de outras escolas que usam a Sala de Aula Invertida incluem as do Stillwater Area Public School District, em Minnesota, as Achievement First Charter Schools, por toda Nova York e no Connecticut, a Binah School para educação Judaica, em Massachusetts, a Catholic Schools Diocese, de Phoenix, e a DongPyeong Middle School, em Busan, Coreia do Sul.[23]

ASSISTA AO CLIPE 9: Na DongPyeong Middle School, alguns professores inverteram suas salas de aula para que seus alunos se engajassem e aprimorassem sua aprendizagem.

www.grupoa.com.br/blended/vd/h/vd09.html

Rotação Individual

A Rotação Individual é o quarto Modelo de Rotação. Se houvesse um emblema para ele, seria "Escolha Sua Modalidade" – o mesmo lema que inspirou Joel Rose a lançar o Teach to One, que mencionamos na introdução deste livro.[24] Em uma Rotação Individual, os estudantes alternam em um esquema individualmente personalizado entre modalidades de aprendizagem. Um *software*, ou um professor, estabelece o cronograma de cada aluno. As Rotações Individuais são diferentes dos outros modelos de rotação porque os estudantes não rotacionam necessariamente por estações ou modalidades disponíveis; seus cronogramas diários são personalizados de acordo com suas necessidades individuais.

Os estudantes no programa Teach to One fazem uma avaliação breve no final da aula todos os dias. Um *software* analisa os resultados para combinar estudantes com lições e recursos que atenderão melhor suas necessidades individuais para o dia seguinte. O resultado é um cronograma diário único para cada estudante e para cada professor. À medida que coleta os dados, o Teach to One aprende mais sobre os estudantes e, idealmente, se torna ainda melhor na previsão das necessidades de cada um.

As Carpe Diem Schools, que começaram em Yuma, Arizona, e agora dirigem escolas em diversos estados, são outro exemplo de utilização da Rotação Individual. O fundador da escola, Rick Ogston, começou visualizando um modelo híbrido para toda a escola em 2003 (ele foi, sem dúvida, um dos primeiros visionários do ensino híbrido a esse respeito).[25] Uma grande sala preenchida com computadores – com uma disposição semelhante a uma central de atendimento – está localizada no meio da primeira escola híbrida Carpe Diem, em Yuma (o projeto evoluiu à medida que se expandia para novos estados). Os estudantes alternam-se a cada 35 minutos entre diferentes estações que variam do ensino *on-line* em ritmo próprio, usando o programa Edgenuity, no grande centro de aprendizagem, a experiências de aprendizagem presencial em salas de apoio ao redor desse espaço central. Cada estudante tem uma lista de prioridades individualizada para orientá-lo ao longo das rotações. Monitores estão disponíveis para ajudar os estudantes com o Edgenuity. Nas salas de apoio, o professor aprofunda, de forma presencial, o conteúdo introduzido *on-line* e ajuda os estudantes a aplicá-lo.

> ▶ ASSISTA AO CLIPE 10: O modelo de Rotação Individual da Carpe Diem, em Yuma, Arizona, baseia-se em um projeto exclusivo de instalações e de pessoal.
>
> www.grupoa.com.br/blended/vd/h/vd10.html

As *charter schools* no Arizona recebem aproximadamente US$ 1.700 a menos por aluno a cada ano do que as escolas distritais. Porém, visto que o modelo da Carpe Diem requer menos professores habilitados, a escola de Yuma gasta apenas US$ 5.300 dos US$ 6.300 por aluno que recebe. A maior parte do restante destina-se a saldar as obrigações das instalações de US$ 2,6 milhões.[26] O prédio em si representa uma economia de custos significativa; com apenas cinco salas de apoio, ele tem menos da metade das salas de aula que uma escola tradicional requer para um número de matrículas semelhante. O prédio de uma escola tradicional próxima, que acomoda apenas 200 estudantes a mais que a Yuma, custa aproximadamente US$ 12 milhões – mais de 2,5 vezes mais caro por aluno.

Quatro anos após a transição para a Rotação Individual, a escola Carpe Diem ficou em primeiro lugar em sua região em desempenho dos estudantes, para quase todas as séries e disciplinas, no teste padronizado estadual do Arizona. A *Bloomberg Businessweek* incluiu a escola em sua Lista das Melhores Escolas de Ensino Médio da América de 2009. No ano seguinte, a escola Yuma ficou em 1º lugar em sua região em desempenho dos estudantes em matemática e entre as 10% melhores *charter schools* do Arizona. A *U.S News & World Report* lhe concedeu uma Medalha de Bronze em sua lista das Melhores Escolas de Ensino Médio de 2010.

Outras escolas listadas no BLU que usam a Rotação Individual incluem a A. L. Holmes Elementary-Middle School, em Detroit; Downtown College Prep Alum Rock, em San Jose, Califórnia; Education Plus Academy, em Wyncote, Pensilvânia; Milan Village School, em Milan, New Hampshire.

Modelo Flex

Mesmo antes de muitos educadores em todo o mundo inverterem suas salas de aula ou adicionarem ensino *on-line* a suas estações na aula, outro grupo estava sendo pioneiro em um modelo diferente de ensino híbrido fora das salas de aula tradicionais, principalmente em laboratórios de recuperação de notas e centros de educação alternativa. Na região centro-sul do Kansas, por exemplo, as Wichita Public Schools começaram contratando a Apex Learning (www.apex.learning.com) durante o ano letivo de 2007-2008 para fornecer cursos *on-line* para estudantes que necessitavam recuperar notas ou que tinham desistido da escola. A escola alugou espaços térreos em centros comerciais locais e os converteu em grandes centros de aprendizagem de espaço aberto, onde os estudantes podiam aparecer a qualquer hora, durante todo o dia, para completar cursos da Apex sob a supervisão de professores credenciados. Dentro de um ano, o programa da Wichita ajudou 449 alunos a completar 931 cursos – um número nada pequeno para o distrito.[27]

Os sistemas escolares começaram a confiar no ensino *on-line* para fornecer a espinha dorsal da aprendizagem dos estudantes para outros grupos de estudantes, incluindo aqueles que queriam ter acesso a cursos avançados, desistentes do ensino médio atraídos pela ideia de uma experiência "sem-sala-de-aula" e estudantes com necessidade de recuperação. Os programas requeriam que os estudantes frequentassem uma escola onde teriam acesso a conteúdo e ensino primariamente *on-line*. Em contrapartida aos esquemas mais rígidos dos Modelos de Rotação, esses programas alternativos permitiam que os estudantes aprendessem por meio de um cronograma fluido, individualmente personalizado entre as modalidades de aprendizagem, o que significava que eles podiam alternar entre ensino *on-line* e formatos presenciais, com um professor particular ou discussões em grupos pequenos, por exemplo, avaliando caso a caso qual seria a melhor opção.

O termo abrangente para esse tipo de educação escolar é o modelo *Flex*. O termo refere-se a cursos ou matérias em que ensino *on-line* é a espinha dorsal da aprendizagem do aluno, mesmo que às vezes direcione os estudantes para atividades presenciais. O professor tutor está no local, e os estudantes aprendem principalmente em uma escola tradicional, física, exceto por alguma lição de casa. Os estudantes movem-se pelo curso Flex de acordo com suas necessidades individuais. Professores estão disponíveis, presencialmente, para oferecer ajuda e, em muitos programas, iniciam projetos e discussões para enriquecer e aprofundar a aprendizagem, embora, em outros, eles estejam menos envolvidos.

Tom Vander Ark, autor de *Getting Smart*, identificou uma diferença fundamental entre os Modelos de Rotação e Flex quando disse que, em geral, "as escolas de Rotação adicionam algum ensino *on-line* ao que, de outro modo, pode parecer uma escola tradicional; [enquanto] as escolas Flex iniciam com ensino *on-line* e adicionam apoios físicos e conexões quando for válido".[28] (Notamos que a exceção a esta observação é a Rotação Individual, mais semelhante ao modelo Flex desse ponto de vista.)

Embora a maioria dos programas Flex tenha começado atendendo desistentes e outros não consumidores da educação tradicional, o modelo está começando a surgir dentro das disciplinas curriculares das escolas. A Education Achievement Authority (EAA) é o departamento de melhoria escolar de Michigan. Ele assume a árdua tarefa de inverter a tendência dos 5% de escolas que fracassam de modo persistente no estado. Sua missão é "romper a educação pública tradicional e fornecer um protótipo expansível para o ensino e a aprendizagem do século XXI". Para isso, algumas escolas EAA estão confiando no modelo Flex.[29]

Na Nolan Elementary-Middle School, em Detroit, a EAA substituiu as fileiras de carteiras por mesas, almofadas no chão e estações de trabalho. A mobília é modular, para permitir agrupamentos flexíveis, o que é importante porque a Nolan agrupa os alunos por competências, não por nota. A espinha dorsal do modelo é a plataforma Buzz, da Agilix, uma infraestrutura de tecnologia que permite que os estudantes selecionem e gerenciem seus próprios planos de aprendizagem. Ela demonstra a capacidade dos alunos de aplicar seus conhecimentos em tarefas de desempenho e avaliações comuns conduzidas pelo professor, dando-lhes distintivos à medida que demonstram progresso acadêmico e de cidadania – todas as características de um sistema baseado na competência. A Buzz também ajuda os tutores a monitorar os estudantes de modo que eles possam fornecer intervenção estratégica.[30] Em 2013, no final de seu primeiro ano de transformação, 71% dos estudantes da Nolan alcançaram um ou mais anos de desenvolvimento em leitura e 61% em matemática. A Nolan ficou em 3º lugar em desenvolvimento da leitura entre 124 escolas de Detroit.[31]

Outros exemplos do BLU de programas Flex incluem a Innovations High School, em Salt Lake City; a Lufkin High School, em Lufkin, Texas; as Flex Public Schools, administradas historicamente pela K12, Inc.; a Nexus Academy, administrada pela Connections Education, que é parte da Pearson; a Buena Vista Elementary School, em Nashville; os Edison Learning's Dropout Solutions Centers; a rede de escolas AdvancePath; a rede de escolas SIATech; a Algoma High School, em Algoma, Wisconsin; e a Charles E. Smith Jewish Day School, em Rockville, Maryland.

ASSISTA AO CLIPE 11: Na San Francisco Flex Academy, os estudantes aprendem *on-line* e obtêm ajuda em uma base flexível de orientadores acadêmicos e professores.

www.grupoa.com.br/blended/vd/h/vd11.html

Modelo À la Carte

A forma mais comum de ensino híbrido no ensino médio é o modelo À la Carte.[32] Ele inclui qualquer curso ou disciplina que um estudante faça inteiramente *on-line* enquanto também frequenta uma escola física tradicional. Suponha que a escola de ensino médio do bairro não oferece um curso de mandarim ou de física, por exemplo. Os estudantes podem fazer esses cursos *on-line* durante o tempo na sala de estudos ou após a escola, além das disciplinas regulares que estão cursando na escola. Essa é uma forma de ensino híbrido, porque os estudantes estão vivenciando uma mistura de ensino *on-line* e ensino tradicional, apesar de os próprios cursos *on-line* não terem um componente presencial. Os cursos À la Carte podem ter componentes presenciais, exatamente como ocorre nos cursos Flex. Contudo, o aspecto diferencial fundamental entre os dois é que, com o modelo À la Carte, o professor tutor é o professor *on-line*, enquanto no Flex, o professor tutor é o professor presencial.

O modelo À la Carte está se expandindo à medida que mais estados requerem que os estudantes façam um curso *on-line* antes da formatura. Em abril de 2014, seis estados tinham alguma versão desse requisito: Alabama, Arkansas, Flórida, Idaho, Michigan e Virginia. Outros estados estão promovendo cursos À la Carte financiando a escolha de curso do estudante, o que significa que eles garantem financiamento para os estudantes em um determinado número de cursos *on-line* a cada ano. Utah foi um dos primeiros estados a oferecer uma escolha no nível de disciplina. Em 2012, estudantes em Utah já podiam suplementar sua educação tradicional com até dois cursos *on-line* aprovados por ano, o que se ampliará para seis em 2016.

A família Abraham, em Canadian, Texas, mostra por que o modelo À la Carte está ganhando popularidade. Canadian é uma cidade de 2.649 habitantes, no extremo norte do Texas. O lugar é tão remoto que uma parte do filme de Tom Hanks, *Náufrago*, sobre um homem que fica perdido em uma ilha deserta, foi filmada lá. Os Abraham têm oito filhos e pretendem dar a eles a oportunidade de frequentar as melhores universidades se eles assim escolherem. O problema, entretanto, é que a Canadian High School, a única na região, tem um total de 206 alunos. Ela não tem recursos para fornecer o cardápio completo de Advanced Placement, língua estrangeira e cursos eletivos que os Abraham precisam para competir, ou mesmo para se qualificar, para serem aceitos em faculdades de alta qualidade.

Salem Abraham, o pai dos oito filhos, ocupou o conselho escolar local por 12 anos e tem lutado muito para levar o acesso a cursos À la Carte, não apenas para os estudantes de sua cidade, mas também para todos os estudantes do Texas, particularmente aqueles nas áreas rurais. Sua estratégia tem dado frutos até o momento, pelo menos para sua família; seu filho mais velho foi aceito em Harvard, seu segundo filho, em Notre Dame, e seu terceiro, em Stanford – sucesso que os Abraham atribuem, em parte, aos cursos de Espanhol e outras disciplinas avançadas que seus filhos adolescentes cursaram *on-line*, porque a Canadian High School não os oferecia.

Modelo Virtual Enriquecido

O quarto modelo de ensino híbrido é o *Virtual Enriquecido*, que descreve cursos que oferecem sessões de aprendizagem presencial, mas permite que os estudantes façam o resto do trabalho *on-line*, de onde eles preferirem. Alguns cursos podem ser presenciais nas terças e quintas-feiras, por exemplo, e permitem que os estudantes trabalhem de forma independente em lições *on-line*, seja na escola, seja fora dela, nas segundas, quartas e sextas-feiras. Outros podem customizar o requisito da aula presencial com base no progresso do estudante; se ele estiver ficando para trás, deve ter aulas presenciais com mais frequência.

Esse modelo difere do da Sala de Aula Invertida porque os estudantes raramente encontram-se pessoalmente com o professor todos os dias da semana. Ele também difere de um curso totalmente *on-line*, porque as experiências presenciais são obrigatórias; elas não são meramente horas de expediente opcionais ou eventos sociais.

Muitos programas Virtuais Enriquecidos começaram como escolas *on-line* de tempo integral e, então, percebendo que seus alunos precisavam de mais suporte, desenvolveram programas combinados para fornecer enriquecimento presencial e um ambiente físico seguro e tranquilo. Um exemplo é a Commonwealth Connections Academy (CCA), uma *charter school* virtual que a Connections Education opera para atender a mais de 9 mil estudantes no estado da Pensilvânia. A CCA abriu em 2003 como uma escola virtual de tempo integral, mas, à medida que as matrículas aumentavam, um subgrupo de estudantes passou a ter dificuldade com o trabalho *on-line*. Alguns tinham conexões de internet instáveis em casa, a despeito do subsídio de acesso à internet que a CCA fornecia. Outros sentiam-se muito isolados. Muitos necessitavam de mais conexão e comunicação presencial. A CCA decidiu que a solução era criar centros físicos para estudantes e professores se reunirem.[33]

Em 2012, a CCA abriu o primeiro centro de ensino na Filadélfia para qualquer um que quisesse aprender por meio do ensino híbrido e encorajou estudantes com dificuldades a aproveitar a oportunidade. No ano letivo de 2013-2014, aproximadamente 150 estudantes estavam matriculados no centro da Filadélfia. Lá, os estudantes comparecem de dois a quatro dias por semana, para a sessão matinal (das 8h15 às 11h30) ou para a sessão da tarde (das 12h15 às 15h30), dependendo de suas preferências. Cada membro da equipe no prédio supervisiona uma sala de aula de 15 a 17 alunos e trabalha com eles como supervisor. A escola fica aberta de segunda a sexta-feira, mas fecha cedo na sexta-feira para dar aos professores tempo para realizar um trabalho crítico: planejar os cronogramas dos alunos para a semana seguinte. Durante esses encontros nas tardes de sexta-feira, os membros da equipe revisam os dados dos alunos e discutem quais necessitam mudanças. Eles comunicam as mudanças aos professores de sala de aula, que, por sua vez, enviam um *e-mail* ou telefonam a seus alunos para avisá-los de seu cronograma para a semana seguinte, incluindo os dias em que eles precisarão estar na escola e os professores com quem deverão se reunir.

Todos os estudantes da CCA têm professores *on-line* habilitados que atuam como professores tutores para cada matéria. Aqueles que frequentam o centro de ensino, entretanto, têm um suporte adicional. Para matemática e inglês/artes de linguagem, um professor habilitado presencial reúne-se com grupos de 7 a 8 estudantes para rever os conteúdos, quando necessário, e, então, recompor as tarefas e os questionários para testar o domínio posteriormente. Eles também estão disponíveis nas manhãs de sexta-feira, em horário comercial, para estudantes que queiram ajuda individual. Os estudantes fazem outros cursos – ciências, estudos sociais, línguas estrangeiras e disciplinas eletivas – em uma cafeteria de aprendizagem no local, onde "treinadores para o sucesso" estão disponíveis para se reunir com eles individualmente e em grupos pequenos. Esses treinadores são especialistas que têm experiência de trabalho e formação específica da disciplina, mas não têm habilitação docente tradicional. O modelo de pessoal é colaborativo; embora os professores virtuais sejam os professores responsáveis pelas disciplinas, os professores presenciais fornecem uma orientação fundamental.

O centro da Filadélfia fornece aos estudantes passagens de ônibus para irem até lá usando transporte público. Alguns se deslocam de cidades vizinhas para ter a oportunidade de fazer parte da comunidade presencial. Em muitos aspectos, os centros da CCA dão forma à motivação subjacente por uma educação Virtual Enriquecida híbrida; normalmente, esses modelos oferecem apoio e uma localidade física para estudantes que querem aprender predominantemente *on-line*, com a flexibilidade associada que essa forma pode oferecer, mas necessitam de uma localidade e de uma comunidade para fazê-lo.

Outros exemplos no BLU de programas Virtuais Enriquecidos incluem a Impact Academy, nas Henry County Schools, na Georgia; a Arizona Virtual Academy; a Chicago Virtual Charter School; a Falcon Virtual Academy, em Colorado Springs; a Fairmont Preparatory Academy, em Anaheim, Califórnia; a Hawaii Technology Academy; a New Mexico Virtual Academy; a Rio Rancho Cyber Academy, no Novo México; e a Riverside Virtual School, em Riverside, Califórnia.

ASSISTA AO CLIPE 12: As Henry County Schools, na Georgia, fornecem um espaço de aprendizagem e contato face a face com professores para enriquecer o aprendizado de alunos de cursos *on-line* na Impact Academy.

www.grupoa.com.br/blended/vd/h/vd12.html

COMBINANDO OS MODELOS HÍBRIDOS

Alteramos as descrições dos modelos de ensino híbrido diversas vezes para torná-las o mais abrangentes possível – ou seja, o conjunto de modelos tenta descrever toda a gama de ambientes de ensino híbrido existentes. Contudo, as categorias não são, de maneira nenhuma, mutuamente exclusivas. Muitos programas misturam e combinam os modelos. O resultado é uma abordagem combinada, mista.

Algumas escolas combinam Sala de Aula Invertida com Laboratório Rotacional. Os estudantes aprendem *on-line* e, então, alternam para um laboratório de informática durante uma parte de seu horário na escola. Outras escolas combinam os modelos Flex e Virtual Enriquecido. No final do Capítulo 8, fornecemos mais detalhes sobre programas que combinam modelos. De forma geral, quando um programa de ensino híbrido não se enquadra perfeitamente dentro da definição dos modelos Rotação, Flex, À la Carte ou Virtual Enriquecido, provavelmente é uma combinação destes. Além disso, algumas escolas possuem diversos modelos e combinações de modelos operando ao mesmo tempo, para atender diferentes populações de estudantes sob o mesmo teto.

> **Resumindo**
> - Mais de 90% dos estudantes dos Estados Unidos necessitam de supervisão cuidadosa durante o dia, quando estão longe de casa. O ensino *on-line* está crescendo nas escolas tradicionais para atender a esses estudantes.
> - A definição de ensino híbrido é um programa de educação formal, no qual um estudante aprende, pelo menos em parte, por meio de ensino *on-line*. Nesta modalidade, o aluno exerce algum tipo de controle em relação ao tempo, ao lugar, ao caminho e/ou ao ritmo, e as atividades são realizadas, pelo menos em parte, em um local físico supervisionado longe de casa. As modalidades, ao longo do caminho de aprendizagem de cada estudante em um curso ou uma disciplina, são conectadas para fornecer uma experiência de aprendizagem integrada.
> - Ensino híbrido é diferente de ensino enriquecido por tecnologia. Com o primeiro, os estudantes têm pelo menos algum controle sobre o tempo, o lugar, o caminho e/ou o ritmo de sua aprendizagem, enquanto no último, as atividades de aprendizagem são padronizadas para toda a classe.
> - Quatro modelos de ensino híbrido são mais comuns na educação básica: Rotação (que inclui os modelos de Rotação por Estações, Laboratório Rotacional, Sala de Aula Invertida e Rotação Individual), Flex, À la Carte e Virtual Enriquecido.
> - O Christensen Institute mantém o Blended Learning Universe (BLU), uma ferramenta de banco de dados que organiza e apresenta dados sobre programas híbridos, que podem ser pesquisados por modelo e por outros aspectos. Você pode acessar o BLU em www.blendinglearning.org.
> - Muitas escolas estão misturando e combinando modelos.

APÊNDICE 1.1: DISCUSSÃO DE TERMOS-CHAVE

Ensino *a distância* é a educação na qual a internet fornece conteúdo e instrução. Em alguns cursos que utilizam esse tipo de aprendizagem, há um *professor on-line* – uma pessoa real que interage com os estudantes, revisa suas tarefas e transmite instrução inteiramente por meio da internet. O ensino *on-line* pode ser *síncrono* (comunicação na qual os participantes interagem em tempo real, como na videoconferência virtual) ou *assíncrono* (comunicação separada por tempo, como *e-mail* ou fóruns de discussão *on-line*).[34]

O **ensino tradicional** lembra um sistema de fábrica e é remanescente da era industrial. O sistema agrupa os estudantes por idade, os promove de uma série para outra em lotes e oferece a todos os estudantes em cada série um currículo único que é fornecido *com base na época do ano*. O formato pedagógico é predominantemente presencial, com aulas expositivas ou demonstrações do material realizadas pelo professor (o termo geral para este formato é *ensino direto*). Os materiais pedagógicos são principalmente livros, aulas expositivas e trabalhos escritos. Os cursos e as disciplinas são frequentemente individuais e independentes, em vez de integrados e interdisciplinares, particularmente no ensino médio. Uma das principais funções da sala de aula tradicional é manter os alunos aprendendo sentados em seus lugares, em uma quantidade predeterminada de tempo (isto é chamado de *tempo sentado* no código da educação pública norte-americana).

O **ensino enriquecido por tecnologia** compartilha as características do ensino tradicional, mas tem melhorias digitais, como lousas digitais, amplo acesso a dispositivos de internet, câmeras, livros digitais, ferramentas de internet, Google Docs e planos de aula *on-line*. A despeito da presença de ferramentas digitais, o ensino *on-line*, em geral, não substitui o ensino presencial em termos de transmissão de conteúdo.

O **ensino híbrido** é um programa de educação formal no qual um estudante aprende, pelo menos em parte, por meio de aprendizagem *on-line*, sobre o qual tem algum tipo de controle em relação ao tempo, ao lugar, ao caminho e/ou ao ritmo *e*, pelo menos em parte, em um local físico, supervisionado, longe de casa. As modalidades, ao longo do caminho de aprendizagem de cada estudante em um curso ou uma disciplina, estão conectadas para fornecer uma experiência de aprendizagem integrada. O ensino híbrido é o motor que pode tornar possível a aprendizagem centrada no estudante para alunos do mundo todo, em vez de apenas para alguns poucos privilegiados. Devido a sua arquitetura modular, o ensino *on-line* é adequado de forma inerente para fornecer ensino personalizado, com base na competência, a um custo acessível, portanto, esses termos frequentemente andam de mãos dadas.[35]

A **aprendizagem baseada em projetos** concentra-se em ajudar os estudantes a explorar problemas e desafios do mundo real de forma dinâmica, engajada e ativa. A intenção é inspirar os estudantes a obter uma compreensão mais profunda das matérias que estão estudando.[36] Muitos programas de ensino híbrido unem ensino *on-line* com aprendizagem baseada em projetos para ajudar os estudantes a demonstrar que eles podem aplicar seu conhecimento e conectar seu entendimento entre as disciplinas. A aprendizagem baseada em projetos pode acontecer nas formas *on-line* e presencial.

APÊNDICE 1.2: TAXONOMIA DO ENSINO HÍBRIDO NA EDUCAÇÃO BÁSICA

A taxonomia a seguir é imperfeita e continua a evoluir. Ela é um instantâneo dos tipos de programas de ensino híbrido que vemos hoje, na educação básica dos Estados Unidos e de outros países.

1. **Modelo de Rotação:** um curso ou uma disciplina em que os estudantes alternam entre modalidades de aprendizagem em um cronograma fixo ou a critério do professor, em que pelo menos uma delas é ensino *on-line*. Outras modalidades poderiam incluir atividades como ensino em pequenos grupos ou da classe inteira, projetos de grupo, tutoria individual e tarefas escritas. Os estudantes aprendem principalmente na escola física, exceto por alguma lição de casa.

    a. **Rotação por Estações:** um curso ou uma disciplina em que é utilizado o modelo de Rotação em uma sala de aula ou grupo de salas de aula. O modelo de Rotação por Estações difere do modelo de Rotação Individual porque os estudantes alternam ao longo de todas as estações, não apenas aquelas de seus cronogramas individuais (ver Fig. A1.1).

    b. **Laboratórios Rotacionais:** um curso ou uma disciplina em que os estudantes alternam para um laboratório de informática que serve de estação de ensino *on-line* (ver Fig. A1.2).

    c. **Sala de Aula Invertida:** um curso ou uma disciplina em que os estudantes têm ensino *on-line* fora da sala de aula, em lugar da lição de casa tradicional, e, então, frequentam a escola física para práticas ou projetos orientados por um professor. A principal forma de fornecimento de conteúdo e de ensino é *on-line*, o que diferencia uma Sala de Aula Invertida de estudantes que estão meramente fazendo a lição de casa *on-line* à noite (ver Fig. A1.3).

    d. **Rotação Individual:** um curso ou uma disciplina em que cada estudante tem um cronograma individual e não necessariamente alterna

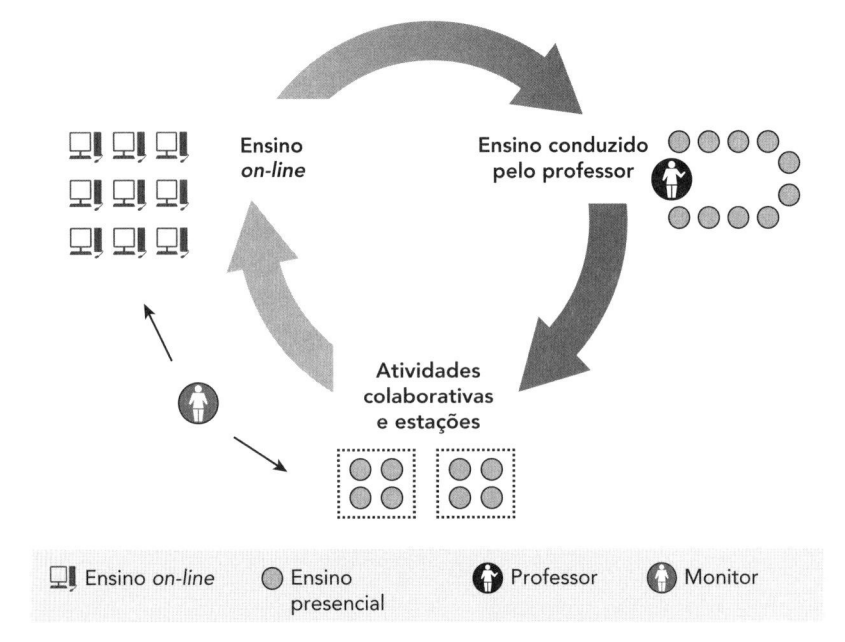

Figura A1.1 Rotação por Estações.

para cada estação ou modalidade disponível. Um *software* ou professor(es) definem os cronogramas do aluno individual (ver Fig. A1.4).

2. **Modelo Flex:** um curso ou uma disciplina em que o ensino *on-line* é a espinha dorsal da aprendizagem do estudante, mesmo que às vezes ela o direcione para atividades presenciais. Os estudantes aprendem por meio de um cronograma fluido, individualmente personalizado entre as modalidades de aprendizagem. O professor da disciplina é presencial, e os estudantes aprendem principalmente na escola física, exceto por alguma lição de casa. O professor da disciplina ou outros adultos fornecem apoio presencial em uma base flexível e adaptativa, quando necessário, ao longo de atividades, como ensino de grupo pequeno, projetos de grupo e tutoria individual. Algumas implementações têm apoio presencial substancial, enquanto outras têm apoio mínimo. Por exemplo, alguns modelos Flex podem ter professores habilitados presenciais que suplementam o ensino *on-line* diariamente, enquanto outros podem fornecer pouco enriquecimento presencial. Outros, ainda, podem ter combinações de pessoal diferentes. Essas variações são modificadores úteis para descrever um determinado modelo Flex (ver Fig. A1.5).

3. **Modelo À la Carte:** um curso que um estudante faz inteiramente *on-line* para acompanhar outras experiências em uma escola ou um centro de aprendizagem físicos. O professor da disciplina para o curso À la Carte é o

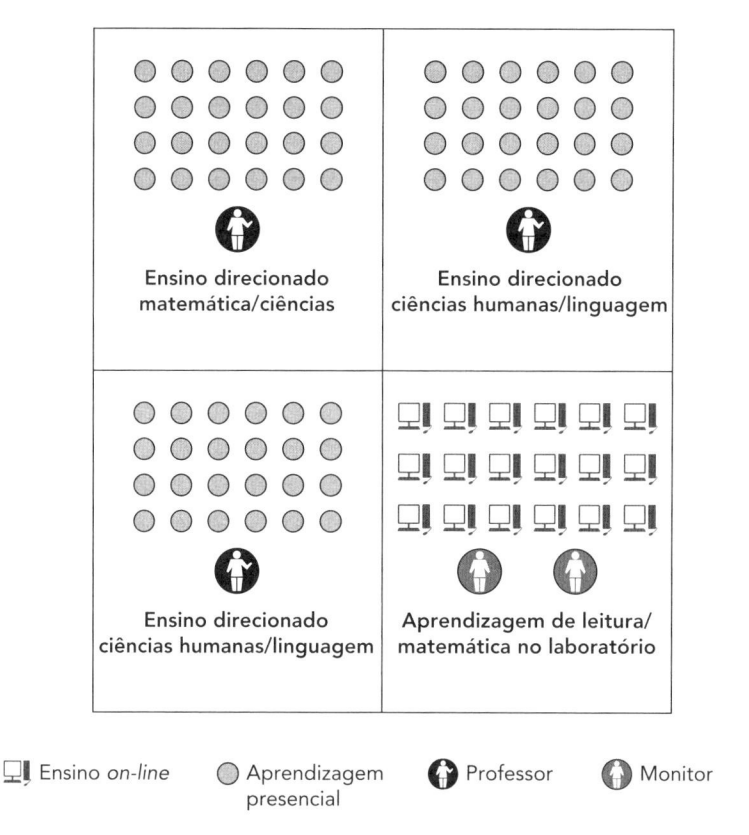

Figura A1.2 Laboratório Rotacional.

professor *on-line*. Os estudantes podem fazer o curso À la Carte na escola física ou fora da aula. Isso difere do ensino *on-line* de tempo integral porque não é uma experiência de toda a escola. Os estudantes fazem alguns cursos À la Carte e outros presenciais em uma escola física (ver Fig. A1.6).

4. **Modelo Virtual Enriquecido:** um curso ou uma disciplina em que os estudantes têm sessões de aprendizagem presencial obrigatórias com seu professor da disciplina e, então, ficam livres para completar o trabalho restante do curso distante do professor presencial. O ensino *on-line* é a espinha dorsal da aprendizagem quando os estudantes estão em locais distantes. A mesma pessoa geralmente atua como professor tanto *on-line* quanto presencialmente. Muitos programas Virtuais Enriquecidos começaram como escolas *on-line* de tempo integral e, posteriormente, desenvolveram programas híbridos para proporcionar aos estudantes experiências de escola tradicional. O modelo Virtual Enriquecido difere da Sala de Aula Invertida, porque, no primeiro, os estudantes se reúnem pessoalmente com seus professores todos os dias da semana. Ele difere de um curso totalmente *on-line*, porque

as sessões de aprendizagem presencial são mais do que horas de expediente opcionais ou eventos sociais; elas são obrigatórias (ver Fig. A1.7).

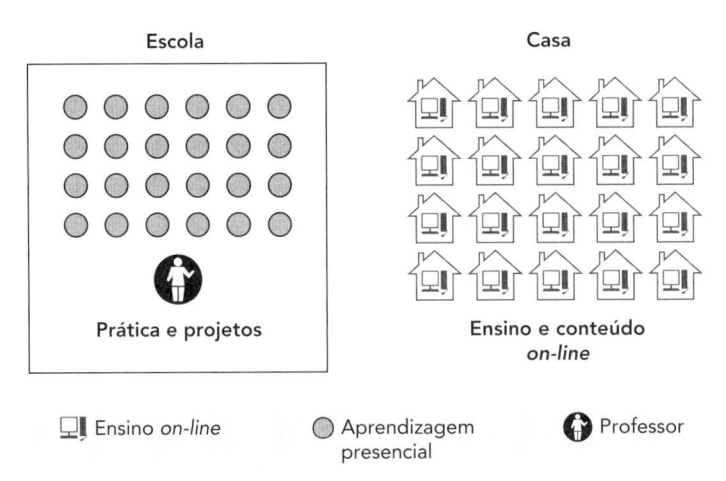

Figura A1.3 Sala de Aula Invertida.

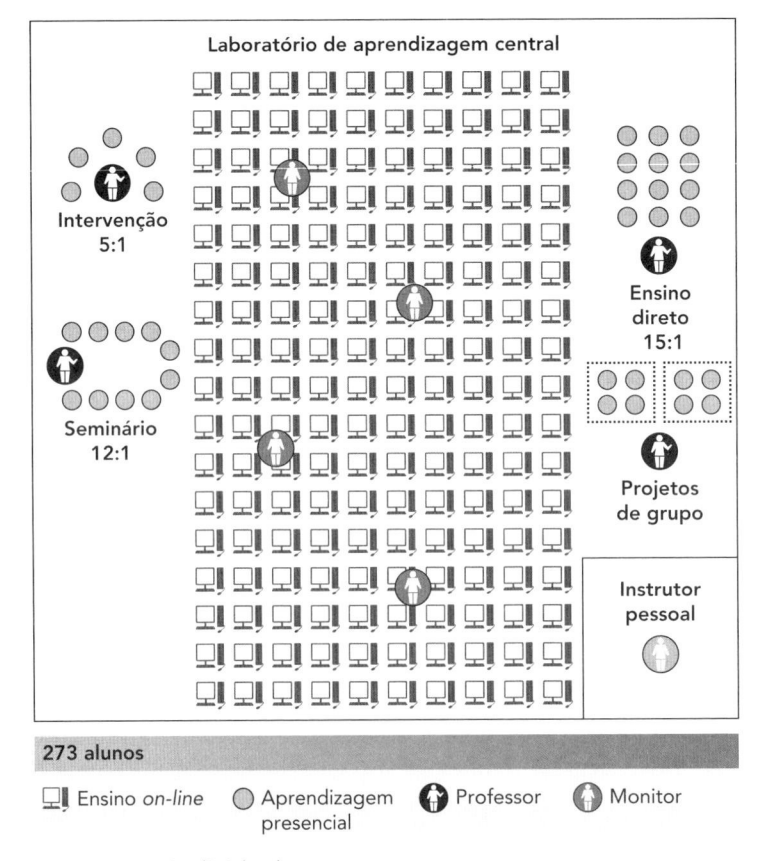

Figura A1.4 Rotação Individual.

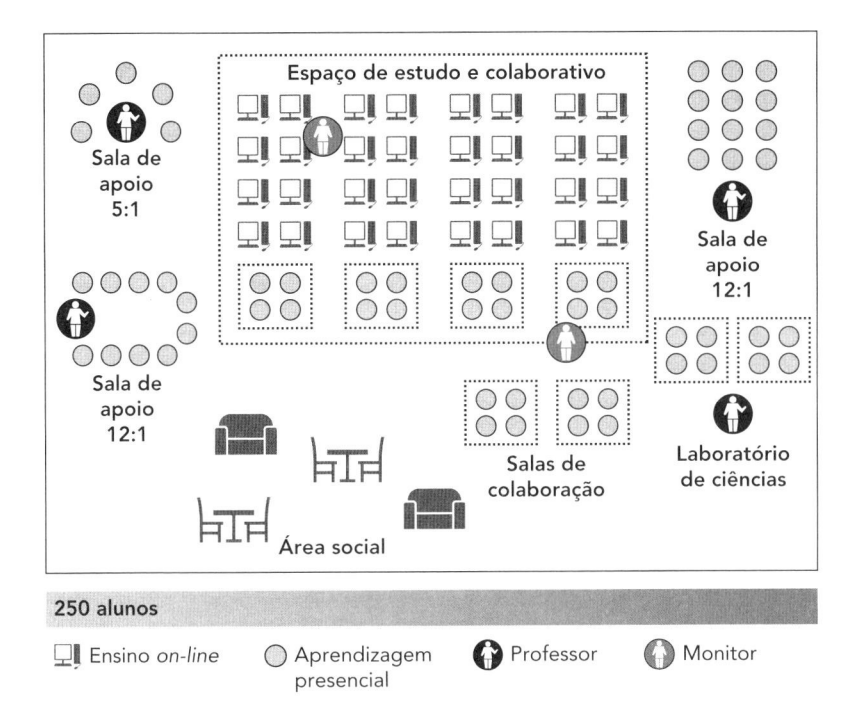

Figura A1.5 Modelo Flex.

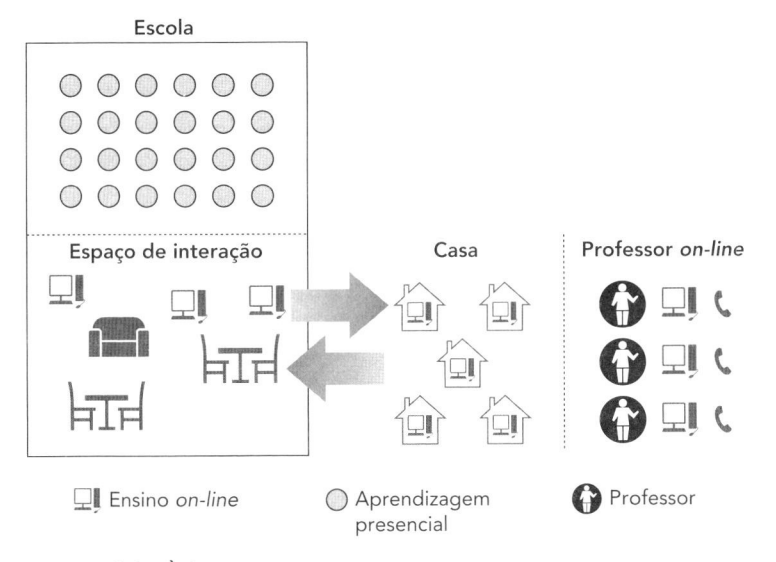

Figura A1.6 Modelo À la Carte.

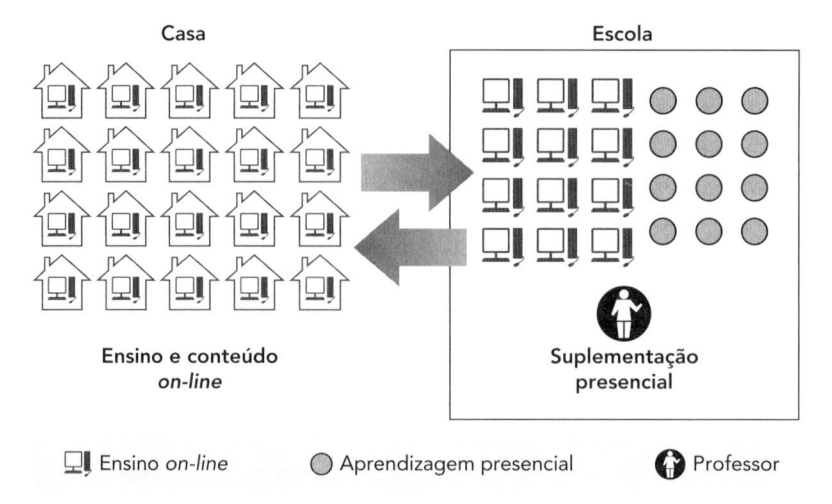

Figura A1.7 Modelo Virtual Enriquecido.

NOTAS

1 KHAN ACADEMY. 2014. Disponível em: <https://www.khanacademy.org/>. Acesso em: 26 jan. 2015.

2 Entrevista com Francie Alexander, Diretora-Presidente de Aprendizagem, Scholastic em 6 de setembro de 2013.

3 WATSON, J. et al. *Keeping Pace with K–12 Online & Blended Learning*: an annual review of policy and practice. Evergreen Education Group, 2013. Disponível em: <http://www.kpk12.com/wp-content/uploads/EEG_KP2013-lr.pdf>. Acesso em: 26 jan. 2015.

4 O livro *Inovação na Sala de Aula* estima que, nas duas últimas décadas que antecederam a publicação do livro, em 2008, as escolas gastaram bem mais de US$ 60 bilhões para equipar as salas de aula com computadores (CHRISTENSEN, C. M.; HORN, M. B.; JOHNSON, C. W. *Inovação na sala de aula*. Porto Alegre: Bookman, 2012). Somos gratos a Sean Kennedy, do Lexington Institute, por atualizar o número para US$ 100 bilhões, levando em conta gastos mais recentes (KENNEDY, S. *School tech plan unlikely to help Blended Learning*. Lexington Institute, 2013. Disponível em: <http://www.lexingtoninstitute.org/school-techplan--unlikely-to-help-blended-learning/>. Acesso em: 23 jan. 2015).

5 Christensen, Horn e Johnson (2012).

6 STAKER, H. et al. *The Rise of K–12 Blended Learning*: profiles of emerging models. Clayton Christensen Institute e Charter School Growth Fund, 2011. Disponível em: <http://www.christenseninstitute.org/wp-content/uploads/2013/04/The-rise-of-K-12-blended-learning.emerging-models.pdf>. Acesso em: 23 jan. 2015.

7 Ibid.

8 De acordo com os entrevistados em uma pesquisa na Califórnia, o ensino híbrido da educação básica está crescendo rapidamente. De 2012 a 2014, cresceu 43% em distritos tradicionais, enquanto as *charter schools* tiveram um aumento colossal de 287%. No total, 74% mais estudantes vivenciaram o ensino híbrido em 2014, em relação a 2012 (BRIDGES, B. *California eLearning census:* increasing depth and breadth**.** California Learning Resource Network, 2014. Disponível em: <http://www.clrn.org/census/eLearning%20Census_Report_2014.pdf>. Acesso em: 23 jan. 2015).

9 Outros exemplos de empresas que antes eram declaradamente apenas virtuais e, então, mais tarde abriram lojas físicas incluem a loja *on-line* de óculos Warby Parker, a loja de moda feminina Piperlime e a empresa de produtos de beleza Birchbox (STOUT, H. Birchbox, seller of beauty products, steps out from web with a store. *The New York Times*, mar. 2014. Disponível em: <http://www.nytimes.com/2014/03/24/business/birchbox-seller-of-beautyproducts-steps-out-from-web-with-a-store.html?_r=1>. Acesso em: 23 jan. 2015).

10 Concordamos com a caracterização de ensino híbrido feita por Tom Vander Ark: "Comparada com ambientes de acesso superior, que simplesmente fornecem dispositivos para cada estudante, o ensino *on-line* inclui uma mudança intencional para o fornecimento pedagógico *on-line* por uma porção do dia, a fim de impulsionar a aprendizagem e a produtividade" (DIGITAL LEARNING NOW! *Blended Learning Implementation Guide 2.0.* 2013. Disponível em: <http://learningaccelerator.org/media/5965a4f8/DLNSS.BL2PDF.9.24.13.pdf>. Acesso em: 23 jan. 2015).

11 A Florida Virtual School originou e registrou a marca do lema *Any Time, Any Place, Any Path, Any Pace* (Qualquer hora, em qualquer lugar, por qualquer caminho, em qualquer ritmo) para refletir sua filosofia de que a aprendizagem é uma atividade contínua, não limitada somente a salas de aula e aos cronogramas. Seu lema captura alguns dos benefícios educacionais inerentes do ensino *on-line* para os estudantes (MACKEY, K.; HORN, M. B. *Florida virtual school:* building the first statewide, internet-based public high school. Clayton Christensen Institute, 2009. Disponível em: <http://www.christenseninstitute.org/wp-content/uploads/2013/04/Florida-Virtual-School.pdf>. Acesso em: 23 jan. 2015).

12 O READ 180 não era tecnicamente ensino híbrido até 2010, porque, antes disso, os estudantes experimentavam o programa por meio de CD-ROM ou de um servidor local, não *on-line*. No entanto, os alunos alternavam entre o programa READ 180 e estações presenciais desde o início, em 1998, portanto, na prática, a experiência era semelhante ao ensino híbrido.

13 WHAT WORKS CLEARINGHOUSE. *Read 180.* 2009. Disponível em: <http://ies.ed.gov/ncee/wwc/pdf/intervention_reports/wwc_read180_102009.pdf>. Acesso em: 23 jan. 2015.

14 CLAYTON CHRISTENSEN INSTITUTE. *Blended Learning Universe.* [2015]. Disponível em: <www.blendedlearning.org/>. Acesso em: 23 jan. 2015.

15 QUILLEN, I. Los Angeles empower academy first school in kipp network to embrace blended learning. *The Huffington Post,* nov. 2012. Disponível em: <http://www.huffingtonpost.com/2012/11/20/la-school-first-in-kipp_n_2166918.html>. Acesso em: 23 jan. 2015.

16 Esta seção sobre a Rocketship Education é baseada no perfil que Eric Chan, do Charter School Growth Fund, apresentou para o relatório (STAKER, H. et al. *The Rise of K–12 Blended Learning:* profiles of emerging models. Clayton Christensen Institute e Charter School Growth Fund, 2011. Disponível em: <http://www.christenseninstitute.org/wp-content/uploads/2013/04/The-rise-of-K-12-blended-learning.emerging-models.pdf>. Acesso em: 23 jan. 2015).

17 KEBSCHULL, S.; ABLEIDINGER, J. Rocketship Education: pioneering charter network innovates again, bringing tech closer to teachers. *Opportunity Culture,* 2013. Disponível em: <http://opportunityculture.org/wp-content/uploads/2013/07/Rocketship_Education_An_Opportunity_Culture_Case_Study-Public_Impact.pdf>. Acesso em: 23 jan. 2015.

18 Esta seção sobre a Sala de Aula Invertida é adaptada do artigo de Michael B. Horn (HORN, M. B. The Transformational potential of flipped classrooms. *Education Next,* v. 13, n. 3, 2013. Disponível em: <http://educationnext.org/the-transformational-potential-of-flipped-classrooms/>. Acesso em: 23 jan. 2015).

19 LAMBERT, C. Twilight of the lecture. *Harvard Magazine,* mar./abr. 2012. Disponível em: <http://harvardmagazine.com/2012/03/twilight-of-the-lecture>. Acesso em: 23 jan. 2015.

20 O artigo também ressalta Eric Mazur, professor de física da Harvard University, que tem sido um defensor da inversão da sala de aula no ensino superior desde que a experimentou pela primeira vez em 1990 (LAMBERT, 2012). Ele vê a educação como um processo de duas etapas: transferência de informação e, então, compreensão e assimilação da informação. "Na abordagem padrão, a ênfase na classe é na primeira, e a segunda fica por conta do estudante, fora da sala de aula", ele disse. "Se pensar sobre isso racionalmente, você tem de inverter e colocar a primeira fora da sala de aula, e a segunda, dentro". Além disso, a pesquisa sobre a ciência cognitiva mostra que o "processamento ativo" é um ingrediente fundamental na aprendizagem. Sua importância é explicada assim: "a aprendizagem ocorre quando as pessoas se envolvem em processamento cognitivo apropriado durante a aprendizagem, como prestar atenção a material relevante, organizá-lo dentro de uma estrutura coerente e integrá-lo com o que elas já sabem". Ver também CLARK, R. C.; MAYER, R. E. *E-Learning and the science of instruction:* proven guidelines for consumers and designers of multimedia learning. São Francisco: Wiley, 2008. p. 36. Também recomendamos AMBROSE, A. et al. *How learning works:* seven research-based principles for smart teaching. São Francis-

co: Wiley, 2010. p. 132. A seção descreve a pesquisa sobre a importância de usar estratégias de leitura ativa.

21 NOONOO, S. Flipped learning founders set the record straight, *The Journal,* jun. 2012. Disponível em: <http://thejournal.com/articles/2012/06/20/flipped-learning-founders-q-and-a.aspx>. Acesso em: 23 jan. 2015. Para mais informações sobre como inverter a sala de aula, ver BERGMANN, J.; SAMS, A. *Flip Your Classroom:* reach every student in every class every day. Washington, DC: International Society for Technology in Education, 2012.

22 COTTERELL, A. *48 Idaho Schools 'Flip the Classroom' e Pilot Khan Academy Online Learning.* Boise State Public Radio, 2013. Disponível em: <http://boisestatepublicradio.org/post/48-idaho-schools-flip-classroom-and-pilot-khan-academy-online-learning>. Acesso em: 23 jan. 2015.

23 Para mais informações sobre Salas de Aula Invertidas na Coreia do Sul, ver HORN, M. B. Busan Schools Flip Korea's Society, Classrooms. *Forbes,* mar. 2014. Disponível em: <http://www.forbes.com/sites/michaelhorn/2014/03/25/busan-schools-flip-koreas-society-classrooms/>. Acesso em: 23 jan. 2015.

24 A história de Joel Rose parafraseando o lema para a School of One (mais tarde renomeada Teach to One) está disponível em STAKER, H. et al. *The Rise of K–12 Blended Learning:* profiles of emerging models. Clayton Christensen Institute e Charter School Growth Fund, 2011. Disponível em: <http://www.christenseninstitute.org/wp-content/uploads/2013/04/The-rise-of-K-12-blended-learning.emerging-models.pdf>. Acesso em: 23 jan. 2015.

25 CARPE DIEM. 2015. Disponível em: <http://carpediemschools.com/>. Acesso em: 26 jan. 2015>.

26 PANDOLFO, N. In Arizona desert, a charter school computes. *NBC News.com,* set. 2012. Disponível em: <http://www.nbcnews.com/id/48912833/ns/us_news-education_nation/t/arizona-desert-charter-school-computes/#>. Acesso em: 23 jan. 2015.

27 MACKEY, K. *Wichita Public Schools' Learning Centers:* creating a new educacional model to serve dropouts and at-risk students. Clayton Christensen Institute, 2010. Disponível em: <http://www.christenseninstitute.org/publications/wichita-public-schools-learning-centers-creating-a-new-educational-model-to-serve-dropouts-and-at-risk-students/>. Acesso em: 23 jan. 2015.

28 ARK, T. V. Flex schools personalize, enhance and accelerate learning. *Huffington Post,* fev. 2012. Disponível em: <http://www.huffingtonpost.com/tom-vanderark/flex-schools-personalize-_b_1264829.html>. Acesso em: 23 jan. 2015.

29 NEXT GENERATION LEARNING CHALLENGES. *Grantee:* education achievement authority of Michigan. [c2015]. Disponível em: <http://nextgenlearning.org/grantee/education-achievement-authority-michigan-nolan-k-8>. Acesso em: 23 jan. 2015.

30 AGILIX. Educational Achievement. *Authority (EAA) of Michigan*: disrupting education in persistently low achieving schools. Disponível em: <http://agilix.com/case-study-buzz-eaa/>. Acesso em: 23 jan. 2015.

31 Next Generation Learning Challenges (c2015).

32 Isto é baseado em dados da Califórnia, portanto, depende da suposição de que a distribuição de modelos combinados na Califórnia é igual à de outros estados. O achado na Califórnia é que 59% dos distritos e das *charter schools* que responderam a uma pesquisa em 2014 relataram estar usando o modelo À la Carte no ensino médio; 53% usavam o Virtual Enriquecido, 32% usavam o Flex e 29% usavam a Rotação (BRIDGES, B. *California learning resource network*. 2014. Disponível em: <http://www.clrn.org/census/eLearning%20Census_Report_2014.pdf>. Acesso em: 23 jan. 2015.) Com base em nossas próprias observações da evolução do ensino *on-line* e da teoria da inovação disruptiva, nos sentimos confiantes de que estes dados são mais ou menos verdadeiros para a maior parte dos Estados Unidos.

33 A história sobre o CCA foi retirada de uma entrevista com THORNTON, Dawna. *Connections learning*. [30 maio 2014].

34 INTERNATIONAL ASSOCIATION FOR K–12 ONLINE LEARNING. *The Online Learning Definitions Project*. 2011. Disponível em: <http://www.inacol.org/cms/wp-content/uploads/2013/04/iNACOL_DefinitionsProject.pdf>.; WATSON, J. et al. *Keeping pace with K–12 online & Blended Learning*: an annual review of policy and practice. Evergreen Education Group, 2013. Disponível em: <http://kpk12.com/cms/wp-content/uploads/EEG_KP2013-lr.pdf>. Acesso em: 23 jan. 2015.

35 É importante notar que a definição de ensino híbrido é do ponto de vista de um estudante individual – de acordo com a noção de mudar para um modelo de aprendizagem centrada no estudante – não do ponto de vista de uma escola. Qual seria a definição de uma escola de ensino híbrido? O relatório anual *Keeping Pace* oferece uma definição: escolas autônomas com um código escolar (em oposição a programas dentro da escola) que transmitem grande parte de seu currículo em um formato híbrido e requerem que os estudantes frequentem um local físico para mais do que apenas avaliações da situação (WATSON, J. et al. *Keeping Pace with K–12 Online & Blended Learning*: an annual review of policy and practice. Evergreen Education Group, 2013. Disponível em: <http://kpk12.com/cms/wp-content/uploads/EEG_KP2013-lr.pdf>).

36 WHAT is project-based learning? *Edutopia*. Disponível em: <http://www.edutopia.org/project-based-learning/>. Acesso em: 23 jan. 2015.

Capítulo 2

Qualquer sala de aula pode ser híbrida?

O ensino híbrido pode parecer uma opção interessante, mas ele é para todos? No final de uma discussão sobre educação que estávamos conduzindo com diretores e administradores no estado de Nova York, um superintendente de um bairro rico nos confidenciou que o ensino híbrido faz muito sentido para alunos com dificuldades em escolas com falta de recursos. No entanto, por que ele deveria arriscar sua reputação e seu capital profissional defendendo uma nova forma de ensinar e aprender quando a abordagem tradicional funcionava muito bem em suas escolas altamente classificadas?

A História está repleta de exemplos de executivos em indústrias que se sentem da mesma forma. Quando a primeira embarcação a vapor comercialmente bem-sucedida viajou pelo Rio Hudson, em 1807, ela teve um desempenho inferior aos navios transoceânicos a vela em praticamente todas as dimensões de desempenho. Sua operação custava mais por milha percorrida, ela era mais lenta e propensa a frequentes avarias. Marinheiros vindos do mar que ouviram falar sobre a tecnologia a vapor, quando chegaram em terra, sem dúvida descartaram a ideia de que o vapor algum dia poderia ser tão bom quanto a clássica e segura vela. O vapor parecia apropriado apenas para viagens modestas, ao longo de lagos ou rios estreitos, onde a capacidade de se mover contra o vento – ou na ausência dele – era importante. Contudo, a vastidão do oceano Atlântico certamente exigia velas.

Os executivos na Digital Equipment Corporation (DEC) devem ter se sentido da mesma forma, em meados da década de 1980, quando viram aparecer os primeiros computadores pessoais. Eles presumiram que esses computadores pessoais simples e baratos eram bons para crianças e amadores, mas nunca poderiam atender seus clientes exigentes, corporações e universidades sofisticadas, que dependiam de microcomputadores muito mais sérios e de computadores de grande porte para fazer o seu trabalho. Na verdade, os primeiros computadores pessoais tinham desempenho inferior aos microcomputadores da DEC em quase todos os sentidos. Sua velocidade de processamento era significativamente mais lenta, e eles tinham capacidade de memória limitada e não podiam executar tarefas múltiplas. Os computadores pessoais eram irrelevantes para os clientes da DEC.

Olhando para trás, fica evidente, agora, que tanto os motores a vapor quanto os computadores pessoais são exemplos de inovações disruptivas. Como todas as inovações disruptivas, tanto os motores a vapor quanto os computadores pessoais melhoraram ao longo do tempo até se tornarem suficientemente bons para substituir os sistemas estabelecidos para a maioria das pessoas. Se pudessem ter vislumbrado o futuro, os fabricantes de navios a vela e os executivos do DEC teriam visto a disrupção iminente de suas indústrias e talvez tomado medidas para permanecer no topo.

Acontece que compreender a teoria da inovação é como colocar um par de lentes que pode ajudar as pessoas a ver o futuro e a prever a trajetória de qualquer inovação. Com as lentes, pode-se antever que algumas inovações são o alicerce para o sistema estabelecido; tais inovações ajudam a realizar o trabalho de forma ainda melhor, para clientes e usuários exigentes, e de acordo com a forma tradicional, considerada por eles como de alta qualidade. Baterias que duram mais tempo, aviões jumbo que voam mais longe, televisões com resoluções mais nítidas – todos são exemplos de inovações sustentadas. Outras inovações são disruptivas para o sistema estabelecido; elas começam entre consumidores que têm necessidades de desempenho muito simples ou não têm alternativa; então, com o tempo, elas marcham para o topo do mercado. O achado fundamental é que as inovações disruptivas estão destinadas a um dia substituir a maioria dos sistemas estabelecidos.

Vamos colocar essas lentes para antever o futuro do ensino híbrido. O ensino híbrido é uma inovação sustentada que oferece aprimoramento e melhoria importantes para a sala de aula convencional? Ou ele é uma inovação disruptiva que irá transformar fundamentalmente a sala de aula no futuro?

A resposta influencia inúmeras questões relacionadas ao futuro da escolarização. Primeiro, ela afeta as implementações do ensino híbrido: organizações bem-sucedidas implementam iniciativas sustentadas substancialmente diferentes das disruptivas. Segundo, ela afeta o modelo: as iniciativas de sustentação levam a melhorias no modelo estabelecido, enquanto as iniciativas disruptivas levam a uma forma de pensar inteiramente nova sobre os professores, as instalações e a experiência do estudante. Terceiro, afeta o impacto: as inovações sustentadas irão melhorar a sala de aula tradicional, enquanto as inovações disruptivas são mais propensas a transformar a escolarização em um sistema personalizado, baseado na competência, acessível e econômico. Finalmente, afeta a estratégia: por definição, as inovações disruptivas estão a caminho de substituir o sistema estabelecido. Se o ensino híbrido está nesse tipo de caminho, não seria bom conhecê-lo?

A TEORIA DOS HÍBRIDOS

Algumas centenas de anos atrás, os estaleiros se defrontaram com uma questão semelhante. Na época, as pessoas cruzavam os oceanos em veleiros que aproveitavam a força do vento. Quando a energia a vapor foi inventada, ela era uma tecnologia primitiva. Era mais cara e menos confiável do que as velas e não podia abastecer o navio por todo o caminho através do oceano, porque os navios não tinham condições de carregar combustível suficiente, devido ao fato de o motor a vapor ser, então, relativamente ineficiente. Porém, ela se tornou imediatamente atraente para velejadores que viajavam em rios e lagos estreitos, que apreciavam sua capacidade de fornecer energia na ausência de vento. Como resultado, a energia a vapor teve seu ponto de apoio disruptivo no mercado de navegação interna. Logo, barcos a vapor pontilhavam os rios e lagos dos Estados Unidos.[1]

Entretanto, vendo o potencial do vapor, as antigas companhias de navegação a vela que se especializavam em viagens transoceânicas movidas pelo vento não ignoraram completamente a nova tecnologia. O único lugar em que podiam pensar em usar a propulsão a vapor, entretanto, era em seus mercados tradicionais – para ajudá-los a construir navios que cruzassem oceanos inteiros de maneira mais eficiente. Eles tinham pouca motivação para se refocalizar em clientes de navegação interna, visto que tinham a oportunidade de continuar a construir navios maiores e mais lucrativos para cruzar os oceanos. Não querendo se desfazer da propulsão a vapor inteiramente, entretanto, as companhias de navegação a vela buscaram um meio-termo. Eles finalmente encontraram uma solução *híbrida*, que combinava vapor e vela. Em 1819, o veleiro híbrido *Savannah* cruzou pela primeira vez o Atlântico movido por um sistema combinado; na verdade, apenas 80 das 633 horas de viagem foram a vapor, em vez de velas.² A energia a vapor revelou vantagens importantes quando o vento cessava ou soprava do lado errado, mas, visto que o vento era capaz de ser a fonte principal de energia para distâncias tão longas, ter velas também era fundamental.

As companhias de navegação a vela nunca fizeram uma tentativa genuína de entrar no mercado disruptivo puro do navio a vapor – e finalmente pagaram o preço. No início da década de 1990, os navios a vapor, que tinham começado naquelas navegações internas que pareciam pouco atraentes para as companhias de veleiros, tornaram-se suficientemente bons para viagens transoceânicas. Os clientes migraram dos veleiros para os navios a vapor, e todas as companhias de veleiros abandonaram o negócio.

Essa história ilustra a teoria dos híbridos, associada à teoria da inovação disruptiva. Ela diz que sempre que uma tecnologia disruptiva surge, as empresas líderes na área normalmente querem fazer uso dela. Mas como ela ainda não é suficientemente boa para seus clientes, desenvolvem, então, um híbrido. A solução híbrida une a tecnologia antiga com a nova para criar uma combinação do "melhor dos dois mundos" que as empresas podem oferecer a seus clientes a preços superiores.

No final, entretanto, a solução híbrida não incomoda a indústria; em vez disso, ela sustenta as principais empresas, permitindo-lhes que atendam aos seus clientes habituais de forma melhor e mais lucrativa. *Assim, uma inovação híbrida é um tipo de inovação sustentada*. Entretanto, a disrupção pura começa na extremidade inferior, ou entre não consumidores, tornando-se cada vez melhor à medida que busca atender usuários mais exigentes em situações mais complicadas, e eventualmente substitui o híbrido, à medida que se torna suficientemente boa quanto mantém os valores que a tornaram disruptiva – acessibilidade, conveniência, economia ou simplicidade.

O ponto importante a ser observado sobre a teoria dos híbridos é que as tecnologias híbridas não estão em um caminho disruptivo, apesar de terem algumas características da tecnologia disruptiva em seu conjunto.

Os híbridos e os automóveis

A teoria dos híbridos nos ajuda a prever o futuro de muito setores, como o automotivo. Os motores elétricos representam uma inovação disruptiva em relação aos movidos a gasolina. Os carros movidos a eletricidade viajam uma distância mais curta com uma única carga, e não podem acelerar tanto quanto aqueles que são movidos a gasolina. Apesar da propaganda exagerada dos caros veículos puramente elétricos no mercado de ponta,[3] a teoria da inovação disruptiva sugere que o melhor lugar para lançar veículos totalmente elétricos para conseguir a transformação será em lugares de não consumo,[4] onde suas limitações sejam valorizadas – como para comunidades de idosos ou para adolescentes cujos pais não os querem dirigindo em altas velocidades ou longas distâncias. Na verdade, os carros elétricos estão emergindo nessas duas áreas.[5]

Porém, o motor elétrico já teve um impacto mais significativo sobre a indústria – como um híbrido. O líder de vendas, Prius, da Toyota, que combina um motor movido a gasolina com um movido a bateria, estava entre os primeiros carros híbridos no mercado. Os motoristas convencionais afluíram para ele devido ao seu desempenho superior com gasolina. Embora fosse possível prever que veículos puramente elétricos finalmente iriam perturbar a indústria automobilística, os veículos híbridos provavelmente irão manter os carros movidos a gasolina – e as companhias que os constroem – ainda por algum tempo.

Adiando a disrupção

A teoria dos híbridos ajuda a explicar a evolução de inúmeras indústrias, da fotografia ao varejo.[6] Entretanto, há uma ressalva importante bem ilustrada pela evolução dos serviços bancários ao consumidor. A inovação disruptiva, nesse caso, propõe que os consumidores façam todas as suas transações financeiras e operações bancárias pelo celular e pela internet.[7] Porém, as agências bancárias estão oferecendo uma solução híbrida que combina operações bancárias *on-line* com bancos físicos tradicionais para troca de papel-moeda e para depositar e sacar cheques. Alguns poderiam se perguntar por que os caixas eletrônicos, as operações bancárias pela internet e pelo celular não fizeram desaparecer completamente as agências bancárias. O fato é que as agências bancárias desempenham funções valiosas relacionadas ao manuseio de papel-moeda e de moedas, que ainda são uma grande parte do sistema comercial estabelecido. Os caixas eletrônicos, *sites* e aplicativos de celular ainda não podem realizar todas as funções. A teoria da inovação disruptiva prevê que, em longo prazo, se a moeda digital substituir o dinheiro físico, então, a maioria das agências bancárias – ou pelo menos seu serviço de caixa – se tornarão obsoletas. Como veremos, a capacidade das agências bancárias de perdurar, a despeito da chegada das tecnologias disruptivas, fornece uma analogia poderosa para o que está acontecendo hoje na educação básica.

O ENSINO HÍBRIDO É DISRUPTIVO?

As centenas de programas de ensino híbrido em andamento por todos os Estados Unidos, juntamente com a teoria dos híbridos, deixaram uma trilha de pistas para verificar se eles são disruptivos ou sustentados. Até agora, a evidência sugere que sejam as duas coisas. Alguns modelos de ensino híbrido têm todos os sinais de uma inovação sustentada híbrida. Eles prometem melhorias para as salas de aula tradicionais, mas não uma ruptura. Entretanto, outros modelos têm as características de disrupções puras; embora a evidência, que discutiremos posteriormente neste capítulo, sugira que esses modelos não provocarão uma ruptura nas escolas, os modelos são disruptivos em relação às salas de aula tradicionais *dentro* das escolas.

A Figura 2.1 traça uma linha entre modelos de ensino híbrido que estão tomando forma como híbridos e aqueles que parecem disruptivos. Os modelos híbridos são sustentados para a sala de aula convencional, enquanto os

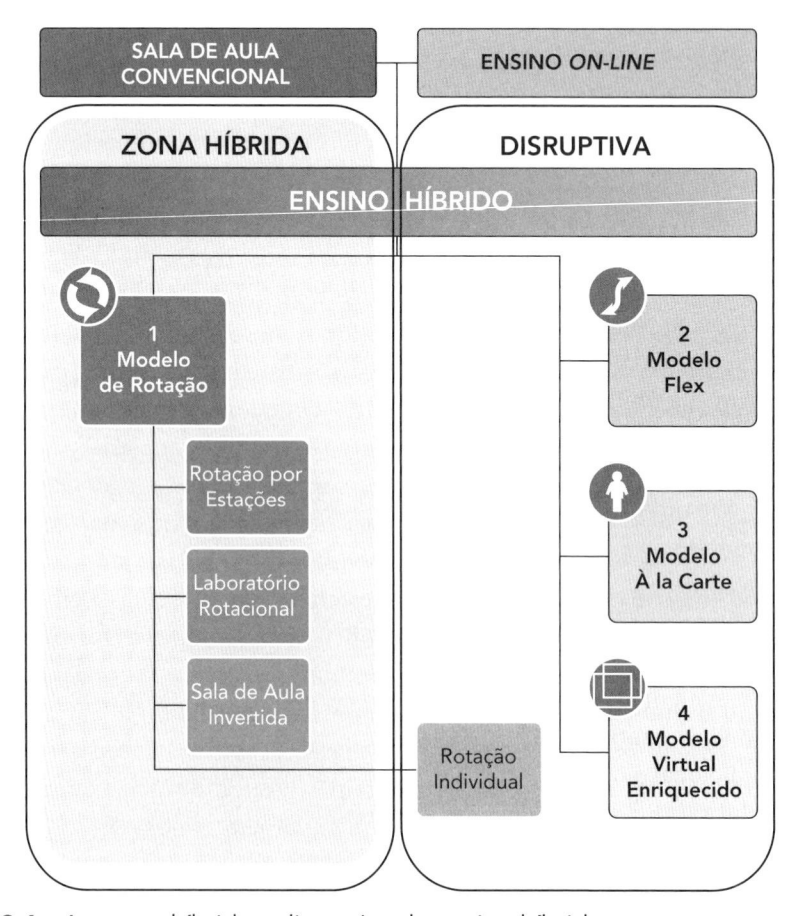

Figura 2.1 As zonas híbrida e disruptiva do ensino híbrido.

modelos disruptivos estão preparados para substituí-la por outro paradigma completamente diferente.

MODELOS DE ENSINO HÍBRIDO

Os educadores que conduzem salas de aula tradicionais são, de alguma forma, semelhantes aos executivos nos estaleiros de veleiros, na Toyota e nas agências bancárias. Os educadores tradicionais veem o surgimento do ensino *on-line*, mas hesitam em adotá-lo em sua forma pura, porque ele não atende as necessidades de seus estudantes convencionais tão bem quanto a sala de aula tradicional. Então, eles desenvolvem uma solução híbrida, que promete o "melhor dos dois mundos" – as vantagens da sala de aula tradicional combinadas com os benefícios do ensino *on-line*. Na educação, assim como em outros setores, o modelo no qual uma tecnologia é adotada é frequentemente mais impactante do que a própria tecnologia.

Os educadores em geral estão implementando três modelos de ensino híbrido – Rotação por Estações, Laboratório Rotacional e Sala de Aula Invertida – de acordo com um padrão que lembra as formas nas quais os híbridos são implementados em outros setores. O padrão tem quatro características principais.

1. ***As inovações híbridas incluem tanto a tecnologia antiga como a nova***, *enquanto as disrupções puras não oferecem a tecnologia antiga em sua forma completa.*

O navio a vapor híbrido *Savannah* tinha velas e um motor a vapor. O Prius da Toyota usa tanto gasolina quanto eletricidade. As operações bancárias híbridas permitem que os consumidores realizem as transações tanto em agências bancárias físicas quanto pela internet.

Do mesmo modo, as variantes do ensino híbrido – Rotação por Estações, Laboratório Rotacional e Sala de Aula Invertida – representam uma combinação do antigo com o novo. Elas preservam os contornos brutos de uma sala de aula tradicional – as instalações, o pessoal e as operações básicas – e, ao mesmo tempo, introduzem um elemento do ensino *on-line*. As pessoas frequentemente as descrevem como misturas do "melhor dos dois mundos."

Por exemplo, a KIPP Empower baseia-se tanto no modelo de sala de aula tradicional quanto no ensino *on-line* para sua Rotação por Estações. O modelo híbrido é tradicional no sentido de que não derruba paredes, não se afasta do ensino com professor presencial nem muda drasticamente o fluxo de programação do aluno. Ao mesmo tempo, é novo porque usa o ensino *on-line* como forma de transmitir conteúdos.[8]

A Rotação por Estações, o Laboratório Rotacional e a Sala de Aula Invertida apresentam essa combinação. Esses modelos buscam acrescentar o ensino *on-line* à sala de aula tradicional, na tentativa de preservar as virtudes de ambas as abordagens. As disrupções puras, no entanto, rompem completamente a abordagem tradicional, como este capítulo discutirá.

2. ***As inovações híbridas visam a clientes existentes****, em vez de não consumidores.*

Os fabricantes de veleiros projetaram o *Savannah* para seus clientes existentes, para viagens transoceânicas, e não para transportar carga em hidrovias internas. O Prius da Toyota atende motoristas de rodovias convencionais, enquanto os veículos puramente elétricos, que parecem ser disruptivos, foram mais bem-sucedidos inicialmente com cidadãos idosos. A regra geral é que as pessoas projetam híbridos para tornar os clientes atuais mais felizes, não para servir àqueles cuja alternativa é nada. Esse é um dos sinais de certeza de que os híbridos são um tipo de inovação sustentada.

Os modelos híbridos de aprendizagem não são diferentes. Eles foram projetados e implementados, em grande parte, para estudantes existentes, que têm aulas de disciplinas essenciais nas salas de aula convencionais.[9] Na verdade, como observamos, as rotações foram um aspecto clássico do modelo de sala de aula convencional durante décadas, particularmente no ensino fundamental. A versão do ensino híbrido apenas acrescenta um componente *on-line* à rotação. Além disso, a maioria desses programas está usando rotações para disciplinas essenciais, como matemática e leitura, e não para fornecer acesso a disciplinas que, de outro modo, não estariam disponíveis.

3. ***Os clientes desejam que os híbridos superem o sistema existente de acordo com as regras antigas do jogo****, enquanto as disrupções competem em termos diferentes e oferecem um conjunto alternativo de benefícios.*

Os projetistas do híbrido *Savannah* usaram a propulsão a vapor para tentar tornar a travessia transoceânica ainda mais bem-sucedida. Em contrapartida, os primeiros fabricantes de navios puramente a vapor desviaram o foco do desempenho em mar aberto. Eles diziam que o que realmente importa é a capacidade de progredir ao longo de uma via navegável quando o vento não está soprando ao seu favor. As inovações disruptivas bem-sucedidas não desafiam o sistema estabelecido; na verdade, elas encontram um mercado alternativo que as valorizem pelo que são.

Nesse aspecto, os modelos híbridos de aprendizagem são semelhantes aos híbridos em outras indústrias. Eles preservam a função da sala de aula tradicional, incluindo manter os alunos sentados pelo número de minutos prescrito. Eles trazem avanços sustentados que ajudam a melhorar o desempenho na sala de aula com base na métrica tradicional.

Na Sala de Aula Invertida típica, por exemplo, os estudantes usam dispositivos conectados após a escola – geralmente de casa – para assistir a vídeos pedagógicos assíncronos e completar questões de compreensão. Na escola, eles praticam e aplicam o que aprenderam com um professor presencial. Esse modelo não define o desempenho de uma maneira nova, como simplicidade ou conveniência. Na verdade, ele utiliza o ensino *on-line* como uma inovação sustentada para ajudar a sala de aula tradicional a desempenhar sua antiga função ainda melhor.

Em contrapartida, as disrupções puras não estão focadas em manter os alunos sentados pelo número de minutos prescrito.[10] Justamente o contrário. Os modelos disruptivos de ensino híbrido destacam-se por permitir que os alunos avancem no conteúdo em seu próprio ritmo e por tornar o tempo sentado completamente variável. Eles competem, de maneira ideal, em termos totalmente diferentes daqueles da sala de aula tradicional – embora, dado um conjunto antiquado de políticas focadas no tempo sentado, às vezes, eles têm de se readaptar ou acrescentar características complexas compatíveis com as estruturas regulatórias tradicionais.[11] Sua força natural está na forma como eles maximizam a personalização, o acesso e o controle de custos.

4. ***As inovações híbridas tendem a ser mais complicadas de operar*** *do que as disruptivas.*

O exemplo do *Savannah* ilustra esta quarta regra para identificar um híbrido. Se um veleiro ou um navio a vapor é mais complicado de operar é discutível. Contudo, o *Savannah* era o mais complicado de todos eles, porque requeria *expertise* em ambas as modalidades.

Da mesma forma, os modelos híbridos de ensino não são visivelmente mais simples para os professores do que o sistema existente. Ao contrário, em muitos casos eles parecem requerer toda a *expertise* do modelo tradicional *mais* a nova *expertise* em gerenciar dispositivos digitais e em integrar dados entre todas as experiências *on-line* suplementares na rotação dirigida pelo professor.

Em contrapartida, as inovações disruptivas destacam-se por sua simplicidade, e os modelos disruptivos de ensino híbrido não são diferentes. Desde que os estudantes tenham dispositivos conectados, eles podem acessar tutoriais e cursos, mesmo quando estão em uma parada de ônibus. A presença de adultos interessados é, naturalmente, fundamental para o sucesso das crianças, mas esses modelos começam a encorajar maturidade e independência por permitirem que os estudantes pelo menos participem na gerência de sua própria aprendizagem.

MODELOS DISRUPTIVOS DE ENSINO HÍBRIDO

Enquanto os educadores tradicionais estão implementando modelos híbridos, outro grupo de líderes escolares estão na vanguarda da transformação do ambiente de aprendizagem pela implementação de modelos disruptivos de ensino híbrido. Os modelos Rotação Individual, Flex, À la Carte e Virtual Enriquecido têm potencial disruptivo.

Existe um princípio básico simples para identificar um modelo disruptivo de ensino híbrido: *se os alunos estão aprendendo em um contexto híbrido, e você não consegue imaginar onde é a frente da sala de aula, então ele provavelmente é um modelo disruptivo*. Esta diretriz não é invulnerável, mas geralmente funciona. O ensino *on-line* é tão central à gestão e ao acompanhamento da aprendizagem do aluno que a maioria dos antigos construtos que definem a sala de aula tradicional – como um quadro-negro ou um quadro-branco na sala de aula – não são mais relevantes. Idealmente, o papel do professor passa de "detentor do saber" para um membro ainda ativo – ou mesmo um planejador – do processo de aprendizagem, porém, em um papel muito diferente, frequentemente na forma de tutor, facilitador de discussão, líder de projetos práticos ou conselheiro. E, com um modelo disruptivo, geralmente a arquitetura, a mobília e as operações da escola parecem todas substancialmente diferentes de qualquer noção tradicional. Os modelos Flex e de Rotação Individual geralmente operam em ambientes de aprendizagem amplos que poderiam ser mais propriamente chamados de estúdios de aprendizagem do que de salas de aula. Muitos modelos Flex, inclusive, operam em espaços comerciais que são normalmente reservados para lojas de varejo. Os professores nesses modelos não passam seu tempo entregando planos de aula baseados em um determinado dia no calendário. O modelo À la Carte dispensa a sala de aula física completamente, uma vez que o professor responsável pela turma ou disciplina está distante de seus alunos. No modelo Virtual Enriquecido, instalações físicas são adicionadas para complementar a aprendizagem virtual, exatamente da mesma forma que a Bonobos abriu lojas físicas que não possuem estoques. Como resultado, os espaços físicos nos modelos Virtuais Enriquecidos tendem a se parecer muito mais com os estúdios de aprendizagem exibidos nos modelos Flex e de Rotação Individual. Em geral, os modelos disruptivos de ensino híbrido se parecem muito mais com o ensino *on-line* aprimorado pela adição de um componente físico, que é distinto da sala de aula tradicional, em oposição aos modelos híbridos sustentados, nos quais a sala de aula tradicional adicionou um aspecto de aprendizagem *on-line*.

Semelhante a outras disrupções, a maioria das primeiras implementações de ensino híbrido disruptivo começou atendendo a grandes grupos de não consumidores. Muitos dos primeiros programas Flex eram focados inicialmente nos desistentes, na recuperação de notas e nos cursos de férias. A maioria dos programas À la Carte surgiu para atender estudantes que, de outro modo, não tinham acesso a cursos, como Advanced Placement e de língua estrangeira. Os vários programas Virtuais Enriquecidos surgiram principalmente para fornecer mais apoio aos alunos matriculados em escolas virtuais de turno integral – bem como para atender famílias que queriam escolas virtuais de turno integral, mas moravam em estados que as proibiam. Os programas de Rotação Individual ainda são raros, mas provavelmente ganharão dimensão fora das salas de aula convencionais das escolas distritais.

Os modelos disruptivos competem em termos diferentes e oferecem outros tipos de benefícios em relação à sala de aula tradicional. Eles se destacam por permitir que os estudantes avancem no conteúdo em seu próprio ritmo e por tornar o tempo sentado completamente variável. Eles atraem seguidores devido a sua capacidade especial de trazer os benefícios de personalização, de acesso e de controle de custos para o sistema. Em vez de exigir que adultos conduzam presencialmente tanto o ensino *on-line* quanto o ensino tradicional, eles delegam a função de gerenciar o ensino à internet, liberando, desse modo, os professores que atuam presencialmente para se concentrarem incondicionalmente nas muitas outras funções importantes que eles deveriam estar exercendo para apoiar, enriquecer e orientar os estudantes.

PREVENDO A REVOLUÇÃO DO ENSINO NA EDUCAÇÃO BÁSICA

A conclusão dessa discussão sobre os híbridos é que algumas variedades de aprendizagem são formas híbridas do antigo com o novo, e, como tais, são inovações sustentadas. Isso significa que elas estão preparadas para desenvolver e oferecer melhorias sustentadas para a sala de aula do tipo industrial, mas não para remodelá-la fundamentalmente.

Um engano comum é o de que as inovações sustentadas são ruins e as inovações disruptivas são boas. Isso não é verdade. As inovações sustentadas são vitais para um setor saudável e robusto, na medida em que as organizações se esforçam para fazer melhores produtos e oferecer melhores serviços para seus melhores clientes. As forças que impulsionam organizações bem administradas para o topo do mercado estão sempre atuando e são uma parte crucial de qualquer organização bem-sucedida. As escolas que estão lutando contra a insipidez e a deterioração das notas de provas e os orçamentos apertados podem encontrar alívio utilizando a eficiência que modelos, como a Rotação por Estações, o Laboratório Rotacional e a Sala de Aula Invertida, trazem para o sistema.

Porém, os modelos disruptivos de ensino híbrido estão em uma trajetória diferente daqueles dentro da zona híbrida. Eles estão carregando o ensino *on-line* em uma marcha ascendente, ajudando-o a melhorar a interseção com as necessidades de mais e mais estudantes e educadores que se sentem atraídos pela perspectiva de oportunidades recém-descobertas para personalização, acesso e controle de custos. À medida que os modelos disruptivos progridem, eles estão no caminho certo para obter a dominância sobre o sistema tradicional ao longo do tempo. Qualquer variedade híbrida de aprendizagem um dia cairá no esquecimento, à medida que a disrupção pura se tornar suficientemente boa em longo prazo, exatamente como os motores a vapor acabaram por substituir os veleiros para viagens transoceânicas e como o compartilhamento de fotos nas redes sociais está substituindo a fotografia impressa.

Duas ressalvas importantes sobre essa previsão devem ser feitas. Uma é que a disrupção tem muito mais probabilidade de afetar as salas de aula do ensino médio e, em alguma medida, dos anos finais do ensino fundamental do que as salas de aula dos anos iniciais. Nas escolas de ensino médio, bem como em muitas escolas que oferecem os anos finais do ensino fundamental, existe uma cultura de não consumo disseminada em áreas como cursos avançados, línguas estrangeiras e recuperação de notas; nos anos iniciais do ensino fundamental, essa grande demanda não atendida não é tão prevalente nem tão declarada. Além disso, o modelo de ensino fundamental e médio normalmente exibe uma arquitetura modular, que varia conforme o curso e que permite que cursos modulares *on-line* substituam essas funções no sistema em curto prazo.

Em contrapartida, é provável que o futuro das escolas de ensino fundamental neste ponto seja, em grande parte, mas não exclusivamente, uma história de inovação sustentada para a sala de aula.[12] O mais próximo que as escolas de ensino fundamental chegam de apresentar um caminho disruptivo para o ensino híbrido é na área de períodos escolares integrais e programas extracurriculares. Por exemplo, as Chicago Public Schools implementaram um modelo Flex de programa extracurricular chamado Additional Learning Opportunities Initiative, para estender o dia letivo, usando *laptops* e profissionais auxiliares para alguns alunos do ensino fundamental.[13] Se as escolas de ensino fundamental continuarem a enfrentar cortes de orçamento e precisarem reduzir o número de minutos tradicionais do dia letivo, isso poderia criar uma oportunidade significativa de não consumo e uma porta de entrada para a inovação disruptiva. Esse cenário, porém, ainda não se concretizou, pois, por enquanto, a previsão do futuro do ensino fundamental é incerta. A tutoria – aplicada desde a fonoaudiologia até o ensino da língua nativa, bem como de línguas estrangeiras – apresenta outras áreas de não consumo que poderiam conduzir à disrupção das salas de aula do ensino fundamental.[14]

A segunda ressalva é que o longo prazo pode ser realmente longo. Uma vez que a disrupção está surgindo, em grande parte, dentro da arquitetura física das escolas "em forma de caixa de ovos" existentes, os modelos disruptivos simplesmente não possuem o espaço físico adequado para se enraizar em muitos casos, a menos que os administradores literalmente derrubem paredes (o que alguns estão fazendo) ou se contentem com um espaço abaixo do ideal. Como as agências bancárias, dado o sistema restrito em que a escolarização ocorre, a disrupção pode levar mais tempo do que poderia de outra forma.

Apesar dessas ressalvas, o prognóstico global para a disrupção da sala de aula no ensino fundamental e médio foge à sabedoria convencional, o que é previsível. Sempre que uma inovação disruptiva surge, o sistema estabelecido geralmente vê os concorrentes no mercado disruptivo emergente como irrelevantes para o seu bem-estar. O setor da educação básica está seguindo o padrão. Os modelos Flex, À la Carte e outros modelos disruptivos de ensino híbrido parecem apenas pequenas linhas em uma longa lista de tendências e oportunidades educacionais. No entanto, o padrão de inovação disruptiva pode eliminar as conjecturas quanto ao eventual tamanho e o âmbito da ascensão do ensino híbrido. Ele indica que os ambientes de aprendizagem futuros dos ensinos fundamental e médio serão substancialmente diferentes das salas de aula típicas de hoje.

O QUE SERÁ DAS ESCOLAS?

Em muitos sentidos, a educação é a última fronteira da internet, que influenciou quase todos os outros setores da economia (exceto a mineração e os salões de massagem, talvez). Ela está entrando rapidamente em todas as escolas nos Estados Unidos, em todos os anos. Muitas vezes, elas estão usando computadores para criar salas de aula ricas em tecnologia ou para implementar modelos híbridos de ensino. No outono de 2012, 15 escolas em cinco distritos escolares na Pensilvânia lançaram a *Pennsylvania Hybrid Learning Initiative*, para orientar principalmente os modelos de Rotação do ensino híbrido. Iniciativas semelhantes estão em andamento nas *DC Public Schools,* em Washington, D.C., no Los Angeles Unified School District e em outros distritos dos Estados Unidos, bem como entre redes de escolas independentes e *charter schools*.[15]

O impacto desses esforços para equipar as salas de aula tradicionais com computadores variam. Por um lado, *Inovação na Sala de Aula* salienta que os computadores têm estado em toda parte há várias décadas, e as escolas estão bem cheias deles, mas o modelo básico das salas de aula parece exatamente o mesmo que era antes da revolução do computador pessoal. Os processos de ensino e aprendizagem são semelhantes ao que eram na época anterior aos computadores, e, como resultado, a aprendizagem dos alunos melhorou, no máximo, apenas marginalmente. Quando as escolas amontoam computadores nas salas de aula tradicionais, na melhor das hipóteses, eles mantêm ou melhoram ligeiramente a forma de ensinar e de dirigir as escolas.[16]

Por outro lado, algumas implementações de alta qualidade dos programas de ensino híbrido sustentado estão levando a melhorias inovadoras para as salas de aula tradicionais. Em um dos maiores estudos até hoje, a RAND Corporation* e o Departamento de Educação dos Estados Unidos conduziram um ensaio controlado randomizado, de larga escala, de 2 anos, para medir a eficácia de rotacionar os alunos entre ensino *on-line* de álgebra I – usando o programa *Cognitive Tutor Algebra I* (CTAI), da *Carnegie Learning*, Inc. – e ensino de sala de aula presencial tradicional. A RAND selecionou uma população diversificada de mais de 18 mil estudantes, em 147 escolas, em sete estados, para o estudo. Metade dos estudantes experimentou a rotação CTAI, enquanto a outra metade aprendeu sem o componente *on-line*. Intencionalmente, o ensaio foi explicitamente sustentado para a sala de aula. A RAND esforçou-se "para projetar o estudo de modo a minimizar a disrupção para as operações escolares normais, como a designação de alunos e professores para currículo e classes".[17]

O relatório da RAND conclui que o modelo de ensino híbrido de Rotação melhorou o desempenho médio dos estudantes do ensino médio em oito pontos percentuais, no segundo ano do estudo, o que equivale aproximadamente a duplicar a aprendizagem de matemática em um ano para esses estudantes.[18] Em uma época em que milhares de escolas estão se esforçando para diminuir a diferença de desempenho ou para aumentar a aprendizagem global, resultados como esse são significativos. Todos os interessados em melhorar a educação devem adotar o ensino *on-line* e aproveitar toda a melhoria sustentada possível que ela possa trazer para a sala de aula tradicional. Este esforço já está sendo feito há muitos anos. Os próximos capítulos deste livro oferecem recomendações sobre como alcançar todo o potencial do ensino híbrido – não apenas de formas disruptivas, mas também de formas que mantenham e melhorem a abordagem tradicional.

---

* N. de R.T.: A RAND Corporation é uma instituição sem fins lucrativos que realiza pesquisas com a intenção de contribuir para a implementação de políticas no setor público e privado dos Estados Unidos.

Entretanto, uma transformação proporcionalmente pequena, mas constante, está em andamento à margem da escolarização convencional e está a caminho de substituir a sala de aula tradicional completamente no ensino médio, bem como em muitas escolas de ensino fundamental. Entretanto, o surgimento do ensino *on-line* e de alguns modelos do ensino híbrido, como tecnologias disruptivas, de maneira alguma condena à morte as escolas públicas dos Estados Unidos. Notavelmente, a disrupção está ocorrendo em nível de sala de aula, não em nível escolar. Dessa forma, Christensen, Horn e Johnson estavam certos quando intitularam seu livro *Inovação na Sala de Aula*, e não *Inovação na Escola*.[19]

Qual é, então, o futuro das escolas? Em vez de estarem destinadas a se deteriorar ou desaparecer, as escolas físicas têm uma oportunidade de mudar um pouco seu foco em resposta à disrupção. Suspeitamos que elas não terão mais de ser a fonte primária de conteúdo e ensino, mas podem, em vez disso, concentrar suas potencialidades em outros serviços essenciais. Voltamos à pergunta de Jon Bergmann, no Capítulo 1: "Qual o melhor uso do tempo de aula presencial, dada a migração de conteúdo e ensino para a internet?".[20]

À medida que o conteúdo e o ensino tornam-se *on-line*, as escolas podem se concentrar mais em atividades que tentaram realizar historicamente, mas, com muita frequência, faltavam-lhes tempo, espaço e recursos para fazê-las bem – desde a aplicação de conhecimento e habilidades para conduzir à aprendizagem mais reflexiva até a oferta de serviços não acadêmicos que são fundamentais para o sucesso das crianças.

Aprendizagem mais reflexiva

Durante um longo tempo, as escolas e os professores dos Estados Unidos buscaram ajudar os estudantes a não apenas aprender conhecimentos, mas também a aplicá-los de formas mais reflexivas, que convidem à exploração e à criatividade, bem como a dominar o pensamento crítico, a colaboração e as habilidades de comunicação em diferentes esferas. Historicamente, isso envolveu, com muita frequência, uma concessão ou escolha entre garantir que os estudantes tivessem o conhecimento essencial necessário para essas atividades críticas e iniciar essas atividades, esperando que eles fossem capazes de preencher as lacunas de seu conhecimento. Com a migração de conteúdo e do ensino para o ambiente *on-line*, algumas escolas estão começando a encontrar caminhos sistemáticos para ajudar os estudantes a aplicar seu conhecimento e suas habilidades em um contexto físico. A Acton Academy, uma rede de escolas independentes que começou em Austin, Texas, e emprega um modelo Flex de ensino híbrido, une aprendizagem individual autodirigida, que é frequentemente *on-line*, com discussão socrática e aprendizagem baseada em projetos. As discussões socráticas ensinam os estudantes a falar, a escutar e a trocar ideias em um círculo presencial de pares e guias. Os projetos requerem que eles trabalhem em equipes presenciais para aplicar os conceitos que aprenderam durante o trabalho individual e as discussões socráticas. Eles também encorajam uma "necessidade de saber" para motivar o ensino *on-line* e fornecer um meio público, baseado em portfólio, para os estudantes apresentarem o que aprenderam. Várias outras escolas híbridas usam experiências físicas, incluindo discussões de grupo, experimentos em laboratório e projetos práticos, para ajudar os estudantes a se aprofundar e aplicar habilidades, ou estão envolvidas no que muitos se referem como aprendizagem reflexiva.[21] Como o ensino *on-line* ajuda os estudantes a *saber*, as escolas devem ser capazes de se focar, cada vez mais, em ajudar os estudantes a *fazer* e a *ser*.

ASSISTA AO CLIPE 13: Na Acton Academy, o modelo Flex no ensino fundamental conta com o ensino *on-line* seguido por projetos de grupo e discussões socráticas.

www.grupoa.com.br/blended/vd/h/vd13.html

Assistência segura

A sociedade, incluindo as famílias e a democracia como um todo, pede que as escolas realizem uma série de funções, das quais apenas uma é transmitir conhecimento para os alunos. Outra função central é de custódia – cuidar das crianças e mantê-las seguras enquanto os pais estão trabalhando ou não estão disponíveis de outra forma. Muitas escolas certamente poderiam ter recursos para melhorar nesse sentido. Durante o intervalo de 2011 a 2012, 35% das 681 escolas de Chicago não passaram na inspeção sanitária, pelo menos uma vez, por razões como não ter água quente nas pias dos banheiros, comida mantida a temperaturas arriscadas e mais de 200 excrementos de rato encontrados nas áreas das cozinhas.[22] Essas deficiências nos cuidados básicos das crianças são horripilantes para os pais, mas são frequentemente negligenciadas, uma vez que os educadores são obrigados a priorizar o trabalho de transmitir conteúdo e instrução. À medida que as escolas transferirem mais a gestão de conteúdo e instrução para a internet, elas terão a oportunidade de retomar o foco e dedicar mais tempo e recursos ao cuidado físico de primeira classe.

Serviços envolventes

Além de seu papel de custódia, as escolas têm funções sociais importantes para muitos estudantes, que variam de aconselhamento e orientação a serviços de saúde e refeições gratuitas. Nos próximos anos, as escolas provavelmente terão de fornecer ainda mais desses serviços para muitos estudantes. Alguns têm especulado que a tecnologia cria uma oportunidade para aumentar as funções de aconselhamento que as escolas têm fornecido há muito tempo e para repensar como elas fazem tudo, desde o monitoramento acadêmico até desenvolvimento de auto-orientação dos estudantes, de consciência universitária e formulários de admissões a gestão de transcrições e seleção de cursos, para ajudar os estudantes a se prepararem para a faculdade, para uma carreira e para a vida.[23]

Geoffrey Canada, criador da Harlem Children's Zone, em Nova York, conduziu um dos trabalhos inovadores ao tratar de como as escolas que querem ajudar crianças de baixa renda devem integrar práticas não comumente cogitadas. Tais práticas, não consideradas da alçada das escolas, poderiam ajudar não apenas os estudantes, mas também seus bairros e mesmo a forma como os pais criam seus filhos.[24] Em seu livro *Sweating the Small Stuff*, David Whitman convoca as escolas a realizar um "novo paternalismo" para os jovens de minorias de baixa renda.[25] Ele cita exemplos de seis escolas de ensino médio da linha *No Excuses** que integram serviços para suprir necessidades essenciais que suas famílias e outros negligenciaram. Entre as características mais importantes dessas escolas estão as de que elas são lugares ternos e carinhosos, onde os professores e os diretores formam laços parentais com os alunos.

O *Cincinnati Public School District* desenvolveu um conceito semelhante com seu modelo de escolas comunitárias, agora implementado em 34 das 55 escolas no sistema. Elas formam parceria com uma rede de provedores de serviços à comunidade para fornecer uma variedade de apoios, não apenas para os estudantes, mas também para toda a comunidade. Eles servem jantar, subsidiam o transporte, ajudam as famílias a se candidatar a planos de saúde – entre várias outras coisas. "Qual é a alternativa?", perguntou o ex-diretor Craig Hockenberry a um repórter do *New York Times* que estava escrevendo sobre o programa. "Devemos simplesmente nos sentar e assistir essas famílias se deteriorarem?"[26] Embora fazer essas coisas isoladamente *não seja uma garantia de que haverá melhora nos resultados dos alunos,* se as escolas não

---

* N. de R.T.: Escolas que têm como compromisso recusar a pobreza, raça, escolaridade prévia ou quaisquer outros fatores como desculpa para o insucesso escolar.

as fizerem, a maioria de seus alunos provavelmente terá pouca esperança. Como muitos observaram, se um aluno está com fome, sua capacidade de aprendizagem fica reduzida. Como cada vez mais líderes educacionais acham que suas crianças necessitam de serviços sociais mais amplos para cumprir mesmos os pré-requisitos básicos para aprendizagem, a chegada simultânea do ensino *on-line* pode se revelar uma concorrência bem-vinda para ajudar a carregar uma parte do fardo cada vez maior das escolas e liberá-las para se dedicarem a desempenhar bem outros aspectos importantes da escolarização.

Diversão com os amigos e atividades extracurriculares

Do ponto de vista das crianças, ter um lugar para se divertir com os amigos é outro papel vital que as escolas físicas desempenham, assim como ter um lugar para atividades extracurriculares, como esportes e artes. Em nossa pesquisa, vimos escolas que desenvolveram modelos de ensino híbrido bem-sucedidos. Sua combinação de ensino *on-line*, professores presenciais e instalações inovadoras é eficaz; dentro de poucos anos, suas escolas saltaram para o topo nas pontuações de matemática e leitura entre as escolas de uma mesma região. Porém, aqueles que as visitam às vezes dizem que os ambientes, com suas fileiras de computadores e divisórias de papelão, podem parecer rígidos. Tendo descoberto como incentivar os alunos por meio do ensino *on-line*, talvez essas escolas tenham, agora, a capacidade e os recursos para exercer outras funções de primeira classe. Elas poderiam desenvolver os melhores programas de dança e ter espaços de criação (espaços de trabalho da comunidade onde as pessoas se reúnem para construir coisas; leia mais sobre isso no Cap. 5)[27] ou uma orquestra de alunos – ou talvez uma variedade dessas e de outras opções nas escolas.

Em muitos aspectos, a chegada do ensino *on-line* é uma novidade bem-vinda para escolas sobrecarregadas que têm sido exigidas a fazer muito com muito pouco. Uma vez que o ensino *on-line* se torne suficientemente bom, as escolas serão capazes de contar com ele para oferecer, de forma consistente, aprendizagem de alta qualidade adaptada para cada estudante. Isso irá liberar as escolas para focarem mais em cumprir as outras funções, que provavelmente incluirão, por exemplo, a garantia de ambientes limpos e agradáveis; a eliminação do *bullying*; a disponibilização de refeições nutritivas; excelentes professores; discussões e enriquecimento presenciais; a promoção de cidadãos bem informados; o encorajamento da boa saúde e do bem-estar; e o oferecimento de uma variedade de programas esportivos, musicais e artísticos. Além disso, com os estudantes dominando o conhecimento *on-line*, as escolas devem ter capacidade muito maior de ajudá-los a se concentrar em desenvolver as habilidades necessárias para se tornarem pessoas criadoras e inovadoras – fundamentais no mundo que habitarão após a escola.[28]

O maior risco dessa visão é que as escolas não estejam à altura das circunstâncias quando o ensino *on-line* se expandir. Elas irão delegar grande parte da aprendizagem dos alunos à internet, mas não irão redirecionar os professores presenciais e os recursos físicos de forma a enriquecer significativamente o ensino *on-line*. Em alguns programas de ensino híbrido já em andamento, o corpo docente da escola senta-se passivamente e deixa os provedores de conteúdo *on-line* fazerem todo o trabalho. Eles se sentem como se tivessem sido "substituídos" e oferecem pouco para intensificar a aprendizagem ou para orientar os alunos. Essas escolas tendem a não ser inspiradoras nem eficazes. Um dos principais objetivos dos próximos capítulos é ajudar os líderes e os influenciadores educacionais a planejar implementações de qualidade superior que otimizem o ambiente físico e o papel dos professores presenciais para prevenir essa perda previsível.

Resumindo

- Os modelos de ensino híbrido de Rotação por Estações, Laboratório Rotacional e Sala de Aula Invertida, geralmente seguem o padrão dos híbridos, que combinam o antigo com o novo em busca de uma solução com "o melhor dos dois mundos". Os híbridos são uma forma de inovação sustentada e visam a atender ainda melhor estudantes convencionais em salas de aula tradicionais.
- Os modelos de ensino híbrido de Rotação Individual, Flex, À la Carte e Virtual Enriquecido seguem o padrão das disrupções puras. Como tais, eles estão preparados para provocar uma ruptura na maioria das salas de aula tradicionais de ensino médio e em muitas de ensino fundamental, especialmente nos anos finais.
- As implementações de alta qualidade das variedades sustentadas de ensino híbrido trazem melhorias vitais para a sala de aula tradicional. Canalizar os modelos sustentados para o seu mais alto potencial é uma prioridade importante e vantajosa dentro do sistema.
- À medida que o ensino *on-line* e os modelos disruptivos de ensino híbrido começam a superar a sala de aula tradicional, as escolas devem desviar os recursos para outras funções importantes, como o ensino presencial, os modelos de papel, as discussões e enriquecimento excelentes; a garantia de ambientes físicos limpos e agradáveis; a eliminação do *bullying*; a disponibilização de refeições nutritivas; a promoção de cidadãos bem informados; o encorajamento da boa saúde e bem-estar; o oferecimento de uma variedade de programas esportivos, musicais e artísticos; e o desenvolvimento dos estudantes para que sejam pessoas criadoras e inovadoras.

NOTAS

1 A história sobre os navios a vapor é, em grande parte, adaptada de CHRISTENSEN, C. M. *The innovator's dilemma*: when new technologies cause great firms to fail. Boston: Harvard Business School Press, 1997.

2 O *Savannah* naufragou em Long Island, em 1821. Nenhum outro navio a vapor de propriedade dos Estados Unidos cruzaria o Atlântico por quase 30 anos desde a histórica viagem do *Savannah* (MORRISON, J. H. *History of American steam navigation*. New York: W. F. Sametz & Co., 1903).

3 Embora a Tesla tenha gerado atenção significativa por seus automóveis puramente elétricos e novo sistema de distribuição caros, a teoria da inovação disruptiva prevê que a melhoria incremental lenta do antigo paradigma – por meio de uma variedade de inovações sustentadas, incluindo um híbrido – continuará a superar a disrupção pura na métrica tradicional de desempenho. Se a Tesla conseguir inovar na tecnologia da bateria para criar carros que possam ir mais longe e mais rápido por um preço competitivo, então, a teoria prevê que as companhias automobilísticas estabelecidas serão altamente motivadas a fazer o que for preciso para adotar tais inovações para manter sua fatia de mercado – e que não devemos subestimar o poder dessa motivação. Isso não significa que a Tesla não pode ser bem-sucedida por si mesma; por exemplo, modular e se tornar um fornecedor de componentes para ajudar as companhias de carros elétricos disruptivas na extremidade baixa do mercado, iniciando em áreas de não consumo, melhorando e avançando para o topo do mercado. De modo similar, ela seria, possivelmente, bem-sucedida por meio do uso contínuo de subsídios exorbitantes – ou por meio da disposição de seu fundador de financiar uma perda ou do governo –, mas existem muitos riscos nessa estratégia que levantam dúvidas quanto a sua viabilidade de longo prazo. Discutimos esse assunto também no Capítulo 4.

4 Se uma organização tenta implementar uma disrupção pura no mercado convencional, ela pode sobreviver apenas se receber subsídios eternos. A empresa de capital de risco Kleiner Perkins Caufield Byers (KPCB) é um exemplo. Em 2008, com muito alarde, estabeleceu seu Green Growth Fund como uma iniciativa de US$1 bilhão para investir e apoiar empreendimentos de tecnologia "limpa" em estágios finais. Muitas das companhias nas quais ela investiu que implementaram disrupções puras em mercados estabelecidos pareciam ser lucrativas, mas a linha superior era preenchida amplamente com subsídios. Quando os subsídios desapareceram, pouco a pouco, também desapareceram várias das companhias nas quais ela tinha investido. É importante observar, em mercados em que não há não consumidores, que uma solução híbrida é a única opção viável para uma nova tecnologia cujo desempenho é inferior à tecnologia anterior, de acordo com a definição original de desempenho. Isso significa que, em mercados de consumo pleno, as inovações híbridas tendem a dominar, em vez de as disrupções puras (Ver CHRISTENSEN, C. M.; HORN, M. B.; STAKER, H. *Is K-12 Blended*

Learning disruptive? An introduction to the theory of hybrids. San Francisco: Clayton Christensen Institute, 2013).

5   A previsão de que os carros elétricos encontrarão uma porta de entrada no mercado adolescente já está provando ser verdadeira. Na cidade de Peachtree, um subúrbio 40 minutos ao sul de Atlanta, os adolescentes podem ter licença para conduzir carrinhos de golfe sem supervisão. Emily Bunker, uma adolescente de 16 anos que dirige um carrinho bege com uma bola de discoteca pendurada no espelho retrovisor, disse que, embora ele não ultrapasse 30 km por hora, "é muito bom não ter que pegar o ônibus". Sua colega, Nancy Mullen, disse que os pais estão dispostos a deixar seus filhos dirigirem carrinhos de golfe, porque eles são "uma boa experiência para dirigir carros reais, uma espécie de carrinhos de choque" (ENTREKIN, A. Life in the slow lane: in the atlanta suburb of Peachtree City, the Hottest Set of Wheels Goes 19 mph. *Hemispheres Magazine*, fev. 2014. p. 20. Disponível em: <http://www.ink-live.com/emagazines/hemispheres-united-airlines/1566/february-2014/#20>. Acesso em: 25 jan. 2015).

6   A fotografia digital representa uma inovação disruptiva em relação às tecnologias a base de película. As principais empresas da época da película não fizeram a transição para o digital completamente nem ignoraram a tecnologia inteiramente. Em vez disso, elas comercializam uma solução híbrida, que é tirar fotos usando uma câmera digital e, então, imprimir as fotos em papel fotográfico Kodak, HP ou Canon. Em contrapartida, as novas empresas, como o Facebook e o Instagram, que o Facebook adquiriu posteriormente, estão vendendo a forma puramente disruptiva de fotografia, que é tirar fotos usando uma câmera digital e, então, compartilhá-las de forma inteiramente digital. Também vale observar que as câmeras *reflex* de lente única (SLR) também incorporaram o digital em um formato híbrido sustentado, uma vez que seus obturadores ainda operam de forma mecânica, não elétrica, como os telefones com câmera. Visto que relativamente poucas pessoas usam SLRs, uma vez que o equipamento atende ao nicho de fotógrafos amadores sérios e profissionais, este pode ser um lugar onde uma solução híbrida irá prevalecer ainda por algum tempo.

As compras *on-line* representam uma inovação disruptiva em relação ao varejo físico tradicional. As lojas físicas tradicionais, como Nordstrom, Target e Costco, naturalmente não se tornaram vitrines puramente digitais. Em vez disso, elas desenvolveram a solução híbrida de oferecer aos clientes tanto lojas físicas tradicionais quanto uma opção *on-line*. Alguns chamam isso de varejo "físico-e-virtual" – uma estratégia híbrida clássica visando a manter e melhorar a forma como as lojas tradicionais operam. Os varejistas *on-line* puramente disruptivos, entretanto, estão regularmente ganhando terreno e tornando a experiência *on-line* cada vez melhor, de modo que mais clientes estão preferindo *sites*, como Amazon.com, que não têm lojas físicas. Como mencionado no Capítulo 1, uma forma interessante de alguns varejistas *on-line* melhorarem e ganharem terreno é abrindo lojas físicas cujo objetivo principal é servir como vitrine para itens *on-line* e, portanto, manter um estoque limitado. O exemplo do Capítulo 1 é a

Bonobos, uma loja de vestuário masculino que era dogmática sobre apenas vender *on-line*, que abriu 6 lojas físicas em 2012. As lojas mantêm estoque limitado e empregam poucos vendedores. Este fenômeno de uma disrupção pura incorporar um elemento de uma tecnologia antiga – mas não a tecnologia antiga em sua forma plena – é um exemplo da marcha ascendente da disrupção; após entrar no mercado lançando-se entre não consumidores e aqueles com as necessidades de desempenho mais baixas, as companhias em um caminho disruptivo buscam inovações sustentadas – como lojas físicas – que lhes permitam ascender no mercado para atender clientes mais exigentes.

7 Milhões de pessoas pobres em países em desenvolvimento que não têm acesso a agências bancárias tradicionais usam os primeiros modelos desajeitados de telefone celular para fazer pagamentos como uma alternativa prática a dinheiro e a contas bancárias. As empresas de pagamento *on-line* estão atendendo a essa necessidade. Tagattitude e Turkcell são dois exemplos. Para uma discussão mais completa da disrupção dos serviços bancários também recomendamos MAHARG-BRAVO, F. The On-line challenge for banking. *The New York Times*, fev. 2014. Disponível em: <http://mobile.nytimes.com/blogs/dealbook/2014/02/21/the-*on-line*-challenge-for-banking/?nl=business&emc=edit_dlbkam_20140224>. Acesso em: 25 jan. 2015.

8 BERNATEK, B. et al. *Blended Learning in practice*: case studies from leading schools, featuring KIPP Empower Academy. Central Texas: Michael & Susan Dell Foundation, 2012. Disponível em: <http://heartland.org/sites/default/files/kipp.pdf>. Acesso em: 25 jan. 2015.

9 A inovação disruptiva é um fenômeno relativo. Quando os modelos disruptivos de ensino híbrido são implementados para atender alunos existentes em matérias essenciais, eles podem, na verdade, ser inovações sustentadas. E, quando os modelos híbridos são implementados em áreas de não consumo, eles podem ser disruptivos.

10 A exceção é o modelo de Rotação Individual, que alterna os alunos em cronogramas fixos, e, portanto, poderia ser mais compatível com um sistema baseado no tempo sentado do que os modelos Flex, À la Carte e Virtual Enriquecido.

11 Por exemplo, as escolas virtuais de turno integral têm ferramentas de frequência calibradas para satisfazer os requisitos de tempo sentado – ou frequência – de cada estado. Contudo, várias preferem não fazê-lo simplesmente contando as pessoas virtuais conectadas *on-line*. Em vez disso, elas medem uma combinação disso mais a verificação, por professores, do trabalho real completo, que deve estar de acordo com os requisitos de frequência, sejam eles medidos em minutos, horas ou dias. De modo similar, os programas de ensino híbrido baseados na competência frequentemente devem fazer o levantamento de seus boletins escolares com base na competência da forma tradicional, para satisfazer várias expectativas de admissão à faculdade para os estudantes.

12 Embora 46% dos entrevistados em uma pesquisa realizada na Califórnia, em 2013, tenham relatado ter estudantes participando no ensino *on-line* ou híbrido, apenas 19% dos distritos e das *charter schools* de ensino fundamental estão envolvidos no ensino *on-line*, enquanto 73% de distritos e *charter schools* de ensino médio o fazem. Além disso, daqueles distritos ou *charter schools* que dizem ter alunos aprendendo *on-line*, 78% indicaram que os estudantes do ensino médio participam do ensino *on-line*; 49% disseram que alunos dos anos finais do ensino fundamental o fazem; e 28% disseram que alunos dos anos iniciais estão participando do ensino *on-line*. Não apenas isso, mas a forma como as escolas estão combinando o ensino *on-line* também difere fortemente entre as escolas de ensino fundamental e as de ensino médio. De acordo com o censo, os três principais modelos entre todos os distritos e as *charter schools* são o modelo de Rotação (47%), o modelo À la Carte (40%) e o modelo Virtual Enriquecido (33%). Quando esses números são separados por notas alcançadas, entretanto, surge um quadro diferente. Nas escolas de ensino fundamental envolvidas no ensino *on-line*, o modelo de Rotação é o dominante, respondendo por 80% das implementações; apenas 15% dos distritos e das *charter schools* de ensino fundamental usam mais de um modelo híbrido. Nos distritos/*charter* unificados e escolas de ensino médio envolvidos no ensino *on-line*, entretanto, o modelo principal é o À la Carte (48%), e 38% empregam mais de um modelo híbrido (Ver BRIDGES, B. *California eLearning census*: between the tipping point and critical mass. Modesto: California Learning Resource Network, 2013. Disponível em: <http://www.clrn.org/census/eLearning_Census_Report_2013.pdf>. Acesso em: 25 jan. 2015).

13 CHICAGO Public Schools: Blended Learning Universe. San Francisco: Clayton Christensen Institute, 2012. Disponível em: <http://www.christenseninstitute.org/chicago-public-schools/>. Acesso em: 25 jan. 2015. O programa Additional Learning Opportunities (ALO) foi lançado, em 2010, para atender estudantes do ensino fundamental em 15 escolas com 90 minutos de tempo adicional de aprendizagem após o dia letivo. Embora o programa tenha perdido o financiamento em 2012, seus resultados ajudaram as Chicago Public Schools a avançar na direção de sua iniciativa Full School Day para educação infantil de turno integral e um dia letivo mais longo (DEPARTMENT NARRATIVES OVERVIEW. *Budget summary*. Chicago Public Schools, 2013, Disponível em: <http://www.cps.edu/FY13Budget/Documents/Departments.pdf>. Acesso em: 25 jan. 2015).

14 Quando não há uma grande quantidade de não consumidores, há duas opções para uma nova tecnologia com características disruptivas: ela pode se enraizar em uma solução híbrida ou entrar no mercado como uma disrupção pura dependente de subsídio eterno para ser suficientemente boa, para atender as necessidades convencionais. Os modelos híbridos de ensino são mais propensos do que os modelos disruptivos a dominar o ensino fundamental, devido à ausência de não consumo nesse nível. Esta falta de um ponto de apoio disruptivo torna difícil para os modelos disruptivos puros entrarem no sistema em qualquer lugar

que não seja para atender estudantes do ensino fundamental tradicional em áreas essenciais. Consequentemente, a maioria dos modelos de sala de aula do ensino fundamental é híbrida, oferecendo uma solução do "melhor dos dois mundos" que corresponde às necessidades do sistema de ensino fundamental existente.

15 KENNEDY, S.; SOIFER, D. *Why Blended Learning can't stand still*: a commitment to constant innovation is needed to realize the potential of individualized learning. Lexington Institute, 2013. Disponível em: <http://www.lexingtoninstitute.org/why-blended-learning-cant-stand-still/>. Acesso em: 25 jan. 2015.

16 CHRISTENSEN, C. M.; HORN, M. B.; JOHNSON, C. W. *Inovação na sala de aula*. Porto Alegre: Bookman, 2012.

17 PANE, J. F. et al. *Effectiveness of cognitive tutor algebra I at scale*. RAND Corporation. 2013. p. 7. Disponível em: <http://www.siia.net/visionk20/files/Effectiveness%20of%20Cognitive%20Tutor%20Algebra%20I%20at%20Scale.pdf>. Acesso em: 27 jan. 2015.

18 Pane et al. (2013).

19 Embora as salas de aula tradicional e híbrida estejam preparadas para a disrupção, não vemos as escolas físicas caindo no esquecimento tão cedo. Isso porque, embora existam muitas áreas de não consumo na sala de aula – particularmente nas escolas de ensino médio –, há pouco não consumo nas escolas nos Estados Unidos. Quase todos os estudantes têm acesso a uma escola mantida pelo governo de algum tipo e, como discutimos no Capítulo 1, a maioria dos estudantes e das famílias necessita de acesso à escolarização. Prevemos que as escolas híbridas, que combinam as escolas existentes com novos modelos de sala de aula, serão o modelo dominante de ensino nos Estados Unidos no futuro. No entanto, dentro das escolas de ensino médio, os modelos disruptivos de ensino híbrido substituirão substancialmente as salas de aula tradicionais em longo prazo.

20 Comentário de Jon Bergmann durante a Conferência do STEM *U.S. News & World Reports. Blended Learning, flipped classrooms, and other innovative teaching techniques.* 2013.

21 A Fundação William e Flora Hewlett investiu significativamente na pesquisa da ideia da aprendizagem reflexiva e na tentativa de tê-la implementada nas escolas do mundo todo (Ver THE WILLIAM AND FLORA HEWLETT FOUNDATION. Disponível em: <http://www.hewlett.org/programs/education/deeper-learning>. Acesso em: 27 jan. 2015).

22 ZEKMAN, P. *2 Investigators: Chicago schools flunk food inspections*. CBS Chicago, 2012. Disponível em: <http://chicago.cbslocal.com/2012/10/29/2-investigators-chicago-schools-flunk-food-inspections>. Acesso em: 27 jan. 2015.

23 RYERSE, M.; SCHNEIDER, C.; ARK, T. V. *Core & More*: guiding and personalizing college & career readiness. Digital Learning Now Smart Series. 2014. Disponível em: <http://digitallearningnow.com/site/uploads/2014/05/FINAL-Smart-Series-Core-and-More-Guidance.pdf>. Acesso em: 27 jan. 2015.

24 TOUGH, P. *Whatever it takes*: Geoffrey Canada's quest to change Harlem and America. New York: Houghton Mifflin, 2008.

25 WHITMAN, D. *Sweating the small stuff*: inner-city schools and the new paternalism. Washington: The Thomas B. Fordham Institute, 2008.

26 HERNANDEZ, J. C. Mayoral candidates see Cincinnati as a model for New York schools. *The New York Times,* 2013. Disponível em: <http://www.nytimes.com/2013/08/12/nyregion/candidates-see-cincinnati-as-model-for-newyork-schools.html?pagewanted=all&_r=0>. Acesso em: 27 jan. 2015.

27 MAKERSPACE. 2014. Disponível em: <http://makerspace.com/>. Acesso em: 27 jan. 2015.

28 Para saber mais sobre essa ideia, recomendamos WAGNER, T. *Creating innovators:* the making of young people who will change the world. New York: Scribner, 2012.

Parte 2

Mobilização

Entendimento › **Mobilização** › Planejamento › Implementação

Capítulo 3

Identifique seu desafio

Os estudantes carregam aparelhos em seus bolsos e os utilizam quando e onde for possível. Os professores ouvem falar de novos produtos e se perguntam se alguma coisa poderia ajudar uma criança com dificuldades ou desinteressada em sua classe. Os administradores, que sentem a pressão para produzir resultados de alto nível com um orçamento muito limitado, entendem que as soluções digitais têm melhorado a produtividade média dos trabalhadores na economia geral em mais de 2% ao ano nos últimos 60 anos.[1] Muitos se perguntam se a tecnologia poderia lhes dar um impulso também. As escolas não têm escolha a não ser considerar a tecnologia.

Porém, a perspectiva de argumentar a favor de um investimento em tecnologia pode parecer intimidadora. Quem sabe se o plano irá produzir efeito e levar a melhores resultados? Além de propor o investimento, o trabalho de planejar e executar a implementação de um plano de tecnologia é ainda mais assustador. Muitas pessoas acham difícil saber por onde começar. O erro mais comum é iniciar com um apetite deslumbrado pela tecnologia, em vez do interesse no alívio que ela poderia trazer quando aplicada estrategicamente a um problema frustrante. Lamentavelmente, isso leva apenas à sobrecarga de mais dispositivos, telas, aplicativos e programas nas vidas já "ruidosas" dos estudantes e dos professores.

Em uma escola de ensino fundamental, em Honolulu, no Havaí, vimos esse fenômeno enquanto a organização de pais trabalhava para levantar fundos para comprar lousas digitais para cada sala de aula. A intenção era que essas lousas fossem transformacionais. Elas permitiriam que os alunos vivenciassem o que, na verdade, era uma tela sensível ao toque (*touchscreen*) gigante em cada sala. Certamente este investimento fortaleceria o envolvimento dos alunos e a eficácia dos professores. Os alunos venderam papel de presente. Os pais recortaram cupons de embalagens. Até as crianças na educação infantil fizeram sua parte, poupando moedas. Finalmente, a escola tinha fundos suficientes para completar o projeto. No entanto, em poucos meses, muitos professores usavam as lousas para pouco mais do que fazer a chamada (os alunos tocavam em seus nomes quando chegavam e o sistema automaticamente informava a secretaria) e projetar vídeos. Algumas foram aposentadas por más condições, e um professor chegou a colar um cartaz bem em cima da lousa digital em sua sala de aula.

Apesar da fascinação dessa tecnologia, pouca coisa mudou na escola de Honolulu. As sofisticadas lousas tornaram-se uma camada amontoada em cima das já abarrotadas salas de aula urbanas. Os professores perderam tempo pedagógico e dinheiro preciosos tentando integrar uma "solução" tecnológica que produziu pouco retorno para a educação.[2]

O tamanho desse problema é significativo. Computadores pessoais estão por aí há quatro décadas. As escolas estão cheias deles. A Figura 3.1 mostra um mapa de locais nos Estados Unidos com algum programa de informática individualizado da educação básica. Em cada um desses locais, as escolas estão investindo para garantir que absolutamente todos os estudantes tenham acesso a um computador. Em 1981, havia um computador para cada 125 alunos nas escolas. Em 1991, havia um para cada 18 e, em 2009, era um para cada cinco alunos.[3]

Certamente, alguns desses programas individualizados estão produzindo um retorno positivo sobre a educação. O One-to-One Institute, por exemplo, concentra-se em usar computadores para criar oportunidades de ensino personalizado para impulsionar o desempenho dos alunos. Entretanto, acima de tudo, a triste verdade é que, apesar do investimento massivo, os computadores tiveram pouco efeito sobre a maneira como os professores ensinam e os estudantes aprendem, exceto para aumentar os custos e esvaziar os recursos de outras prioridades da escola.[4] Em seu livro *Oversold and Underused: Computers in the Classroom*, Larry Cuban relatou que, em uma grande amostra de escolas em seu estudo, os computadores tinham pouco ou nenhum impacto sobre a forma como os estudantes aprendiam. Os professores ainda forneciam a instrução. Os estudantes usavam computadores

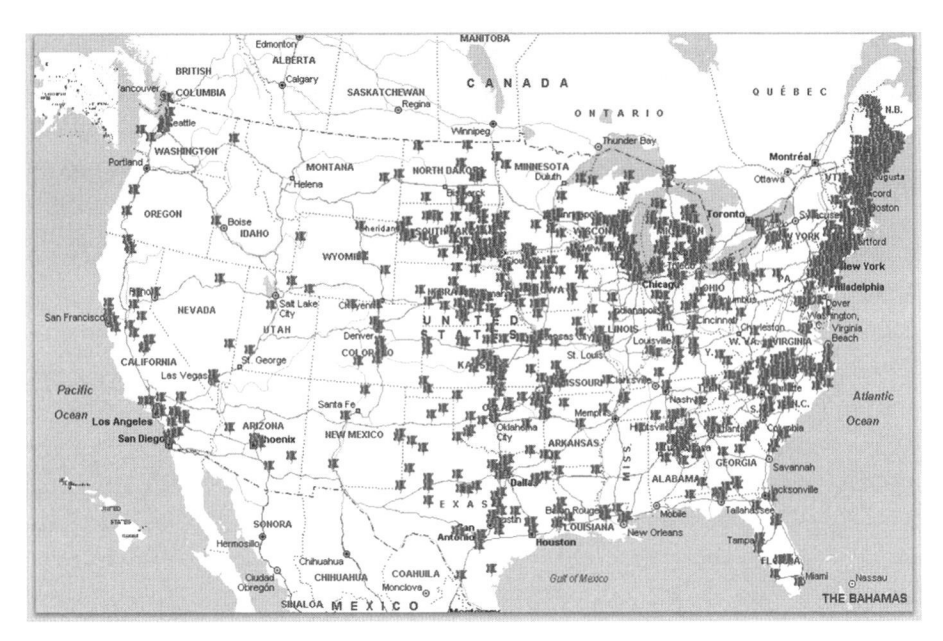

Figura 3.1 Mapa dos programas de computadores individuais nos Estados Unidos da educação básica.
Fonte: Adaptada com permissão do One-To-One Institute.[5]

para processar textos, fazer pesquisas na internet e para jogos não educativos. Cuban concluiu que:

> No final, tanto os apoiadores quanto os críticos da tecnologia nas escolas (incluindo os pesquisadores) alegaram que programas e computadores poderosos se acostumaram de forma limitada a simplesmente manter, em vez de transformar, as práticas pedagógicas vigentes.[6]

De fato, sem a estratégia certa por trás deles, alguns programas individualizados bem intencionados podem ter sérios problemas. Em 2013, o *Los Angeles Unified School District* se comprometeu a aplicar US$ 1 bilhão para fornecer *tablets* a todos os seus estudantes, que custavam US$ 678 cada. Porém, a primeira onda da implementação foi, na melhor das hipóteses, caótica. Mais de 300 estudantes escaparam do filtro de segurança para acessar conteúdo não autorizado. "Estes são dispositivos pessoais de pornografia", um pai disse. Outros pais se preocuparam se seriam responsáveis pelos inúmeros *tablets* que os alunos tinham perdido ou quebrado nas primeiras semanas de implantação do programa.[7]

A ALTERNATIVA AO AMONTOAMENTO

A aterrorizante implementação de dispositivos em Los Angeles foi digna de notícia na mídia. Nas escolas, o mais comum é sobrepor computadores ao que já está acontecendo nas salas de aula e, então, dar continuidade ao que já estava sendo realizado sem computadores. O fenômeno silencioso do amontoamento ocorre sempre que as comunidades escolares não tomam as medidas necessárias para mudar as regras de uma forma planejada, intencional. Os programas de ensino híbrido mais bem-sucedidos são muito mais deliberados e geralmente têm um ponto de partida em comum: *começam pela identificação do problema a ser resolvido ou da meta a ser alcançada. Eles começam com um desafio evidente.*

Essa ideia de iniciar com o problema ou a meta poderia, a princípio, parecer óbvia, mas um olhar sobre as principais compras da educação nos últimos anos mostra que a tentação de iniciar com a tecnologia é disseminada. Podemos culpar, em parte, a Apple, por lançar uma corrente de *tablets* e portáteis desejados – dispositivos que fazem todos correrem para suas mesas para se candidatar a incentivos financeiros para atingir à melhoria escolar. A Lenovo, a Dell e a maioria dos outros fabricantes de computadores empregam equipes de *marketing* dedicadas que se concentram em vender pacotes de tecnologia para o setor educacional. Os Chromebooks, da Google, que são vendidos no varejo por menos de US$ 300, igualmente alimentam o frenesi. Nenhuma dessas companhias ou dispositivos em si são ruins, mas a tentação desses produtos deslumbrantes e interfaces ágeis pode deixar as pessoas mais excitadas sobre o objeto do que sobre uma solução para o problema. Esse desejo leva as escolas a investir muito dinheiro em programas individualizados, sem uma declaração de intenção clara sobre o que todo aquele poder tecnológico irá realizar.

Os melhores programas híbridos no país diferem significativamente uns dos outros. Um transmite matemática para alunos do 7º ano, em Nova Orleans, outro traz cursos de ciências para estudantes do ensino médio, em Nevada, e outro ainda atende alunos de língua inglesa, na Califórnia. Porém, quase sem exceção, aqueles que conduzem os programas mais bem-sucedidos evitam a armadilha da "tecnologia pela tecnologia", começando com um problema ou uma meta claramente articulada *que não faz referência à tecnologia*. Em outras palavras, dizer que a falta de dispositivos ou de "ferramentas do século XXI" é o problema a ser resolvido mantém o foco na tecnologia pela tecnologia e é uma referência circular. Em vez disso, o problema, ou a meta, deve estar enraizado na melhoria da eficácia educacional – estimular os resultados ou as oportunidades dos estudantes, fazer mais com menos ou melhorar a capacidade dos professores de fazer o seu trabalho.

DEFININDO O PROBLEMA OU ESTABELECENDO A META

Os programas híbridos mais bem-sucedidos geralmente começam em resposta a um desejo de (1) estimular a realização e a qualidade de vida dos estudantes por meio da personalização; (2) fornecer acesso a cursos e a oportunidades fora de alcance; (3) melhorar a saúde financeira de um sistema escolar; ou (4) uma combinação de todos. Às vezes, as escolas descobrem uma necessidade ou um problema imediato relacionado a essas áreas que as direcionam para o ensino híbrido; em outros casos, elas veem uma oportunidade e decidem colocar mãos à obra.

Começando com um problema definido

O Quakertown Community School District, de Quakertown, que fica aproximadamente 74 km ao norte da Filadélfia, é um exemplo de distrito que adotou a tecnologia em resposta a um problema claro. Uma característica da Pensilvânia é que ela tem mais de uma dúzia de *charter schools* virtuais em todo o estado. Estas são escolas de turno integral, cujos alunos frequentam de forma inteiramente virtual, sem colocar o pé em um local físico. Quando um estudante troca uma escola distrital da Pensilvânia por uma *charter school* virtual, o distrito deve pagar pela sua matrícula. Embora o poder legislativo discuta a fórmula de financiamento para as *charter schools* virtuais, quase todos os anos, os distritos da Pensilvânia perdem, em média, US$ 9.200 por aluno sem necessidades educacionais especiais, e US$ 19.200 por aluno com necessidades educacionais especiais que frequenta uma *charter school* virtual.[8]

ASSISTA AO CLIPE 14: O Quakertown Community School District produz cursos À la Carte para proporcionar flexibilidade aos alunos.

www.grupoa.com.br/blended/vd/h/vd14.html

Uma vez que os distritos da Pensilvânia têm altos custos fixos que são difíceis de reduzir de um ano para outro, mesmo que não estejam em apuros pelos alunos que passam para as *charter schools* virtuais, eles sentem os efeitos da perda do financiamento por aluno para cada um que sai. Quakertown é um desses distritos. Em 2007, seus administradores reuniram-se para decidir o que fazer em relação ao problema financeiro criado por essa perda. A solução foi lançar a Infinity Cyber Academy – o programa de ensino *on-line* do próprio distrito – com uma alternativa interna às *charter schools* virtuais. O distrito usa seus próprios professores presenciais para desenvolver e fornecer mais de 80 tipos de cursos *on-line*, graças à ajuda da capacitação profissional. O programa renovou seu ensino médio e criou um grande espaço de aprendizagem aberta, com cafeteria, mobília confortável e estações de carregamento para celulares e *notebooks*. O distrito faz uma triagem dos estudantes antes da matrícula na Infinity Cyber Academy para determinar a probabilidade de serem bem-sucedidos. Todos os estudantes que se matriculam, seja para meio período, seja para período integral, são bem-vindos em assembleias, equipes esportivas e bailes.[9]

O resultado é que Quakertown dá a todos os seus alunos do 7º ano do ensino fundamental ao ensino médio a oportunidade de participar de um modelo À la Carte de ensino híbrido (bem como em uma escola virtual de turno integral), sem sair do distrito. Lisa Andrejko, ex-superintendente de Quakertown, estima que, nos primeiros quatro anos de sua operação, a Infinity Cyber Academy ajudou o distrito a reter mais de US$ 2,5 milhões que teriam sido gastos se os estudantes tivessem se mudado ou continuado em *charter schools* virtuais.

Começando com uma meta ambiciosa

Para muitas escolas e comunidades, a decisão de considerar o ensino híbrido é menos abrupta. Nenhum grande problema bate às suas portas; pelo contrário, os líderes têm metas educacionais que desejam realizar para seus alunos – e o ensino *on-line* revela-se a resposta.

As escolas FirstLine são uma organização de gerenciamento de *charter schools* com base em Nova Orleans, especializada em reestruturações escolares. Ela usa o método de Resposta à Intervenção (RTI) para fornecer assistência precoce e sistemática a crianças que têm dificuldade de aprendizagem – um problema prevalente em ambientes de reestruturação. Quando a Arthur Ashe Charter School foi inaugurada, em 2007, a FirstLine liderou um esforço para aumentar as notas de provas de estudantes que ingressavam – do desempenho de 25% para 50% ou 60% –, grande façanha em uma escola com o percentual mais alto de estudantes com necessidades especiais de Nova

Orleans.[10] No entanto, o desempenho parecia não aumentar muito mais após aquela elevação inicial. Além disso, no passado, a FirstLine tinha contado com uma grande equipe de profissionais auxiliares e intervencionistas para ajudar a ensinar grupos pequenos, mas isso estava se revelando dispendioso para dimensionar de forma sustentável, uma vez que a organização pretendia reestruturar mais escolas.[11]

A FirstLine via o ensino híbrido como uma oportunidade para alcançar um ideal mais elevado em ambos os sentidos. Seus líderes estabeleceram duas metas: primeiro, aumentar o desempenho dos alunos no School Performance Score, a pontuação de desempenho escolar utilizada pelo estado com base em resultados de testes padronizados; e, segundo, alcançar a primeira meta de uma forma financeiramente sustentável e escalonável.

Em agosto de 2011, a equipe da FirstLine implementou um modelo de Laboratório Rotacional na Arthur Ashe Charter School. O projeto, agora prática padrão na escola, utiliza um laboratório de informática com programa *on-line* para trazer os alunos até o nível da série mais rápido, sem perder tempo ensinando novamente habilidades que eles já sabem. Os estudantes circulam ao redor do laboratório de informática pelo ensino *on-line* e a recuperação direcionada em grupos pequenos com um professor presencial. Os professores planejam as tarefas em grupos pequenos com base em uma revisão de dados de matemática, informações médicas e de comportamento para tomar decisões baseadas em evidências sobre a intervenção correta.

No final do primeiro ano (2011-2012), a Arthur Ashe Charter School reduziu seu déficit de financiamento por aluno em 72% – de US$ 2.148 para US$ 610 por estudante. No ano seguinte, seus alunos vivenciaram um crescimento quatro vezes maior em matemática do que os alunos que frequentavam escolas não híbridas da FirstLine, e a Arthur Ashe Charter School teve um ganho de 12 pontos em seu School Performance Score. Isso elevou a escola para uma das três melhores na cidade em termos de crescimento.

Para aqueles que estão se aventurando a iniciar uma nova escola, as metas ambiciosas frequentemente parecem diferentes daquelas em uma organização como a FirstLine, que está conduzindo uma operação existente. As novas escolas, com frequência, começam com a ambição de trazer uma nova visão, filosofia ou modelo para a comunidade. Jeff e Laura Sandefer, que fundaram a Acton Academy, apresentada no Capítulo 2, enquadram-se na última categoria. Sua filha mais velha frequentava uma escola de ensino médio de alto nível em Austin, no Texas, enquanto seus filhos mais novos estavam em uma escola Montessori que permitia aos alunos ampla liberdade para dirigir sua própria aprendizagem. Um dia, os Sandefer perguntaram a um professor da escola de sua filha se ele achava que deviam transferir seus filhos da Montessori para um modelo mais tradicional. Ele lhes disse para fazer a mudança o mais breve possível, antes que os meninos se acostumassem com a liberdade que o método Montessori permitia.

Os Sandefer decidiram fazer o oposto do recomendado pelo professor. Eles não apenas decidiram não matricular seus filhos em uma escola tradicional, mas também estabeleceram a meta de abrir milhares de escolas menores para expandir a educação dirigida pelo aluno no mundo inteiro.

Outros líderes identificam metas relacionadas a estimular o envolvimento dos alunos, aumentando o acesso a orientadores, melhorando o treinamento dos professores, diminuindo as diferenças de desempenho, reduzindo a perda de aprendizagem associada com ausências, oferecendo mais treinamento para a carreira, preparando os alunos para completar a faculdade, e assim por diante.[12] A questão é passar pelo processo de estabelecer metas antes de embarcar no ensino híbrido – e, certamente, antes de investir em equipamentos.

Diga SMART

Nem todas as afirmações de problemas e metas são criadas da mesma forma. Os líderes podem levar suas ideias um passo adiante definindo-as como objetivos SMART* (específicos, mensuráveis, atribuíveis, realistas e em função do tempo). De acordo com George T. Duran, um dos primeiros a escrever sobre metas SMART,[13] as organizações devem considerar os seguintes critérios quando estabelecem objetivos:

- Específico: ele visa a uma área específica para melhoria?
- Mensurável: ele quantifica ou, pelo menos, sugere um indicador de progresso?
- Atribuível: quem será responsável?
- Realista: os resultados podem ser alcançados de forma realista, dada a disponibilidade de recursos?
- Em função do tempo: quando os resultados podem ser alcançados?

A FirstLine chegou perto de estabelecer uma meta SMART quando afirmou que queria usar o ensino híbrido para elevar o School Performance Score na Arthur Ashe Charter School de uma forma financeiramente sustentável e escalonável. Ela poderia ter escrito esse objetivo ainda melhor fazendo uma afirmação como esta:

> Nossa meta é usar o ensino híbrido para elevar em 10 pontos o School Performance Score, na Arthur Ashe Charter School e, ao mesmo tempo, reduzir

---

* N. de T.: SMART, no original em inglês, *specific, measurable, assignable, realistic, and time-related*.

a nossa dependência de profissionais auxiliares e intervencionistas em 20%. Chris Liang-Vergara, nosso diretor de tecnologia pedagógica para ensino personalizado, irá liderar a equipe. Alcançaremos esses resultados no final do próximo ano letivo.

Embora a tarefa de atribuir o projeto ao líder certo possa ter de esperar até o passo seguinte, de organizar a equipe (que discutiremos no Capítulo 4), a prática de estabelecer uma palavra de ordem SMART antecipadamente pode ajudar as escolas a pôr suas aspirações de ensino híbrido em uma resolução mais nítida. No caminho, alguns podem achar que seus alunos também se beneficiam do uso da estrutura SMART quando refletem sobre suas metas de aprendizagem pessoal como parte de um ambiente centrado no aluno.

OS LÍDERES DEVEM FOCAR EM PALAVRAS DE ORDEM SUSTENTADAS OU DISRUPTIVAS?

No capítulo anterior, mostramos que alguns modelos de ensino híbrido geralmente são inovações sustentadas que melhoram as salas de aula tradicionais. Elas começam entre estudantes convencionais em classes essenciais e fazem o mesmo trabalho que o sistema existente, apenas melhor. Entretanto, outros modelos de ensino híbrido estão começando a substituir completamente o modelo industrial, em particular no ensino médio e, em alguma medida, no ensino fundamental. As inovações disruptivas trazem novas oportunidades aos não consumidores – aqueles cuja alternativa é absolutamente nada – e, então, melhoram ao longo do tempo para atender mesmo aqueles no sistema tradicional.

Então, o que é o melhor? Os líderes devem definir os problemas e as metas em áreas de não consumo em que os modelos disruptivos são mais adequados ou é melhor lançar inovações sustentadas em áreas essenciais também?

Pensamos que ambos são essenciais.[14] A maioria dos alunos da educação básica vivencia grande parte de seu currículo central dentro dos moldes do modelo industrial e continuará sendo assim pelos próximos anos, particularmente no ensino fundamental. O conjunto cada vez maior de evidências de que o ensino híbrido é bem-sucedido para resolver os problemas difíceis para disciplinas essenciais, como matemática e leitura, sugere que os líderes devem prestar muita atenção aos benefícios que ele poderia trazer para todas as salas de aula tradicionais. Por que ignorar uma oportunidade de melhorar o que temos?

Ao mesmo tempo, o padrão de disrupção está operando da educação infantil ao ensino médio. O ensino *on-line* está provocando uma ruptura nas salas de aula dos Estados Unidos, particularmente nos anos finais do ensino fundamental e ensino médio. Os líderes podem fazer vista grossa à chegada dessa inovação disruptiva ou aproveitá-la para ajudar a moldar a transformação, trazer os benefícios dela para seus estudantes e resguardá-los de suas desvantagens. Aqueles que começam agora a experimentar e a vivenciar estarão em vantagem quando a demanda por educação centrada no aluno se expandir. Além disso, não há razão para esperar para oferecer modelos disruptivos de ensino híbrido para aqueles cuja alternativa é nenhuma – tal como estudantes sem acesso a cursos avançados, estudantes que não podem sair de casa, e aqueles que precisam recuperar notas. Em alguns casos, como para os Sandefer, a inovação disruptiva está se tornando boa o suficiente, mesmo em relação ao sistema tradicional.

Para abordar de modo estratégico e significativo ambas as oportunidades, a solução é dividir as duas categorias e debater as metas sustentadas separadamente das metas disruptivas. A principal razão para examinar as categorias de modo separado é que as inovações sustentadas e disruptivas servem para diferentes propósitos e seguem diferentes padrões. Improvisá-las e avaliá-las uma em relação à outra distorce a capacidade de ver cada oportunidade pelo que ela é.

Por essas razões, recomendamos que os líderes debatam seus objetivos SMART em duas etapas: primeiro, identificando os problemas e as metas essenciais que estão aptos para as inovações sustentadas e, então, identificando problemas e metas de não consumo, para os quais as estratégias disruptivas são as melhores apostas.

COMO IDENTIFICAR OPORTUNIDADES ESSENCIAIS

Alguns problemas e metas dizem respeito às necessidades de estudantes e professores do sistema tradicional em cursos e disciplinas essenciais. O KIPP Empower, que ressaltamos na introdução, enfrentou um problema crucial nos meses que antecederam seu lançamento, quando os administradores souberam que a Califórnia tinha cortado o financiamento para o programa de redução do tamanho da classe e, como resultado, a escola perdeu US$ 100 mil da receita esperada. Este corte de financiamento forçou a equipe a considerar o uso de um modelo de Rotação por Estações como forma de diminuir o custo das proporções pequenas de aluno-professor durante o tempo de instrução de grupo para alunos do sistema tradicional em escrita, matemática e ciências.

O Oakland Unified School District, um grande distrito urbano a oeste de San Francisco, também usou o ensino híbrido para ir atrás de uma oportunidade essencial. A Roger Family Foundation procurou a Oakland Unified e propôs formar um grupo-piloto para demonstrar como implementar um investimento em tecnologia de uma forma que maximizasse os resultados – maior envolvimento dos alunos, menos ausências e, finalmente, maior realização acadêmica. A Roger Family Foundation selecionou quatro escolas entre 40 para participar de seu grupo-piloto. Elas escolheram um plano de ataque de Rotação por Estações e de Laboratório Rotacional. A hipótese era que um modelo de Rotação permitiria que os professores se concentrassem em grupos menores, enquanto outros alunos recebiam conteúdo personalizado e adaptativo que o professor não tivesse que criar e que fornecesse dados úteis sobre cada aluno. Isso, por sua vez, conduziria a um progresso na resolução dos problemas identificados.[15]

Esses são apenas dois exemplos. Outras oportunidades essenciais poderiam incluir:

- Tratar as necessidades das crianças da educação infantil e transferir alunos que entram no distrito com amplas disparidades em habilidades de leitura;
- Dar aos professores do ensino médio mais tempo para oferecer retorno nos trabalhos escritos;
- Oferecer mais laboratórios de ciências para alunos do ensino médio, apesar dos cortes de orçamento;
- Ajudar alunos do ensino médio que não têm apoio familiar a completar projetos em casa.

Para todos esses exemplos, a maioria das escolas dos Estados Unidos já tem programas implementados. Contudo, as salas de aula poderiam se beneficiar de inovações que as ajudassem a atender melhor os alunos. Tais circunstâncias representam oportunidades férteis para os educadores implementarem inovações sustentadas usando o ensino híbrido. Milhões de estudantes já estão desfrutando dos benefícios das combinações de Rotação por Estações, Laboratório Rotacional e Sala de Aula Invertida, entre outras, para ajudar a resolver esses problemas cruciais. Em alguns casos, os educadores estão descobrindo que os modelos disruptivos estão, inclusive, se tornando soluções convincentes para impasses cruciais. Os líderes devem fazer um inventário cuidadoso das oportunidades essenciais enquanto definem o problema ou estabelecem a meta que desejam que o ensino híbrido resolva.

COMO IDENTIFICAR OPORTUNIDADES DE NÃO CONSUMO

As oportunidades de não consumo são uma consideração importante a ser feita quando se identifica o alvo para o programa de ensino híbrido. O não consumo existe toda vez que as escolas não podem fornecer uma experiência de aprendizagem; elas não têm uma opção fácil a não ser seguir sem ela. As Miami-Dade County Public Schools, com base no extremo sul da Flórida e o quarto maior distrito escolar do país, passou por um momento desses no verão de 2010. O distrito encontrava-se aquém do número de professores de que precisaria para garantir que 8 mil estudantes do ensino médio tivessem acesso aos cursos que necessitavam recuperar para se formar a tempo. Incapaz de contratar tantos professores, a Miami-Dade convidou a Florida Virtual School (FLVS) para estabelecer Laboratórios de Aprendizagem Virtual (apelidados de "Grandes laboratórios" por alguns) em dezenas de escolas em apenas alguns meses de verão. Cada Laboratório de Aprendizagem Virtual abrigava pelo menos 50 alunos em qualquer espaço aberto disponível na escola, como a biblioteca ou o laboratório de informática. Os laboratórios ofereciam aos alunos acesso a qualquer um dos mais de 120 cursos no catálogo da FLVS de que necessitassem para recuperar até a formatura.

ASSISTA AO CLIPE 15: Um professor *on-line* da Florida Virtual School é designado para cursos À la Carte que as Miami-Dade County Public Schools oferecem em Laboratórios de Aprendizagem Virtual.

www.grupoa.com.br/blended/vd/h/vd15.html

A partir de 2013, mais de 56 escolas – das 392 escolas no condado[16] – estavam usando laboratórios para oferecer cursos da FLVS para até 10 mil alunos na Miami-Dade. Outros distritos da Flórida seguiram o mesmo caminho. A Suncoast Communit High School, no distrito escolar do condado de Palm Beach, solicitou que a FLVS fornecesse um curso de Advanced Placement que estava faltando. A Ponce de Leon High School, no distrito escolar do condado de Holmes, usou a FLVS para expandir suas opções de língua estrangeira. Os distritos descobriram que um modelo À la Carte oferecia uma forma de diminuir as suas disparidades.[17]

Outras oportunidades de não consumo identificadas pelas escolas incluem:

- Atender alunos que desistiram da escola;

- Ajudar os alunos a recuperar unidades e notas para poderem se formar;
- Fornecer acesso a disciplinas eletivas;
- Oferecer fonoaudiologia ou terapia comportamental;
- Fornecer teste preparatório para os testes SAT/TAC;*
- Reduzir a perda de aprendizagem resultante de ausências devido a atividades extracurriculares.

Quando realizam esses debates, os líderes com frequência ficam surpresos pela quantidade de não consumo que seus alunos vivenciam. Entretanto, as disparidades podem ser bênçãos disfarçadas, porque elas abrem oportunidades para as escolas vivenciarem a inovação disruptiva. Poucas pessoas se opõem a estabelecer um Laboratório Flex para recuperação de conteúdo e notas, oferecendo um curso À la Carte de mandarim para um aluno que pretende aprender essa língua ou dando aos alunos dos últimos anos do ensino médio acesso a um curso Virtual Enriquecido que os prepare para os testes SAT. Esses são os pontos de entrada para experimentar os modelos centrados no aluno sem incorrer em muita resistência por parte do sistema estabelecido. A resolução desses problemas não apenas fornece oportunidades de aprendizagem que faltavam aos estudantes, mas também dá às escolas uma forma conveniente de experimentar como é ir além do modelo industrial.

As oportunidades de não consumo são uma consideração importante e diferente no momento da escolha de seu desafio. Os líderes devem adotar uma estratégia em duas frentes na busca de oportunidades, tanto essenciais quanto de não consumo quando embarcam no ensino híbrido.[18]

AMEAÇAS *VERSUS* OPORTUNIDADES

Temos observado que, embora muitos líderes acreditem que a inovação disruptiva é fundamental para transformar a educação de um modelo industrial para um sistema centrado no aluno, eles ficam relutantes em se comprometer com a estratégia em duas frentes que acabamos de descrever. A maioria escolhe se focar exclusivamente nas oportunidades essenciais – aquelas de inovação sustentada. Eles são responsáveis por realizar um progresso anual adequado nas normas fundamentais e se esforçam para se focar mais em áreas de não consumo do que em áreas de consumo, que parece ser a prioridade imediata. Como as escolas podem se focar na inovação disruptiva e se transformar em um modelo centrado no aluno quando todos os seus recursos,

---

* N. de R.T.: O Scholastic Aptitude Test (Teste de Aptidão Escolar), ou SAT, é um dos exames utilizado pelas universidades americanas em seus processos de admissão para graduação.

processos e prioridades estão concentrados em manter e melhorar suas salas de aula existentes?

Em uma corrente de pesquisa perspicaz, Clark Gilbert[19] indicou uma forma de os líderes convencerem suas organizações a investir recursos na inovação disruptiva.[20] Ele disse que, se um fenômeno for enquadrado por um indivíduo ou um grupo como uma ameaça externa, então, ele evoca uma resposta muito mais intensa e enérgica do que se alguém o enquadrasse como uma oportunidade.[21] A implicação é que os líderes que desejam transformar as salas de aula de estilo industrial devem começar enquadrando os problemas de não consumo como ameaças externas. Um grande exemplo é o da superintendente de Quakertown, Andrejko, que foi veemente em relação ao fato de que o distrito estava perdendo centenas de milhares de dólares a cada ano para as *charter schools* virtuais. Para ela, era evidente que se o distrito não tomasse uma atitude, empregos estariam ameaçados.

A segunda parte da recomendação de Gilbert é que, após o enquadramento inicial da ameaça, o líder deve reformular o problema como uma oportunidade. Isso é importante porque, se uma organização persiste em ver o problema como uma ameaça, uma resposta chamada "rigidez diante de ameaça" se estabelece. O instinto é parar de ser flexível e, em vez disso, focar todos os recursos em neutralizar a ameaça, reforçando ou fortalecendo o modelo antigo com ainda mais tenacidade. Alguns educadores que estão investindo em iniciativas individuais estão seguindo esse padrão infrutífero. Eles veem como o ensino *on-line* ameaça o sistema estabelecido e então correm para trazer computadores para alunos regulares em disciplinas essenciais. Ao fazê-lo, desperdiçam a disrupção completamente e, em vez disso, acabam com computadores amontoados dentro de salas de aula tradicionais.

Uma estratégia melhor é ajudar a equipe que está lidando com a ameaça a redefini-la como uma oportunidade com potencial ilimitado. A equipe de Quakertown imaginou uma academia virtual interna que daria a todos os professores no distrito a oportunidade de ensinar *on-line*, se quisessem, forneceria mais de 80 novos cursos *on-line* para os alunos e produziria um fluxo de caixa adicional significativo. Ao reformular a ameaça como uma oportunidade, a equipe de implementação tornou-se criativa em relação às formas de expandir o catálogo de cursos, atender a estudantes de outros distritos e tornar a Infinity Cyber Academy um motivo de orgulho real.

Os líderes que querem garantir que suas escolas estejam aproveitando ao máximo a inovação disruptiva para explorar o potencial da aprendizagem centrada no aluno devem priorizar a definição e a abordagem das oportunidades de não consumo. Para garantir apoio e recursos suficientes da comunidade, eles precisam definir essas oportunidades inicialmente como ameaças potenciais. Após garantir o apoio, devem transferir o projeto para uma equipe independente, que deve reformular a iniciativa como uma oportunidade pura, digna de um plano de implementação oportunista e flexível.

> **Resumindo**
> - O erro mais comum cometido pelas escolas com a tecnologia é se apaixonar pela própria tecnologia. Isso leva ao amontoamento – a sobreposição de tecnologia em cima do modelo existente de uma forma que aumenta os custos, mas não melhora os resultados.
> - Para maximizar o impacto do ensino híbrido, comece identificando o problema a ser resolvido ou a meta a ser alcançada. Esta é a palavra de ordem da organização. Declare-a de uma forma SMART – específica, mensurável, atribuível, realista e em função do tempo.
> - Procure oportunidades para implementar o ensino híbrido como uma inovação sustentada para melhorar o sistema tradicional para estudantes convencionais em disciplinas essenciais. Por que ignorar uma oportunidade de melhorar o que já existe?
> - Além disso, debata as oportunidades para diminuir as disparidades em áreas de não consumo. Resolver os problemas de não consumo não apenas dá aos estudantes oportunidades de aprendizagem que não estavam disponíveis anteriormente, mas também oferece às escolas uma forma conveniente de experimentar como é ir além do modelo industrial.
> - Os líderes podem garantir apoio e recursos para a inovação disruptiva, primeiro, enquadrando os problemas de não consumo como ameaças e, então, ajudando a equipe de implementação a reenquadrá-los como oportunidades promissoras.

NOTAS

1 FLECK, S.; GLASER, J.; SPRAGUE, S. The Compensation-productivity gap: a visual essay. *Monthly Labor Review*, v. 69, n. 1, 2011. Disponível em: <http://www.bls.gov/opub/mlr/2011/01/art3full.pdf>. Acesso em: 27 jan. 2015.

2 De acordo com o GSV Advisors, as contribuições devem alcançar um ou todos os seguintes pontos para fornecer um retorno sobre a educação (ROE): (1) reduzir os custos para alunos e/ou instituições; (2) aumentar o acesso do aluno e/ou do professor à educação; (3) melhorar os resultados da aprendizagem; e (4) aumentar a "capacidade" de ensino e dos educadores (QUAZZO, D. H. et al. *Fall of the wall*: capital flows to education innovation. [S. l.]: Global Silicon Valley

Advisors, 2012. Disponível em: <http://gsvadvisors.com/wordpress/wp-content/themes/gsvadvisors/GSV%20Advisors_Fall%20of%20the%20Wall_2012-06-28.pdf>. Acesso em: 27 jan. 2015). A análise do ROE é fundamental para a saúde financeira do setor educacional, em que muito dinheiro está em jogo. Por exemplo, em 2014, as Miami-Dade County Public Schools assinaram um acordo com a Promethean para que a empresa fosse fornecedora exclusiva de painéis interativos para mais de 10 mil salas de aula. Este quarto maior distrito dos Estados Unidos também tem planos de implantar 100 mil dispositivos HP e Lenovo com o Windows 8. O financiamento para estas grandes compras vem de um plano de US$ 63 milhões aprovado em junho de 2012 (MATTHEWS, L. *Promethean selected to provide interactive board technology & teacher training to over 10,000 Miami-Dade classrooms.* Promethean. 2014. Disponível em: <http://www.prometheanworld.com/us/english/education/about-us/newsroom/miami-dade-classrooms/>. Acesso em: 27 jan. 2015).

3 INSTITUTE OF EDUCATION SCIENCES. *Fast facts:* educational technology. Disponível em: <http://nces.ed.gov/fastfacts/display.asp?id=46>. Acesso em: 27 jan. 2015.

4 *Inovação na Sala de Aula* discute este problema em maior profundidade no Capítulo 3, "Computadores Amontoados nas Salas de Aula" (CHRISTENSEN; HORN; JOHNSON, 2012).

5 ONE-TO-ONE INSTITUTE. 2015. Disponível em: < http://www.one-to-oneinstitute.org/>. Acesso em: 27 jan. 2015.

6 CUBAN, L. *Oversold and underused:* computers in the classroom. Cambridge: Harvard University Press, 2001.

7 BLUME; H.; CEASAR, S. L.A. unified's iPad rollout marred by chaos. *Los Angeles Times*, 2013. Disponível em: <http://www.latimes.com/local/la-me-1002-lausd--ipads-20131002,0,6398146.story>. Acesso em: 28 jan. 2015.

8 "Charter and cyber charter school reform update and comprehensive reform Legislation," de março de 2013.

9 O perfil sobre Quakertown é adaptado do Clayton Christensen Institute (QUAKERTOWN Community School District: Blended Learning Universe. Quakertown: Clayton Christensen Institute, 2012. Disponível em: <http://www.christenseninstitute.org/quakertown-community-school-district/>. Acesso em: 28 jan. 2015).

10 Dados fornecidos por Rebekah Cain (FIRSTLINE SCHOOLS. 2015. Disponível em: <http://www.firstlineschools.org/>. Acesso em: 28 jan. 2015).

11 O perfil sobre a FirstLine Schools é adaptado do Clayton Christensen Institute (ARTHUR Ashe Charter School: Blended Learning Universe. New Orleans: Clayton Christensen Institute, 2012. Disponível em: <http://www.christenseninstitute.org/arthur-ashe-charter-school/>. Acesso em: 28 jan. 2015).

12 Um estudo de 2013, feito pelo Thomas B. Fordham Institute, fornece uma base para reflexão sobre diversas metas que poderiam valer a pena ser buscadas pelas escolas. O estudo examinou os atributos que os pais mais valorizam nas escolas. Ele constatou que, embora a maioria busque escolas com um currículo central sólido e uma ênfase em ciência, tecnologia, engenharia e matemática (STEM), além disso, eles têm valores diferentes. As escolas poderiam estabelecer uma meta de usar ensino *on-line* para oferecer oportunidades que respondam à diversidade de valores parentais refletida em sua comunidade. Por exemplo, alguns pais são pragmáticos e atribuem valor a escolas que oferecem classes vocacionais e programas voltados ao emprego. Outros, os quais o estudo rotula de "jeffersonianos", preferem uma escola que enfatize o ensino em cidadania, democracia e liderança. Os chamados "multiculturalistas" preocupam-se que os alunos aprendam a trabalhar com pessoas de diferentes contextos, os "expressionistas" querem uma escola que enfatize ensino de arte e música, enquanto os "empenhados" atribuem importância a seus filhos serem aceitos em uma faculdade de alto nível (ZEEHANDELAAR, D.; NORTHERN, A. M. (Eds.). *What parents want*: education preferences and trade-offs. Washington: Thomas B. Fordham Institute,2013. Disponível em: <http://www.edexcellence.net/sites/default/files/publication/pdfs/20130827_What_Parents_Want_Education_Preferences_and_Trade_Offs_FINAL.pdf>. Acesso em: 28 jan. 2015).

13 DORAN, G. There's a S.M.A.R.T. way to write management's goals and objectives. *Management Review*, v. 70, n. 11, 1981.

14 Em alguma medida, isso reflete as ideias desenvolvidas em um novo livro: KOLDERIE, T. *The split screen strategy:* improvement + innovation. Edina: Beaver's Pond Press, 2014.

15 ROGERS FAMILY FOUNDATION. *Oakland Unified School District Blended Learning Pilot*. Disponível em: <http://www.rogersfoundation.org/system/resources/0000/0022/BlendedLearning_final.pdf>. Acesso em: 28 jan. 2015.; KENNEDY, S.; SOIFER, D. *Why Blended Learning can't stand still:* a commitment to constant innovation is needed to realize the potential of individualized learning. Arlington: Lexington Institute, 2013. Disponível em: <http://www.lexingtoninstitute.org/wp-content/uploads/2013/11/WhyBlendedLearningCantStandStill.pdf>. Acesso em: 28 jan. 2015.

16 DADESCHOOLS.NET, 2015. Disponível em: <http://www.dadeschools.net/>. Acesso em: 28 jan. 2015.

17 MODELS for virtual learning labs across Florida. Florida Virtual School. Disponível em: <http://www.flvs.net/educators/VLL/VLL%20Models.pdf>. Acesso em: 28 jan. 2015.

18 Líderes que desejam que suas escolas estejam no topo diversas vezes como inovadoras mais bem-sucedidas em educação precisam estabelecer um "motor de crescimento disruptivo" – um processo para procurar consistentemente opor-

tunidades para preencher áreas de não consumo e explorar novos modelos para a educação centrada no aluno. O processo de quatro etapas para construir esse motor é: (1) iniciar antes que seja preciso, (2) encarregar um administrador sênior como autoridade significativa, (3) montar uma equipe com especialistas que possam avançar e moldar o plano, e (4) treinar toda a organização para estar atenta a oportunidades disruptivas. Os líderes devem planejar para repetir esse processo em um ritmo estabelecido para implementar uma cultura de crescimento e inovação. Esta ideia é do livro CHRISTENSEN, C. M.; RAYNOR, M. E. *Innovator's solution*: creating and sustaining successful growth. Boston: Harvard Business School Publishing Corporation, 2003.

19 Ver GILBERT, C.; BOWER, J. L. Disruptive change: when trying harder is part of the problem. [S.l]: *Harvard Business Review*, 2002.; GILBERT, C. *Can competing frames coexist?* The paradox of threatened response. Boston: Harvard Business School, 2002.

20 Esta seção é adaptada de Christensen e Raynor (2003).

21 KAHNEMAN, D.; TVERSKY, A. Choice, values, and frames. *American Psychologist*, v. 39, p. 341-350, 1984.

Capítulo 4

Organize para inovar

O capítulo anterior ajuda professores, coordenadores e diretores a darem o primeiro passo na direção do ensino híbrido a partir da definição de um conjunto de problemas e metas sustentados e disruptivos que servem como uma sequência de mudanças. Este capítulo aborda o passo seguinte: organizar a equipe certa para transformar uma sequência de mudanças em uma iniciativa concreta e de alto impacto.

A importância de organizar a equipe certa tornou-se central para nós durante uma conversa telefônica com um grupo de coordenadores escolares de tecnologia de um distrito fora de uma das grandes cidades dos Estados Unidos. Em 2010, o Departamento de Educação dos Estados Unidos havia concedido ao distrito milhões de dólares, como parte da concorrência *Investing in Innovation* (Investir na Inovação – i3). O distrito comprometeu-se a usar o dinheiro para personalizar a aprendizagem – um ponto de partida convincente para dar início a uma sequência de mudanças. Para alcançar tal objetivo, foi desenvolvido um sistema de informação sofisticado que integrava planos do aluno baseados em padrões, uma recomendação de conteúdo e ferramenta de gestão e uma interface de usuário atraente que os alunos, os professores e os pais pudessem acessar. Porém, poucos anos mais tarde, com a implementação já consolidada, os coordenadores estavam inseguros. Uma das participantes do telefonema nos contou que, apesar do amplo treinamento de professores e apoio do distrito para ajudar a implementar o novo sistema, poucos professores estavam usando as ferramentas para realizar as transformações de longo alcance em suas salas de aula que os coordenadores distritais esperavam ver. "O que mais podemos fazer?", ela perguntou.

O distrito havia tropeçado no segundo passo para desenvolver uma estratégia de ensino híbrido bem-sucedida – a fase que vem depois de estabelecer uma sequência de mudanças. Uma vez que muitas das mudanças necessárias para criar um sistema de educação centrado no aluno não estavam contidas em uma única sala de aula – por exemplo, como vimos no Capítulo 2, muitos modelos de ensino híbrido que levam à aprendizagem totalmente personalizada e baseada na competência em escala[1] acabam totalmente com a sala de aula –, há limitações ao quanto um único professor pode fazer. Dar aos professores total autonomia para resolver problemas dentro de suas salas de aula pode ser importante para solucionar certas questões, mas essa abordagem também tem seus limites quando os professores não podem mudar certas arquiteturas da escola ou certos processos do distrito. O que estava impedindo o distrito era a falta de uma estratégia mais sólida para envolver a equipe certa para levar adiante sua inovação. Seguindo a mesma lógica, para os professores e as escolas sequer cogitarem iniciar o caminho para a aprendizagem centrada no aluno, há muitas medidas concretas e imediatas que um professor deve tomar para melhorar sua sala de aula. O truque é diagnosticar o nível de mudança desejado que, então, determinará o tipo de equipe necessária e, finalmente, definirá aqueles que participarão do projeto.

UMA ESTRUTURA PARA O PLANEJAMENTO DA EQUIPE

Com um conjunto de problemas importantes e o desejo de usar o ensino híbrido para resolvê-los, quem você convoca para criar uma solução? Os professores de sala de aula devem embarcar no ensino híbrido por conta própria? Em que medida o diretor – ou mesmo o coordenador – deve estar envolvido? E quanto aos outros membros da comunidade? Estamos falando sobre uma operação mais simples ou estabelecer o ensino híbrido requer trazer as forças especiais da Marinha? A seguinte estrutura ajuda a responder a essas perguntas. Ela começa com a premissa de que aqueles envolvidos na inovação enfrentam quatro categorias de problemas ou tarefas. Para cada tipo, os líderes precisam organizar um tipo de equipe diferente para enfrentá-lo com sucesso. A Figura 4.1 organiza os quatro problemas ao longo de um eixo vertical, dos problemas de componente, na base, a problemas de arquitetura e contexto, no topo.[2]

Equipes funcionais

O tipo mais simples de problema é chamado de *funcional*. São aqueles que lidam com a melhoria de apenas uma parte de um produto ou de um passo de

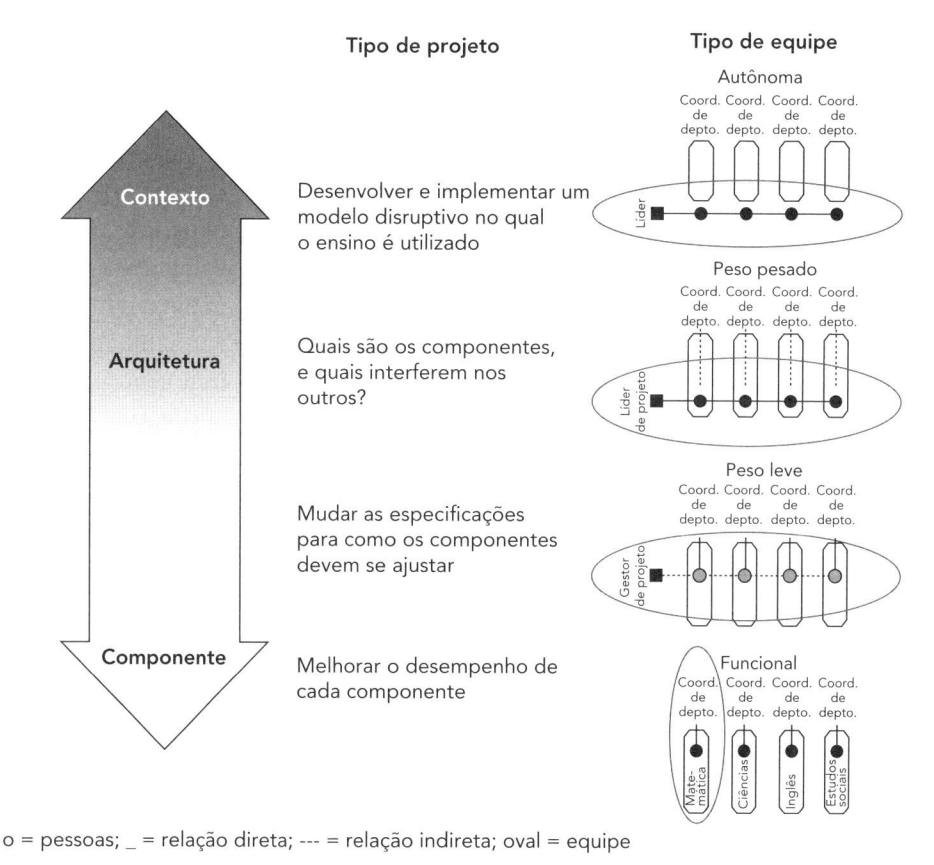

Figura 4.1 Relação entre tipo de projeto e equipe.

Tipo de projeto (Contexto ↕ Componente):
- Contexto: Desenvolver e implementar um modelo disruptivo no qual o ensino é utilizado
- Arquitetura: Quais são os componentes, e quais interferem nos outros?
- Mudar as especificações para como os componentes devem se ajustar
- Componente: Melhorar o desempenho de cada componente

Tipo de equipe:
- Autônoma
- Peso pesado
- Peso leve
- Funcional

o = pessoas; _ = relação direta; --- = relação indireta; oval = equipe

---

um processo. Uma vez que o trabalho é autônomo – ou seja, não afeta nenhuma outra parte da organização –, ele pode ser restrito a cada departamento.

Para visualizar um problema funcional, imagine como a Toyota mudou seu volante padrão para o seu sedan Lexus GS 350 RWD 2014 para um volante aquecido para o seu Lexus GS 450h *premium*, um carro vendido a proximadamente US$ 12 mil a mais. Ambos os carros têm o mesmo comprimento, a mesma largura e a mesma altura. Eles são basicamente o mesmo carro. As únicas diferenças são os melhoramentos que o GS 450 tem em nível de componente, incluindo o volante aquecido.

Para criar aquele volante *premium*, a equipe de engenheiros da Toyota responsável por projetar volantes trabalha apenas com outros membros dentro de seu pavilhão. Para este problema isolado, eles não precisam trabalhar com os membros de outras equipes – ou saber muito sobre elas –, como aqueles que desenvolvem os assentos dianteiros ou os faróis. A Toyota pode aperfeiçoar os componentes para o GS 450h sem mudar outras partes do carro porque seus engenheiros detalharam previamente os padrões de desempenho requerido para cada componente, de modo que ele possa ser compatível com qualquer modelo GS. Eles também especificaram como fabricar cada componente para atender àqueles padrões de desempenho, bem como a forma como cada um deve se interligar ou se ajustar aos demais. Essas especificações detalhadas minimizam a necessidade de coordenação entre todos os engenheiros e os trabalhadores da fábrica cada vez que uma parte é atualizada. Todos sabem o que fazer para construir o componente do GS do tamanho e da forma corretos, seja ele padrão, *premium* ou algum intermediário. Isso permite que a Toyota aperfeiçoe um volante com pouco custo indireto de coordenação e sem fazer quaisquer mudanças à arquitetura do modelo genérico.

Uma equipe *funcional* trabalha melhor para fazer melhorias em nível de componente. Representamos este tipo de equipe no canto inferior direito da Figura 4.1. A Toyota usa equipes funcionais em vários setores, como finanças, *marketing*, fabricação e engenharia, para lidar com cada um de seus problemas comerciais. Especificações detalhadas definem o que cada equipe funcional deve fazer e como o trabalho de cada grupo deve se encaixar com o trabalho do outro. Na medida em que a Toyota pode especificar isso antecipadamente e não existem interdependências, os grupos podem trabalhar com independência de forma eficaz, com poucos custos indiretos de coordenação. Embora muitos reclamem sobre trabalhar em fábricas quando a atividade é interdependente com o de outro grupo, quando eles não têm essa interdependência – o que é frequente na maioria das organizações –, uma equipe funcional é a melhor aposta, uma vez que evita o inchaço burocrático que emperra muitos esforços.

Equipes peso leve

O segundo tipo de tarefa com que os inovadores se defrontam surge quando um grupo decide fazer melhorias que afetam a forma como outro grupo precisa fazer seu trabalho. Quando há interdependência *previsível* dentro dos grupos, os coordenadores devem organizar uma *equipe peso leve* para trabalhar no projeto. A Toyota teve de montar uma equipe leve em outubro de 2013, quando a companhia descobriu que os *airbags* do lado do motorista em alguns veículos Camry, Venza e Avalon, de 2012 e 2013, estavam inadvertidamente se projetando sem aviso, um risco de segurança grave. Uma equipe funcional era insuficiente para lidar com a tarefa imediata, porque diversos departamentos da Toyota precisaram trabalhar juntos para coordenar uma solução.

Representantes de alguns departamentos participaram. Eles desempenhavam papéis previsíveis, mas suas decisões eram interdependentes. Os engenheiros investigaram o que causava as projeções acidentais – surpreendentemente, aranhas eram as culpadas! Aranhas e suas teias haviam entupido os tubos de drenagem do ar-condicionado, fazendo a água transbordar para dentro do módulo de controle do *airbag*. Um conselheiro que fazia parte da equipe temporária decidiu que, embora apenas três projeções de *airbags* e 35 ativações da luz de advertência tivessem sido documentadas, um *recall* "melhor prevenir do que remediar" de cerca de 803 mil carros era justificado. Essa decisão, por sua vez, exigiu o envolvimento do departamento de relações públicas, que desenvolveu um plano de comunicação para os proprietários dos automóveis e gerenciou o controle de danos com a mídia. O departamento transmitiu aos meios de comunicação que a Toyota estava chamando os proprietários dos veículos para aplicar um selante para impedir a entrada de aranhas e instalar uma cobertura para eliminar o gotejamento – uma solução simples que a equipe de engenharia havia aconselhado.[3]

Ao longo de todo o processo, a Toyota precisou de um gestor ou coordenador peso leve para inspecionar o problema e se certificar de que os vários departamentos inovassem rapidamente para corrigi-lo. Os gestores peso leve alternam entre os grupos para garantir que o trabalho deles se encaixe corretamente. Representamos o papel deles na Figura 4.1 como uma linha pontilhada ligando o gestor com a equipe peso leve. Os departamentos funcionais, entretanto, mantêm a responsabilidade primária pelo trabalho, como mostra a linha vertical sólida no diagrama. Os membros da equipe têm em mente que o propósito de sua filiação à equipe é representar as capacidades e os interesses de seus departamentos enquanto trabalham juntos.

Equipes peso pesado

Até agora, discutimos problemas que envolvem melhorias ou correções incrementais para componentes de produtos. Porém, ocasionalmente, as organizações procuram uma melhoria significativa ou inovadora, que repense a arquitetura do próprio produto. Isso pode implicar combinar, eliminar ou acrescentar novos componentes ou requerer que eles assumam diferentes papéis no desempenho do produto – ou seja, os componentes e as pessoas responsáveis por eles precisam interagir uns com os outros de novas formas, que não podem ser previstas ou especificadas antecipadamente. Resolver essas interdependências com frequência significa que as pessoas devem negociar os interesses de um departamento em favor dos de outro para alcançar um nível ideal de desempenho do sistema.

Para tratar esses desafios, as organizações devem criar *equipes peso pesado*.[4] Esse terceiro tipo de equipe permite que seus integrantes ultrapassem as fronteiras de suas organizações funcionais e interajam de formas diferentes. Para serem eficazes, os membros das equipes peso pesado frequentemente devem compartilhar seu local de trabalho, e um gestor com influência significativa deve liderar a equipe. Os indivíduos trazem com eles sua *expertise* funcional quando se unem a uma equipe peso pesado, mas sua mentalidade nunca deve ser representar os interesses de seus departamentos durante as deliberações da equipe. Pelo contrário, eles pensam em si mesmos como tendo responsabilidade coletiva para imaginar melhor forma de entrelaçar os fatores para alcançar as metas globais do projeto.

Quando a Toyota desenvolveu o Prius, seu automóvel híbrido, ela não podia usar equipes funcionais ou peso leve, porque o híbrido implicava criar uma arquitetura de produto completamente diferente. Novos componentes tinham de ser desenvolvidos para que se interligassem com outros novos componentes de maneiras inovadoras. Para resolver esse problema, a Toyota reuniu pessoas-chave de cada departamento em um local completamente diferente para servir como uma equipe peso pesado. Elas trouxeram sua *expertise* funcional para a equipe, mas seu papel não era representar os interesses ou as necessidades de seus respectivos departamentos. Juntas, criaram uma máquina refinada.[5] O motor de combustão interna coordena a responsabilidade da propulsão com um motor elétrico. Os freios não apenas desaceleram o carro; eles geram eletricidade. Isto, por sua vez, altera completamente o papel desempenhado pela bateria.

A Toyota manteve sua equipe peso pesado por mais duas gerações de Prius para refinar a arquitetura e garantir que ela soubesse como as peças do sistema funcionavam entre si. No entanto, uma vez que seus engenheiros adquiriram conhecimento suficiente, eles começaram a codificar como fazer cada componente e como cada um deveria se interligar com todos os outros componentes afetados, a fim de que eles fossem capazes de desenhar carros Prius da geração seguinte em equipes funcionais, que poderiam minimizar o custo indireto de coordenação. As equipes peso pesado devem ser temporárias e realizar uma remodelação arquitetônica; elas não devem ser uma solução permanente em uma organização.

Equipes autônomas

O quarto tipo de equipe é a *equipe autônoma*. As equipes autônomas são fundamentais quando a tarefa envolve lançar um modelo disruptivo. Isso acontece no setor comercial quando o mecanismo para lucrar com uma inovação é incompatível com a fórmula existente na companhia. Uma equipe autônoma é um instrumento para criar um novo modelo econômico que possa atender o novo mercado de forma lucrativa.

Suponha que a Toyota acredite que veículos puramente elétricos são uma inovação disruptiva que um dia transformará a forma de dirigir das pessoas. Ela já vende o híbrido Prius, mas quer ser pioneira na disrupção pura, comercializando um veículo movido apenas a eletricidade, em vez de ser afetada pelos concorrentes. Após alguns cálculos, entretanto, os administradores da Toyota concluem que os carros puramente elétricos não fazem sentido em termos comerciais. A tecnologia das baterias ainda não é boa o suficiente para permitir que a Toyota construa veículos que seus clientes comprarão. Fazer baterias suficientemente boas para funcionar em rodovias convencionais exigiria um investimento inicial enorme e, ainda assim, a Toyota teria de cobrar preços altos e esperar por subsídios de energia limpa do governo para espremer um lucro. Quando os executivos da Toyota olham para Tesla, do outro lado do Pacífico, a companhia americana que fez a incursão mais proeminente nos carros puramente elétricos, eles confirmam suas previsões. O primeiro produto da Tesla, o Roadster, chegou ao mercado em 2006 com um preço básico de US$ 109 mil e, apesar dos rumores, a companhia continuou a perder dinheiro mesmo com a ajuda governamental que recebeu e os subsídios contínuos para consumidores que compram carros elétricos.[6]

Esse exemplo hipotético, na realidade, não está muito longe da verdade. Em 2013, o presidente da Toyota, Takeshi Uchiyamada, fez esta declaração sobre os veículos elétricos: "A razão pela qual a Toyota não introduz qualquer grande [veículo elétrico puro] é porque não acreditamos que exista um mercado para aceitá-lo". Ele previu que pelo menos duas etapas de novas tecnologias de baterias são necessárias para que eles estejam 100% prontos para o mercado.[7]

Nenhum número de equipes funcionais, peso leve ou peso pesado, tornarão os veículos elétricos bem-sucedidos dentro do modelo de negócios da Toyota. A companhia precisaria estabelecer uma equipe autônoma, porque a organização existente – desde projetistas e engenheiros até a rede de vendedores e concessionárias – é estruturada para vender veículos para clientes que dirigem em rodovias e estradas convencionais. A Toyota não pode ter lucro vendendo elétricos puros nesse contexto. Contudo, assim como a Toyota descarta a oportunidade, novos operadores com diferentes modelos econômicos estão tendo êxito vendendo elétricos puros fora do mercado convencional. A Star EV, por exemplo, vende veículos elétricos para golfistas, condomínios de idosos, aeroportos, *campi* universitários, depósitos e guardas de segurança. Os clientes estão contentes em abandonar *diesel* e gasolina por uma solução recarregável de baixa velocidade. A Star EV está satisfeita por vender vários milhares de carrinhos elétricos por ano por US$ 5 mil ou mais para um nicho do mercado. Já a Toyota está satisfeita por se manter focada em vender mais de 9 milhões de veículos por ano por US$ 14 mil ou mais para seu mercado tradicional.

A razão de uma organização não conseguir realizar uma disrupção efetiva é que as organizações bem-sucedidas *só* podem priorizar inovações que prometam margens de lucro melhores em relação ao seu modelo econômico atual. A melhor forma de uma organização ir atrás de uma oportunidade disruptiva, portanto, é criar uma unidade organizacional autônoma que tenha um modelo diferente, que possa achar a nova oportunidade atraente.[8]

O que significa *autônomo* nesse contexto? A separação geográfica da atividade principal não é a dimensão crítica da autonomia. As dimensões fundamentais da autonomia dizem respeito a processos e prioridades. O projeto disruptivo precisar ter a liberdade de criar novos processos e elencar novas prioridades.[9] As pessoas na equipe devem se beneficiar ao priorizar consistentemente a oportunidade disruptiva acima de qualquer tentação de competir contra os líderes da indústria.

APLICAÇÃO DA ESTRUTURA DE EQUIPE ÀS ESCOLAS

A chave para organizar o grupo certo para liderar um projeto de ensino híbrido é, primeiro, unir o problema com o tipo de equipe que pode realizar o nível de mudança desejado. Nesse ponto, não é importante saber exatamente que modelo de ensino híbrido se quer implementar ou qual será a concepção do programa. Entretanto, é necessário ter uma ideia do alcance da mudança que se deseja atingir. Os projetos em sala de aula que não requerem mudanças substanciais ou imprevisíveis dos processos existentes são os melhores ajustes para equipes funcionais, ou para a equipe peso leve. As mudanças estruturais que requerem novos tipos de interações e coordenação entre diferentes grupos necessitam de uma equipe peso pesado. Projetos disruptivos que eliminam as salas de aula completamente e as substituem por um novo modelo de aprendizagem são mais adequados para equipes autônomas que podem abordar a solução de um novo contexto e operar em um conjunto diferente de prioridades. A Figura 4.2 mostra como a estrutura de equipe se aplica no contexto das escolas.

Equipes funcionais de ensino híbrido

Às vezes, um professor de sala de aula ou um departamento inteiro de professores quer resolver um problema circunscrito avançando suas práticas pedagógicas e implementando o ensino híbrido dentro de suas próprias salas de aula. Nessa circunstância, uma equipe funcional pode trabalhar bem, porque a forma como uma classe individual se encaixa com o resto de uma escola é bem entendida. As equipes funcionais são mais adequadas para oferecer inovações sustentadas para problemas cujas soluções não requerem coordenação com outros grupos ou departamentos de ensino.

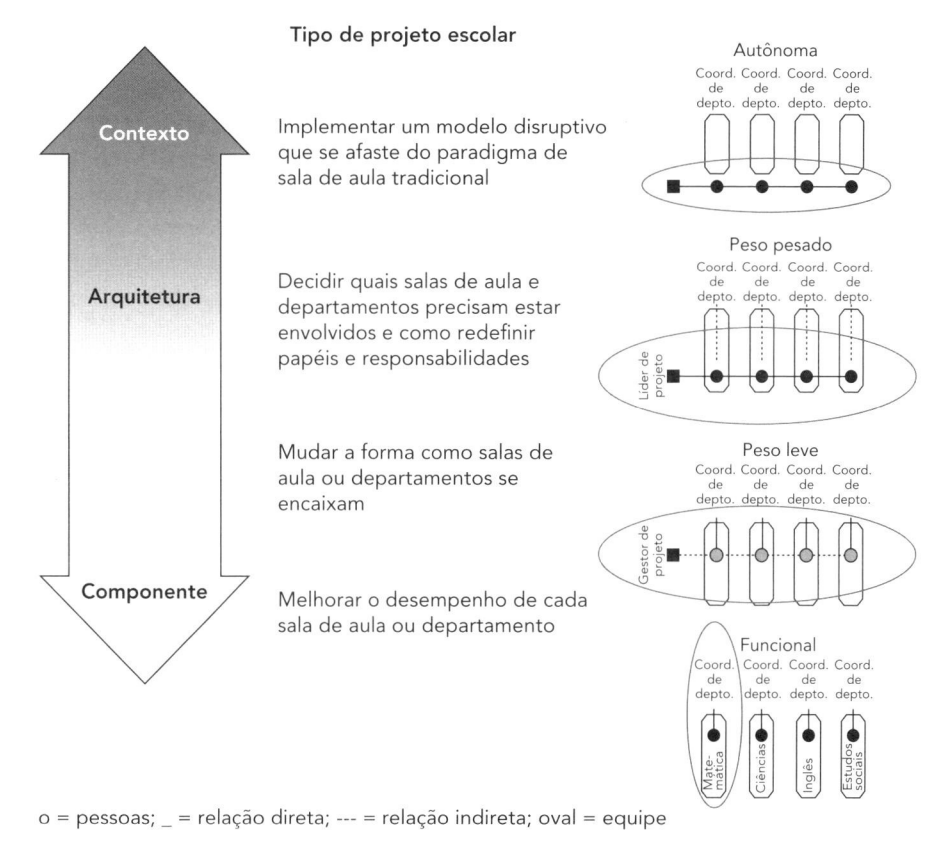

Figura 4.2 Relação entre tipo de projeto e equipe nas escolas.

Existe uma variedade de equipes funcionais dentro de uma escola – desde um professor de sala de aula até os professores de um departamento em uma escola de ensino fundamental ou médio. Essas equipes funcionais fazem mudanças o tempo todo sem afetar o resto da escola. Por exemplo, se os professores responsáveis pelo departamento de ciências introduzem um novo experimento no laboratório de química, eles não precisam coordenar a atividade com outros departamentos. Eles simplesmente fazem as mudanças dentro dos cursos que controlam.

Da mesma maneira, se um professor deseja inverter sua sala de aula, ele pode. Ele simplesmente muda a forma de dirigi-la. Isso não tem um impacto sobre outras salas de aula, portanto, sua equipe funcional de uma única pessoa pode trabalhar, supondo que ele não necessite da ajuda de outras pessoas para fornecer equipamentos para os alunos ou para ajudá-lo a gravar vídeos. Milhares e milhares de professores estão tomando tal decisão por conta própria em todo o mundo. Em certos casos, professores individuais agindo como uma equipe funcional por conta própria também podem implementar um modelo de Rotação por Estações dentro de sua sala de aula se o horário da escola permitir tempo suficiente para múltiplas rotações e a sala de aula já possuir os equipamentos e a capacidade de banda larga necessários. No Riverside Unified School District, no sul da Califórnia, o ex-diretor, Rick Miller, autorizava os professores do ensino médio a inovar. O resultado foi o desenvolvimento de dezenas de Salas de Aula Invertidas e Rotação por Estações.

As equipes funcionais são a melhor maneira de criar uma solução para problemas como estes:

- Os alunos de biologia não têm tempo suficiente para experiências práticas nos laboratórios de ciências. O professor quer postar palestras *on-line* para os alunos assistirem em casa, liberando tempo para os laboratórios durante o horário escolar.

- Os alunos do 4º ano do ensino fundamental estão tendo dificuldade para completar a lição de casa de matemática sozinhos. A equipe de professores quer acabar com a lição de casa de matemática tradicional, substituí-la por lições curtas *on-line* para os alunos assistirem à noite e trazer os problemas práticos para o horário de aula, quando estão à disposição para ajudar.

- O departamento de TI do distrito instalou acesso à internet sem fio em toda a escola, mas a conexão é instável. Os professores estão se queixando. Os técnicos precisam calcular as melhores áreas para posicionar os roteadores.

- Os estudantes dos anos finais do ensino fundamental já estão rotacionando três vezes por semana em um laboratório de informática com seus professores de inglês para praticar habilidades de ortografia e compreensão da leitura. No entanto, os professores de inglês estão tendo dificuldades para usar os dados dos laboratórios para designar os alunos para os grupos e as tarefas certas ao retornarem às salas de aula.

Note que, no último exemplo, os estudantes já estão alternando entre um laboratório de informática e suas salas de aula, mas os professores querem melhorar o processo. Instituir um Laboratório Rotacional desde o início requer uma equipe peso leve ou peso pesado, dependendo do nível de mudanças na escola. Porém, nesse caso, a rotação básica já está acontecendo. Os professores simplesmente precisam ajustá-la; portanto, uma equipe funcional pode se encarregar do projeto.

Geralmente, as equipes funcionais descobrem que uma combinação de reuniões de equipe, pesquisa sobre o que outros grupos com o mesmo problema fizeram e capacitação profissional são suficientes para encontrar e implementar uma solução para os seus problemas. Entretanto, nenhuma quantidade de pesquisa e capacitação profissional é suficiente para tratar problemas que requerem equipes peso leve, peso pesado ou autônomas.

Equipes peso leve de ensino híbrido

Outros problemas prestam-se bem a uma equipe peso leve. Uma escola típica tem algumas equipes peso leve. Em uma escola de ensino médio, os coordenadores de departamento frequentemente formam equipes peso leve para coordenar as atividades entre as várias disciplinas. Da mesma forma, se os professores do 5º ano decidem ensinar divisão de uma nova maneira, uma equipe de coordenação peso leve poderia identificar e concordar sobre que mudanças subsequentes isso exigiria no currículo de matemática do 6º ano. As equipes peso leve também podem ajudar o distrito escolar, coordenando como as mudanças nos planos de saúde dos funcionários afetam os departamentos de benefícios, financeiro e de recursos humanos.

As equipes peso leve adaptam as situações nas quais mais de um grupo deve trabalhar junto para resolver um problema, mas as interdependências entre eles são previsíveis. Assim como as funcionais, as equipes peso leve trabalham melhor para realizar inovações sustentadas. O Milpitas School District, no norte da Califórnia, foi um dos primeiros a liderar a implementação de soluções de ensino híbrido. Seu diretor distrital, Cary Matsuoka, usou uma variedade de táticas para chegar lá. Uma de suas escolas, a Burnett Elementary, empregou uma abordagem de baixo para cima, que permite aos professores que querem inovar – uma coligação de vontades – assumirem a liderança no desenvolvimento de seus próprios modelos de ensino híbrido e trabalharem em conjunto com o distrito para adquirir os equipamentos e o mobiliário necessários para apoiá-los. Alison Elizondo, uma professora de 5º ano, emprega agora um modelo de Rotação por Estações que ela desenvolveu para ajudar os alunos a ensinar a si mesmos, estabelecer metas, trabalhar com os outros e usar *feedback* para acompanhar seu próprio progresso.

> ASSISTA AO CLIPE 16: Na Burnett Elementary, os professores trabalham em pequenas equipes com o pessoal do distrito para compor salas de aula híbridas.
>
> www.grupoa.com.br/blended/vd/h/vd16.html

As equipes peso leve são a melhor solução para problemas como estes:

- Os professores querem que seus alunos sejam capazes de usar o Laboratório Rotacional três vezes por semana, portanto, a escola precisa organizar os horários em coordenação com todos os outros professores para garantir que a sala esteja disponível.
- Os professores do ensino fundamental querem usar ensino *on-line* para uma parte da aula, mas precisam do apoio da equipe de tecnologia do distrito para montar os computadores e ter acesso à internet nas salas de aula.
- Os professores do 2º ano do ensino fundamental querem que os alunos do 6º ano participem como parceiro de leitura, enquanto outros alunos estão praticando leitura *on-line* ou estão reunidos em pequenos grupos com o professor. A rotação básica já está operando, mas o programa de parceiro de leitura é um elemento novo.

Em cada uma dessas circunstâncias, um gestor leve pode alternar entre os departamentos para assegurar que o trabalho de cada um se encaixe. Os membros da equipe devem representar os interesses de seus departamentos ou suas salas de aula durante todo o processo.

Equipes peso pesado de ensino híbrido

Alguns problemas vão além de como as salas de aula ou os departamentos trabalham juntos. Eles requerem mudança da estrutura da própria escola ou do distrito. Dar aos professores plena autonomia para desenvolver modelos e escolher o conteúdo dos programas de computador dentro de suas salas de aula pode ser importante para resolver certas questões, mas essa abordagem tem seus limites, visto que os professores não podem mudar unilateralmente certas estruturas da escola – como o uso do tempo e os horários do sinal – ou os processos do distrito. Nesses casos, o melhor grupo para liderar a mudança é uma equipe peso pesado. Os membros dessas equipes devem compartilhar seu local de trabalho, e um gestor com influência significativa deve liderá-las. A regra mais importante para os integrantes da equipe é deixar para trás os interesses do departamento e trabalhar coletivamente para alcançar a meta do projeto.

Uma escola pode formar uma equipe peso pesado escolhendo especialistas de diferentes partes da comunidade escolar – principalmente professores e administradores, mas também conselheiros, outros funcionários e pais. Os distritos também podem criar equipes peso pesado, as quais assumem diversas formas nesse nível, mas as *charter schools* e as escolas-piloto estão entre as mais comuns. Essas escolas dão aos educadores a liberdade de ir além da estrutura dos departamentos da escola distrital tradicional para criar novas arquiteturas para a aprendizagem. Embora as equipes peso pesado sejam bem adequadas para criar novos processos e mudanças importantes, as equipes autônomas são melhores para liderar uma disrupção que não utiliza mais as salas de aula tradicionais. As equipes peso pesado são ideais para criar uma configuração inovadora em salas de aula, departamentos e outros componentes na escola e no distrito.

Implícito em todas essas descrições está o fato de que, no final, o sucesso vem não apenas da formação do tipo certo de equipe, mas também de ter os membros certos nela. Com as mudanças de equipe funcional ou da equipe peso leve, os professores de sala de aula que estão prontos ou ansiosos para inovar e resolver problemas podem assumir a liderança em muitos casos, especialmente se seu diretor ou diretor distrital lhes der esse poder. Na equipe peso pesado, a necessidade de uma pessoa com autoridade de tomada de decisão significativa frequentemente exprime que os indivíduos nos papéis de liderança formais precisam estar mais envolvidos. Por exemplo, se uma escola precisa que os alunos tenham mais tempo para aprender do que o horário tradicional permite ou precisam de um espaço configurado de forma diferente, com professores de outros departamentos, a maioria dos professores individuais não tem a autoridade de tomada de decisão para fazer tais mudanças. Escolher a mistura certa de membros da equipe que já estão animados para inovar – mas também envolvendo os céticos para ouvir suas opiniões ou para mantê-los envolvidos, a fim de que não inviabilizem um projeto em uma equipe peso pesado – pode ser um ato de equilíbrio importante, mas complicado.

Milpitas empregou equipes peso pesado, além de equipes peso leve, para realizar mudanças em algumas de suas escolas. Há alguns anos, por exemplo, Cary Matsuoka fez uma pergunta a seus professores e diretores: "Se vocês pudessem projetar a escola ideal, como ela seria?".[10] Com um conjunto de parâmetros e ideias de modelos instituído pela liderança do distrito, diferentes equipes de professores e administradores embarcaram em um processo de concepção de três meses e, então, apresentaram seus novos modelos para Matsuoka, para seu gabinete e para o sindicato dos professores. O desafio fundamental era personalizar a aprendizagem para as diferentes necessidades dos alunos, uma vez que mais da metade dos estudantes do distrito era composta por imigrantes. As propostas de duas escolas de ensino fundamental, a Randall e a Weller, de transformá-las em ambientes de ensino híbrido que incentivava o modelo de Laboratório Rotacional foram escolhidas, e elas iniciaram um replanejamento significativo.

As equipes peso pesado, especificamente, trabalham bem para tratar problemas como estes:

- O diretor quer repensar o horário do sinal, os papéis dos professores e o currículo para implementar uma solução de ensino híbrido para melhorar as notas de leitura e matemática na escola.
- O diretor distrital quer acabar com a disparidade de desempenho mudando de um sistema de tempo sentado para um sistema baseado em competência em todas as suas escolas.

No início deste capítulo, discutimos um distrito suburbano que queria aprofundar o impacto de sua implementação de tecnologia. Observamos que o distrito contava com equipes funcionais para implementar o programa de ensino híbrido quando devia ter organizado uma equipe de peso. As equipes funcionais – ou seja, equipes individuais de professores nas escolas – obedientemente frequentavam as sessões de capacitação profissional e tentavam integrar os novos sistemas e ferramentas em seus programas existentes. Embora certamente tenha ocorrido alguma mudança dentro das salas de aula, havia limites para quão ampla a mudança poderia ser. Uma equipe de peso poderia ter se afastado das operações diárias, planejado mudanças radicais de horários, papéis dos professores e currículo com base em um esforço coletivo para encontrar a melhor solução e, então, implementado a tecnologia de forma muito mais abrangente e estratégica.

Equipes autônomas de ensino híbrido

Em comparação com os projetos funcionais, leves e de peso, algumas iniciativas visam a substituir a sala de aula tradicional por um modelo educacional inteiramente novo. Enquanto essas equipes são, geralmente, adequadas para tratar de sequências de mudanças essenciais, as transformações para além da sala de aula requerem uma estrutura de equipe diferente. Os líderes podem realizar uma mudança disruptiva da melhor forma criando uma equipe autônoma, que tem liberdade para refazer o orçamento, o plano de pessoal, o desenho das instalações e o currículo a partir do zero. Tal autonomia é crucial, porque o sucesso da disrupção é um jogo de duas partes – a nova tecnologia é a primeira parte, mas um novo contexto é igualmente importante, se não mais. Sem um novo contexto, a tecnologia acaba sobrepondo o modelo existente e, quando a poeira baixa, pouca coisa está diferente. Isso explica por que a sala de aula de estilo industrial persiste mais ou menos com a mesma forma e mesmos resultados, apesar do investimento massivo em tecnologia da educação ao longo dos anos.

Uma forma de entender esse jogo de duas partes é pensar sobre como o processo legislativo funciona.[11] Um deputado norte-americano poderia ver uma necessidade social premente e redigir um projeto de lei perfeito. Porém, o presidente do comitê orçamentário introduz emendas para mantê-lo dentro do orçamento; a Câmara de Comércio exige mudanças, a fim de dar seu apoio, de modo que ele não interfira nos interesses comerciais do país; um senador poderoso insiste em algumas outras mudanças para torná-lo mais agradável para seus constituintes; e, no final, o projeto de lei que o presidente sanciona não se parece nada com a ideia inicial do deputado. Isso não acontece devido a alguma malícia da parte de qualquer um desses atores em si, mas por que cada um também está representando e protegendo interesses legítimos. Como resultado, para que qualquer um deles apoie o projeto de lei, cada um precisa ter certeza de que este não irá causar nenhum prejuízo àqueles interesses.

De modo similar, uma nova tecnologia pode ter potencial para transformar uma sala de aula de modelo industrial em um modelo totalmente centrado no aluno. Porém, a professora de Milpitas Alison Elizondo, que escolhe a tecnologia não tem recursos para comprar mobília nova, então, ela precisa manter as instalações existentes de sua sala de aula. Ninguém mais está interessado em ajustar o horário do sinal, então, a professora não pode implementar a tecnologia em um horário flexível, de acordo com as necessidades individuais dos alunos. O diretor planeja avaliar os professores com base, em parte, na capacidade deles de ensinar toda a turma, assim, a professora deve ter certeza de preservar esse aspecto da sala de aula tradicional. Ela ajusta o modelo mais uma vez. No final, a implementação pronta parece muito semelhante ao modelo de sala de aula original, com a tecnologia sobreposta. Não importa o quanto a tecnologia é inovadora, quando ela chega no contexto do sistema existente, ele começa a moldá-la para se adequar a suas dimensões.

Entretanto, se a professora trabalhar com o diretor e se unir aos outros professores para formar uma "escola dentro de uma escola", separada do contexto tradicional, sua ideia tem uma chance muito maior. O diretor, ou líder sênior, deve trabalhar com a equipe para identificar metas e resultados claros para, então, dar a ela completa autonomia – na medida do possível, por lei – sobre orçamentos, escolhas de pessoal, projeto de instalações e currículo. A vantagem das equipes autônomas é que elas têm um mecanismo natural para se libertar do domínio tenaz de prioridades estabelecidas como essas e recomeçar em um contexto renovado.

É preciso ser um administrador sênior com autoridade significativa sobre esses elementos de um modelo escolar para ter o poder de conduzir um projeto disruptivo ao longo do sistema e protegê-lo de pessoas interessadas em transformá-lo à força de volta ao modelo tradicional. Alguns diretores têm a sorte de ter tal nível de jurisdição, de modo que podem estabelecer e proteger a autonomia de uma "escola dentro de uma escola". Porém, isso é raro. Na maioria dos casos, o distrito e o conselho escolar devem estar envolvidos para autorizar e reservar recursos para o projeto disruptivo, bem como para liberar a equipe das regulamentações tradicionais.[12] Em alguns casos, os Estados também devem conceder isenções. Eles também podem encorajar a transformação da escola estabelecendo suas próprias equipes autônomas, e aqueles que quiserem assumir a liderança com inovação devem fazer pronto uso do poder dessa estrutura organizacional. Os líderes podem usar equipes autônomas para solucionar problemas como estes cenários hipotéticos:

- Diversas escolas de ensino médio na zona rural de Oklahoma estão tendo dificuldades para oferecer cursos avançados suficientes que permitam que os alunos satisfaçam os pré-requisitos para serem admitidos em faculdades de alto nível. Os diretores querem se unir para criar uma academia virtual que disponibilize cursos *on-line* para suplementar os cursos presenciais.

- Os pais em uma escola de ensino médio bem classificada querem que os alunos sejam capazes de acelerar algumas matérias para lhes dar tempo de desenvolver *expertise* em outras. Isso não é a prioridade atual da escola, então, os pais se perguntam se podem criar um estúdio de ensino auxiliar próximo da escola, onde os alunos poderiam ficar durante todo o dia para programas híbridos especiais.

- Um distrito tem problemas com desistências no ensino médio, particularmente como resultado de gravidez na adolescência. O diretor distrital quer estabelecer um novo centro de ensino para resgatar esses estudantes e ajudá-los a se formar.

Cada um desses exemplos envolve fazer mudanças que alcancem um nível mais profundo do que componentes, ou mesmo estrutura. Elas requerem mudar as próprias prioridades de professores, administradores e outros funcionários do sistema escolar. Todos os dias, cada uma dessas pessoas enfrenta dezenas de decisões sobre como alocar recursos e esforço. Os diretores devem decidir quanto tempo dedicar à disciplina do aluno, se devem ajustar o orçamento e o quanto devem andar pelos corredores. Os professores devem decidir que padrões enfatizar, quando dedicar atenção especial a um aluno específico e o quanto preocupar-se com as provas de final de ano. Cada participante no sistema estabelece prioridades repetidamente para solucionar certos problemas até que elas se tornem enraizadas como cultura.

A relutância em usar equipes autônomas é, em grande parte, a culpada pela dificuldade de se encontrar escolas que tenham convertido salas de aula tradicionais em estúdios de ensino flexíveis centrado no aluno, nos quais os estudantes genuinamente controlam o ritmo de sua aprendizagem. "Ver as crianças aprendendo em seu próprio ritmo é como ter um vislumbre do Pé Grande", brincou Alex Hernandez, sócio da Charter School Growth Fund, uma organização sem fins lucrativos que financia operadores de *charter schools* de alto desempenho para expandir seu impacto. "Todos já ouviram falar no Pé Grande, mas, além de algumas fotografias desfocadas, poucos podem alegar que realmente o viram andando pela floresta." A cultura das salas de aula tradicionais está tão profundamente arraigada aos estudantes se movendo em blocos padronizados em um ritmo estabelecido que instaurar uma nova prioridade para flexibilidade e ritmo próprio é extraordinariamente difícil dentro desse contexto. No entanto, uma equipe autônoma, com liberdade para ajustar equipe, orçamentos, instalações e currículo, tem o espaço necessário para estabelecer novas prioridades e reinventar a cultura – constituída de todos os processos e as prioridades existentes – a partir do zero.

USANDO MÚLTIPLOS TIPOS DE EQUIPES

Sempre que uma escola, um distrito ou uma organização de gerenciamento de *charter schools* está resolvendo uma variedade de problemas e tentando realizar uma transformação em todo o sistema, provavelmente será preciso usar múltiplas equipes para diversos propósitos em diferentes ocasiões.

O Departamento de Educação da Cidade de Nova York, por exemplo, usa equipes múltiplas para avançar no ensino personalizado para seus estudantes por meio de sua iniciativa iZone, que trabalha com as escolas, com o mercado de tecnologia da educação, com políticos e com o próprio Departamento de Educação para incentivar a inovação.

A equipe do iZone descobriu que para conduzir o tipo de inovação que necessita em suas escolas, ela deve trabalhar em três níveis. Primeiro, usa equipes peso pesado, que incluem professores, diretores e pessoal do escritório central, para planejar e testar novos modelos e ajudar os profissionais a abordar o trabalho com novos pressupostos. Segundo, trabalha com políticos e o pessoal do escritório central para obter flexibilidade regulamentar e se afastar de processos preestabelecidos que inibem a inovação. Quando as equipes distritais ou estaduais estão mudando processos – como as equipes funcionais existentes interagem entre si e como elas fazem seu trabalho –, elas devem ser peso leve. Entretanto, quando a tarefa é repensar quais departamentos regulatórios e funcionários devem idealmente existir, bem como de que maneira essas partes interagem, então, a princípio, uma equipe peso pesado é necessária.

Por fim, a iZone determinou que ela deve ter equipes que trabalhem estreitamente com os profissionais de educação e as escolas, para agregar demanda de modo que os fornecedores ajudem a resolver os problemas certos e o distrito seja um local de trabalho receptivo. Visto que o gestor de projeto nesse caso desempenha um papel de coordenação, a equipe necessária é uma equipe peso leve que envolve pessoas das escolas, dos departamentos e dos próprios fornecedores.[13]

O CUSTO DE ERRAR

Grandes oportunidades podem ser perdidas e milhares, ou mesmo milhões, de dólares desperdiçados quando os líderes não se organizam estrategicamente antes de tentar utilizar o ensino híbrido. Um dos erros mais comuns é pedir que os professores de sala de aula usem tecnologia para personalizar a aprendizagem e, então, esperar que eles criem um modelo de aprendizagem verdadeiramente transformador por conta própria. As equipes funcionais não têm o poder de abandonar a sala de aula tradicional inteiramente ou de implementar um modelo disruptivo de forma independente, mesmo com os melhores orçamentos para tecnologia e capacitação profissional.

Por outro lado, algumas escolas criam equipes peso pesado ou autônomas para lidar com problemas que equipes funcionais ou peso leve poderiam resolver com mais eficiência e menos burocracia. Muitos professores descobriram que podem inverter suas salas de aula ou criar estações dentro delas por conta própria, com apenas um leve aceno de aprovação da administração e um espírito engenhoso sobre improvisar usando a tecnologia. Na verdade, ouvimos diversos relatos de professores que aprendem sobre ensino híbrido em uma conferência ou um treinamento e, então, vão para casa e reorganizam suas salas de aula naquele mesmo fim de semana para começar a experimentar a Sala de Aula Invertida ou a Rotação por Estações. Naturalmente, recomendamos um processo de planejamento mais completo antes de fazer qualquer mudança e observamos que, em muitos casos, as Rotações por Estações podem causar uma mudança estrutural tão significativa que requerem equipes de peso. Entretanto, a questão continua sendo que os professores de sala de aula podem e devem empreender e decidir por conta própria quando desejam realizar melhorias na sala de aula. Capacitação profissional de qualidade e fundos de transição ajudariam na causa deles, mas uma equipe peso pesado apenas os atrasaria.

Outro princípio a ser reforçado é que equipes peso pesado e autônomas devem se comportar de certa forma para serem eficazes. Para as equipes peso pesado, os requisitos são que os membros compartilhem o local de trabalho, indiquem uma pessoa com influência significativa, poder de tomar decisões como líder da equipe e comprometimento para representar seus interesses coletivos e deixar de lado aqueles mais particulares de suas salas de aula e departamentos. Para as equipes autônomas, o sucesso baseia-se em assegurar a autoridade sobre pessoal, orçamentos, instalações e currículo para os estudantes. Além disso, um líder sênior, acima de tudo, precisa proteger e defender o projeto disruptivo incipiente daqueles que querem que os recursos sejam direcionados apenas para inovações sustentadas. Muitos no sistema existente brigarão por salas de aula tradicionais mais sofisticadas e mais recursos para o modelo industrial, em vez de direcionar verba e tempo para problemas de não consumo. Os melhores líderes sênior olham para o futuro, veem os benefícios que as inovações disruptivas podem trazer para os seus sistemas e assumem uma postura firme na proteção do projeto autônomo. Como discutimos no final do Capítulo 3, líderes sênior devem comunicar que o fracasso em agir disruptivamente impõe uma ameaça substancial ao sucesso da organização. Então, após formar uma equipe autônoma para liderar o projeto, ele deve deixar de focar na ameaça e, em vez disso, comunicar que o projeto representa uma grande oportunidade positiva para estudantes, professores e a comunidade em geral. Ao coreografar essa dança com sabedoria, desempenham um papel indispensável em permitir que a organização, e os estudantes em particular, se beneficiem de oportunidades disruptivas.

Resumindo

- Após definir a sequência de mudanças, os líderes devem organizar as equipes certas para liderar o projeto. As equipes funcionais, peso leve e peso pesado, são mais adequadas para tratar de mudanças essenciais, enquanto as mudanças para além da sala de aula requerem uma equipe autônoma.
- As equipes funcionais são mais adequadas para melhorar um componente de um produto ou uma etapa de um processo. A Toyota usa equipes funcionais para trocar faróis, volantes e decorar diferentes versões do mesmo modelo de carro básico. As escolas devem usar equipes funcionais, compostas de professores ou funcionários dentro do mesmo departamento, para fazer mudanças que não são interdependentes com outras partes da escola.
- As equipes peso leve trabalham bem quando um grupo decide fazer melhorias que afetam o modo como outro grupo precisa fazer seu trabalho e quando o relacionamento entre os grupos é previsível. A Toyota usou uma equipe peso leve para coordenar uma resposta ao problema das aranhas e das teias entupindo os tubos de drenagem do ar-condicionado em certos modelos de carros. As escolas devem usar equipes peso leve para coordenar projetos que implicam mais de um conjunto de professores, mas de formas previsíveis.
- As equipes peso pesado são a melhor escolha para aquelas tarefas que requerem que tanto os componentes quanto as pessoas responsáveis interajam entre si de formas que não possam ser previstas ou especificadas antecipadamente – ou seja, o problema requer uma nova arquitetura do sistema. A Toyota usou uma equipe peso pesado para projetar o Prius, um híbrido que necessitou de uma arquitetura completamente diferente de seus predecessores movidos a gasolina. As escolas devem usar equipes peso pesado para implementar inovações sustentadas que requerem uma reformulação fundamental de como as salas de aula e os departamentos interagem.
- Equipes autônomas são essenciais para inovações disruptivas. Elas permitem que os inovadores vão além do contexto existente – incluindo pessoal, orçamento, instalações e currículo – para desbravar um novo modelo baseado em um benefício, como personalização, acesso ou controle de custos. Se a Toyota algum dia decidir tomar parte na disrupção dos veículos movidos a gasolina por veículos elétricos, ela terá de estabelecer uma equipe autônoma que seja atraída pela oportunidade, inicialmente de lucro modesto, de vender carrinhos elétricos. As escolas devem usar equipes autônomas quando quiserem acabar completamente com a sala de aula baseada no modelo industrial e substituí-la por um modelo disruptivo de ensino híbrido.

(continua)

> (continuação)
> - Os líderes não precisam saber que modelo de ensino híbrido desejam implementar ou qual será o projeto do programa neste ponto. Contudo, eles precisam ter noção alcance da mudança que desejam realizar. Antes de avançar para os próximos passos em direção ao ensino híbrido, deve-se reservar um tempo para configurar o tipo certo de equipe.

NOTAS

1. FREELAND, J. *Blending toward competency*: early patterns of blended learning and competency-based education in New Hampshire. San Francisco: Clayton Christensen Institute, 2014. Disponível em: <http://www.christenseninstitute.org/wp-content/uploads/2014/05/Blending-toward-competency.pdf>. Acesso em: 28 jan. 2015. Este estudo examina o ensino híbrido em 13 escolas de New Hampshire que mudaram para a educação baseada na competência. Ele conclui que,

   > Com base nesta pequena amostra de estágio inicial, os modelos de ensino híbrido que tendem a ser disruptivos em relação às salas de aula tradicionais parecem especialmente adequados para apoiar a educação baseada na competência em larga escala [...] No entanto, a escolas que ainda estavam presas a práticas baseadas no tempo usaram modelos de ensino híbrido, a Sala de Aula Invertida e a Rotação por Estações.

2. Esta seção é adaptada do Capítulo 9 de *Inovação na Sala de Aula*. O modelo de estrutura de equipe em torno do qual esse capítulo é estruturado foi desenvolvido por Kim Clark e Steven Wheelwright da Harvard Business School (Ver WHEELWRIGHT, S. C.; CLARK, K. B. *Revolutionizing product development*. New York: The Free Press, 1992).

3. INGRAHAM, N. Aranhas forçam Toyota a fazer *recall* de 803 mil veículos. *The Verge*, 2013. Disponível em: <http://www.theverge.com/2013/10/18/4852840/spiders-force-toyota-to-recall-800000-vehicles>. Acesso em: 28 jan. 2015.

4. Grande parte desta seção sobre equipes de peso é adaptada do Capítulo 9 de *Inovação na sala de aula* (CHRISTENSEN; HORN; JOHNSON, 2012).

5. Entretanto, a maioria dos concorrentes da Toyota projetou seus carros híbridos com equipes leves. Os carros deles simplesmente não tiveram desempenho tão bom quanto o Prius – um fato que foi refletido na participação dominante da Toyota no mercado desses carros.

6. Em 2009, a companhia recebeu uma garantia de empréstimo de US$ 465 milhões da administração do presidente Barack Obama, suplementada, em 2012,

por uma subvenção de US$ 10 milhões da Comissão de Energia da Califórnia. (THE OTHER Government Motors. *The Wall Street Journal*, 2013. Disponível em: <http://www.wsj.com/articles/SB10001424127887324659404578499460139 237952>. Acesso em: 28 jan. 2015). A Tesla reembolsou o empréstimo antecipadamente, mas ainda registrou um prejuízo líquido anual, uma circunstância que a Toyota procura evitar.

7 LOVEDAY, E. *Toyota sees no market for pure electric vehicles*. Inside EVs, 2013. Disponível em: <http://insideevs.com/toyota-sees-no-market-for-pure-electric-vehicles/>. Acesso em: 28 jan. 2015.

8 CHRISTENSEN, C. M.; RAYNOR, M. E. *Innovator's solution*. Boston: Harvard Business School Publishing Corporation, 2003. p. 198-199.

9 Christensen e Raynor (2003).

10 QUATTROCCHI, C. *What makes milpitas a model for innovation*. EdSurge, 2014. Disponível em: <https://www.edsurge.com/n/2014-01-07-what-makes-milpitas-a-model-for-innovation>. Acesso em: 28 jan. 2015.

11 Esta história é adaptada do Capítulo 3 de *Inovação na Sala de Aula* (CHRISTENSEN; HORN; JOHNSON, 2012).

12 O controle dos diretores sobre as responsabilidades de liderança da escola varia em todo o país. De acordo com *The MetLife Survey of the American Teacher,*

> Os diretores são menos propensos a relatar que têm grande controle para tomar decisões sobre finanças (22%). Menos da metade dos diretores relatam ter grande controle para tomar decisões sobre afastar professores (43%) ou currículo e ensino (42%). Contudo, a maioria dos diretores diz que tem grande controle para tomar decisões sobre horários (79%) e contratação de professores (74%) (THE METLIFE Survey of the American Teacher: challenges for school leadership. *MetLife*, 2013. Disponível em: < https://www.metlife.com/assets/cao/foundation/MetLife-Teacher-Survey-2012.pdf>. Acesso em: 28 jan. 2015).

13 Ver IZONE. *About the office of innovation*. Disponível em: <http://izonenyc.org/about-izone/>. Acesso em: 28 jan. 2015. Bem como INNOVATE NYC SCHOOLS. *About innovate*. Disponível em: <http://izonenyc.org/?project=innovate-nyc-schools>. Acesso em: 28 jan. 2015. O *insight* da importância da abordagem de múltiplas camadas da cidade de Nova York derivou de uma conversa com Steven Hodas da Innovate NYC Schools durante um encontro no Departamento de Educação dos Estados Unidos, em 28 de maio de 2014.

Parte 3

Planejamento

Entendimento › Mobilização › **Planejamento** › Implementação

Capítulo 5

Motive os alunos

Com uma sequência de mudanças em mente e a equipe certa definida, você está pronto para começar a planejar sua solução de ensino híbrido. Em última análise, essa solução terá muitas dimensões, incluindo uma estratégia para pessoal, dispositivos, conteúdo, instalações, modelo e cultura. Porém, o ponto de partida para o planejamento, antes de qualquer uma dessas considerações, é entrar na cabeça dos alunos e olhar para a escola através dos olhos deles. A premissa fundamental deste capítulo, e um dos achados mais importantes para planejar um modelo híbrido, é que, quando as escolas estão bem alinhadas com aquilo que importa para elas, os alunos vão à escola motivados e ávidos por aprender. Não é raro ouvir dos pais, nas escolas centradas no aluno, que seus filhos se queixam, aos sábados, que mal podem esperar a segunda-feira para voltar para a escola.

No entanto, quando as equipes planejam a escola sem considerar a perspectiva dos alunos, elas enfrentam resistência a todo momento por parte das próprias pessoas que estão tentando atender. Alguns alunos serão dóceis o suficiente para aderir ao projeto ou terão a sorte de ter uma personalidade que funciona bem nesse modelo, mas muitos eventualmente irão se frustrar com a experiência de sala de aula, e a escola se tornará uma batalha. Nas palavras infelizes de um aluno do ensino fundamental, "A escola me fez odiar a escola".

A primeira tarefa para as equipes de ensino híbrido, portanto, é entender a perspectiva dos alunos e planejar tendo a motivação deles como guia.

A IMPORTÂNCIA DA DISPOSIÇÃO DOS ALUNOS PARA APRENDER

Em um evento de volta às aulas que comparecemos, 20 crianças reuniram-se em um círculo em torno do novo professor, Sr. Allen, sobre um tapete ABC colorido. Após desejar boas-vindas aos alunos, o Sr. Allen segurou uma jarra cheia de água e explicou que ela representava todo o conhecimento incrível naquela sala de aula, para as crianças absorverem durante o ano. Tudo o que elas poderiam querer explorar estava naquela água.

Então, ele segurou um recipiente vazio. "Isto é o cérebro de vocês", ele explicou. "Veem como ele está vazio e tem formato de copo? Ele é perfeito para conter conhecimento. Porém, alguns alunos vêm para a escola assim." Ele virou o recipiente de cabeça para baixo e despejou a água da jarra sobre a parte de baixo dele, de modo que ela escorreu pelos lados e derramou no chão. As crianças deram gritinhos, espantadas que o professor tivesse despejado tanta água direto sobre o tapete. "Alguns alunos escolhem não tentar aprender, e é triste para eles, porque vejam que desperdício de conhecimento."

Em seguida, o Sr. Allen puxou o recipiente para longe da jarra e despejou vários copos de água diretamente sobre o tapete. "Outros alunos escolhem nem mesmo vir para a escola", disse ele. "Eles não dormem o suficiente, suas famílias não se preocupam com a escola, e frequentemente chegam atrasados para a aula. Que triste para eles. Vejam todo esse desperdício de conhecimento."

Finalmente, o professor virou o recipiente do lado certo e disse: "Eu posso ver que esta sala está cheia de alunos com cérebros como este". Ele despejou o resto da água dentro do recipiente até ele ficar completamente cheio. "Eu posso ver que vocês irão encher seus cérebros com todas as aventuras que os aguardam nesta sala de aula. Sejam como este recipiente, prontos para aprender."

Como o Sr. Allen, a maioria dos professores compartilha um anseio para que seus alunos aproveitem o dia e as amplas oportunidades apresentadas a eles. Os Estados Unidos gastaram US$ 673 bilhões em educação pública da educação básica no ano fiscal de 2014.[1] Cada professor norte-americano dedica mais de mil horas por ano para ensinar, o que representa mais horas por ano do que em quase todos os outros países no mundo.[2] As bibliotecas têm pilhas e pilhas de livros; as mochilas estão tão cheias que agora têm rodas para serem carregadas como malas; e, agora, com a internet, a quantidade de conhecimento disponível parece não ter limites. Se apenas os estudantes pudessem ser como aqueles recipientes, dispostos a absorver todo esse conhecimento!

Lamentavelmente, entretanto, a maioria dos professores diz que sua maior luta com os alunos é que eles não têm motivação para aprender. Em um levantamento realizado em 2013 com 5 mil professores, a motivação do aluno foi classificada como o maior desafio para os professores, seguida por atitude dos alunos em relação à aprendizagem, distrações dos alunos durante a aula e comportamento destes durante a aula.[3] Se os Estados Unidos estão trabalhando tanto para oferecer ensino, por que tantos estudantes não estão participando plenamente disso?

O MODELO DO TRABALHO A SER REALIZADO

As escolas não estão sozinhas no esforço para planejar uma oferta que seus usuários finais aparecerão de boa vontade para devorar. Mais de 75% dos novos produtos introduzidos todo ano fracassam, e isso acontece mesmo se eles forem apoiados por grandes empresas, marcas populares e propaganda agressiva. Um exemplo clássico, que o MSN Money nomeou em sua lista dos dez maiores fracassos de todos os tempos,[4] é o McDonald's Arch Deluxe, um sanduíche *premium* coberto com um pedaço estranhamente redondo de *bacon* salpicado de pimenta, que o McDonald's introduziu, em 1996, para adultos com um paladar mais refinado – os bebedores de café com leite do mundo. A companhia gastou US$ 100 milhões em propaganda, mas o produto fracassou miseravelmente.

As empresas lutam desesperadamente para prever se um cliente, em uma determinada categoria demográfica, comprará um novo produto, porque, do ponto de vista dele, o mercado não está estruturado por categoria de cliente ou produto.[5] Os clientes apenas percebem que precisam fazer certas escolhas. Surgem necessidades em suas vidas que demandam resolução, então, eles olham em volta à procura de um produto ou serviço que possam "contratar" para ajudá-los. É dessa forma que os clientes experimentam a vida. O Arch Deluxe simplesmente não fornecia uma solução convincente para uma necessidade que um número suficiente de pessoas estava tentando resolver.

Entretanto, algumas empresas lançam produtos e serviços bem-sucedidos regularmente. Elas têm aptidão para entender as circunstâncias nas quais os clientes se encontram e para olhar o mundo através dos olhos daquelas pessoas. Isso os deixa ver as demandas de seus clientes e os resultados que precisam alcançar para que seus produtos possam ser contratados como solução. A demanda, o trabalho a ser realizado, e não o perfil do cliente, ou mesmo uma análise das suas necessidades, é o melhor enquadramento da questão. A maioria das introduções de novos produtos de sucesso ("gol de placa") é resultado do entendimento dos profissionais de *marketing* – implícito ou explícito – das demandas de seus clientes e, então, de encontrar uma forma de ajudar as pessoas a resolvê-las de forma mais eficaz, acessível, rápida e sem esforço. Outro nome para esse tipo de produto é um *killer app* – um programa de computador que consiste em uma solução que realiza o trabalho tão maravilhosamente que os clientes mal podem lembrar como sobreviviam antes de sua chegada.

Empresas e organizações frequentemente caem na armadilha de pensar que, apenas porque um produto ou serviço é benéfico para um cliente, ele irá aderir a ele. Isso acontece especialmente com organizações com uma missão social, como aquelas com objetivo educacional, de bem-estar ou de proteção ambiental. As chamadas empresas sociais são conhecidas por identificar uma solução que seja inegavelmente saudável e vantajosa, mas que é improvável que funcione, a menos que ajude os usuários *a fazer de forma mais eficaz, conveniente e economicamente viável* o que eles já vinham tentando fazer. O cemitério de produtos fracassados está povoado por coisas que as pessoas *deveriam* ter desejado – se, ao menos, elas pudessem ter sido convencidas de que eram boas para elas.

Comprando *milkshakes*

Em *Inovação na Sala de Aula*, ilustramos o modelo do trabalho a ser realizado, ou a estrutura dessas demandas contando a história do esforço de uma cadeia de lanchonetes para melhorar as vendas de seus *milkshakes*. O exemplo captura o espírito do modelo de trabalho a ser realizado de uma forma clássica e vale a pena repetir.

Algum tempo atrás, uma cadeia de lanchonetes resolveu melhorar as vendas de seus *milkshakes*.[6] O setor de *marketing* da empresa definiu o segmento de mercado por produto – *milkshakes* – e, então, identificou o perfil do cliente que historicamente comprava a maior parte deles. Em seguida, convidou pessoas que se encaixavam neste perfil para avaliar que tipos de mudanças melhorariam esse produto – eles deveriam ser mais espessos, mais baratos ou com mais pedaços? Os participantes do painel forneceram um *feedback* claro, mas as consequentes melhorias do produto não tiveram impacto sobre as vendas.

Um novo pesquisador adotou uma abordagem diferente. Ele passou um dia inteiro em um dos restaurantes para tentar enxergar a situação do ponto de vista dos clientes. E ficou surpreso ao descobrir que quase metade de todos os *milkshakes* era comprada no início da manhã. Esses clientes quase sempre estavam sozinhos, não compravam mais nada e imediatamente iam embora em seus carros com seus *milkshakes*.

O pesquisador retornou na manhã seguinte e abordou esses clientes quando eles saíam do restaurante com o *milkshake* na mão, e basicamente perguntava (em uma linguagem que eles entendessem): "Com licença, mas você poderia, por favor, me dizer o que estava fazendo quando veio aqui para comprar esse *milkshake*?". Quando eles tinham dificuldade para responder, ele ajudou, perguntando: "Pense em qualquer outro dia em que você estava na mesma situação, mas não veio comprar um *milkshake*. O que você comprou?". A maioria deles, no fim das contas, comprava seus *milkshakes* basicamente pela mesma razão: enfrentava um deslocamento longo e tedioso e precisava de alguma coisa para tornar o trajeto mais interessante. Eles ainda não estavam com fome, mas sabiam que estariam às 10h da manhã. Queriam consumir alguma coisa que disfarçasse a fome até o meio-dia. Além disso, tinham limitações: estavam com pressa, usando roupas de trabalho e tinham (no máximo) uma das mãos livre.

Em resposta à pergunta do pesquisador sobre que outros produtos cumpriam essa função, os clientes perceberam que, às vezes, compravam rosquinhas. Contudo, elas eram secas e sem gosto. Espalhar qualquer cobertura sobre elas enquanto dirigiam era arriscado. Às vezes, essas pessoas, em seus trajetos, compravam uma banana. Porém, ela não durava tempo suficiente para resolver o problema do deslocamento tedioso, e elas estavam famintas às 10 horas. Os *donuts* eram grudentos demais e deixavam o volante pegajoso. O *milkshake*, então, era mais eficiente do que qualquer um desses concorrentes. Levava 20 minutos para as pessoas sugarem o *milkshake* viscoso pelo canudo fino, o que lhes dava alguma coisa para fazer com a mão extra enquanto dirigiam. Elas não tinham a menor ideia de quais eram os ingredientes do *milkshake*, mas isso não importava. Tudo o que elas sabiam era que, às 10 horas, nos dias em que elas compravam um *milkshake*, elas não estavam com fome. Não importava que não fosse um alimento saudável, porque não era essa a razão da compra. E o *milkshake* cabia perfeitamente no porta-copos do carro.

O pesquisador observou que, em outros momentos do dia, os pais, muitas vezes, compravam *milkshakes*, além de uma refeição completa, para seus filhos. O que os pais estavam buscando? Eles estavam exaustos de ter de falar não para seus filhos repetidas vezes. Assim, compravam *milkshakes* como uma forma inócua de acalmar seus filhos e de se sentirem pais carinhosos. No entanto, os pesquisadores observaram que os *milkshakes* não eram eficientes nesse sentido. Eles viam os pais aguardando impacientemente após terem terminado sua própria refeição enquanto seus filhos tinham dificuldade para sugar o *milkshake* espesso pelo canudo fino. Os clientes no mesmo perfil estavam comprando a bebida com duas finalidades muito diferentes. No entanto, quando o pesquisador perguntou para um pai ocupado que comprava um *milkshake* para preencher o tempo pela manhã – e por razões muito diferentes mais tarde – que atributos deveriam ser aperfeiçoados, e quanto sua resposta foi comparada com a média de outras pessoas no mesmo perfil, o resultado tinha levado a um produto que não servia para ninguém e não cumpria bem nenhuma das funções para as quais estava sendo comprado.

Quando o setor de *marketing* entendeu o que os clientes estavam tentando obter, ficou claro como aperfeiçoar o *milkshake* para cumprir diferentes funções ainda melhor. Como eles poderiam lidar melhor com a questão do deslocamento tedioso pela manhã? Tornar o *milkshake* ainda mais espesso, de modo que ele durasse mais tempo. Acrescentar pequenos pedaços de frutas para que os motoristas ocasionalmente os sugassem, o que acrescentaria uma dimensão de imprevisibilidade e expectativa à sua rotina matinal monótona. Além disso, mas igualmente importante, eles podiam posicionar a máquina distribuidora na frente do balcão e vender aos clientes um cartão pré-pago para que eles entrassem rapidamente, abastecessem e fossem embora. Lidar com a outra demanda exigiria um produto e uma experiência muito diferentes.

Contratando (ou evitando) a academia de ginástica

Planejar a experiência certa do *milkshake* ajuda cadeias de lanchonetes a atrair mais pessoas para comprar o produto, mas esse exemplo pode estar muito distante da questão de como planejar experiências de educação que os estudantes abracem. Um exemplo do setor de planos de saúde, que é semelhante ao setor da educação porque igualmente enfrenta a questão de como ajudar as pessoas a fazer coisas que são boas para elas, ajuda a aproximar o modelo do trabalho a ser realizado dessa realidade.

Assim como os professores esforçam-se para ajudar os alunos a gostar de aprender, muitas empresas esforçam-se para motivar seus empregados a cuidar de sua saúde física – uma meta importante para organizações que querem minimizar o custo da cobertura médica dos empregados. Várias das maiores empresas dos Estados Unidos oferecem matrículas subsidiadas em academias de ginástica para encorajar os funcionários a perder peso e permanecer em forma. No entanto, elas descobrem que apenas uma fração de seus empregados participa, e quase todos estes já estão em boas condições físicas. O problema é que *manter a saúde* é um trabalho que apenas uma minoria de pessoas prioriza em suas vidas. Para o restante, ser saudável torna-se um trabalho prioritário apenas após começarem a sentir as consequências de alguma doença. As empresas podem tentar de todas as formas convencer os empregados a adotar comportamentos saudáveis, mas se as mensagens não estão alinhadas às demandas de seus empregados, todos aqueles pagamentos de anuidades vão para o lixo.[7]

Entretanto, se as empresas pudessem entender as demandas de seus funcionários e criassem uma oferta que atendesse bem às necessidades deles e também às suas, elas fariam ambas as atividades propostas. Por exemplo, a fabricante de computadores Dell descobriu que muitos de seus empregados priorizam a demanda de "melhorar minha saúde financeira" acima de "manter minha saúde física". Em 2014, ela ofereceu aos membros da equipe um desconto de US$ 975 na cobertura médica se eles apresentassem melhora em uma meta de condicionamento físico. Muitos funcionários, com prazer, tornaram-se mais bem condicionados fisicamente em troca do dinheiro. O programa "Well at Dell" (Bem na Dell) alcançou o objetivo da Dell e respondeu à demanda de seus funcionários.[8]

O TRABALHO A SER REALIZADO PELOS ALUNOS

Semelhante às pessoas que não priorizam a demanda de "manter minha saúde física", muitos alunos têm dificuldades na escola ou simplesmente não vão para a aula porque a educação não é uma demanda, uma necessidade para eles. A educação é algo que eles poderiam escolher *contratar alguém* para fazer, no entanto, essa não é uma opção. Os professores podem se esforçar extraordinariamente para melhorar os aspectos de seus "produtos", na esperança de que lições, mídia e sistemas de avaliação mais atraentes melhorem a motivação do aluno. Contudo, seus esforços são em vão se eles pretendem fornecer uma forma ainda melhor de os alunos fazerem alguma coisa que eles nunca tentaram fazer. Naturalmente, as escolas podem tentar punições e recompensas para forçar os alunos a aprender. Em última análise, entretanto, se isso é o melhor que a escola pode oferecer, muitos alunos contratarão outras soluções para resolver os problemas que surgem em suas vidas, e a escola se tornará uma prioridade cada vez menor.

Isso não quer dizer que uma escola não deva inspirar nos alunos um certo conhecimento, habilidades e disposições essenciais; pelo contrário, quer dizer que, a fim de alcançar esses objetivos, a escola deve criar uma experiência que seja intrinsicamente motivadora para os alunos. A escola pode ser um lugar onde os alunos têm alegria em aprender. O segredo é se colocar na pele deles e enxergar suas circunstâncias, incluindo suas ansiedades, seus problemas imediatos e suas motivações inatas. O modelo do trabalho a ser realizado é um instrumento para ajudá-lo a fazer isso.

Temos observado que existem duas demandas essenciais que são da mais alta prioridade para a maioria dos estudantes. Primeiro, eles querem ter sucesso. Querem sentir que estão tendo progresso e realizando alguma coisa, em vez de vivenciar nada além de fracasso repetido ou de uma corrida de obstáculos.[9] Segundo, eles querem se divertir com os amigos. Isso significa que desejam experiências sociais positivas e recompensadoras que incluam seus pares, seus professores, seus treinadores, seus orientadores e outros amigos.

Assim como o *milkshake* compete com bananas, rosquinhas e *bagels* para o trabalho de deslocamento matinal, as escolas competem com a afiliação a grupos sociais como algo que os estudantes podem "contratar" para ter sucesso e se divertir com os amigos; outras escolhas são abandonar a escola para trabalhar ou sair com os amigos, jogar *videogames*, jogar bola e quaisquer outras opções não acadêmicas. Com frequência, as escolas são tristes concorrentes para essas alternativas. As salas de aula de modelo industrial são estruturalmente incapazes de permitir que os professores tenham tempo suficiente para dar a todos os alunos *feedback* pessoal diário sobre seu progresso. Os alunos devem aguardar *feedback* intermitente sobre lição de casa e provas e, em muitos casos, os professores simplesmente não têm tempo para fornecer muito mais do que uma única nota ou um comentário sobre esses esforços. Quando os alunos recebem suas notas, a maioria fica longe de sentir aquela afirmação motivadora do sucesso; deliberadamente, a maioria dos professores concede o privilégio de se sentir bem-sucedido apenas aos melhores alunos e mandam o resto para casa com notas inferiores a um 10.

As salas de aula de estilo industrial também se esforçam para ajudar os alunos a se divertir com os amigos. Em uma Pesquisa Harris,* 60% dos participantes disseram que tinham vivenciado *bullying* na escola ou que isso acontecia com alguém que eles conheciam. Além disso, mais de um terço dos pais com filhos matriculados na educação básica acredita que o *bullying* é um problema na escola de seu filho.[10] Embora nem todos os alunos vivenciem relacionamentos negativos tão extremos, surge a questão: as salas de aula tradicionais estão otimizadas para ajudar os estudantes a formar relacionamentos positivos? Os professores são responsáveis por instruir grandes grupos de alunos diferentes e têm tempo limitado para interagir com cada um deles individualmente. A aula expositiva para o grupo inteiro oferece pouca oportunidade para os alunos formarem relacionamentos entre si ou com o professor durante aquele tempo. As próprias escolas são estendidas para fornecer um conjunto completo de serviços acadêmicos, extracurriculares e sociais. A eliminação do *bullying* e a garantia de um ambiente seguro e positivo pode cair no esquecimento.

Os estudantes que não contratam a escola para fazer seu trabalho, mas, em vez disso, focam sua atenção em coisas além da educação, não estão desmotivados. Eles estão muito motivados – para ter sucesso e se divertir com os amigos. O problema é que um número surpreendente de estudantes simplesmente não se sente ou não pode se sentir bem-sucedido todos os dias e encontrar relacionamentos recompensadores na escola. Em vez disso, a escola os faz se sentir fracassados – academicamente, socialmente ou ambos.

---

* N. de T.: A Pesquisa Harris (Harris Poll) é uma das pesquisas mais antigas e prestigiadas do mundo.

A ARQUITETURA DE UM TRABALHO

Existem três níveis na arquitetura de um trabalho, retratados na Figura 5.1. Planejar a educação como a solução que os estudantes querem contratar depende de os educadores chegarem direito a cada um desses níveis.

No nível básico está o próprio objetivo – o resultado fundamental que o cliente precisa alcançar. Para muitas pessoas que se deslocam todas as manhãs e que acabam contratando *milkshakes*, a demanda é atenuar o tédio do longo trajeto e driblar a fome matinal.[11] O segundo nível na arquitetura é composto de todas as experiências de compra e uso do produto que seu vendedor deve fornecer, de modo que elas contribuam para "executar" o trabalho perfeitamente. Quando os inovadores entendem quais devem ser essas experiências, eles podem implementar o terceiro nível na arquitetura de uma demanda: integrar adequadamente, unindo os ativos certos – recursos humanos, tecnologias, aspectos ergonômicos, embalagem, treinamento, capacidades de suporte e serviço, sistemas de distribuição e varejo e estratégias de marca e propaganda – que são necessários para fornecer cada uma das experiências para atender à demanda perfeitamente.

Suponha que a lanchonete que queria melhorar as vendas de *milkshakes* no início da manhã aplicasse a estrutura da Figura 5.1 para planejar a experiência perfeita do cliente, passo a passo. Que decisões de projeto ela faria? Primeiro, partindo da base do diagrama e subindo, ela observaria as pessoas que se deslocam para o trabalho de manhã e identificaria a demanda que está motivando seu desvio do caminho para comprar um *milkshake*. A cadeia de lanchonetes, então, debateria todas as experiências que poderia fornecer para cumprir perfeitamente a demanda de deslocamento matinal. Que experiências os clientes com essa demanda precisam ter no caso de estarem conhecendo essa marca de *milkshake* pela primeira vez? E em relação a quando eles estão fazendo a compra

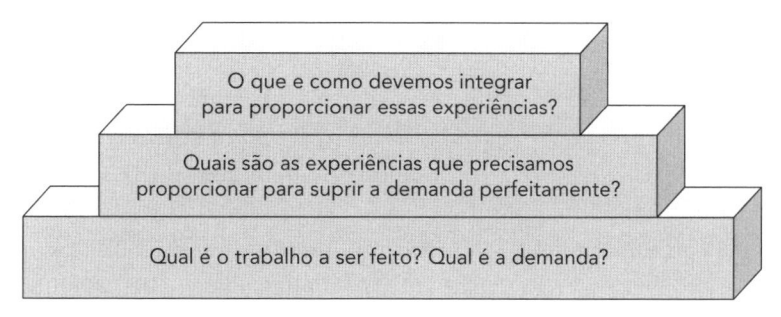

Figura 5.1 Três níveis na arquitetura de um trabalho.

Fonte: Adaptada de Clayton M. Christensen, "Module Note: Integrating Around the Job to be Done", Harvard Business School, 2010.

todos os dias? E, então, quando eles entram em seus carros para consumi-lo, como deveria ser a experiência? O *milkshake* deve ser mais viscoso ou mais fluido? Saudável, pouco saudável ou não importa? Em copo de papel ou de plástico?

Finalmente, como retrata o nível mais alto do diagrama, a cadeia de lanchonetes reveria suas operações existentes e perguntaria como deve integrar todas as coisas. Se é preciso fazer o produto mais viscoso, de modo que ele dure ao longo de todo o deslocamento matinal, que novos ingredientes ela precisa adquirir? Ou para fazer o *milkshake* com pedaços de fruta, como a receita deve ser mudada? A máquina distribuidora deve ser trocada para a frente do balcão, a fim de que os clientes possam se servir sem ter mais de esperar na fila? Como o restaurante deve modificar outros sistemas – de propaganda e desenho da embalagem a treinamento e distribuição de empregados – para otimizá-los para fornecer as experiências certas para os clientes com essa demanda?

Se a cadeia quisesse melhorar as vendas de *milkshake* entre outros clientes com diferentes demandas, então, seria necessário repetir a mesma análise de três passos para o novo conjunto de circunstâncias. Finalmente, e talvez contraintuitivamente, entender a demanda – mais do que entender o cliente – é o que importa.[12]

EXECUTANDO O TRABALHO PARA OS ALUNOS

A perspectiva do trabalho a ser feito é útil para planejar um modelo híbrido que os alunos estão dispostos e ansiosos por contratar. Os pais, em uma escola que é particularmente bem integrada em torno dos trabalhos que importam para os alunos, nos disseram que, agora que seus filhos provaram aquela experiência, não conseguem imaginar um retorno ao modelo industrial. Os estudantes estão prontos – e até ávidos – para comparecer e aprender. Esta é uma vantagem poderosa, ou até mesmo um *killer app*, no jogo da educação.

Vamos explorar os três níveis na arquitetura das demandas, dos trabalhos que a maioria dos estudantes está tentando fazer e ver as implicações para o planejamento de melhores combinações. Com relação ao nível básico, as demandas que parecem ser da mais alta prioridade para a maioria dos estudantes são sentir-se bem-sucedido, fazer progresso e se divertir com os amigos. A educação em si não é a demanda, mas sim uma opção que os estudantes podem contratar para fazê-la.

O próximo nível envolve imaginar todas as experiências que a educação necessita para oferecer aos estudantes uma solução irresistível para a realização do trabalho. A Summit Public Schools, uma rede de *charter schools* na cidade de Redwood, na Califórnia, destaca-se entre as pioneiras em relação a proporcionar experiências que ajudam os estudantes a fazer progresso todos os dias e se divertir com os amigos. Usamos essa escola como ilustração dos tipos de experiências que os líderes podem considerar quando imaginam todas as formas de as escolas ajudarem os estudantes que querem contratar a educação.

Há vários anos, um grupo de pais do Vale do Silício reuniu-se para repensar a experiência da educação do ensino fundamental ao ensino médio, com o objetivo de melhorar radicalmente a preparação dos estudantes para a universidade e para a vida após a escola. Eles contrataram Diane Tavenner, ex-diretora assistente na Mountain View High School, para lançar as Summit Public Schools e atuar como sua CEO. Diane abriu a primeira escola da rede Summit em 2003 e, desde então, acrescentou cinco outras escolas, que atendem aproximadamente 1.600 alunos do 7º ano ao ensino médio.

Em 2011, a Summit já havia obtido aclamação nacional. A revista *Newsweek* a listou como uma das dez escolas de ensino médio mais transformadoras dos Estados Unidos, e suas escolas superaram significativamente seus pares no Índice de Desempenho Acadêmico da Califórnia (API).[13] Contudo, naquele outono, os líderes da rede decidiram fazer uma mudança. Eles estavam preocupados com dados que mostravam que, embora quase todos os alunos da Summit tinham ido para a universidade, alguns estavam tendo dificuldades quando chegavam lá.[14] Os líderes começaram a pensar em formas de criar um conjunto de experiências que preparassem melhor os alunos, com conhecimento do conteúdo, habilidades cognitivas, hábitos de sucesso e prática do mundo real necessários para serem bem-sucedidos na faculdade e na vida. A princípio, experimentaram um modelo de Rotação por Estações para matemática em duas de suas escolas, mas, ao longo do tempo, evoluíram para fornecer um modelo Flex, muito mais personalizado para todas as matérias, em todas as escolas Summit. Segundo eles, seus esforços já estão dando resultado, mesmo que continuem a experimentar, a aprender e a repetir o processo.

ASSISTA AO CLIPE 17: As Summit Public Schools estruturam o dia escolar para oferecer ensino personalizado por meio do modelo Flex.

www.grupoa.com.br/blended/vd/h/vd17.html

A meta SMART das escolas Summit é personalizar a aprendizagem de modo que 100% de seus alunos estejam preparados para ter sucesso na faculdade e na vida. Para chegar lá, eles desenvolveram experiências que ajudam os alunos a querer contratar educação a fim de estarem prontos para aprender. Para os propósitos deste capítulo, descrevemos oito experiências que a Summit identificou como fundamentais do ponto de vista do aluno.

1. Ação do aluno. A Summit acredita que, para os estudantes se sentirem bem-sucedidos e fazerem progresso todos os dias, um elemento essencial é lhes dar poderes para estabelecerem metas de aprendizagem individuais para seus próprios planos de aprendizagem pessoal e, então, lhes proporcionar tempo suficiente e processos certos, todos os dias, para que progridam na direção daquelas metas individualizadas. Os professores acreditam que os estudantes precisam de experiência em decidir sobre a direção de sua aprendizagem e escolher entre múltiplas opções para aprender os conceitos requeridos. A Summit ainda amplia isso, incorporando o *feedback* dos alunos para melhorar seu projeto de escola e pedindo que eles avaliem o programa das aulas que seus professores desenvolvem.

2. Domínio individual. Os professores da Summit acreditam que os alunos devem progredir de acordo com sua própria velocidade até que sejam capazes de demonstrar sua preparação para avançar, ou seja, o ritmo de cada estudante deve ser individual, e não coletivo. Como Tavenner diz, quando você percebe o quanto o sistema de ensino atual é irracional – em que os alunos avançam sem o seu domínio do conteúdo ser levado em consideração, com repercussões significativas para suas chances de sucesso no trabalho futuro – e, então, você dá aos estudantes um sistema de ensino racional, baseado na competência – que simplesmente faz sentido porque é estabelecido para eles serem bem-sucedidos –, eles querem mais disso. Faz parte desse conceito o fato de que os estudantes trabalham as habilidades que estão "um pouco acima" de suas capacidades atuais: não muito difíceis nem muito fáceis, com oportunidades ocasionais de serem desejados.[15]

3. Acesso a dados acionáveis e *feedback* rápido. Acompanhando a ênfase na ação do estudante e no domínio individual, a Summit decidiu que dar aos estudantes *feedback* rápido e dados sobre seu desempenho seria uma experiência crítica para eles executarem seu trabalho de se sentirem bem-sucedidos. Sem os dados, os alunos não saberiam como estão indo e o que precisam fazer para serem bem-sucedidos. Porém, armados com dados e *feedback* rápido que fossem acionáveis – isto é, que eles pudessem usar para calcular o que precisam trabalhar mais e melhorar seu desempenho –, os estudantes seriam capazes de alcançar o sucesso.¹⁶ O acesso aos dados também os ajuda a ter experiências positivas com seus amigos – de colegas a professores –, porque eles podem colaborar produtivamente sobre como fazer progresso.

4. Transparência nas metas de aprendizagem. Para ajudar os estudantes a entender o que significa sucesso, a Summit pensa que também é importante fornecer a eles uma visão clara do que estão tentando alcançar, não apenas no curso de uma determinada unidade, mas ao longo de toda a carreira acadêmica na escola. Isso significa que os alunos não devem ter apenas um quadro claro das competências que se espera que eles dominem, mas também um sentido da estrutura de tempo em que devem dominá-las para permanecer no rumo e alcançar suas metas mais amplas para ter sucesso na vida.

5. Períodos prolongados de tempo de leitura solitário e tranquilo. Embora dar oportunidades para os estudantes executarem trabalho de grupo produtivo seja vital – de modo que eles possam dominar as habilidades do trabalho em equipe, mas também para ajudá-los a se divertir com os amigos –, a filosofia da Summit é que, com muita frequência, as escolas negligenciam a importância de proporcionar aos estudantes um momento de tranquilidade em que eles possam mergulhar em um livro. Os estudantes frequentemente não têm esse tipo de experiência em casa e, sem essa oportunidade, podem ter dificuldade para construir a capacidade de leitura que necessitam para serem bem-sucedidos em tantas outras partes de sua educação. Treinar os estudantes para reservarem um tempo para se concentrar em um livro é uma experiência importante que a Summit acredita ser necessária para que eles executem seu trabalho de sucesso.¹⁷

6. Experiências de trabalho significativas. A teoria da Summit é que os alunos são mais propensos a contratar a escola quando suas experiências nela os ajudam a conectar a aquisição de conhecimento com a capacidade de ser bem-sucedido na vida. A escola é melhor quando parece relevante. Como Tavenner diz, os estudantes são espertos. Eles vão optar por alguma coisa que sabem que não é o que as escolas dizem se isso não parece ajudá-los a chegar onde querem ir. Em muitos casos, isso significa que as escolas têm de ajudar os estudantes a entender a gama de oportunidades de carreira e os caminhos de vida possíveis, a fim de poder desenvolver uma noção mais ampla do que eles poderiam querer fazer quando crescerem – além do que os adultos em suas vidas fizeram –, e ver como o ensino é fundamental para alcançar esses objetivos. Incorporado nessa experiência está não apenas conectar o que os estudantes fazem como parte de sua educação com o quê e por quê isso os fará bem-sucedidos, mas também dar a eles a oportunidade de trabalhar – e se divertir – com os amigos, os professores e outras pessoas na comunidade.

7. Experiências de orientação com um mentor. A orientação com um mentor é um grande negócio na Summit. Os líderes escolares sabiam que os mentores seriam vitais para ajudar os alunos a progredir na direção de metas rigorosas, mas alcançáveis, e que eles se beneficiariam desse relacionamento social se os orientadores fossem bons. A Summit considera essa orientação uma parte fundamental para ajudar os estudantes a aprender a construir uma rede social que eles possam usar para alcançar o sucesso ao longo de toda a vida.

8. Experiências de grupo positivas. A escola também acredita que os estudantes devem ter experiências de grupo positivas, nas quais trabalhem com outros colegas para enfrentar projetos difíceis e discutir questões que sejam importantes para eles. Encorajar essas experiências ajuda os estudantes a se divertir com os amigos e a construir sua capacidade de se relacionar e lidar com os outros.

Outras circunstâncias. Não listamos todo o conjunto de experiências que a Summit decidiu ser importante para ajudar os estudantes a fazer progresso diário e se divertir com os amigos. Provavelmente nem a Summit pensou em tudo. Uma pergunta importante a ser feita, quando se debatem as experiências dos estudantes que são melhores para sua comunidade, é se existem circunstâncias que imploram por reparação antes que quaisquer outras experiências de aprendizagem, embora bem planejadas, possam ter muito impacto. Por exemplo, certas comunidades enfrentam um problema persistente de estudantes estarem cansados demais para aprenderem de maneira eficaz. Dr. John Ratey, um especialista em neuropsiquiatria na Harvard Medical School, disse que um dos maiores problemas entre adolescentes americanos é a privação do sono. Sua pesquisa mostra que os adolescentes necessitam de mais sono do que os adultos e, em média, são cronicamente privados dele.[18]

Ratey também verificou que muitas comunidades não oferecem exercícios físicos suficientes para suas crianças e seus adolescentes. Embora em algumas comunidades os estudantes, sem dúvida, recebam o suficiente, este não é o caso de todas. Ele afirma que uma das melhores formas de ajudar os estudantes a experimentar o sucesso na escola é garantir que eles façam exercícios adequados. O especialista pede equipamentos de recreação portáteis (como bolas, triciclos e patinetes), que, segundo ele, encorajam mais atividade física do que estruturas de recreação fixas, e 30 minutos de atividade física rigorosa no início de cada dia letivo nas comunidades onde a falta de exercício é um problema.[19] Naturalmente, apenas pelo fato de uma escola fornecer essas experiências de reparação não significa que elas resultarão em progresso acadêmico, mas a *falta* dessas experiências essenciais pode criar barreiras antecipadas ao sucesso.

Além disso, os pesquisadores verificaram que experiências adversas e estressantes durante a infância são extremamente prejudiciais à capacidade de aprendizagem de uma criança. Essas experiências incluem abuso físico e sexual, negligência física e emocional e vários tipos de disfunção doméstica, como ter membros da família presos, com transtornos mentais ou viciados. A Dra. Nadine Burke Harris estudou mais de 700 pacientes em sua clínica de San Francisco e constatou que, entre aqueles que não tinham vivenciado nenhum desses traumas graves na infância, apenas 3% tinham sido identificados como tendo problemas de aprendizagem ou comportamentais. Entre aqueles que vivenciaram quatro ou mais desses incidentes estressantes quando crianças, o número foi de 51%.[20]

Essa pesquisa revela um quadro desolador da situação que alguns estudantes enfrentam. Naturalmente, as escolas não podem resolver esse problema social sozinhas, mas, pelo menos, os líderes escolares podem estar cientes da alta correlação entre experiências adversas na infância e dificuldade em se sentir bem-sucedido e fazer progresso na escola. Para muitos estudantes, aconselhamento extra, orientação com um mentor e serviços sociais estão entre as experiências mais importantes que as escolas devem considerar como ponto de partida para ajudar os alunos a executar seus trabalhos.[21]

Outras populações de estudantes têm diferentes circunstâncias a considerar – de necessidades físicas ou de saúde mental especiais a realidades extracurriculares ou relacionadas a trabalho atípicas. Todas estas merecem consideração quando se planeja as experiências certas para uma determinada população de alunos. Portanto, a pesquisa para "melhores práticas" é mal informada. É melhor, em vez disso, analisar um conjunto de circunstâncias reais e, então, planejar as experiências dos estudantes para que satisfaçam as necessidades de cada contexto.

Os pesquisadores podem ajudar nesse esforço estudando quais experiências são as mais eficazes em uma variedade de circunstâncias. Por exemplo, alguns professores relatam que, em circunstâncias em que problemas de comportamento e transtornos do déficit de atenção são excessivos, a mudança para dar aos estudantes mais escolha e controle faz uma grande diferença. Eles dizem que oferecer opções, como permitir que usem estações de trabalho "em pé", optem por sentar em pufes, comam um lanche quando estão com fome e escolham entre modalidades de aprendizagem, pode ser mais poderoso do que medicamentos para hiperatividade. Outros nos disseram que a porcentagem de alunos com necessidades especiais e de língua inglesa caiu drasticamente ao longo do tempo em que os estudantes estavam aprendendo no nível certo – não muito fácil ou muito difícil – e quando a aprendizagem é personalizada. Esperamos que os pesquisadores estudem esses tipos de correlações para fornecer recomendações baseadas em evidências para experiências que funcionem melhor em circunstâncias específicas.

O QUE E COMO INTEGRAR

O passo final na realização de um trabalho, conforme retratado no topo da Figura 5.1, envolve entender quais recursos uma organização deve ter e como integrá-los a processos para proporcionar experiências identificadas na etapa anterior. No caso do esforço da Summit em fornecer aos alunos as oito experiências que ressaltamos, os líderes escolares continuam a pensar sobre como integrar os recursos da escola – de suas instalações e professores a sua tecnologia e seus orçamentos, como ajustar os horários, que processos ou rotinas estabelecer ou mudar e como envolver sua comunidade. Sua resposta continua a evoluir, mas algumas peças estão surgindo como conexões para integrar um programa metódico e coeso.[22]

Para criar as experiências de ação do aluno e domínio individual, a Summit acreditava que não havia um programa disponível que fornecesse a funcionalidade certa. Portanto, ela se associou a diversas organizações – a Girard Education Foundation, uma organização filantrópica de educação, em San Diego; a Illuminate Education, uma empresa de plataforma de dados de alunos; e a Alvo Institute, uma empresa que ajuda as escolas a projetar ambientes de ensino híbrido – para criar um programa novo, chamado Activate Instruction. Esta ferramenta *on-line* livre dá aos estudantes acesso a uma variedade de recursos de ensino selecionados por professores e organizados por competência no que é chamado de "listas de conteúdo" (*playlists*). Os alunos que trabalham no Activate têm múltiplas opções – de vídeos *on-line* a artigos e jogos – para aprender uma determinada competência ao longo das listas de conteúdo.[23]

Isso, por sua vez, permite que a Summit ofereça aos alunos 8 horas por semana na escola e 8 horas por semana em casa do que ela chama de tempo de ensino personalizado. Durante esse período, os alunos percorrem o processo ilustrado na Figura 5.2. Eles estabelecem metas de aprendizagem para a semana, desenvolvem um plano para alcançá-las, usando listas de conteúdo do Activate, e avançam no plano. Quando se sentem prontos, podem fazer avaliações, que estão disponíveis mediante solicitação, para mostrar evidências de que dominaram os conceitos ou as habilidades. Isso significa que, se os alunos já acreditam que entendem um conceito, eles podem fazer uma avaliação no início e ir para o próximo nível. Se falharem, retomam sua lista de conteúdo individual até que sejam capazes de mostrar evidências de domínio.

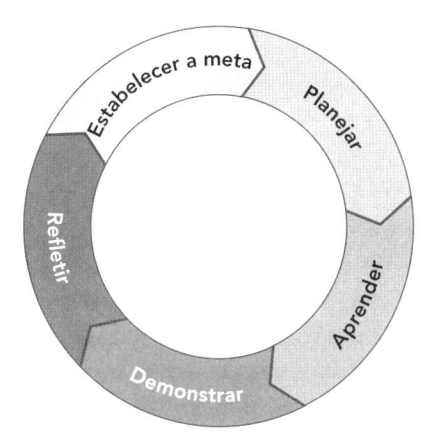

Figura 5.2 O ciclo de aprendizagem nas Summit Public Schools.
Fonte: Imagem cortesia de Summit Public Schools de PowerPoint de novembro de 2013.

Após fazer as avaliações, os alunos recebem o *feedback* passou/não passou, bem como uma explicação detalhada de seu desempenho. Esse circuito curto de *feedback* permite que os alunos não apenas façam progresso – e se sintam donos dele – em incrementos constantes e frequentes, mas também tenham acesso a dados acionáveis. Com esses dados em mãos, os alunos reúnem-se com seus orientadores toda sexta-feira para refletir sobre seu progresso semanal e para falar sobre como se sentem em relação à experiência de aprendizagem, o que funcionou bem e o que precisa melhorar.

Uma vez que os alunos podem progredir conforme dominam o material, a Summit teve de criar, antecipadamente, uma esfera de ação coerente, uma sequência sugerida e listas de recursos associados para todo o conjunto de competências que um aluno deve dominar – ou seja, todo o caminho até o ensino médio. Para os professores, significa que não há planejamento de aula na noite anterior. O benefício auxiliar disso é o fato de a Summit postar essa esfera de ação e sequência em seu programa de modo que os alunos possam ver o que está à frente. A Summit até tem uma linha gráfica no sistema de dados de seus alunos que se movimenta com o calendário para ajudá-los a ver onde devem estar em sua aprendizagem se quiserem completar o ensino médio a tempo e que permite que eles façam ajustes de acordo com esse planejamento.

Para proporcionar aos alunos períodos prolongados de tempo de leitura solitário e tranquilo, a escola criou o *Summit Reads*, um bloco de tempo todos os dias para os alunos lerem livremente. Durante esse período, a Summit usa uma plataforma de leitura virtual, chamada *Curriculet*, para fornecer textos que contêm uma camada incorporada de perguntas, *quizzes* e anotações relevantes da mídia. A *Curriculet* permite que os professores testem a compreensão em tempo real e lhes fornece um painel de instrumentos para ver os resultados dos questionários, o tempo na tarefa e outras medidas que os ajudam a ensinar de maneira mais eficaz.

A escola usa essas experiências para liberar grandes blocos de tempo para que os alunos enfrentem "aprendizagem mais reflexiva"[24] por meio da aprendizagem baseada em projetos. A Summit acredita que assim é capaz de realizar o duplo propósito de ajudar os alunos a executar seus trabalhos e também ser capaz de garantir que 100% dos alunos tenha as habilidades cognitivas e os hábitos de sucesso necessários para se sairem bem na faculdade e na vida. A Tabela 5.1 mostra uma programação diária típica para um aluno da Summit e como a aprendizagem baseada em projetos se destaca. A Tabela 5.2, no final deste capítulo, exibe exemplos de programações de outras escolas híbridas.

Tabela 5.1 Um dia na vida de um aluno das Summit Public Schools

7h30	Começam a chegar; trabalham no plano de ensino personalizado
8h25	As aulas começam com tempo de projeto (matemática ou ciências)
10h20	Intervalo
10h35	Tempo de ensino personalizado
11h35	Educação física ou tempo de leitura prolongado (usando o *Curriculet*)
12h35	Almoço e descanso
1h20	Tempo de projetos (inglês e história)
3h15	Fim da aula; podem ficar e trabalhar no plano de ensino personalizado

Nota: Às sextas-feiras, o aluno passa a maior parte do dia em um plano de ensino personalizado e tem um tempo individual com seu orientador.

Além disso, a Summit proporciona a seus alunos oito semanas por ano de "expedições", nas quais eles aprendem principalmente fora da escola, no mundo real. Os alunos exploram suas paixões, de cursos eletivos a estágios reais, para aprender sobre opções de carreira. As expedições dão a eles a chance de construir relacionamentos fortes com os professores desse projeto e com pessoas nas organizações da comunidade. A escola também tem um programa de orientação interna, que consiste em encontros individuais de 10 minutos por semana, conduzidos pelos alunos, com um professor designado, que se torna um orientador acadêmico, tanto na própria escola quanto para a faculdade, uma ligação com a família e um defensor. Os alunos têm de um a três encontros por ano com seu orientador e sua família. Cada professor aconselha aproximadamente 15 alunos por ano.

Finalmente, tanto as expedições como a aprendizagem baseada em projetos fornecem aos alunos bastante tempo para experiências de grupo positivas. A Summit suplementa isso com 45 minutos por semana de tempo na comunidade, no qual os alunos se reúnem em grupos pequenos para conversar sobre questões importantes para eles.

O PAPEL DO ENSINO HÍBRIDO NA EXECUÇÃO DOS TRABALHOS DOS ALUNOS

Escolas como a Summit estão tirando partido de duas inovações para tornar mais fácil a integração das experiências acadêmicas e sociais do ponto de vista do trabalho a ser feito por um aluno. Primeiro, o conteúdo *on-line* está melhorando de modo gradual para ser capaz de servir como espinha dorsal para a aprendizagem em alguns cursos e disciplinas, para alguns alunos. Na medida em que as escolas são capazes de fornecer conteúdo via plataformas *on-line*, os professores têm mais tempo e energia para dedicar à criação de experiências de aprendizagem interativas mais positivas para seus alunos. Os professores da Summit são capazes de investir mais tempo na orientação individual, porque não estão mais focados em sua próxima aula. Em vez disso, eles podem voltar sua atenção para o desenvolvimento de hábitos de sucesso dos alunos, criando relacionamentos pessoais mais fortes com eles. Segundo, em alguns casos, o conteúdo *on-line* está acelerando o domínio de habilidades básicas e diminuindo a quantidade de tempo gasto nelas. Isso abre blocos de tempo para atividades, como tempo de projeto e discussões socráticas, que não apenas ajudam as *escolas* a executar seu trabalho de desenvolver pensadores articulados e críticos, mas, também, convenientemente, ajudar os *alunos* a executar seu trabalho de se divertir com os amigos. Semelhante à Summit, a Acton Academy, que apresentamos no Capítulo 2, reduz a aprendizagem essencial a um período de ensino personalizado de 2h30min por dia. Isso dá à escola tempo para oferecer três blocos de projetos de 2h por semana, um seminário socrático por dia, jogos às sextas-feiras, tempo amplo de arte e educação física e inúmeras outras experiências altamente sociais.[25] As escolas devem buscar formas de tornar a aprendizagem mais eficiente para abrir espaço para os alunos desenvolverem o que eles consideram ser relacionamentos divertidos com seus pares e professores.

Uma forma de pensar sobre isso é que, à medida que a aprendizagem digital torna-se onipresente, os alunos terão – embora possa parecer contraintuitivo – muito mais tempo para experiências de aprendizagem práticas, baseadas em projetos. Muitas cidades dos Estados Unidos já estão vendo um aumento dos *makerspaces* ("espaços de fazer", também conhecidos como *hackelabs* e *hackerspaces*), espaços criativos para a resolução de problemas da comunidade. Suspeitamos que, à medida que as escolas combinarem mais experiências *on-line* em seus programas, elas descobrirão que não apenas existe mais tempo para os alunos terem essas experiências, mas também que as sessões "mãos na massa" e as experiências sociais presenciais que estão disponíveis de forma única por meio de projetos e expedições são parte do que estava faltando para os alunos há tanto tempo. Felizmente, as experiências de aprendizagem baseadas em expedições e em projetos não apenas fornecem um contrapeso para o tempo das crianças na frente da tela – uma ideia que agrada muitos adultos –, mas também são adequadas de forma única para ajudar os alunos a fazer os trabalhos que eles estão priorizando.[26]

O PERIGO DE PEDIR AOS ALUNOS PARA MUDAR A FORMA DE REALIZAR TAREFAS

Após identificar sua sequência de mudanças e se organizar para inovar, as equipes de aprendizagem híbrida partem para a tarefa desafiadora e emocionante de planejar o modelo de aprendizagem. Recomendamos fortemente que as equipes concentrem seus esforços nas tarefas que os alunos já estão tentando fazer em suas vidas. Mais uma vez, para a maioria dos alunos, essas tarefas são fazer progresso todos os dias e se divertir com os amigos. As equipes devem, então, debater todas as experiências que contribuem para que isso seja feito perfeitamente. Por fim, as equipes devem considerar os recursos necessários e os meios de integrá-los para proporcionar as experiências desejadas. Nos próximos capítulos, mergulharemos mais fundo no terceiro nível da arquitetura de um trabalho: reunir os professores, os outros funcionários, o ambiente físico e virtual, o modelo e a cultura em uma solução integrada e contínua.

Como o falecido educador Jack Frymier dizia com frequência: "Se as crianças querem aprender, não podemos detê-las. Se elas não querem, não podemos forçá-las". A boa notícia é que o trabalho a ser feito pela sociedade e pelos alunos se sobrepõem um pouco. A sociedade quer que os alunos façam progresso acadêmico todos os dias e se envolvam em relacionamentos sociais construtivos. Quando esses ideais são centrais no modelo da escola, os alunos têm mais probabilidade de se envolver.

Resumindo

- A escola pode ser um lugar onde os alunos encontram alegria em aprender. Quando uma escola tem o modelo certo do ponto de vista dos alunos, de modo que se alinha perfeitamente com as coisas que lhes são importantes, eles vão para a aula motivados e ávidos por aprender. O segredo é planejar com empatia. A estrutura do trabalho a ser feito é um instrumento para ajudar a planejar com base nesse ponto de vista.
- O primeiro nível na arquitetura de um trabalho é simplesmente identificar o que deve ser feito. De modo geral, os trabalhos que são da mais alta prioridade para os alunos são sentir-se bem-sucedido e fazer progresso, além de se divertir com os amigos. A educação em si não é o trabalho, mas sim uma opção a que os alunos podem recorrer para executar seus objetivos.
- O segundo nível é identificar todas as experiências que as escolas precisam fornecer para executar os trabalhos perfeitamente. Para as Summit Public Schools, tais experiências incluem ação do aluno, domínio individual, acesso a dados acionáveis e *feedback* rápido, transparência nas metas de aprendizagem, períodos prolongados de tempo de leitura solitária, experiências de trabalho significativas, experiências de orientação acadêmica e de grupo positivas.
- Algumas das experiências que ajudam os alunos a executar as tarefas são universais, mas outras dependem das circunstâncias de grupos de alunos específicas – por exemplo, algumas comunidades precisam planejar experiências que reparem a privação do sono e exercício ou vidas domésticas traumáticas. Outras circunstâncias requerem experiências diferentes.
- O terceiro nível na arquitetura de um trabalho é identificar o quê e como integrar, para proporcionar as experiências necessárias para a execução do trabalho. As Summit Public Schools integraram o tempo de ensino personalizado, o ciclo de aprendizagem, aprendizagem baseada em projeto, expedições e outros processos e rotinas para fornecer todo o seu conjunto de experiências para os alunos.
- O ensino híbrido torna mais fácil para os educadores proporcionar uma série de experiências acadêmicas e sociais que podem tornar a escola o melhor lugar para os alunos executarem seus trabalhos.

Tabela 5.2 Exemplos de programação diária

1. KIPP Comienza Community Prep, em Huntington Park, Califórnia[27]
Educação Infantil ao 4º ano
    Rotação por Estações

7h30	Café da manhã e atividades de alfabetização com a família
7h45	Encontro matinal de toda a escola
8h05	Bloco de matemática com Rotação por Estações
9h25	Recreio
9h40	Oficina de escritores
10h20	Estações de estudo da língua inglesa com fonética, leitura orientada e redação
11h30	Arte, aula de espanhol ou ciências
12h30	Almoço e recreio
13h15	Círculo de valores: verificação de comportamento e escolhas
13h30	Oficina de leitores: leitura independente baseada no nível de leitura
14h00	Bloco de compreensão da leitura com toda a classe
14h45	Revisão em espiral, escolha do aluno, revisão de padrões ou extensão
15h20	Aula de estudos étnicos: identidade, ciências sociais e história
16h00	Fim do dia

2. Gilroy Prep, Navigator School, em Gilroy, Califórnia
Educação Infantil ao 4º ano
    Laboratório Rotacional

8h00	Toda a escola começa o dia com canções
8h10	Aula de matemática inicia com instrução do grupo inteiro com o uso de tecnologia
9h10	Programa adaptativo da *Chromebooks* com encartes para intervenções
9h40	Recreio
9h55	Estudo da língua inglesa com encartes para fonética e leitura
11h00	Jogo de matemática (*Successmaker®*) no laboratório de informática
11h30	Ciências ou educação física
12h15	Almoço
13h00	*Accelerated Reader™* no iPad
13h30	Jogo de matemática (*Successmaker®*) no laboratório de informática
14h00	Oficina de escritores, compreensão da leitura, revisão em espiral
15h15	Fim do dia
15h15	Auxílio para crianças mais velhas se necessário

3. Acton Academy, em Austin, Texas
Exemplo de programação para a segunda etapa do ensino fundamental
Flex

	Atividade	Norma de comportamento
8h00	Tempo livre	Tempo livre
8h30	Atividade em grupo	Colaborativo
8h55	Habilidades essenciais (leitura, escrita, matemática e estudos sociais)	Hora de silêncio (trabalho individual)
10h00	Intervalo	Tempo livre
10h15	Habilidades essenciais individuais com apoio	Colaborativo (trabalho dos colegas)
11h40	Almoço	Tempo livre
12h15	Tempo de projeto	Colaborativo
14h45	Limpeza	Colaborativo
15h00	Atividade em grupo	Colaborativo
15h15	Fim do dia	

Nota: As aulas de educação física ocorrem nas segundas e quintas-feiras, durante uma hora, antes do almoço. Os alunos podem ganhar uma hora de tempo de jogo, que ocorre nas sextas-feiras antes da limpeza da tarde.

NOTAS

1 UNITED STATES OF AMERICA. *United States Federal, state and local government spending*. [2012]. Disponível em: <http://www.usgovernmentspending.com/us_education_spending_20.html>. Acesso em: 28 jan. 2015.

2 EDUCATION at a Glance 2013. OECD. 2013. Disponível em: <http://www.oecd.org/edu/eag2013%20(eng)FINAL%2020%20June%202013.pdf>. Acesso em: 28 jan. 2015.

3 HOTCHALK Education Index: 2013 Mid-Year Report. [c2015]. Disponível em: <http://www.hotchalkeducationnetwork.com/hotchalk-education-index/>. Acesso em: 9 fev. 2015.

4 Kim Peterson, "10 of the worst product flops ever", MSN Money, 28 de março de 2013.

5 Esta seção e as duas seguintes do Capítulo 5 são baseadas principalmente no Capítulo 7 de *Inovação na Sala de Aula* (CHRISTENSEN; HORN; JOHNSON, 2012).

6 O produto e a empresa neste exemplo foram alterados.

7 Esta seção é adaptada do trabalho perspicaz de CHRISTENSEN, C. M.; GROSSMAN, J. H.; HWANG, J. *The innovator's prescription:* a disruptive solution for health care. New York: McGraw-Hill, 2009.

8   Muitas pessoas supõem que a melhor forma de determinar o trabalho a ser feito é avaliar as necessidades de uma pessoa. O exemplo "Well at Dell" (Bem na Dell) mostra por que isso é errado. Todo mundo tem a *necessidade* de manter a saúde física. Nem todo mundo, entretanto, está tentando fazer isso. O segredo é observar o que as pessoas estão *motivadas* a fazer, não o que elas *necessitam* fazer.

9   Há diversas evidências apoiando esta observação. Primeiro, quando usamos a frase "querer se sentir bem-sucedido", não queremos dizer o tipo de ideia superficial de sucesso que constitui elogiar uma criança, não importando como ela se saiu em uma determinada atividade, com a concepção equivocada de que construir a "autoestima" dentro desse espírito é uma boa ideia. Ao contrário, nos referimos ao verdadeiro sucesso, quando o aluno, de fato, realiza e alcança alguma coisa real e progride. Uma discussão dos perigos da primeira pode ser encontrado na discussão de George Will, do livro de BRONSON, P.; MERRYMAN, A. *Filhos: novas ideias sobre educação*. [S. l.]: Lua de Papel, 2010 (Ver WILL, G. F. How to ruin a child: too much esteem, too little sleep. *The Washington Post*, 2010. Disponível em: <http://www.washingtonpost.com/wp-dyn/content/article/2010/03/03/AR2010030303075.html>. Acesso em: 29 jan. 2015). Outras evidências de que sentir-se bem-sucedido é o trabalho principal dos alunos – e de todas as pessoas – surge do campo da ciência cognitiva. Como Daniel T. Willingham escreve no Capítulo 1 de seu livro *Por que os alunos não gostam da escola? Respostas da ciência cognitiva para tornar a sala de aula mais atrativa e efetiva*. Porto Alegre: Artmed, 2011:

> Resolver problemas é prazeroso. Quando digo "resolução de problemas", me refiro a qualquer tarefa cognitiva bem-sucedida; pode ser a compreensão de uma complexa passagem de texto, o planejamento de um jardim ou a avaliação de uma oportunidade de investimento. Existe um sentido de satisfação, de realização no pensamento bem-sucedido. Nos últimos dez anos, os neurocientistas descobriram que existe uma superposição entre áreas cerebrais e substâncias químicas que são importantes na aprendizagem e aquelas que são importantes no sistema de recompensa natural do cérebro [...] Muitos suspeitam que os dois sistemas são correlatos. Ratos em labirintos têm melhor aprendizagem quando são recompensados com queijo; quando resolvemos um problema, nosso cérebro recompensa-se a si mesmo com uma pequena dose de dopamina, uma substância natural significativa para as funções de prazer do cérebro. Os neurocientistas sabem que a dopamina é importante nas duas funções – aprendizagem e prazer –, mas ainda não identificaram a ligação específica entre elas. Ainda que a neuroquímica não esteja completamente entendida, parece inegável que as pessoas sentem prazer ao solucionar problemas [...] Também se pode perceber que o prazer está na *solução* do problema. Trabalhar em um problema que não oferece a sensação de que se está progredindo não é prazeroso.

Além disso, em um livro de AMBROSE, S. et al. *How learning works:* seven research-based principles for smart teaching. São Francisco: Jossey-Bass, 2010, os autores citam vários outros estudos que apoiam essa hipótese. Em particular, dedicam um capítulo à pesquisa sobre motivação, na qual eles resumem que "Quando os alunos encontram valor positivo em uma meta ou atividade de aprendizagem, esperam ser bem-sucedidos em alcançar um resultado de aprendizagem desejado, e percebem o apoio de seu ambiente, eles tendem a ser fortemente motivados a aprender". Eles escrevem, "[...] existem dois conceitos centrais importantes para entender a motivação: (1) o valor subjetivo de uma meta e (2) as expectativas ou esperanças de alcançar aquela meta com sucesso. Embora muitas teorias tenham sido oferecidas para explicar a motivação, a maioria coloca esses dois conceitos no centro de sua estrutura (ATKINSON, 1957, 1964; WIGFIELD; ECCLES, 1992, 2000)". A capacidade de experimentar o sucesso, em outras palavras, é um dos fundamentos centrais da motivação. Como os autores escrevem, "Embora se deva valorizar um resultado desejado a fim de ser motivado a buscá-lo, o valor sozinho é insuficiente para motivar o comportamento. As pessoas também são motivadas a buscar metas e resultados que elas acreditam que podem alcançar com sucesso".

Richard E. Mayer e Ruth C. Clark (2008), em seu livro *eLearning and the science of instruction*: proven guidelines for consumers and designers of multimedia learning. 2nd ed. São Francisco: Wiley, 2008, também discutem como os alunos vivenciam o prazer à medida que resolvem os problemas. Como Barbara Gaddy Carrio et al. observam em *Delivering on the promise*: the education revolution. Bloomington: Solution Tree Press, 2009, "Um princípio fundamental da Abordagem RISC à Educação é que a motivação e o envolvimento do aluno têm muito a ver com o sucesso do aluno".

O que difere em relação a entender a motivação do ponto de vista do trabalho a ser realizado é que aprendemos que todos os alunos são motivados a sentir o sucesso, mas, para muitos, a escola não é algo que eles podem contratar para vivenciá-lo. Portanto, os alunos frequentemente se voltam para outros caminhos, mas isso não significa que eles são desmotivados.

10 HARRIS INTERACTIVE. *6 in 10 Americans say they or someone they know have been bullied*. Harris, 2014. Disponível em: <http://www.harrisinteractive.com/NewsRoom/HarrisPolls/tabid/447/ctl/ReadCustom%20Default/mid/1508/ArticleId/1383/Default.aspx>. Acesso em: 29 jan. 2015.

11 Os trabalhos não têm somente uma dimensão funcional; os clientes também têm trabalhos sociais e emocionais.

12 A franquia nacional da loja de brinquedos educativos, Learning Express Toys, é outro exemplo de uma organização que vê a sua estrutura de mercado – intencional ou involuntariamente – em termos dos trabalhos a serem feitos. Como resultado, ela está se expandindo a uma média de uma nova loja por mês. Suas mais de 130 lojas franqueadas são pequenas em termos de metragem, mas cada uma delas geralmente está muito ocupada com clientes. A Learning Express descobriu um mercado considerável de pessoas com um trabalho particular relacionado a brinquedos: "Eu preciso de um presente bonito para a festa de aniversário

de uma criança que vai acontecer esta tarde!". A empresa planeja cada detalhe da experiência do cliente de uma forma que contribua para a perfeita execução do trabalho. As lojas estão, em geral, localizadas em espaços de varejo ao ar livre (em oposição a centros de compras fechados), com amplo estacionamento, de modo que os clientes possam chegar e sair rapidamente. Eles organizam sua seleção de brinquedos por gênero e idade, para ajudar os clientes a concentrar a atenção na variedade certa de opções imediatamente. O estoque é limitado quando comparado a uma loja de brinquedos maior, como a Toys R Us, mas a Learning Express investiga cada brinquedo em estoque por sua qualidade e seu valor lúdico. Isso alivia os clientes de ter de fazer muita seleção ou comparação, e uma equipe especializada, com aventais vermelhos-vivos, percorrem a loja para oferecer assistência.

Nos fundos de cada loja, há uma área de recreação para entreter os pequenos clientes enquanto seus pais fazem compras. Ao lado dos caixas, a Learning Express oferece cartões de aniversário organizados por idade da criança, papel de presente gratuito e personalização livre. Em resumo, a Learning Express oferece uma forma tão conveniente e eficaz para as pessoas escolherem o presente perfeito para cada criança e cada ocasião quando o tempo é apertado, que seu negócio está prosperando. Os clientes podem parar a caminho de uma festa ou dos correios e fazer todo o seu trabalho de forma rápida. A Learning Express entende o trabalho que seus clientes precisam fazer e integrou suas atividades para permitir que eles o façam da melhor maneira possível.

13 HIGH school rankings 2011: newsweek ranks America's most transformative. *Newsweek Staff*, 2011. Disponível em: <http://www.newsweek.com/high-school-rankings-2011-newsweek-ranks-americas-most-transformative-67911>. Acesso em: 29 jan. 2015. Muitas pessoas também conhecem as Summit Public Schools por seu papel principal no documentário *Waiting for Superman*.

14 WILKA, M.; COHEN, J. *It's not just about the model*: blended learning, innovation, and year 2 at summit public schools. Boston: FSG, 2012. Disponível em: <http://www.fsg.org/Portals/0/Uploads/Documents/PDF/Blended_Learning_Innovation.pdf>. Acesso em: 30 jan. 2015. A propósito, 55% dos ex-alunos das Summit Public Schools estavam tendo sucesso na faculdade, uma média muito mais alta do que a nacional, mas Diane e os professores da escola sentiam fortemente que sua missão era educar todos os alunos para serem bem-sucedidos na vida. Se alguns alunos estivessem indo mal na faculdade porque não foram preparados adequadamente de alguma forma, eles acreditavam que não estavam cumprindo aquela missão.

15 Há considerável evidência de que, como o cientista cognitivo Daniel Willingham escreve, "Trabalhar em problemas que são do nível certo de dificuldade é recompensador, mas trabalhar em problemas que são muito fáceis ou muito difíceis é desagradável". Uma solução para ajudar os alunos a experimentar o sucesso é tomar emprestado um conceito do mundo dos jogos e permitir que eles aprendam em um nível que irá aumentar suas chances de sucesso, embora ainda

sendo tão desafiador ou interessante que eles vivenciem aquele triunfo como um momento real de progresso de modo que eles desejarão continuar aprendendo (WILLINGHAM, D. *Por que os alunos não gostam da escola*: respostas da ciência cognitiva para tornar a sala de aula atrativa e efetiva. Porto Alegre: Artmed, 2011).

Esta ideia diz respeito à noção da zona de desenvolvimento proximal, que foi desenvolvida por Lev Vygotsky, um psicólogo soviético. Ver o verbete da Wikipedia para um resumo de alto nível do conceito (ZONA DE DESENVOLVIMENTO PROXIMAL. In: WIKIPEDIA. 2014. Disponível em: <http://pt.wikipedia.org/wiki/Zona_de_desenvolvimento_proximal>. Acesso em: 30 jan. 2015). Uma definição frequentemente citada deste termo é "[...] a distância entre o nível de desenvolvimento real, que se costuma determinar por meio da solução independente de problemas, e o nível de desenvolvimento potencial, determinado por meio da solução de problemas sob a orientação de um adulto ou em colaboração com companheiros mais capazes", conforme escrito em seu próprio trabalho (ver VYGOTSKY, L. S. *A formação social da mente*: o desenvolvimento dos processos psicológicos superiores. São Paulo: Martins Fontes, 1991. p. 137).

Além disso, a indústria dos jogos nos ensina que as pessoas são mais motivadas quando o sucesso está quase ao seu alcance, mas ainda no horizonte. William "Bing" Gordon, um alto executivo na indústria dos *videogames*, disse que "um dos princípios da 'gamificação' é você apenas ficar motivado quando você já conquistou 90% do caminho para o sucesso". WERBACH, K. *Gamification*. Coursera, 2014. Disponível em: <https://www.coursera.org/course/gamification>. Acesso em: 30 jan. 2015.

16 Dados e *feedback* nem sempre são bons para a aprendizagem. Quando um aluno recebe *feedback,* mas não pode fazer nada de útil com ele, este tem uma influência negativa sobre sua aprendizagem. Inversamente, quando o aluno pode fazer alguma coisa com os dados, então ele tem um impacto positivo sobre a aprendizagem. De acordo com DELORENZO, R. et al. *Delivering on the promise*: the education revolution. [S.l.]: Solution Tree, 2008. p. 1624–1630:

> Com relação ao *feedback* do aluno, achados da pesquisa poderiam ser melhor resumidos dizendo que o *feedback* em si e por si não é necessariamente útil. Na verdade, a prática muito utilizada de simplesmente dizer aos alunos quais respostas estão certas e quais estão erradas (algo que a maioria dos leitores provavelmente tem considerável experiência) tem uma influência negativa sobre a aprendizagem do aluno (ver BANGERT-DROWNS et al., 1991, apud MARZANO, 2006). No entanto, assegurar que os alunos sejam esclarecidos sobre os critérios que serão utilizados para julgar suas respostas, fornecê-las corretas ou incorretas e pedir que os alunos continuem respondendo a um item de avaliação até que acertem são práticas que a pesquisa mostra que podem resultar em ganhos estatisticamente significativos no desempenho dos alunos (MARZANO, 2006).

17 Mais pesquisadores estão preocupados que a prática de digitalizar e passar os olhos quando as pessoas leem *on-line* esteja tendo um impacto negativo sobre

a capacidade delas de ler textos mais longos e de se dedicar à leitura mais profunda (Ver ROSENWALD, M. S. Serious reading takes a hit from online scanning and skimming, researchers say. *The Washington Post*, 2014. Disponível em: <http://www.washingtonpost.com/local/serious-reading-takes-a-hit-from-online-scanning-and-skimming-researchers-say/2014/04/06/088028d2-b5d2-11e-3-b899-20667de76985_story.html>. Acesso em: 3 fev. 2015). Também recomendamos este artigo: WILLINGHAM, D. *Don't blame the internet:* we can still think and read critically, we just don't want to. Real Clear Education, 2014. Disponível em: <http://www.realcleareducation.com/articles/2014/04/16/dont_blame_the_web_we_can_still_think_and_read_critically_we_just_dont_want_to_942.html>. Acesso em: 3 fev. 2015.

18 Apresentação de John Ratey no Keynote, *Learning & the brain conference*. Boston, 16 de novembro de 2013.

19 RATEY, J. *Spark*: the revolutionary new science of exercise and the brain. New York: Little, Brown and Company, 2008.

20 TOUGH, P. *How children succeed*. New York: Houghton Mifflin Harcourt, 2012.

21 Líderes previdentes também poderiam considerar incluir no ensino médio ensinar pais como serem pais antes de se tornarem pais. Antigamente, cursos como economia doméstica, conserto de automóveis e artesanato em madeira e metal eram oferecidos em grande parte das escolas a fim de preparar os jovens, no mínimo, para algumas das mecânicas da idade adulta. Pais que ficam presos em um ciclo multigeracional de insucesso na escola e continuada pobreza certamente poderiam se beneficiar com o conhecimento de como romper o ciclo com seus próprios filhos (CHRISTENSEN, C. M.; HORN, M. B.; JOHNSON, C. W. *Inovação na sala de aula:* como a inovação disruptiva muda a forma de aprender. Porto Alegre: Bookman, 2012).

Além disso, Russell Simmons e a David Lynch Foundation trabalham para ajudar as escolas a implementar um pequeno período de meditação transcendental, todos os dias, para auxiliar os alunos a lidar com o estresse extremo e a melhorar sua disposição para aprender (Ver SIMMONS, R. *Success through stillness:* meditation made simple. New York: Gotham, 2014.; DAVID LYNCH FOUNDATION. 2015. Disponível em: <http://www.davidlynchfoundation.org>. Acesso em: 3 fev. 2015.

22 Nosso amigo, Alex Hernandez, sócio na Charter School Growth Fund, levanta uma questão importante ao pensar sobre como planejar escolas, que reflete esta estrutura.

> Aconselhamos nossos planejadores escolares a não iniciar pelo horário escolar quando eles aconselham as escolas. A razão é que o ensino híbrido é esta tela grande e aberta, e o que acontece quando você inicia pelo horário é que basicamente deixa cair milhares de restrições [sobre a tela]. Você está dando coisas [para] as quais você nem mesmo está preparado ou pensou em dar. E, então, o que pedimos para as pessoas é, digamos, "Comecem pelo ambiente de

aprendizagem. E não importa se são 30 crianças ou se são 90 crianças. E não vamos pensar demais sobre o espaço neste momento. Pense nas experiências que você quer que os alunos tenham academicamente, socialmente. E, não, não vamos fazer demais, mas vamos apenas refletir, tipo, se quiséssemos fazer três ou quatro dessas diferentes experiências durante um certo período. Então você começa estabelecendo as fronteiras em torno dessas experiências. Como você as cria para os alunos? E isso é o início do planejamento da escola.

E, então, quando você tiver isso mais ou menos traçado, fazemos um monte desenhos e visualizações – você pode começar dizendo, "Certo, como as crianças circulam neste ambiente?" E, às vezes, dizendo apenas, "Ei, as crianças vão circular assim". De repente seu projeto começa a desmoronar. Assim, você começa a modificá-lo. Você quer ter certeza de que todas as crianças estão tendo as experiências que você pretende que elas tenham, e não apenas porque tem tempo para fazer uma por uma para 10 crianças e as outras 90 ficam de fora de seu modelo escolar. Este é o início da repetição, e, então, o segredo é não fugir de suas limitações muito cedo. Porque realmente não é útil saber o que você não pode fazer; o que é realmente útil é descobrir o que você pode fazer.

Ver GREENBERG, B.; SCHWARTZ, R.; HORN, M. *Blended learning*: personalizing education for students. Coursera, Week 2, Video 2: key elements of the student experience. Disponível em: <https://class.coursera.org/blendedlearning-001>. Acesso em: 9 fev. 2015.

23 SUMMIT Public Schools. Clayton Christensen Institute's Blended Learning Universe. Redwood City: Clayton Christensen Institute, 2012. Disponível em: <http://www.christenseninstitute.org/summit-public-schools/>. Acesso em: 3 fev 2015.

24 A Hewlett Foundation define aprendizagem mais reflexiva como usar conhecimento e habilidades de forma que prepare os alunos para a vida real. Eles dominam o conteúdo acadêmico essencial – leitura, escrita, matemática e ciências – ao mesmo tempo em que aprendem a pensar criticamente, a colaborar, a se comunicar efetivamente, a conduzir sua própria aprendizagem e a acreditar em si mesmos (ou atingir o que é conhecido como uma "mentalidade acadêmica"). (Ver THE WILLIAM AND FLORA HEWLETT FOUNDATION. San Francisco. Disponível em: <http://www.hewlett.org/programs/education/deeper-learning>. Acesso em: 3 fev. 2015).

25 HERNANDEZ, A. *Which way for K12 Blended Learning?* (Part 1: Boarding the Mayflower). Blend My Learning, 2013. Disponível em: <http://www.blendmylearning.com/2013/02/12/which-way-for-k12-blended-learning-part-1/>. Acesso em: 30 jan. 2015.

26 Algumas pessoas se preocuparam sobre como garantir a qualidade da aprendizagem baseada em projetos. A VLACS Aspire, vencedora de uma subvenção do Next Generation Learning Challenge (NGLC) de 2013, visa a resolver esse problema. Por meio de um modelo chamado "ensino híbrido experiencial", a VLACS Aspire oferece aos alunos oportunidades de aprendizagem estendidas

(ELOs) para obter créditos. Essas oportunidades envolvem projetos fora da escola, como estágios, que são baseados nos interesses dos alunos. Para trabalho de curso *on-line*, bem como para trabalho da vida real completados por meio dos ELOs, o professor *on-line* administra as avaliações de desempenho para medir o progresso. Ao longo do tempo, o surgimento de um ecossistema forte para apoiar as avaliações de desempenho na VLACS Aspire, e em outras escolas, provavelmente tornará o controle de qualidade associado com a aprendizagem baseada em projeto e experiencial mais fácil e confiável (Ver FREELAND, J. *Blending toward Competency:* early patterns of blended learning and competency-based education in New Hampshire. Clayton Christensen Institute, 2014. Disponível em: <http://www.christenseninstitute.org/wp-content/uploads/2014/05/Blending-toward-competency.pdf>. Acesso em: 30 jan. 2015).

27 Os cronogramas da KIPP Comienza Community Prep e da Gilroy Prep estão disponíveis neste curso *on-line*: SILICON SCHOOLS FUND; CLAYTON CHRISTENSEN INSTITUTE. *Blended Learning*: creating the ideal student experience in a blended learning classroom. Khan Academy, 2014. Disponível em: <https://www.khanacademy.org/partner-content/ssf-cci/ccss-ideal-student-experience/sscc-learning-environments/a/example-blended-learning-schoolschedules>. Acesso em: 3 fev. 2015.

Capítulo 6

Eleve o ensino

Um tema recorrente neste livro é que o ensino híbrido implica mais do que amontoar tecnologia nas salas de aula tradicionais; ele envolve um replanejamento mais profundo do modelo pedagógico. De preferência, o esforço de planejamento começa com uma reflexão sobre as ações necessárias para satisfazer as demandas dos alunos e, então, considerar como integrar as outras partes da escola – dos professores às instalações, ao currículo e à cultura – para proporcionar as experiências certas.

A responsabilidade de integrar, com sucesso, os professores no projeto não é questão pequena. Intuição e uma boa quantidade de evidências mostram a influência duradoura que os bons professores têm sobre os resultados dos alunos.[1] Os alunos não podem pagar por uma experiência fracassada na integração de professores. Além disso, mais de três milhões de adultos apenas nos Estados Unidos têm dedicado suas carreiras à docência, e a sociedade depende de continuar a recrutar e reter talentos no futuro. Obter esse direito para os professores é importante.

Um dos *blogs* mais lidos no *site* do Christensen Institute é "Os computadores vão substituir os professores?".[2] O tema tocou um ponto sensível. Todo mundo percebe que os programas *on-line* estão assumindo um papel pedagógico, e a pergunta inevitável é: Qual será o alcance desse fenômeno? No Capítulo 2, previmos que, uma vez que o ensino *on-line* seja suficientemente bom, as escolas serão capazes de confiar nele para proporcionar aprendizagem de alta qualidade adaptada a cada aluno. Isso irá liberar as escolas para se concentrarem mais em outras funções críticas, mas também apresenta o risco de que, à medida que as escolas delegarem conteúdo e ensino a uma plataforma *on-line*, o corpo docente na escola sinta-se substituído e não ofereça muito apoio aos alunos nem mudem seus papéis para se focar no desenvolvimento de habilidades de pensamento e disposições de ordem superior. Isso é um risco, porque os professores são essenciais para o sucesso do ensino híbrido. Nos programas de ensino híbrido que observamos, embora o papel do professor mude de forma profunda – podem não ser mais os planejadores de aulas e não liderar mais uma classe inteira na mesma atividade –, eles ainda estão engajados e trabalhando com os alunos ainda mais ativamente em uma variedade de formas. Nos programas de ensino híbrido ruins que observamos, o professor sente-se substituído e frequentemente senta-se no fundo da sala, descontente e desligado dos alunos, que, por sua vez, tendem a não aprender tanto quanto poderiam se tivessem um professor envolvido e entusiasmado.

A responsabilidade de os professores planejarem bem é significativa. Pode ser o fator mais importante para determinar se a ascensão do ensino híbrido será uma meta vencedora. Neste capítulo, consideramos primeiro as formas de integrar o papel do professor de maneira vantajosa do ponto de vista do aluno. Segundo, analisamos as oportunidades do ponto de vista do professor. Como podemos garantir que o projeto ajude os professores a cumprir suas metas e prioridades?

A CONCEPÇÃO DO PAPEL DO PROFESSOR DO PONTO DE VISTA DOS ALUNOS

Visto que as circunstâncias e as necessidades de aprendizagem dos alunos são tão diferentes quanto eles próprios, não existe uma única definição para o professor ideal. Porém, duas observações sobre o mundo estudantil de hoje fornecem indícios sobre como integrar os professores nas vidas dos alunos de formas que os ajudem a aprender e a realizar seus trabalhos.

Vá além do ensino pré-formatado

A primeira observação é que, como discutimos, se basear em um modelo industrial não se encaixa com o que significa tornar-se pronto para a carreira no mundo de hoje. A imagem clássica de um professor no quadro-negro, no retroprojetor ou na lousa digital, fornecendo – ou mesmo facilitando – instrução para toda a classe, é inadequada como norma. O futuro espera que os jovens exijam alguma coisa nova das escolas. As salas de aula no modelo industrial que recompensam os alunos por "apenas comparecerem e permanecerem acordados" não são mais adequadas.[3]

Mesmo as academias militares dos Estados Unidos, organizações caracterizadas por disciplina rígida e autoritária, estão reconsiderando sua abordagem tradicional do ensino, de cima para baixo.[4] De acordo com o general Martin Dempsey, chefe do Estado-Maior e militar de mais alta patente dos Estados Unidos, as academias militares costumavam recrutar pessoas que fossem "fisicamente aptas, educadas e disciplinadas". Hoje, entretanto, eles querem principalmente alguém "que possa se comunicar, seja questionador e tenha aptidão para colaborar".[5]

Dada a necessidade de soldados que possam analisar dados de inteligência em tempo real, pensar de forma empreendedora e reconhecer a missão, as forças armadas constataram que integrar instrutores militares como sargentos encarregados do treinamento também não funciona mais. O general Dempsey disse que os líderes militares estão passando por uma transição de serem os "sábios no palco", em que basicamente "você se sentava lá e [os líderes encarregados do treinamento] gritavam com você e você tomava notas e fugia do acampamento", para serem "orientadores que guiam a aprendizagem".[6] Ele acredita que um líder precisa "ser mais um orquestrador e inspirador do que um comandante tradicional durão do tipo sigam-me-ao-alto-do-morro".[7]

A mudança na abordagem das forças armadas aponta um caminho para as escolas. O ensino monolítico, de cima para baixo, centrado no professor, não é uma escolha inspiradora para gerar os solucionadores de problemas inquisitivos e empreendedores que os empregadores de hoje estão pagando muito dinheiro para recrutar.[8] Mesmo quando muitos professores nos Estados Unidos tentaram mudar aspectos do formato de palestra durante as últimas décadas, o projeto de sala de aula de modelo industrial limita a capacidade de avançar na direção de uma abordagem rigorosa, centrada no aluno, que tanto equipa os alunos com conhecimento e habilidades como permite que eles desenvolvam disposições críticas e criatividade. Quando as escolas consideram integrar os professores em seus modelos de ensino híbrido, elas têm uma oportunidade excitante de pensar além de um papel que tem elementos baseados em tempo e em palestra, orientadas a produzir os funcionários de fábrica do passado.

A história da evolução das Summit Public Schools ilustra a importância de aproveitar a oportunidade. No ano-piloto do modelo Flex de ensino híbrido da Summit, alguns professores, a princípio, insistiram que os alunos deveriam sempre ser apresentados a material novo por meio de aulas expositivas ministradas por um professor. Outros membros da equipe não tinham tanta certeza. Então, a Summit conduziu um experimento. Os professores ofereciam palestras para apresentar o material novo, mas, de acordo com o modelo Flex, os estudantes tinham a opção de assistir ou não. Inicialmente, todos os alunos assistiram às palestras, porque tinham o hábito de fazê-lo. Porém, com o tempo, os números começaram a diminuir. Enquanto isso, à medida que os dados eram obtidos, eles mostraram que as palestras não estavam produzindo grandes resultados para aqueles que as assistiam. Em resposta, os professores esforçaram-se para melhorar suas palestras, mas, semana após semana, os resultados para os alunos que assistiam à palestra eram corriqueiros, e a frequência continuava a declinar.

Em uma semana, aparentemente sem motivo algum, os resultados se inverteram. Os alunos que tinham assistido às palestras produziram resultados excepcionais. Os professores que tinham originalmente proclamado a importância das palestras pareciam triunfantes. Porém, quando os membros da equipe da Summit analisaram os dados mais detalhadamente, eles perceberam que alguma outra coisa tinha mudado. Havia apenas um pequeno número de alunos assistindo à "palestra", que tinha basicamente sido transformada em ensino de grupos pequenos ou tutoria. Os professores não estavam mais dando palestras, mas, em vez disso, estavam fazendo perguntas e facilitando discussões. Não apenas isso, mas tanto os alunos quanto os professores apreciavam esse tipo de envolvimento e o consideravam produtivo. Mudar as premissas de como o ensino tem de parecer à medida que as escolas remodelam o ambiente de aprendizagem é fundamental para desbloquear o potencial do ensino híbrido.

Preencha a lacuna da orientação acadêmica

Uma segunda observação diz respeito à integração dos professores para ajudar os alunos a realizar seus trabalhos. Devido a algumas mudanças fundamentais na sociedade, cada vez mais os alunos necessitam de professores que os orientem academicamente como mentores, não apenas para ajudá-los a construir relacionamentos positivos e a se divertir com os amigos, mas também para auxiliá-los a ter sucesso na vida. Com o ensino *on-line* fornecendo alguma parte do conteúdo e da instrução de um curso, os programas de ensino híbrido proporcionam mais tempo para os professores preencherem este importante papel.

A palavra "mentor" vem da mitologia grega, na qual aparece como o nome do filho de Alcímon. Mentor encarregou-se da educação do filho de Ulisses Telêmaco, quando este partiu para a Guerra de Troia. Mais tarde, quando Atena visitou Telêmaco, ela se disfarçou como Mentor para encorajar Telêmaco a defender causas nobres. Em outras palavras, o personagem original, chamado Mentor, tinha uma atribuição de cuidador; uma segunda personagem, Atena, que assumiu a identidade de Mentor, forneceu o encorajamento e os planos práticos para lidar com dilemas pessoais. No que se refere ao papel dos professores, o termo tem algo em comum com ambos os sentidos da palavra.

O ex-editor do *New York Times*, Paul Tough, fez uma das melhores reportagens investigativas sobre a diferença que um bom mentor pode fazer, mesmo para jovens aparentemente irrecuperáveis. Ele publicou uma história sobre Keitha Jones, uma jovem de 17 anos que cresceu em Roseland, na Zona Sul de Chicago, uma área que um dia foi próspera e que decaiu para um dos piores bairros da cidade, praticamente abaixo de quaisquer padrões. A mãe de Keitha era viciada em *crack*; seu pai, que vivia a alguns quarteirões, era pai de pelo menos 19 crianças na vizinhança; a polícia, com frequência, invadia sua casa caótica e superlotada, virando mesas e esvaziando prateleiras em busca de armas e drogas; e, desde muito criança, um parente mais velho, que ficava na casa de tempos em tempos, a tinha molestado sexualmente repetidas vezes.[9]

A escola era o lugar onde Keitha descontava sua raiva. Seus colegas a consideravam uma das crianças mais violentas em uma escola já conhecida por sua violência. Finalmente, o diretor solicitou que o escritório local do Youth Advocates Program, ou YAP, lhe designasse um mentor. O YAP é uma organização sem fins lucrativos que usa orientação acadêmica intensiva e "defesa envolvente" para tentar manter jovens em risco com suas famílias, em vez de serem mandados para lares adotivos. O YAP designou para Keitha uma conselheira de meio-período chamada Lanita Reed, moradora de Roseland de 31 anos que era proprietária do Gifted Hanz, um salão de beleza que alegrava um dos quarteirões mais desolados da Rua 103.[10]

Reed começou ensinando Keitha a lavar e a trançar o cabelo das clientes e, então, ensinou-lhe a cuidar de sua própria aparência, incluindo fazer suas unhas e pentear seu cabelo. Após isso, a maquiagem interior começou. As duas conversavam sobre rapazes, pais ausentes, drogas, raiva e orações. Reed também foi fundamental para conseguir que o predador sexual fosse preso e garantir que o Estado não colocasse Keitha ou suas irmãs em lares adotivos.[11]

Finalmente, Reed ajudou Keitha a mudar sua visão de mundo na idade avançada de 17 anos, quando muitas pessoas acham que um jovem não tem mais esperança. A menina formou-se no ensino médio e entrou para a Truman College, onde planejava obter um diploma em cosmetologia. Paul Tough concluiu sua história com a observação de que, muitas vezes, os mentores revelaram-se capazes de "reprogramar uma personalidade" e alcançar uma transformação rápida e inesperada até mesmo contra a pior das probabilidades.[12]

Um número crescente de alunos necessita desse tipo de defesa envolvente e orientação acadêmica intensiva. Como no exemplo, há uma tendência preocupante sobre a importância de ter mentores, pois, diferente do que ocorria há uma geração, menos crianças são provenientes de famílias estáveis.

Em 2012, 64% das crianças de zero a 17 anos viviam com dois pais casados, abaixo dos 77%, em 1980. Apenas 59% das crianças hispânicas e 33% das crianças afro-americanas viviam com dois pais casados, em 2012.[13]

O declínio nas famílias estáveis com relação parental afeta a média das crianças. Paul R. Amato, professor de sociologia e demografia na Pennsylvania State University, conduziu um metaestudo sobre os efeitos do divórcio nas crianças. Ele verificou que os filhos de pais divorciados eram piores do que aqueles com pais que continuavam casados em medidas de sucesso acadêmico (notas escolares, pontuações de testes), conduta (problemas de comportamento, agressividade), bem-estar psicológico (depressão, estresse), autoestima e relações com pares (número de amigos próximos). Naturalmente, as crianças que crescem com pais casados também demonstram desajustamento se forem expostas a circunstâncias estressantes, como pobreza, conflito sério entre os pais, violência, negligência e abuso de substâncias. De modo correspondente, alguns filhos de pais divorciados têm circunstâncias que lhes permitem lidar bem com as situações.[14] Porém, em média, Amato verificou que filhos de pais divorciados têm médias piores do que aqueles com pais continuamente casados.

Dadas as tendências sociais, as escolas se veem cada vez mais como uma ambulância no fundo de um precipício.[15] Steve Gates, diretor do YAP de Chicago, fez a conexão entre ruptura familiar e escolas quando disse que

> existe uma relação muito direta entre as questões familiares e o que as crianças apresentam na escola. Os lapsos nos cuidados parentais, as disfunções – tudo isso afeta as crianças, que então levam tudo isso para a escola, para a rua, para todo lugar.[16]

As escolas não podem substituir um lar estável e acolhedor. Elas podem, entretanto, ajudar quando as crianças necessitam de um mentor. Muitas escolas já o fazem. Em alguns casos, é a única esperança para uma criança ser bem-sucedida. E mesmo crianças de famílias funcionais têm a se beneficiar com mentores externos.

As escolas Big Picture Learning integram os professores como mentores designando cada aluno a uma pequena comunidade de aprendizagem de 15 alunos, chamada de "orientação". Um orientador trabalha estreitamente com o grupo de alunos e forma um relacionamento pessoal com cada orientando. Cada aluno trabalha individualmente com seu orientador para identificar seus interesses e personalizar sua aprendizagem. Os estudantes também fazem estágios, que permitem que eles trabalhem individualmente com um orientador externo e aprendam em um contexto do mundo real. Além disso, a escola inclui os pais e as famílias para ajudarem a moldar o plano de aprendizagem personalizado do aluno. Juntas, essas fontes de influência adulta formam um baluarte de orientação acadêmica e relacionamento que apoia cada um dos alunos.

> ASSISTA AO CLIPE 18: A Big Picture Learning posiciona os professores como mentores e prioriza os estágios como elementos fundamentais da experiência de seus alunos.
>
> www.grupoa.com.br/blended/vd/h/vd18.html

As escolas de todo o país estão integrando professores como mentores de várias formas. Por exemplo, algumas designam alunos para ter o mesmo professor por vários anos, de modo que cada um tenha um relacionamento estável e contínuo em sua vida. O ensino híbrido pode ajudar; como os programas de computador podem fornecer lições adaptadas para cada aluno em uma sala de aula de idades e níveis mistos, ele pode liberar as escolas para manter grupos de alunos juntos com um professor durante muitos anos, mesmo quando as capacidades acadêmicas deles progridem.

Ao longo do tempo, supomos que outras escolas se voltarão para o ensino *on-line* para fornecer conteúdo e instrução e, então, ajustarão seus processos de recrutamento, treinamento e avaliação dos professores para cultivar uma equipe que inclua muitos com uma responsabilidade de orientação acadêmica e menos que planejem aulas e deem palestras para uma classe inteira de forma pré-formatada. As Summit Public Schools, por exemplo, escolheram integrar a orientação acadêmica em seu modelo treinando professores para esquecerem sua próxima palestra e se focalizarem, em vez disso, em desenvolver relacionamentos pessoais e profundos com os alunos – como treinadores acadêmicos, conselheiros para a faculdade, ligações com a família e defensores. Cada um dos mentores tem sob sua orientação de 10 a 15 alunos e se reúne com eles pelo menos uma vez por semana. A Summit inclui a orientação acadêmica como uma de sete dimensões que ela mede para avaliar a eficácia do professor. Os professores progridem em um *continuum*, variando de básico a *expert*, com base em avaliação do diretor, avaliação dos pares e autoavaliação, e a Summit oferece capacitação profissional personalizada para apoiá-los.[17]

DESENHANDO O PAPEL DO PROFESSOR A PARTIR DA PERSPECTIVA DO PROFESSOR

Sabemos que o papel dos professores é crucial do ponto de vista dos alunos. Porém, para obter a adesão dos professores, uma escola remodelada também deve beneficiá-los. Eles têm trabalhos pessoais em suas vidas, e a mágica acontece quando as escolas projetam experiências que satisfazem as necessidades de alunos e professores. Um estudo de caso da indústria de tintura para cabelos fornece uma analogia que evidencia que planejar, tendo em mente os professores, é significativamente importante.

O enigma da combinação de cores

Max Ladjevardi e sua esposa, Bibi Kasrai, nunca pretenderam iniciar um negócio de tintura para cabelos. No entanto, um dia, enquanto faziam compras em uma loja de ferragens para pintar algumas molduras de portas em sua casa, eles tiveram uma inspiração. Necessitando combinar a cor da tinta exatamente com a cor das portas, Max deu ao vendedor da loja uma lasca da tinta existente para ajudá-lo a encontrar a melhor correspondência. O casal observou enquanto o vendedor usava um sensor de cores para formular uma cor exatamente igual. Eles pensaram: "E se uma tecnologia semelhante pudesse ser utilizada em salões de cabeleireiro para garantir que os clientes também conseguissem exatamente a mesma cor?".[18]

O mercado parecia pronto para esta ideia. A maioria das mulheres norte-americanas, bem como muitos homens, usava tintura para cabelo. Max e Bibi sabiam de muitos indivíduos que ficaram desapontados, ou mesmo horrorizados, com o resultado de uma tentativa de retocar uma tintura. O casal decidiu construir um aparelho portátil simples, aproximadamente do tamanho de um pequeno secador de cabelos, que poderia analisar a cor do cabelo com precisão quase perfeita e recomendar a melhor formulação da cor. Eles planejaram fabricá-lo por US$ 200 a US$ 300 por unidade e vendê-lo sob o nome de ColorMatch.

Para os indivíduos que buscavam a cor de cabelo certa, a tecnologia foi um sucesso. O ColorMatch prometia acabar com a adivinhação da cor do cabelo e garantir a correspondência certa todas as vezes. O problema, entretanto, foi que Max e Bibi não conseguiram convencer os salões de cabeleireiro a comprar os aparelhos ColorMatch. Com o tempo, o motivo ficou claro. Em seus corações, os profissionais viam seus trabalhos de modo diferente de seus clientes. Enquanto os clientes contratavam o salão para ajudá-los a obter o corte e a cor certos, os profissionais iam para o salão, todos os dias, por uma razão diferente. Eles queriam uma profissão na qual pudessem se expressar como artistas, e a cosmetologia parecia oferecer isso. Eles tinham orgulho em misturar a fórmula perfeita para cada um de seus clientes. Embora se preocupassem que seus clientes se sentissem felizes com o resultado, eles enquadravam a questão de forma diferente. Do seu ponto de vista, contratavam produtos e tratamentos que lhes permitissem realizar seus trabalhos como artistas. A pequena maravilha ColorMatch nunca foi um sucesso comercial devido a esse enquadramento. Em vez de ajudar os profissionais a realizar os trabalhos que eles se sentiam convocados a fazer, o ColorMatch fazia o oposto. Ele, na verdade, ofendia a sensibilidade artística e sugeria que a tecnologia poderia substituir totalmente o ofício delicado da formulação da cor.

A lição do ColorMatch é que, para uma inovação que requer a adoção e o uso de múltiplos intervenientes para ser bem-sucedida, ela deve satisfazer todas as necessidades de todos os intervenientes, do contrário, não funcionará para nenhum deles.[19] Em parte, é por essa razão que as escolas são ambientes complicados para a inovação. Tentar sobrepor os trabalhos de múltiplos intervenientes – de alunos e professores a administradores, conselhos escolares, pais e políticos – é como procurar vencer em um tabuleiro de xadrez de seis camadas. (E alguns diriam que é uma estimativa conservadora do número de camadas!) A boa notícia, entretanto, é que várias oportunidades de melhorar a satisfação no trabalho dos professores também beneficia os alunos. Para identificar as oportunidades, precisamos tomar emprestada uma teoria que o psicólogo norte-americano Frederick Herzberg desenvolveu para esclarecer a arte da motivação do empregado.

Teoria da "motivação-higiene"

Frederick Herzberg escreveu um dos artigos mais populares da *Harvard Business Review*: *One More Time, How Do You Motivate Employees?*. O artigo, que vendeu mais de 1,2 milhão de reedições desde sua publicação, em 1968, desmente a ideia de que a satisfação no trabalho é um grande *continuum*, com "muito feliz" em uma extremidade e "absolutamente infeliz" na outra. O achado surpreendente é que os funcionários podem amar e odiar seus trabalhos ao mesmo tempo.[20]

Isso é possível porque dois conjuntos de fatores afetam a forma como as pessoas se sentem em relação ao seu trabalho. O primeiro conjunto, chamado de fatores de *higiene*, afeta os funcionários se eles estão insatisfeitos com seus trabalhos. O segundo, chamado de fatores *motivacionais*, determina o grau que os funcionários amam completamente seu trabalho. É importante notar que, no esquema de categorização de Herzberg, o oposto de insatisfação no trabalho não é satisfação no trabalho, mas simplesmente a ausência de insatisfação. De modo similar, o oposto de amar seu trabalho não é odiá-lo, mas não ter amor por ele.

Esses são os fatores motivacionais, em ordem de seu impacto sobre a satisfação (do mais alto ao mais baixo):

- Realização
- Reconhecimento
- O trabalho em si
- Responsabilidade
- Desenvolvimento
- Crescimento

E esses são os fatores de higiene, em ordem de seu impacto sobre a insatisfação no trabalho (do impacto mais alto ao mais baixo):

- Política e administração da empresa
- Supervisão
- Relacionamento com o supervisor
- Condições de trabalho
- Salário
- Relacionamento com outros funcionários
- Vida pessoal
- Relacionamento com subordinados
- *Status*
- Segurança

Então, o que isso significa? Permitir que os funcionários encontrem lugares para realizar projetos, obter reconhecimento, exercer responsabilidade e ter um plano de carreira tem uma tendência maior a motivá-los do que níveis salariais, belos escritórios ou tempo de férias. Porém, inversamente, esses outros fatores podem deixar as pessoas bastante insatisfeitas com seus trabalhos. Dito de outra forma, para fazer os professores terem um melhor desempenho em suas funções, as escolas devem trabalhar na melhoria dos fatores motivacionais; incentivos financeiros e similares não serão de muita ajuda.[21] Mas, para impedir que os professores se demitam devido à insatisfação, as escolas precisam garantir fatores de higiene adequados.

Integrando os fatores motivacionais dos professores aos projetos híbridos

No trabalho docente tradicional faltam muitos dos fatores motivacionais essenciais. Os professores frequentemente trabalham isolados de outros adultos, o que significa que há pouca, ou nenhuma, oportunidade de reconhecimento por seus esforços. Assim como na enfermagem, não existe um plano de carreira real. As oportunidades para mais responsabilidade e avanço na carreira são escassas. A não ser tornar-se chefe de um departamento, a única outra forma de a maioria dos professores ascender nesta linha de trabalho é, na verdade, parar de ensinar para poder ser "promovido" para uma função administrativa.[22] E, a não ser por seminários ocasionais ou programas de treinamento necessários, os professores têm oportunidades limitadas para crescer na carreira após os primeiros anos.[23]

Entretanto, o ensino híbrido cria uma oportunidade de desfazer esse construto. Se o programa híbrido for bem projetado, o papel dos professores pode amplificar os fatores motivacionais de formas que são difíceis na sala de aula análoga, tradicional.[24] Enquanto você avança com o ensino híbrido, aqui estão cinco formas de reestruturar o papel dos professores para maximizar seus fatores motivacionais:

Aumentar o alcance dos grandes educadores[25]

A tecnologia digital abre a possibilidade para os grandes educadores alcançarem mais alunos. Sal Khan é o exemplo mais proeminente. Suas aulas alcançam aproximadamente 10 milhões de pessoas por mês. De modo similar, na Coreia do Sul, muitos professores no Megastudy alcançam milhares de alunos por ano e ganham milhões. Um professor alcança 150 mil alunos *on-line* por ano e ganha US$ 4 milhões por ano.[26] Embora Herzberg pudesse dizer que a recompensa financeira é um fator de higiene, porque, neste caso, o dinheiro está alinhado com – e portanto é um substituto para – realização e reconhecimento, ela mostra que grandes educadores podem alcançar mais e obter maior reconhecimento e crescimento como resultado do alcance mais amplo. Mesmo de maneiras mais silenciosas, à medida que as escolas constroem ambientes de ensino híbrido dentro da comunidade, elas podem permitir que os professores tenham um sentido de realização, reconhecimento, responsabilidade e avanço que resulta de postar uma aula expositiva de Sala de Aula Invertida para os outros usarem, de administrar uma comunidade de prática *on-line*, de atuar como orientador em um grande estúdio Flex com muito mais alunos do que em uma classe típica ou de conduzir um seminário virtual de capacitação profissional sobre um tópico de *expertise*.

Atribuir responsabilidades especializadas a professores individuais

O número crescente de opções de ensino formal e informal está causando uma separação do papel do professor. Enquanto os professores são responsáveis por tudo o que acontece na sala de aula no modelo industrial, nos modelos híbridos, os alunos, com frequência, experimentam múltiplas modalidades de aprendizagem provenientes de diversas fontes. Isso cria oportunidades para os professores se especializarem, particularmente em escolas onde lecionam em equipes (falaremos mais sobre isso adiante). Os professores podem escolher entre opções, como se tornarem:

- Especialistas de conteúdo que se concentram em desenvolver e postar currículos;
- Líderes de grupos pequenos para suplementar o ensino *on-line* com aplicações práticas;
- Mentores que fornecem entendimento, capital social e orientação;
- Avaliadores aos quais outros educadores podem entregar a responsabilidade de avaliar tarefas e, em alguns casos, planejar avaliações;
- Especialistas em dados.

E a lista continua. Segundo Herzberg, a especialização desbloqueia os fatores motivacionais de responsabilidade, crescimento e avanço. Com a implementação do ensino híbrido, até os professores que continuam a ser somente responsáveis pelo progresso de seus alunos começam a se especializar, de certa forma, já que frequentemente não são mais responsáveis pelo planejamento de aulas e por darem uma aula para uma classe inteira; agora, eles podem se especializar em trabalhar individualmente com os alunos e em pequenos grupos, com orientação acadêmica, facilitando discussões e projetos, e assim por diante.

Permitir que os professores lecionem em equipes

Como vimos com as Summit Public Schools, o Teach to One e outros, muitos programas de ensino híbrido estão derrubando as paredes entre as salas de aula e criando estúdios de aprendizagem com múltiplos professores trabalhando em uma variedade de papéis com muito mais alunos. Embora muitos digam que aqueles que se tornam professores o fazem expressamente para trabalhar em um ambiente solitário, onde podem fechar a porta da sala de aula e ser a estrela com todos os olhos sobre eles enquanto dão uma aula, nós vemos algo diferente.[27] Exatamente como a pesquisa de Herzberg sugere, muitos professores saboreiam o sentimento de reconhecimento por parte de seus colegas professores por suas realizações com os alunos. O ambiente de ensino existente muitas vezes os priva de oportunidades de vivenciar tais sentimentos com frequência. Trabalhar em um ambiente de equipe não apenas cria essas oportunidades, mas também desbloqueia uma variedade de oportunidades para o avanço, como criar professores chefes dentro de uma equipe e outros papéis, como discutido anteriormente.

Conceder aos professores microcredenciais pelo domínio de habilidades

A lógica por trás de mudar para um sistema baseado na competência, com múltiplos caminhos para os alunos, também faz sentido para os professores.[28] Uma plataforma *on-line* poderia permitir que os professores mostrassem o que sabem e o compartilhassem por meio de um crachá ou outra microcredencial. Herzberg constatou que, quando os funcionários recebem tarefas novas e mais difíceis, eles vivenciam fatores motivacionais de crescimento e aprendizagem. A tecnologia digital torna possível administrar tal sistema em larga escala. Embora a ideia ainda não esteja desenvolvida, muitos professores estão trabalhando para criar esse sistema, incluindo as Summit Public Schools. As escolas Summit estão utilizando o sistema Activate, que ajudaram, por meio da capacitação profissional contínua dos professores, a desenvolver para os alunos.

Conceder autoridade a equipes de ensino híbrido

O próprio processo de projetar e implementar o ensino híbrido pode dar aos professores ampla margem para inovar. Herzberg verificou que, quando as organizações removem alguns controles enquanto mantêm a responsabilização, os fatores motivacionais de responsabilidade e realização disparam. A era digital está chamando as escolas a inovar, e este fato em si dá aos líderes o impulso para criar amplas oportunidades de crescimento para os professores.

FAZENDO O CERTO PARA ALUNOS E PROFESSORES

Em sua convenção de julho de 2013, os delegados da National Education Association, o maior sindicato de trabalhadores dos Estados Unidos, aprovaram uma declaração política que apoia o ensino digital.[29] Consideramos esta uma decisão acertada, não apenas em termos das oportunidades que o ensino *on-line* e híbrido introduzem para que os alunos façam progresso todos os dias e se divirtam com os amigos, mas também em termos de beneficiar os professores. Do ponto de vista de um professor, a ascensão do ensino híbrido significa novas e amplas oportunidades para acessar fatores motivacionais intrínsecos relacionados a realização, reconhecimento, responsabilidade, crescimento e outros.

Por que não começar agora para dar aos professores uma oportunidade de carreira imediata, recrutando-os para se unirem a uma equipe de ensino híbrido, tal como aquelas que o Capítulo 4 descreve? A despeito da complexidade de tentar satisfazer as necessidades dos alunos e professores simultaneamente, o ensino híbrido apresenta diversas oportunidades para inovar de forma que atendam às demandas dos dois grupos.

> **Resumindo**
> - A qualidade do professor afeta significativamente os resultados dos alunos, que não podem pagar por uma experiência fracassada com a integração de professores. Obter o projeto certo para os professores pode ser o determinante mais importante de a ascensão do ensino híbrido ser, de modo geral, uma meta vencedora.
> - Os alunos no mundo de hoje tendem a se beneficiar da mudança dos professores do ensino monolítico, de cima para baixo, para o preenchimento das lacunas que se abrem em suas vidas por orientadores/mentores confiáveis.
> - De acordo com a teoria de motivação-higiene, os professores tendem a sentir insatisfação no trabalho como resultado de fatores de higiene pobres, como políticas escolares perturbadoras, supervisão irritante ou salário inadequado. Ao mesmo tempo, eles tendem a sentir satisfação no trabalho como resultado de fatores motivacionais, como a oportunidade de realização, de reconhecimento e de trabalho intrinsecamente recompensador.
> - Se bem planejados, os programas de ensino híbrido podem amplificar os fatores motivacionais de formas que são impossíveis na sala de aula análoga, tradicional.

NOTAS

1 Um estudo realizado em Harvard sobre o impacto, ao longo da vida, do alto "valor agregado" dos professores, medido pelo aumento nos ganhos médios de notas entre os alunos ao longo do ano, revelou que aqueles que tiveram um professor de alto valor agregado (nos 5% superiores) têm mais probabilidade de ir para a faculdade e receber salários mais altos e menos probabilidade de ter filhos durante a adolescência. Em média, ter um professor de alto valor agregado por um ano aumenta a renda cumulativa ao longo da vida de uma criança em US$ 80 mil. O estudo usou registros de distritos escolares e de imposto de renda para

mais de um milhão de crianças. Ele revelou que "[...] em média, uma melhora de um desvio padrão no valor agregado do professor em uma única série aumenta os ganhos em 1,3% aos 28 anos de idade. Substituir tais professores, cujo valor agregado está nos 5% mais baixos, por um professor médio aumentaria o valor atual da renda, ao longo da vida, dos alunos em aproximadamente US$ 250 mil por sala de aula" (CHETTY, R. J.; FRIEDMAN, N.; ROCKOFF, J. E. The long-term impacts of teachers: teacher value-added and student outcomes in adulthood. *National Bureau of Economic Research*, 2013. Disponível em: <http://obs.rc.fas.harvard.edu/chetty/w19424.pdf>. Acesso em: 3 fev. 2015). Além disso, The MetLife Survey of the American Teacher há muito tem indicado também o impacto sobre os professores. Ver, por exemplo, METLIFE. *The MetLife survey of the American teacher*: teachers, parents and the economy. MetLife, 2012.

2 O autor é Thomas Arnett, um pesquisador associado para a prática educacional do Christensen Institute.

3 TOUGH, P. *How children succeed*: grit, curiosity, and the hidden power of character. New York: Houghton Mifflin Harcourt Publishing Company, 2012.

4 Heather Staker agradece à sua mãe, Kathy Clayton, por apresentá-la a esta percepção sobre as forças armadas por meio do seu livro: CLAYTON, K. K. *Teaching to build faith and faithfulness*: ten principles for teachers and parents. Salt Lake City, Utah: Deseret Book, 2012.

5 FRIEDMAN, T.; MANDELBAUM, M. *That used to be us*: how America fell behind in the world it invented and how we can come back. New York: Farrar; Straus; Giroux, 2001. p. 91.

6 FERENSTEIN, G. *Thomas Friedman to United States*: innovate or else. Fast Company, 2011. Disponível em: <http://www.fastcompany.com/1778214/thomas-friedman-united-states-innovate-or-else>. Acesso em: 4 fev. 2015.

7 FRIEDMAN, T.; MANDELBAUM, M. *That used to be us*: how America fell behind in the world it invented and how we can come back. New York: Farrar; Straus; Giroux, 2001. p. 92.

8 "O número de empregos envolvendo interações mais complexas entre trabalhadores qualificados e trabalhadores devidamente formados que tomam decisões está crescendo a uma taxa fenomenal. Os salários refletem o valor que as companhias colocam sobre essas funções, que pagam 55 a 75% mais, respectivamente, do que os de funcionários que realizam transações e transformações rotineiras". Johson, Manyika, e Yee, p. 26 (introdução, n. 17).

9 TOUGH, P. *How children succeed*: grit, curiosity, and the hidden power of character. New York: Houghton Mifflin Harcourt Publishing Company, 2012.

10 Tough (2012).

11 Tough (2012).

12 Tough (2012).

13 FEDERAL INTERAGENCY FORUM ON CHILD AND FAMILY STATISTICS. *America's children:* key national indicators of well-being. 2013. Disponível em: <http://www.childstats.gov/americaschildren/famsoc1.asp>. Acesso em: 4 fev. 2015.

14 AMATO, P. R. The impact of family formation change on the cognitive, social, and emotional well-being of the next generation. *Future of Children*, v. 15, n. 2, 2005. Disponível em: <http://futureofchildren.org/futureofchildren/publications/docs/15_02_05.pdf>. Acesso em: 4 fev. 2015.

15 De acordo com o The MetLife Survey of the American Teacher, "Uma maioria (64%) de professores relata que, no último ano, o número de alunos e famílias necessitando de serviços de apoio à saúde e sociais aumentou, enquanto 35% dos professores também relatam que o número de alunos que vêm para a escola com fome aumentou. Ao mesmo tempo, muitos professores têm visto reduções ou eliminações de serviços de saúde ou sociais (28% no total, incluindo 32% de professores do ensino médio)". METLIFE. *The MetLife survey of the American teacher*: teachers, parents and the economy. MetLife, 2012. p. 8.

16 TOUGH, P. *How children succeed:* grit, curiosity, and the hidden power of character. New York: Houghton Mifflin Harcourt Publishing Company, 2012. p. 42-43.

17 As outras dimensões são avaliação, conteúdo, currículo, instrução, conhecer os alunos e a aprendizagem (educação especial, alunos de língua inglesa, etc.) e liderança. O *continuum* da Summit coloca os professores em um dos quatro níveis: básico, proficiente, altamente proficiente e especializado. Cada uma das etapas normalmente leva dois anos para ser dominada. ARK, T. V. *How frames, plans, platforms & pd support great teaching.* Getting Smart, 2013. Disponível em: <http://gettingsmart.com/2013/08/how-frames-plans-platforms-pd-support-great-teaching/>. Acesso em: 4 fev. 2015.

18 Esta história apareceu pela primeira vez neste estudo de caso: CHRISTENSEN, C. M.; BEECHER, M. *The colormatch hair color system.* [S.l.]: Harvard Business School, 2007.

19 Os autores de *Inovação na Sala de Aula* desenvolveram esta ideia como segue:
> Muitas empresas ofereceram produtos ou serviços que supostamente melhorariam a aprendizagem dos alunos – se apenas os professores os utilizassem de maneira correta! Muitas empresas de tecnologia da educação tiveram dificuldade com isso, e poucas sobreviveram para contar a história. A Wireless Generation tinha esse produto com suas soluções móveis de avaliação educacional mas, diferentemente da maioria das empresas de tecnologia da educação, seus produtos tornaram-se um sucesso. Qual foi a diferença? Assim como no caso das fotos digitais, a maioria das empresas de tecnologia da educação não está oferecendo um produto que ajude o professor a fazer de maneira mais eficiente o que ele já está tentando fazer, mas apenas acrescenta "algo" no topo de uma enorme pilha de trabalho.

Já o dispositivo portátil da Wireless Generation [...] ajuda os professores a fazer mais facilmente algo que eles já faziam – e permite que eles melhorem e simplifiquem suas vidas. (CHRISTENSEN; HORN; JOHNSON, 2012, p. 152-153).

20 Essas próximas seções baseiam-se fortemente no artigo referenciado: HERZBERG, F. One more time: how do you motivate employees? *Harvard Business Review*, 2003. Disponível em: <https://hbr.org/2003/01/one-more-time-how-do-you-motivate-employees>. Acesso em: 4 fev. 2015.

21 Para outras evidências da incapacidade de os incentivos financeiros motivarem a maioria dos professores, dadas as atuais discordâncias sobre a meta da educação e que ações levarão a quais resultados para os alunos, ver a análise, em *Inovação na Sala de Aula*, derivada da teoria das Ferramentas de Governança (CHRISTENSEN; HORN; JOHNSON, 2012).

22 METLIFE. *The MetLife survey of the American teacher*: teachers, parents and the economy. MetLife, fev. 2013.

> Tradicionalmente, a progressão na carreira para liderança na educação tem significado que professores eficazes deixam a sala de aula para realizar outras funções na escola ou em nível distrital, para capacitação do ensino e da aprendizagem ou para se tornar diretores. Alguns professores estão comprometidos com o ensino na sala de aula, mas também aspiram a crescer profissionalmente e a contribuir de uma forma que a sala de aula por si só não pode fornecer. Professores inovadores estão definindo "papéis de ensino híbrido" que os mantêm por meio período na sala de aula combinado com outras funções de serviço e liderança em educação – "professores empreendedores", na frase criada por um grupo de líderes de professores, em sua visão do futuro da profissão. Estas oportunidades são concebidas como novos caminhos para a liderança e como formas de fortalecer a profissão, a satisfação no trabalho e a retenção de professores eficazes. (METLIFE, 2013, p. 41).

23 De acordo com o The MetLife Survey of the American Teacher, a satisfação do professor está em seu nível mais baixo em 25 anos. Professores menos satisfeitos tendem a relatar que trabalham em escolas onde orçamentos, oportunidades para capacitação profissional e tempo para colaboração diminuíram (METLIFE, 2013).

No levantamento do ano anterior, os professores com a satisfação no trabalho mais baixa tinham mais probabilidade de relatar que seu trabalho não era seguro, que não eram tratados como profissionais pela comunidade, que tinham visto o tamanho médio da classe aumentar e que o número de alunos oriundos de famílias difíceis ou necessitando de ajuda – por exemplo, aqueles não tinham atendimento médico, apoio de serviços social, comida ou estavam sofrendo *bullying* – tinha aumentado (METLIFE. *The MetLife survey of the American teacher*: teachers, parents and the economy. MetLife, mar. 2012).

Infelizmente, o Levantamento MetLife relata seus resultados com base apenas em um *continuum* de satisfação *versus* insatisfação e não parece utilizar os achados de Herzberg para avaliar o amor dos professores por seu trabalho em um *continuum* e sua insatisfação no trabalho em outro.

24 Para uma discussão mais aprofundada sobre benefícios que o ensino híbrido pode trazer para a profissão docente, recomendamos BAILEY, J. et al. *Improving conditions & careers:* how blended learning can improve the teaching profession. Digital [S. l.]: Learning Now! Smart Series, 2013.

Além disso, o ensaio também levanta a questão de que o ensino híbrido permitirá uma melhoria, não apenas nas oportunidades de carreira, mas também no pagamento dos professores. Existem evidências de que isso poderia ser verdadeiro para escolas, como a Rocketship Education, que paga salários para os professores 10 a 30% acima do cronograma salarial local. Se este fator de higiene é realizado em larga escala dependerá de como as escolas irão planejar seus ambientes de ensino híbrido nos próximos anos bem como de uma série de decisões políticas, reguladoras e de acordos coletivos.

25 Ver o trabalho "Opportunity Culture" do Public Impact, que é uma esforço para ampliar o alcance de professores excelentes e suas equipes. PUBLIC IMPACT. Opportunity Culture. 2015. Disponível em: <http://opportunityculture.org/>. Acesso em: 4 fev. 2015.

26 RIPLEY, A. The $4 million teacher. *The Wall Street Journal*, 2013. Disponível em: <http://www.wsj.com/articles/SB10001424127887324635904578639780253571520>. Acesso em: 4 fev. 2015.

27 Em *Inovação na Sala de Aula*, também lembramos das pessoas que na mudança das escolas com apenas uma sala de aula para a sala de aula baseada no modelo industrial, "Uma profissão cujo trabalho originalmente era o de orientá-los um a um foi sequestrada pelo conceito de que uma das habilidades mais importantes do professor passou a ser a de manter a ordem e atrair a atenção dos alunos" (CHRISTENSEN; HORN; JOHNSON, 2012, p. 89).

28 Para saber mais sobre este importante tópico, recomendamos CATOR, K.; SCHNEIDER, C.; ARK, T. V. *Preparing teachers for deeper learning*: competency-based teacher preparation and development. Digital Promise and Getting Smart, 2014.

29 Ver NATIONAL EDUCATION ASSOCIATION. *NEA Policy Statement on Digital Learning*. Disponível em: <http://www.nea.org/home/55434.htm>. Acesso em: 4 fev. 2015.

Capítulo 7

Planeje a configuração virtual e física

Alguns leitores podem ficar surpresos que tenhamos esperado até o Capítulo 7 para falar sobre tecnologia e dispositivos em um livro sobre ensino híbrido. Porém, deixar para abordar este tema nesta altura do livro foi proposital. É muito mais importante tratar primeiro dos problemas, das metas, das equipes e das experiências de alunos e professores. Com muita frequência, as escolas dão prioridade à tecnologia, em vez destas considerações. Com essa base assentada, nos voltamos agora para as questões de tecnologia.

Em 1981, o Osborne Executive entrou no mercado e se tornou o primeiro computador portátil comercialmente bem-sucedido. Ele tinha aproximadamente o tamanho de uma máquina de costura e era anunciado como o único computador que caberia embaixo do assento de um avião. Era revolucionário. Entretanto, se você avançar para hoje, a comparação entre o Osborne Executive e o iPhone da Apple é risível. O Executive pesava cerca de 100 vezes mais, tinha quase 500 vezes mais volume, era 10 vezes mais caro em valores de hoje e operava com cerca de um centésimo da rapidez do iPhone – com muito menos funcionalidade.[1]

A taxa de avanço tecnológico nas últimas décadas tem sido de tirar o fôlego. Isso apresenta um desafio quando se discute como integrar um *software* específico, dispositivos, internet sem fio e mobiliário para apoiar a experiência bem-sucedida de um aluno. Tentar fornecer sempre o mais recente é um exercício de futilidade, uma vez que o equipamento escolhido logo estará desatualizado, muitas vezes antes mesmo de ser instalado.

No entanto, a discussão é importante porque o ensino híbrido bem-sucedido depende de fazer as apostas certas na integração de tecnologia nas escolas. Dado esse paradoxo, nosso objetivo neste capítulo é alargar a visão e introduzir um conjunto de conceitos que esclareçam como e por que a tecnologia está mudando e, então, convidá-lo a tirar suas próprias conclusões sobre as implicações para qualquer momento em que você se encontre. Os conceitos de engenharia de *interdependência* e *modularidade* são o ponto central deste capítulo, porque respondem a uma série de perguntas sobre tecnologia e infraestrutura, incluindo estas:

- Para *software*, devemos comprar conteúdo *on-line* de um fornecedor por disciplina ou precisamos oferecer aos alunos opções de múltiplos fornecedores ou nossos professores devem desenvolver conteúdo *on-line* eles próprios? Quais são as compensações entre essas diferentes abordagens?
- Para dispositivos, quais são as principais considerações e opções?
- Para o projeto da escola física, se tivermos a oportunidade de abrir uma nova escola, devemos ficar com a estrutura da escola tradicional ou construir alguma coisa diferente?
- Em geral, qual é o direcionamento da tecnologia e da infraestrutura nas escolas e quais são as implicações para os dias de hoje?

Vamos dar um passo atrás para considerar essas questões de um ponto de vista conceitual, na esperança de que essas lentes agucem o foco enquanto você procura as melhores opções para suas circunstâncias.

ARQUITETURA E INTERFACES DO PRODUTO

No mundo da engenharia, a *arquitetura* de um produto consiste em todos os seus componentes e subsistemas e como eles se encaixam.[2] Por exemplo, a arquitetura de um abajur inclui componentes como um fio elétrico, o corpo do abajur, um soquete para a lâmpada e a cúpula do abajur no topo. O ponto onde dois componentes de um produto se ajustam é chamado de *interface*. Para o abajur, o ponto onde a lâmpada gira no soquete é um exemplo de interface.

Arquitetura interdependente

Quando um produto é desenvolvido pela primeira vez, as interfaces entre as partes são confusas, no sentido de que elas são *interdependentes*. O projeto e a fabricação da parte A afeta a forma como as partes B e C devem ser projetadas e construídas, e vice-versa. Elas também tendem a ser imprevisíveis. Como as partes A, B e C afetam umas às outras nem sempre é claro. A empresa que fabrica o produto geralmente precisa controlar todos os aspectos de projeto e produção, do contrário, arrisca-se a encontrar problemas de fabricação e desempenho. Uma nova aeronave militar de alta tecnologia, como o caça a jato F-22 da Lockheed Martin, é um exemplo desse tipo de produto. O F-22 exigiu os melhores engenheiros do mundo trabalhando em conjunto para gerenciar as incógnitas que surgiram inevitavelmente no processo de criar uma nova máquina de alto desempenho. O produto final é o caça a jato de melhor desempenho no mundo. No entanto, a manutenção é um sofrimento. Se um F-22 quebra, não conte com um mecânico de aeronaves local para fabricar novas peças com rapidez. Simplesmente ainda não existe um manual de instruções para qualquer um, além da Lockheed Martin, fabricar e montar componentes com facilidade.

A Lockheed Martin tem de controlar o projeto e a fabricação de todos os componentes essenciais do sistema para garantir que todas as peças se ajustem adequadamente. Essa integração permite que as empresas otimizem a funcionalidade e a confiabilidade do produto. Como eles controlam cada passo do processo, podem retirar o máximo de desempenho possível do novo produto. A desvantagem, no entanto, é que a personalização, em uma arquitetura interdependente, é proibitivamente cara. Ainda não há um manual de instruções com padrões e especificações claras que permitam que vários fornecedores fabriquem peças compatíveis.[3]

Arquitetura modular

Ao longo do tempo, as interfaces entre os componentes de um produto tornam-se mais limpas e, de modo geral, conhecidas. Qualquer um que queira fabricar uma lâmpada pode facilmente encontrar especificações para o tamanho e a forma que ela deve ter para encaixar no soquete de um abajur. O produto agora tem uma arquitetura mais *modular* do que interdependente. Os componentes em uma arquitetura modular se encaixam de formas tão bem-entendidas e bem-definidas que não importa quem os fabrica, contanto que satisfaça os padrões e as especificações pré-determinados. Os componentes modulares são totalmente compatíveis, o que facilita substituir diferentes módulos para configurar um resultado personalizado. Impressoras, câmeras e *pendrives* que se encaixam em qualquer dispositivo com uma porta USB; aparelhos elétricos que se encaixam em qualquer tomada; ou mesmo sapatarias que oferecem uma variedade de cores, marcas e estilos para qualquer tamanho de sapato – todos são exemplos de modularidade.

As indústrias tornam-se modulares quando a funcionalidade e a confiabilidade de um produto interdependente melhoram o suficiente para superar

Tabela 7.1 Diferenças fundamentais entre interdependência e modularidade

Arquitetura interdependente	Arquitetura modular
Otimiza a funcionalidade e a confiabilidade	Otimiza a flexibilidade e a personalização
Requer empresas para integrar	Permite que as empresas terceirizem
Padrões e especificações da indústria não são possíveis	Padrões e as especificações da indústria são cruciais
Sinônimo de arquitetura patenteada	Sinônimo de arquitetura aberta

as exigências dos clientes. Isso força os fabricantes a competir de forma diferente. Os clientes param de procurar um desempenho melhor e começam a pedir produtos que sejam flexíveis e fáceis de personalizar para satisfazer suas necessidades individuais.

A Tabela 7.1 resume as diferenças fundamentais entre arquiteturas interdependentes e modulares.[4]

A MUDANÇA NA ARQUITETURA DO COMPUTADOR PESSOAL

No início da década de 1980, a Apple Computer vendeu os melhores computadores pessoais do ramo. Ela fez isso por meio de integração, para desenvolver e construir cada peça das máquinas de cima para baixo – incluindo projeto de produto, montagem, sistema operacional e *software* de aplicação. A partir desta posição chamada de "verticalmente integrada", a Apple desenvolveu uma arquitetura altamente interdependente, patenteada, que esmagou seus competidores mais modulares em termos de desempenho.[5] As máquinas da Apple dispararam rapidamente para o topo como os *desktops* mais fáceis de usar e menos propensos a quebrar do mercado. O lado esquerdo da Figura 7.1 descreve as dimensões por meio das quais a Apple integrou verticalmente para controlar todos os componentes e as interfaces dentro de sua máquina sofisticada e de alto desempenho.

No entanto, na metade da década de 1980, o mercado mudou. Os *desktops* tornaram-se suficientemente bons em termos de funcionalidade e confiabilidade básicas, e os clientes começaram a exigir algo a mais: a flexibilidade de instalar *softwares* não-Apple, tal como o WordPerfect ou o Lotus. Esses produtos eram totalmente compatíveis com o sistema operacional DOS da Microsoft, graças a uma interface bem definida, e os clientes tomaram conhecimento disso. À medida que os clientes tornaram-se menos dispostos a pagar por mais

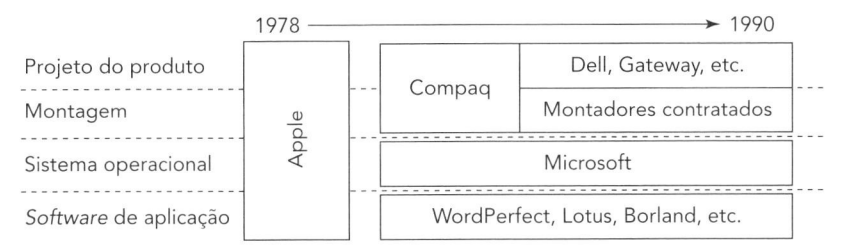

Figura 7.1 A mudança de integração para modularidade na indústria dos computadores pessoais.

melhorias em desempenho e confiabilidade, as empresas que ofereciam soluções modulares (como aquelas do lado direito da Fig. 7.1) obtiveram a vantagem. Nesse ponto, a Apple poderia ter decidido modularizar seu projeto e vender seu sistema operacional para outros montadores de computadores usarem, para impedir a ascensão do Windows da Microsoft. Entretanto, a Apple não o fez, e a Microsoft, a Dell e outros fornecedores assumiram a liderança.

Clayton M. Christensen diz que o fenômeno na Figura 7.1 "parece como se a indústria tivesse sido empurrada através de um fatiador de mortadela".[6] Quando funcionalidade e confiabilidade tornam-se mais do que suficientes, a indústria muda da esquerda para a direita, e uma população de empresas especializadas, cujas regras de interação são definidas por uma arquitetura modular e por padrões industriais, sai na frente na outra extremidade.

As indústrias tendem a balançar como um pêndulo entre arquitetura interdependente e modular. Na década de 1990, o pêndulo balançou de volta, favorecendo alguma interdependência. Os clientes começaram a exigir a capacidade de transferir gráficos e tabelas de planilhas entre diferentes tipos de arquivos. Isto criou uma lacuna de desempenho, que balançou a indústria de volta a um apetite por arquitetura interdependente. A Microsoft respondeu integrando seu pacote de *softwares* (e posteriormente seu navegador) no sistema operacional Windows. Isso rapidamente colocou para fora do negócio empresas não integradas, como a WordPerfect e a Lotus. Como veremos, as arquiteturas interdependentes da Apple e da Microsoft têm implicações para as decisões de tecnologia escolar hoje.[7]

A MUDANÇA PARA A MODULARIDADE NA EDUCAÇÃO

Nas últimas décadas, a sociedade tem exigido que as escolas façam seu melhor trabalho para garantir que *todos* os alunos tenham as competências e as habilidades para fugir da pobreza e, com isso, realizar o sonho americano

– basicamente, garantir que nenhuma criança seja deixada para trás à medida que o mundo desenvolvido avança cada vez mais para a economia do conhecimento. Até recentemente, entretanto, o sistema escolar estava preso em uma arquitetura altamente interdependente, que torna proibitivamente caro personalizar o ensino com a precisão cirúrgica necessária para evitar quaisquer retardatários. O modelo industrial é verticalmente integrado em muitos aspectos: requer que os alunos completem uma série na sua totalidade antes de passar para a próxima. Eles devem progredir nas disciplinas em ordem linear, a fim de não interferir no alcance e no sequenciamento dos professores; e sua frequência e participação devem obedecer a uma rede complexa de regulamentos distritais, estaduais e federais, que, embora visem a garantir confiabilidade e desempenho, resultam na exclusão de flexibilidade e personalização.[8]

A demanda entre pais, alunos e sociedade em geral, entretanto, está começando a mudar. Lembre que, em meados da década de 1980, os clientes começaram a querer ter a possibilidade de escolher entre os fornecedores de *softwares*, tal como WordPerfect e Lotus, em vez de contar com os *softwares* da Apple como única opção. Algo semelhante está começando a acontecer no ensino, da educação infantil ao ensino médio. Por volta da época em que as escolas começaram a servir duas a três refeições por dia, a fornecer atendimento odontológico e assistência às crianças e a se expandir para oferecer mais educação infantil e carga horária estendida, o sistema atingiu um ponto crítico, em que excedeu às necessidades de alguns alunos e pais em termos de funcionalidade. Nem todos os alunos são tão bem servidos, naturalmente. Aqueles com necessidades mais complicadas e requisitos de funcionalidade mais altos – frequentemente alunos de comunidades de baixa renda – precisam de mais programas que sejam verticalmente integrados e abrangentes. Porém, uma camada de alunos está surgindo para a qual o modelo interdependente e totalmente integrado é mais do que adequado em termos de oferecer funcionalidade abrangente, e, agora, a maior necessidade é de escolha, flexibilidade e oportunidade de personalização.

O sistema escolar está respondendo a essa necessidade, em parte, ao começar a oferecer melhores interfaces modulares entre os cursos, de modo que os alunos possam escolher entre uma variedade de fornecedores. Aproximadamente 58% das escolas de ensino médio na Califórnia tinham alunos fazendo cursos *on-line* À la Carte no ano letivo de 2013-2014, em comparação com os cerca de 48% em 2012-2013.[9] Em todo o país, os programas Course Access estaduais, que oferecem aos alunos mais cursos de responsabilidade de fornecedores diversos, estão ganhando popularidade.[10] O crescente interesse em facilitar cursos modulares aponta para uma demanda cada vez maior entre muitas comunidades por cursos personalizados, em vez de mais funcionalidade nos moldes do modelo industrial.[11]

A mudança para uma mentalidade do Course Access é apenas uma das transições pelas quais o sistema está passando, de uma arquitetura interdependente para uma arquitetura modular. Evoluções semelhantes estão em andamento em pelo menos outros três aspectos da educação:

- O próprio conteúdo do curso está se tornando modular.
- Os computadores nas escolas estão adotando arquiteturas modulares.
- As instalações físicas estão se transformando em um projeto mais modular.

A mudança da integração para a modularidade acontece em um *continuum* – não é puramente uma questão de uma ou outra. Além disso, não existe um lugar certo para estar no *continuum*: arquiteturas interdependentes têm suas vantagens e desvantagens, assim como as modulares. Por essas razões, as equipes de ensino híbrido têm de chegar a suas próprias conclusões sobre as concessões que estão dispostas a fazer e o quanto elas desejam que o conteúdo dos cursos, os dispositivos e os arranjos das instalações sejam modulares. Desmembrar as alternativas permite-nos obter um quadro mais claro da variedade de opções para estabelecer um ambiente virtual e físico.

CONTEÚDO *ON-LINE* INTEGRADO *VERSUS* MODULAR

Desenvolver uma estratégia para encontrar o conteúdo *on-line* certo para um programa híbrido não é fácil. As escolas estão espalhadas pelo *continuum* de integração/modularidade nesse sentido. Em uma extremidade do *continuum*, muitos acreditam que necessitam do desempenho que a integração oferece; em resposta, eles constroem seu próprio conteúdo *on-line* ou pelo menos autorizam soluções totalmente integradas de um único fornecedor. Contudo, vendo que nenhuma oferta pode atender bem as diferentes necessidades do aluno, algumas escolas estão desenvolvendo um apetite pela personalização que uma abordagem modular oferece; isto os motiva a procurar uma opção de múltiplos fornecedores. A Figura 7.2 descreve este *continuum* e quatro estratégias comuns para assegurar o conteúdo *on-line*.

Movendo-se da esquerda para a direita, vamos considerar as quatro estratégias em sequência.

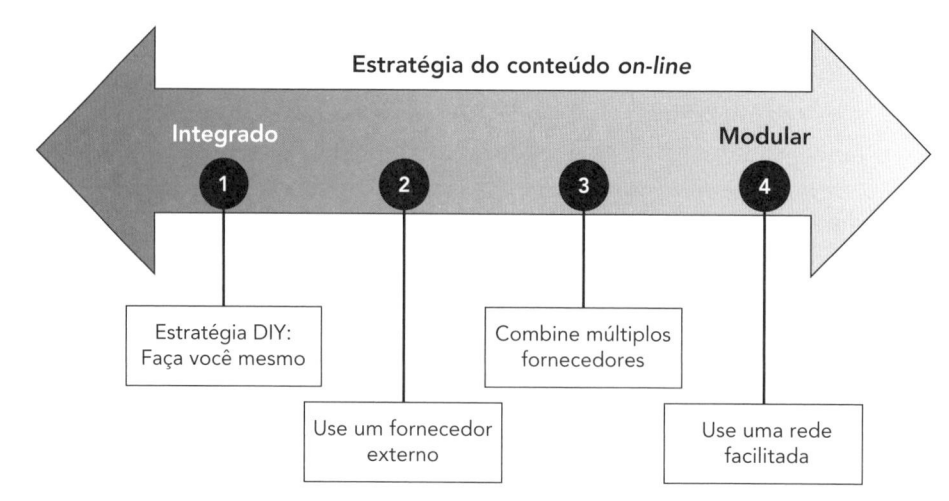

Figura 7.2 O *continuum* de integração/modularidade para conteúdo *on-line*.

Estratégia #1: DIY – Faça você mesmo

Uma das primeiras questões que a maioria dos líderes do ensino híbrido considera é construir ou comprar. As escolas devem construir seus próprios cursos e conteúdo *on-line* ou usar conteúdo disponível que um terceiro fornecedor desenvolveu? Esta questão surge independentemente da quantidade de conteúdo que a escola necessita – cursos completos com professores tutores *on-line* para programas À la Carte, cursos completos para programas Flex ou conteúdo digital suplementar para conectar a uma das estações em um modelo Rotacional. Independentemente do modelo, os líderes devem lidar com as alternativas do Do It Yourself (DIY; faça você mesmo) ou terceirizar.

Muitos programas híbridos pesquisam a gama de possibilidades para conteúdo de terceiros e decidem construir o seu próprio. As razões que ouvimos são geralmente do tipo "O único conteúdo de terceiros acessível não é suficientemente rigoroso" ou "O conteúdo do vendedor não se alinha com nossos altos padrões e testes". Em resumo, os líderes escolares e os professores acreditam que a funcionalidade e o desempenho do conteúdo externo não é suficientemente bom – ou, se for, é muito caro.[12] Como resultado, eles precisam integrar verticalmente para desenvolver o conteúdo. A Quakertown fez essa escolha quando decidiu construir a Infinity Cyber Academy, usando cursos que seus próprios professores desenvolveram. Os professores da Sala de Aula Invertida fazem essa escolha toda vez que decidem gravar sua própria miniaula para postar na internet, em vez de procurar alguma coisa pronta.

As principais vantagens da estratégia DIY são as oportunidades de controlar a qualidade, planejar o conteúdo de acordo com os padrões e requisitos de testagem locais, evitar o alto custo de alternativas *premium* de terceiros, e preservar o papel tradicional dos professores presenciais como fonte de conteúdo e instrução. Além disso, alguns educadores têm prazer em desenvolver o conjunto de habilidades para construir um curso *on-line*, uma aula, um vídeo ou um programa de computador e buscam essa oportunidade, em vez de esperar para delegá-la.[13]

A principal razão de outros programas decidirem não adotar a estratégia DIY é que eles percebem que desenvolver conteúdo próprio não tem um custo tão baixo quanto pensaram inicialmente e que eles não têm tempo ou dinheiro para desenvolver a *expertise* interna necessária para produzir conteúdo de alta qualidade. Sem fácil acesso a mercados de capital, as escolas, os distritos e as organizações sem fins lucrativos de qualquer natureza lutam para reunir recursos suficientes para desenvolver conteúdo *on-line* que seja muito mais rico do que os livros digitais ou as palestras *on-line*.[14] Eles veem o crescimento das bibliotecas de cursos e módulos de terceiros e decidem deixar o desenvolvimento do programa para profissionais especializados nesse tipo de trabalho, em vez de tentar construir tal competência com suas próprias mãos.[15]

Estratégia #2: Use um fornecedor externo

Quando pesquisamos 40 programas de ensino híbrido em 2011 – justamente quando essa modalidade estava se tornando assunto nacional – verificamos que 60% estavam seguindo a estratégia #2 do *continuum*: Utilizar um fornecedor externo por curso ou disciplina. Eles não estavam integrados a ponto de desenvolver conteúdo próprio, nem eram modulares a ponto de tentar reunir segmentos de conteúdo de uma variedade de fornecedores. Eles estavam em um ponto intermediário do *continuum*. Em alguns casos, os programas estavam usando um fornecedor de curso completo (tal como K12, Inc., Apex Learning ou Florida Virtual School). Em outros casos, adotavam uma abordagem ligeiramente mais modular e complementavam suas aulas presenciais com um fornecedor suplementar (como o DreamBox Learning ST Math ou Scholastic). No entanto, em ambos os casos, contavam apenas com um único fornecedor externo para o conteúdo *on-line* para qualquer curso ou disciplina, em vez de tentar misturar e combinar módulos de uma variedade de fontes para criar uma solução como uma colcha de retalhos.[16] Enquanto escrevemos este livro, muitos programas híbridos continuam a contar com um fornecedor. A Carpe Diem usa Edgenuity, as Flex Public Schools usam K12, Inc. e as Wichita Public Schools usam Apex Learning; outros usam Compass Learning, Rosetta Stone ou Pearson.

Embora usar um único fornecedor não dê a essas escolas a personalização que elas podem preferir em um curso, sua simplicidade e confiabilidade valem a concessão. Esses operadores nunca se preocupam sobre ter de coordenar dados provenientes de múltiplos fornecedores *on-line* – assim como aqueles que escolhem um fornecedor suplementar devem trabalhar com dados independentes tanto de seu ensino *off-line* quanto *on-line*. Além disso, os fornecedores de *softwares* salientam que pelo menos o conteúdo deles é mais "customizável" do que um livro da velha escola. Os melhores cursos constroem múltiplos caminhos diretamente para o *software* para se ajustarem ao progresso do aluno. Grandes fornecedores *on-line* são mais capazes de suportar os custos fixos necessários para desenvolver esses cursos sofisticados e, como resultado, alguns estão se tornando notavelmente adaptativos, envolventes e alinhados com as mais recentes pesquisas da ciência cognitiva.

Integrar *softwares* tem suas desvantagens. Uma é que a tecnologia tende a ser cara, se for boa, particularmente se oferecer personalização. A personalização tem uma etiqueta de preço. Um representante de um fornecedor de *software* altamente considerado, que oferece personalização incorporada para os alunos, nos disse que geralmente leva nove meses e contribuições de mais de 30 funcionários para desenvolver um curso *on-line* para um ano inteiro, do início ao fim. Outro fornecedor, a Florida Virtual School, disse, no passado, que custa aproximadamente US$ 300 mil para desenvolver um curso.[17] Fornecedores que têm alguma chance de cobrir seus custos têm de concorrer entre si por grandes contratos de grandes distritos escolares. Isso os força a projetar diretamente para o menor denominador comum em todo o modelo industrial; de outro modo, os distritos – que devem prestar contas às instâncias estadual e federal – simplesmente não podem adotar seus produtos. Isso também os força a limitar o *software* dentro das disciplinas tradicionalmente definidas. O resultado é que os custos fixos forçam os provedores de conteúdo *on-line* a entrar no jogo e a preservar a rigidez da arquitetura interdependente do sistema de ensino que o ensino *on-line* supostamente irá superar.

Estratégia #3: Combine múltiplos fornecedores

Algumas escolas decidem que não querem desenvolver seu próprio conteúdo, mas necessitam de uma solução mais flexível do que contar com um único fornecedor para um curso ou uma disciplina inteira. Elas querem modularidade dentro do curso para permitir uma variedade de caminhos para cada aluno. Já em 2011, quando pesquisamos os 40 programas de ensino híbrido, algumas organizações – Alliance College Ready Public Schools, KIPP Empower, Rocketship e o que era então chamado de School of One – decidiram que necessitavam de conteúdo de curso modular e estavam tendo dificuldade para reunir uma variedade de programas, sobretudo patenteados, em uma plataforma unificada. O ideal seria uma plataforma em que os alunos tivessem de fazer o *login* apenas uma vez para acessar todos os fornecedores e os professores pudessem monitorar o progresso entre a variedade de fornecedores em um único painel. A intenção por trás dessa estratégia era maximizar a personalização para cada aluno. Dependendo do que funcionasse melhor, um aluno poderia aprender a calcular uma área usando o jogo animado das ovelhas no DreamBox Learning e, então, mudar para o ST Math (Spatial-Temporal), para resolver frações com Gigi, o Pinguim,[18] e, então, se estivesse cansado dos personagens animados, poderia recorrer ao ALEKS para divisão longa direta.

Algumas das reclamações que ouvimos das escolas que adotam essa abordagem são:

"A tecnologia está cinco anos atrás de onde precisa estar."

"O conteúdo do *software* é patenteado. É impossível obter os dados fora dele. E, quando conseguimos, eles não se conectam facilmente com os padrões e os dados de outros fornecedores."

"Onde estão os algoritmos que criam os cronogramas individualizados dos alunos para nós? Isso dá muito trabalho."

A julgar pelo conteúdo de suas queixas, esses educadores parecem estar empurrando a indústria na direção da modularidade, em vez de esperar que ela mude por conta própria; portanto, eles estão tendo dores de cabeça por utilizar uma tecnologia ainda imatura. Muitos persistem, entretanto, porque sentem que um mundo mais modular para conteúdo *on-line* multiplicará o poder das escolas de realizar o pleno potencial de ensino personalizado para seus alunos.

Estratégia #4: Use uma rede facilitada

Uma nova onda de inovação disruptiva está surgindo, com o potencial de balançar a indústria na direção da extremidade direita do *continuum* de integração/modularidade. Plataformas de *software* estão emergindo para facilitar o desenvolvimento, a troca e a curadoria de conteúdo gerado pelo usuário em porções modulares. Um primeiro exemplo disso é a plataforma da Khan Academy, que hospeda mais de 100 mil exercícios e uma biblioteca crescente de micropalestras por meio de vídeos instrutivos armazenados no YouTube.[19] O que é fascinante sobre essa plataforma é que ela não começou como um produto para atender escolas e distritos. Começou em 2004, quando seu fundador, Sal Khan, passou a dar aulas particulares de matemática para sua prima, Nadia, usando o programa Doodle, do Yahoo, como um bloco de notas compartilhado. Desejando uma forma mais fácil de distribuir os tutoriais para outros amigos e parentes, Khan começou a postar os tutoriais no YouTube. Com o tempo, milhões de pessoas se conectavam para assistir aos vídeos. Khan respondeu a essa demanda desenvolvendo uma plataforma completa, que facilita não apenas micropalestras, mas também testes preparatórios, exercícios práticos e disponibiliza um "mapa de conhecimentos" para acompanhar o progresso. A plataforma é aberta e não é patenteada; tem um API aberto, que significa que outro programa pode facilmente interagir e ser compatível com ela. Em outras palavras, Khan não faz, nem mesmo organiza, todo o conteúdo na plataforma. Voluntários estão contribuindo, acrescentando novos temas – como biologia, história da arte e ciência da computação – e traduzindo a plataforma para outras línguas.[20]

Como a Khan Academy, essa nova onda de disrupção se parece mais com ferramentas tutoriais do que material didático integrado. Em vez de serem empurradas para as salas de aula por meio de um processo de compra centralizado, ferramentas como a Khan Academy estão sendo *puxadas* para o uso por meio de autodiagnóstico – por professores, pais e alunos. Outras plataformas como esta, chamadas de "redes facilitadas", estão surgindo para permitir que pais, professores e alunos ofereçam microensino para outros pais, professores e alunos.

A chegada das redes facilitadas traz dois benefícios principais. O primeiro é a hiperpersonalização. Um dia, as plataformas modulares acumularão centenas de milhões de microtutoriais, avaliações sob demanda e outros objetos de aprendizagem que os usuários serão capazes de procurar e selecionar para montar cursos personalizados baseados nas necessidades de cada aluno. A Western Governors University (WGU) já faz isso em parte no ensino superior. Os alunos conectam-se à plataforma da WGU, que roda um *software* da Salesforce, para acessar uma enorme biblioteca de recursos de aprendizagem, meticulosamente organizados por curso e objetivo de aprendizagem. Nesta biblioteca, eles escolhem qualquer artigo que lhes agrade – tantos quantos necessitarem. Então, quando estiverem prontos, completam uma tarefa ou avaliação para comprovar o domínio do objetivo e seguem adiante.

O segundo benefício das redes facilitadas é a acessibilidade. Em contrapartida ao *software* integrado patenteado, o conteúdo disponível por meio das redes facilitadas é, em média, muito menos caro e frequentemente de uso livre. Pense no programa Doodle, do Yahoo: ferramentas como esta permitem que os usuários criem módulos simples e, ao longo do tempo, as ferramentas melhoram para facilitar a produção de conteúdo cada vez mais sofisticado. A disponibilidade dessas ferramentas derruba barreiras, inundando o mercado com um suprimento de conteúdo. Isso diminui os custos, e *voilà*! – o conteúdo modular torna-se abundante, sofisticado e extremamente barato.

Juntos, os benefícios de flexibilidade e acessibilidade estão empurrando o modelo pedagógico integrado tradicional através de um fatiador de mortadela. A Figura 7.3 ilustra como isso está acontecendo para um curso hipotético de inglês/português para o 7º ano; um padrão semelhante está em curso para outras disciplinas.

O cenário mais provável é que, ao longo do tempo, o surgimento de redes facilitadas – como a Khan Academy –, nas quais muitos usuários escrevem conteúdo que utiliza os padrões da plataforma, em oposição a forçar uma readaptação entre programas de *software* patenteados, como o DreamBox Learning e o ST Math, resolverá o problema de modularidade para programas híbridos. Enquanto este livro é escrito, já estão surgindo diversas plataformas que permitem – ou logo permitirão – que os usuários escrevam e acrescentem conteúdo, incluindo o Buzz, da Agilix, a Activate Instruction, a eSpark, a Knewton e a Declara.[21] As especificações que fazem as interfaces entre fornecedores de conteúdo funcionar surgirão, de fato, à medida que os programas híbridos expressarem sua desaprovação com cliques e se estabelecerem em algumas das melhores plataformas de terceiros como essas.[22]

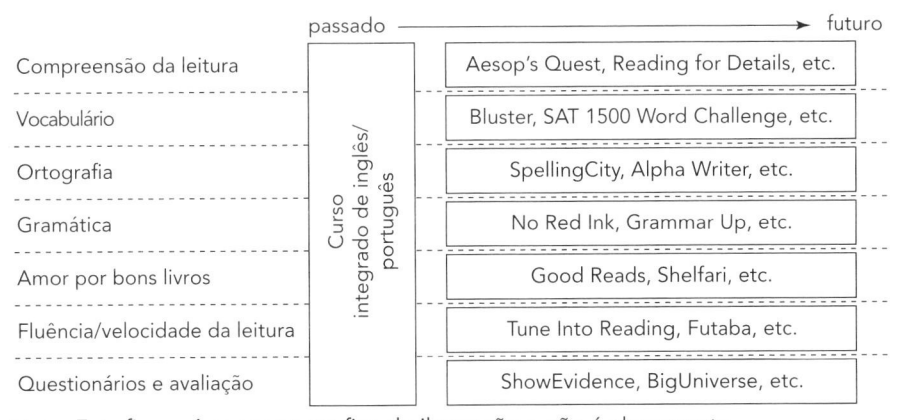

	passado	futuro
Compreensão da leitura		Aesop's Quest, Reading for Details, etc.
Vocabulário		Bluster, SAT 1500 Word Challenge, etc.
Ortografia	Curso integrado de inglês/português	SpellingCity, Alpha Writer, etc.
Gramática		No Red Ink, Grammar Up, etc.
Amor por bons livros		Good Reads, Shelfari, etc.
Fluência/velocidade da leitura		Tune Into Reading, Futaba, etc.
Questionários e avaliação		ShowEvidence, BigUniverse, etc.

Nota: Esta figura é apenas para fins de ilustração e não é abrangente.

Figura 7.3 A mudança de integração para modularidade em um curso de inglês/português hipotético para o 7º ano.

Doze outras considerações ao escolher um *software*[23]

Além da questão de construir, comprar ou procurar uma solução híbrida de *software*, vale a pena considerar uma série de outras questões:

1. **Estoque existente** – O que você já tem? As escolas e os distritos com frequência já têm assinaturas de *softwares* e serviços de internet que não estão sendo usados.
2. **Tempo integral ou suplementar** – Quantas horas de conteúdo você necessita – suficiente para todo o curso ou apenas algumas horas para suplementar outras fontes de ensino?
3. **Preço** – De quanto você pode dispor? Frequentemente, há uma concessão entre conteúdo plano e sequencial, que é livre, ou quase livre, *versus* conteúdo adaptativo e envolvente que fornece serviços *premium*.
4. **Experiência do aluno** – Os alunos podem ver onde estão, o que realizaram e o que precisam fazer em seguida? Eles podem ver seus resultados e obter *feedback* em tempo real? Eles podem escolher entre diferentes caminhos? É envolvente e intrinsecamente motivador o tempo todo?
5. **Adaptabilidade ou imputabilidade** – Você quer um *software* que desacelere, acelere e otimize o caminho com base no desempenho de cada aluno? Ou necessita de um *software* que coloque os professores no controle para selecionar quais módulos designar? Ou algo que permita um pouco de ambos?
6. **Dados** – O *software* fornece dados acionáveis para os professores? Os dados ajudam a conectar sem emendas o ensino *on-line* e *off-line*? Quem possui os dados: você ou o provedor? Garanta que o vendedor forneça acesso a todos os dados que você necessita.
7. **Eficácia** – Procure estudos que atestam que o *software* ajudou outros alunos a alcançar os resultados de aprendizagem que você deseja. Peça aos fornecedores para especificar as circunstâncias em que o produto deles funcionou melhor e aquelas em que ele se revelou menos eficaz. Também considere quantas horas o aluno médio deve usar o *software* até que um crescimento significativo ocorra.
8. **Flexibilidade** – O *software* é baseado na nuvem para permitir que os alunos trabalhem de qualquer lugar?
9. **Compatibilidade** – Ele é compatível com seus dispositivos? Ele é integrado com outro programa que você planeja usar, como o sistema de gestão de ensino?
10. **Alinhamento** – Ele é alinhado ao currículo escolar ou a outros padrões aplicáveis?

11. **Provisionamento** – Qual é a facilidade de você suprir novos usuários com nomes de usuário e senhas conectando-se diretamente de seu sistema de informação do aluno com o *software*?

12. ***Login* único** – Os alunos podem entrar com seus nomes de usuário e senhas uma vez e ficar conectados a todos os seus programas ou eles precisam realizar múltiplos processos de registro?

Em resumo, entenda seu modelo e garanta uma correspondência do *software* com o projeto. Você pode querer rever essas questões após fazer as escolhas finais sobre seu modelo híbrido, que discutiremos no Capítulo 8.

Além disso, o Blended Learning Universe fornece informações que podem ser pesquisadas sobre o *software* que as organizações estão utilizando em sua seleção. O Apêndice 7.1 fornece um panorama do conteúdo *on-line* que essas organizações utilizam, de acordo com os dados no BLU, a partir de maio de 2014.

SISTEMAS OPERACIONAIS INTEGRADOS *VERSUS* MODULARES

A seleção de conteúdo pedagógico beneficia-se do equilíbrio de integração *versus* modularidade, mas, e quanto aos dispositivos? Essa é uma nova forma de pensar sobre essa questão. O mais comum é que a escolha do dispositivo nas escolas comece com um debate sobre o formato correto – com computadores de mesa, *laptops*, *netbooks* e *tablets* como os quatro principais competidores. As escolas geralmente optam por *laptops* e *netbooks*, embora, a partir do final de 2012, as vendas dos iPads da Apple tenham dominado o mercado da educação básica.[24] Os líderes escolares que escolhem *laptops* e *netbooks* dizem que, embora os *tablets* sejam ótimos para consumir conteúdo, são ruins para criá-lo. Os que optam pelos *tablets*, contudo, alegam que, apesar da funcionalidade limitada, a portabilidade e a interface *touchscreen* os tornam uma ferramenta atraente, especialmente para crianças muito pequenas – e não é difícil acrescentar um teclado físico.

A questão do formato é importante, mas, no final, a questão da modularidade pode ser um trunfo no debate. Até recentemente, as escolas compravam principalmente dispositivos da Apple, que utilizam o sistema operacional OS X, ou os chamados PCs, que rodam o sistema operacional Windows. Ambos os sistemas operacionais são patenteados e integrados, embora o da Apple seja mais. Os dispositivos da Apple exibem uma interface interdependente, não apenas entre o OS X e certos programas da Apple, mas também entre os próprios dispositivos e o sistema operacional.[25] Os *hackers* têm feito progresso, com muito esforço, em descobrir como rodar OS X em dispositivos que não sejam Apple. Os programas da Apple são criados apenas para equipamentos Apple.

Para muitos, a arquitetura patenteada é a essência do fascínio da Apple. Os engenheiros da marca se dão o luxo de romper as fronteiras tecnológicas do que é possível à medida que criam suas máquinas, sem ter de se curvar aos padrões da indústria impostos externamente. O OS X é amplamente considerado por sua funcionalidade confiável – sem *crashes*, sem caixas de diálogo irritantes pipocando na tela e muito pouco vírus.

Outras escolas optam por dispositivos baseados no Windows. O Windows é mais modular que o OS X, pois usa uma interface modular que permite total compatibilidade com equipamentos de terceiros. Dell, HP, Lenovo, Asus – vários fabricantes de dispositivos usam o sistema operacional Windows. Embora ele seja modular na interface física, a história é diferente para a interface entre Windows e programas. A Microsoft projeta o Windows para que se integre perfeitamente com seus próprios programas – o pacote de aplicativos do Microsoft Office e o navegador Explorer. O Windows é menos aberto em relação a tornar a interface de programas fácil para outros usarem, portanto, empresas que querem concorrer com a Microsoft em produtividade para escritório e navegador esforçam-se para desenvolver ferramentas que rodem no Windows com tanta segurança quando os produtos da Microsoft.

Durante décadas, quase ninguém notou ou se importou que o Windows tivesse uma arquitetura interdependente em termos de *software*. Porém, isso está mudando. A informática está se tornando mais centrada na internet; o trabalho que as pessoas querem fazer nos computadores envolve conexão com aplicativos e conteúdo que estão na nuvem, ou seja, em uma rede de servidores remotos que a internet hospeda, em vez de no disco rígido de um computador pessoal. Portanto, se a maioria dos programas desejados estiver baseado na nuvem e na rede, por que pagar a Microsoft ou a Apple por um *software* integrado patenteado que está vinculado aos seus sistemas operacionais? A mudança para a informática centrada na internet está criando demanda por desintegração entre sistemas operacionais e *software*.

Entra, então, uma terceira opção que está começando a se disseminar nas escolas. O Google anunciou a venda dos Chromebooks – computadores pessoais que rodam o sistema operacional Chrome –, em junho de 2011. Em 2013, os Chromebooks haviam surgido para abocanhar um quinto das compras de dispositivos móveis da educação básica nos Estados Unidos.[26] O sistema operacional Chrome é um sistema baseado em Linux, projetado pelo Google, para trabalhar principalmente com serviços por meio da internet. Ele foi construído sobre o projeto de fonte aberta chamado Chromium OS, que recruta desenvolvedores voluntários em todo o mundo para testar, depurar e melhorar o código-fonte do sistema operacional. Isto ajuda o Chromebooks a melhorar ao longo do tempo, sem os custos fixos pesados a que a Microsoft e a Apple estão sujeitas quando tentam melhorar o Windows e o OS X. Além disso, o Chromebooks não tem um programa instalado em seus discos rígidos locais, exceto pelo navegador, um leitor de mídia e um gerenciador de arquivos. Não espere encontrar um processador de textos ou planilhas armazenado no dispositivo. Em vez disso, os Chromebooks contam exclusivamente com a internet para conectar os usuários com os aplicativos da *web* que eles necessitam para fazer seus trabalhos, seja enviar *e-mails*, criar documentos ou fazer um curso *on-line*.

Os pontos positivos dessas escolhas de arquitetura são múltiplos: em primeiro lugar, os Chromebooks não são caros. Eles são vendidos por menos de US$ 300 por unidade. Sua funcionalidade limitada significa que eles funcionam com muita rapidez – dez segundos no máximo. Em relação aos dispositivos baseados no Windows, eles são muito menos propensos a pegar um vírus, porque o Linux foi criado para garantir um ambiente livre de vírus. Eles também são fáceis de atualizar; o Google disponibiliza atualizações automáticas ao Chrome OS, sem requerer nenhum trabalho do usuário.

A questão de interdependência *versus* modularidade sugere que dispositivos como o Chromebooks serão uma concorrência forte aos dispositivos de arquitetura fechada nos próximos anos. A informática centrada na internet, focada em aplicativos da *web* e armazenamento na nuvem forçarão uma evolução gradual na arquitetura dos produtos – da arquitetura patenteada, interdependente, que tinha a vantagem na era do não-bom-o-suficiente para os projetos modulares em uma era de excesso de desempenho. Isso não quer dizer que os Chromebooks são o certo para todos. Eles requerem conectividade sem fio[27] – a estimativa aproximada é de pelo menos 100 Mbps de banda larga para cada mil estudantes.[28] Eles também suportam apenas programas que sejam compatíveis com a *web*, portanto, não são uma boa escolha para alunos que querem usar programas baixados da internet. A expectativa, entretanto, é que, com o tempo, um número cada vez maior de programas híbridos irão afluir para o tipo de arquitetura aberta que os Chromebooks introduzem.

ESPAÇO FÍSICO INTEGRADO *VERSUS* MODULAR

A energia que está desintegrando e modularizando o ambiente virtual também está começando a influenciar o ambiente físico. Em um sentido estético, seria possível argumentar que a arquitetura tradicional das escolas de modelo industrial fundiu-se em torno de um projeto patenteado que, embora confiável e ordenado, tem pouco a oferecer em termos de abertura ou flexibilidade. Linda Darling-Hammond, da Stanford University, caracteriza a arquitetura tradicional da seguinte forma:

> A secretaria é a primeira coisa que se vê, a parte mais silenciosa e mais bem equipada da escola, um lugar proibitivo, com seu longo balcão separando os funcionários das outras pessoas que entram. A visão seguinte é um armário de troféus envidraçado e um quadro de avisos com anúncios sobre reuniões, eventos esportivos e regras a serem seguidas. Longos corredores claros de salas de aula como caixas de ovos são interrompidos por fileiras de armários e um ocasional quadro de avisos bem organizado. As salas de aula parecem iguais, as mesas dos professores à frente de cada sala, controlando fileiras de mesas menores para os alunos.[29]

Victoria Bergsagel, fundadora e diretora do Architects of Achievement, fez este comentário sobre os prédios tradicionais: "Se Rip Van Winkle* acordasse hoje, ele provavelmente ainda reconheceria nossas escolas. Fomos da era industrial para a era da informação e estamos entrando em uma espécie de era da inovação, mas se você olhar para nossas escolas, elas ainda se parecem com o modelo industrial, com cubículos e sinetas, especialmente no ensino médio."[30]

Para muitos, particularmente para aqueles que estão buscando trazer melhorias sustentadas para o modelo tradicional por meio de Rotação por Estações, Laboratório Rotacional e Sala de Aula Invertida, o traçado básico de salas de aula como caixas de ovos pode ser perfeitamente adequado. Muitos programas híbridos, entretanto, estão preferindo reorganizar seu mobiliário e espaço físico para se alinhar aos princípios de ação, flexibilidade e escolha do aluno, centrais nos seus novos modelos. A Tabela 7.2 resume algumas das formas que as escolas – algumas híbridas e outras não – estão repensando o espaço físico.

Naturalmente, o dinheiro é a principal barreira que impede as escolas de fazer mudanças para alinhar seu espaço físico aos princípios e às metas de suas iniciativas híbridas. Frequentemente, o melhor que você pode fazer é adaptar seu espaço atual com soluções alternativas simples e, então, esperar até conseguir financiamento para mudanças maiores. O exemplo real de uma

---

* N. de T.: Personagem de um conto de Washington Irving que dorme e acorda em outra época.

oportunidade perdida, entretanto, é quando os líderes têm a chance de construir um novo prédio ou renovar um antigo e preferem perpetuar a estrutura do modelo industrial. Quem quer ser o distrito escolar que constrói o último prédio do século XX?

Tabela 7.2 Exemplos da mudança no projeto escolar para arquitetura aberta

Programa	Descrição
Summit Public Schools	Em duas de suas escolas, a Summit removeu paredes para criar instalações de ensino de arquitetura aberta de sete mil metros quadrados que acomodam, cada uma, 200 alunos em estações de trabalho individuais e quatro salas de oficinas para sessões de debate.[31] A Summit agora prefere mobília com rodas, de modo que seja mais fácil reorganizar. Foram montados cubículos com rodas de 4x4 da IKEA e afixados quadros atrás, para tornar os módulos adaptáveis em diferentes circunstâncias.[32]
Marysville Getchell High School	Nesta escola fora de Seattle, os quatro edifícios têm paredes de suporte em torno de suas bordas mais externas, de modo que as paredes internas podem ser derrubadas ou movidas sem comprometer a estabilidade da estrutura. As salas têm janelas internas das salas de aula para o corredor, para aumentar a quantidade de luz natural. Usam mesas e cadeiras dobráveis para manter o espaço flexível.[33]
Hellerup School	Localizada no subúrbio de Copenhague, na Dinamarca, o prédio de quatro andares desta escola quase não tem paredes, exceto pelo escritório da administração no primeiro andar. Seu projeto aberto e a ausência de salas de aula permitem que os alunos de todas as séries se misturem. A biblioteca aberta no centro do edifício duplica os assentos durante assembleias.[34]
Columbus Signature Academy	Os arquitetos desta escola em Columbus, Ohio, decidiram não usar mais a palavra "sala de aula". Em vez disso, eles chamam todos os espaços de "estúdios". A planta de cada estúdio tem o dobro do tamanho, abrigando dois grupos de alunos sob responsabilidade de dois professores. O interior do prédio não tem paredes nem vidros separando os estúdios dos corredores e dos espaços de debate.[35]
O Met	O Metropolitan Regional Career and Technical Center (O Met) tem mais de 60 locais ao redor dos Estados Unidos. Os ambientes de ensino têm paredes desmontáveis e amplo espaço de armazenamento para projetos dos alunos. Os espaços visam a fornecer uma variedade de opções para os alunos: espaço silencioso, espaço de reunião, espaço comum e espaço consultivo.[36]

(continua)

Tabela 7.2 Exemplos da mudança no projeto escolar para arquitetura aberta *(continuação)*

Programa	Descrição
New Learning Academy	Localizada no condado de Kent, na Inglaterra, esta escola exibe, no coração de seu projeto, uma praça de ensino grande o suficiente para abrigar 120 alunos. A escola usa a flexibilidade da praça para cinco modelos de atividade: (1) Fogueira – permite trabalho da classe; (2) Poço – permite trabalho de grupo pequeno; (3) Caverna – permite estudo individual; (4) Estúdio – permite projetos; e (5) Inteligências múltiplas – permite uma mistura de modelos.[37]
Ridge Middle School	Em Mentor, Ohio, o professor de matemática, Tommy Dwyer, retirou as carteiras para criar um espaço mais aberto. Ele cobriu as paredes com placas de Plexiglas (tipo de acrílico) sobre as quais os alunos podem fazer seu trabalho, o que proporcionou o efeito adicional de remover qualquer sentido da frente da sala de aula. Os alunos sentam-se em grupos em torno das mesas. Suas cadeiras têm rodas para que possam se locomover até a parede para usar as placas de Plexiglas como papel de rascunho.[38]

ALINHANDO SUA ESTRATÉGIA ÀS SUAS CIRCUNSTÂNCIAS

Assumimos a posição de que a mudança para a arquitetura modular nas escolas é, de modo geral, um grande acontecimento para o futuro do ensino. À medida que as especificações para as interfaces modulares se fundem – conforme os padrões e as plataformas industriais desenvolvem aquela troca facilitada –, os usuários serão capazes de misturar e combinar componentes de fornecedores da melhor qualidade para responder habilmente às necessidades específicas de cada aluno. Os dispositivos irão explorar a modularidade inata da internet a uma fração do custo dos dispositivos com sistemas operacionais patenteados do passado. A arquitetura física irá se ajustar para se alinhar com a energia, a abertura e a escolha que a arquitetura virtual permite.

Nos estágios iniciais do ensino híbrido, entretanto, a modularidade nem sempre é tecnologicamente possível. É tentador querer dar um salto para um mundo modular imediatamente, mas os líderes devem fazer um inventário das circunstâncias individuais para identificar o momento certo. Achar este momento certo é uma parte fundamental da integração da infraestrutura da escola para apoiar os trabalhos que alunos e professores estão tentando fazer.

> **Resumindo**
> - As arquiteturas interdependentes otimizam a funcionalidade e a confiabilidade, mas requerem integração para fazer todo o trabalho de construir e montar o produto na escola. As arquiteturas modulares otimizam a flexibilidade e a personalização. Elas usam interfaces padrão que possibilitam que as organizações independentes construam e montem componentes de forma intercambiável.
> - O modelo industrial da educação é verticalmente integrado para fornecer tudo em um único pacote. Para muitos alunos, o modelo totalmente integrado é mais do que suficiente em termos de oferecer funcionalidade abrangente, e, agora, a maior necessidade é por escolha, personalização e modularidade.
> - As escolas estão utilizando quatro estratégias – variando de integradas a modulares – para garantir conteúdo *on-line* para seus programas híbridos: construir o seu próprio conteúdo, usar um fornecedor externo por curso ou disciplina, combinar múltiplos fornecedores ou usar uma rede facilitada. Cada uma delas tem vantagens e desvantagens.
> - As escolas devem considerar o nível de modularidade dos sistemas operacionais que escolhem. Os dispositivos da Apple são os mais integrados, os dispositivos PC, com o sistema operacional Windows, são menos, e os Chromebooks do Google estão crescendo em popularidade graças à sua extrema modularidade. Dispositivos de arquitetura aberta estão preparados para desbancar os dispositivos patenteados nos próximos anos.
> - Quanto ao aspecto estético, a arquitetura em caixa de ovos das escolas do modelo industrial representa um projeto patenteado que limita a personalização e a flexibilidade. Muitos programas híbridos estão reorganizando seu mobiliário e seu espaço físico de forma mais aberta e modular, para se alinhar aos princípios de ação, flexibilidade e escolha dos alunos, que estão no centro de seus novos modelos de ensino.

APÊNDICE 7.1: PANORAMA DO CONTEÚDO *ON-LINE* EM USO ENTRE PROGRAMAS HÍBRIDOS DA EDUCAÇÃO BÁSICA

Estes dados representam o conteúdo *on-line* que foi listado em associação com 120 programas no Blended Learning Universe a partir de maio de 2014.

Os programas são de tamanho amplamente variável; em alguns casos, eles são distritos grandes, em outros, uma única escola. Os dados não são ponderados para refletir essa diferença de tamanho.

Provedor de conteúdo	Número de programas
Khan Academy	25
Compass Learning	25
Achieve3000	18
ST Math (MIND Research Institute)	16
Self-developed	15
DreamBox Learning	13
Apex Learning	12
Edgenuity	10
Aventa Learning	9
ALEKS	8
K12, Inc.	8
Edmentum	7
i-Ready	6
Accelerated Reader	5
OER	5
Think Through Math	5
CK-12	4
Mangahigh	4
Raz-Kids	4
Rosetta Stone	4
Connections Academy	3
Florida Virtual School	3
History Alive!	3
Newsela	3
Reading Plus	3
TenMarks	3
Virtual Nerd	3
Headsprout	2
HippoCampus	2
IXL Math	2

(continua)

Provedor de conteúdo	Número de programas
Lexia Reading Core5	2
myON	2
NoRedInk	2
NovaNET Courseware	2
Reading A-Z	2
Reflex	2
Renaissance Learning	2
Revolution K12	2
Scout (from the University of California)	2
SpellingCity	2
Virtual High School	2
Wowzers	2
AcademicMerit	1
AlephBeta Academy	1
American Institute for History Education	1
Big Universe	1
Blended Schools Consortium	1
blendedschools.net Languages Institute	1
BrainPOP	1
Brightstorm	1
BYU Independent Study	1
Cyber High	1
Destination Reading	1
Earobics Reach	1
EdisonLearning	1
Edmodo	1
Educurious	1
eDynamic Learning	1
enVisionMATH	1
eSpark Learning	1
Curriculet	1
IDEAL-NM	1
Imagine Learning	1

(continua)

Provedor de conteúdo	Número de programas
Istation Reading	1
Membean	1
Middlebury Interactive Languages	1
MIT OpenCourseWare	1
mylanguage360	1
National University Virtual High School	1
Odysseyware	1
READ 180	1
Reasoning Mind	1
Revolution Prep	1
ScienceFusion	1
Sevenstar Academy	1
StudySync	1
SuccessMaker	1
Teaching Textbooks	1
The Keystone School	1
Ticket to Read (Voyager Sopris Learning)	1
Utah Electronic High School	1
Vermont Virtual Learning Cooperative	1
Vmath (Voyager Sopris Learning)	1
WriteToLearn	1

NOTAS

1 A observação sobre velocidade é baseada no achado de que o Osborne Executive tem aproximadamente 1/100 da frequência de relógio de um iPhone Apple de 2007, com uma CPU de 412HZ ARM11. Ver VANDOMELEN, J. *More cores in store*. Mentor Graphics. 2010. Disponível em: <http://blogs.mentor.com/jvandomelen/blog/2010/07/02/more-cores-in-store/>. Acesso em: 4 fev. 2015.
O processador no Osborne Executive, o Intel 8088, tinha uma taxa de relógio máxima da CPU entre 5 a 10 MHz. INTEL 8088. Disponível em: <http://www.princeton.edu/~achaney/tmve/wiki100k/docs/Intel_8088.html>. Acesso em: 4 fev. 2015.

2 Esta seção e a próxima são adaptadas do Capítulo 5 de Christensen e Raynor. (CHRISTENSEN, C. M.; RAYNOR, M. E. *The innovator's solution*: creating and sustaining successful growth. Boston: Harvard Business School Press, 2003.)

3 O exemplo do F-22 é de WANAMAKER, B. *When will plug and play medical devices and data be a reality*? Clayton Christensen Institute, 2013. Disponível em: <http://www.christenseninstitute.org/when-will-plug-and-play-medical-devices-and-data-finally-be-here/>. Acesso em: 4 fev. 2015.

4 De acordo com Christensen e Raynor (2003, p. 128), "[...] modularidade e interdependência puras estão nas extremidades de um espectro: a maioria dos produtos se enquadra entre esses extremos".

5 Como detalha a biografia sobre Steve Jobs, de Walter Isaacson, Jobs era fanático em relação à importância de um produto integrado independentemente da circunstância. Por exemplo, "As objeções de Jobs ao programa de clonagem não eram, entretanto, apenas econômicas. Ele tinha uma aversão inata à ideia. Um dos seus princípios fundamentais era que *hardware* e *software* deveriam estar estreitamente integrados. Adorava controlar todos os aspectos, e a única forma de fazer isso com os computadores era fabricar a máquina toda e se responsabilizar pela experiência do usuário do começo ao fim" (ISAACSON, W. *Steve Jobs*. São Paulo: Companhia da Letras, 2011. p. 352).

Jobs naturalmente estava certo de que ter um produto integrado é a forma de criar o melhor possível com a mais pura funcionalidade e beleza em simplicidade e *design*. O que ele não aceitava era que existem certas circunstâncias em que os clientes não mais valorizam o melhor produto em termos de funcionalidade bruta e desejam a capacidade de personalização que vem com uma arquitetura modular.

6 Christensen e Raynor (2003, p. 133).

7 Christensen e Raynor (2003, p. 135-136).

8 CHRISTENSEN, C. M.; HORN, M. B.; JOHNSON, C. W. *Inovação na sala de aula*: como a inovação disruptiva muda a forma de aprender. Porto Alegre: Bookman, 2012.

9 BRIDGES, B. California eLearning census: increasing depth and breadth. *California Learning Resource Network*, 2014. Disponível em: <http://www.clrn.org/census/eLearning%20Census_Report_2014.pdf>. Acesso em: 5 fev. 2015.; BRIDGES, B. *California eLearning census*: between the tipping point and critical mass. *California Learning Resource Network*, 2013. Disponível em: <http://www.clrn.org/census/eLearning_Census_Report_2013.pdf>. Acesso em: 5 fev. 2015.

10 Exemplos de estados que autorizaram, por lei, um programa Course Access incluem Flórida, Louisiana, Michigan, Minnesota, Texas, Utah e Wisconsin. Para saber mais, recomendamos ler BAILEY, J. et al. *Leading in an Era of Change*: making the most of state course access programs. Digital Learning Now and Education Counsel, 2014. Disponível em: <http://digitallearningnow.com/site/uploads/2014/07/DLN-CourseAccess-FINAL_14July2014b.pdf>. Acesso em: 5 fev. 2015.

11 Os conceitos de interdependência e modularidade ajudam a explicar por que o movimento *course-access* está preparado para ganhar força nos próximos anos. Mais pais e alunos querem ser capazes de escolher entre um portfólio de opções, em vez de continuar a suportar um sistema totalmente integrado que não tem lugar para a personalização.

 O sistema pode responder a esta demanda ajustando a política educacional em todos os níveis para satisfazer os três requisitos de um mundo modular: *especificidade* em relação a quais atributos de um curso *on-line* (ou de qualquer curso modular) são fundamentais para o curso ser totalmente compatível com o plano de aprendizagem global de um aluno; *nível de certeza (verificabilidade)*, de modo que tanto os fornecedores como os clientes possam medir esses atributos e verificar que as especificações foram cumpridas; e *previsibilidade*, para ajudar alunos e escolas a antecipar que a inscrição em um determinado curso levará aos resultados desejados. A observação sobre os três requisitos de um mundo modular é de Christensen e Raynor (2003).

12 Notamos que muitas escolas, entretanto, subestimam os custos de construir e manter seu próprio conteúdo em termos da quantidade de tempo que a equipe leva.

13 O Guia para a Implementação de Ensino Híbrido 2.0 fornece sugestões úteis para professores que desejam produzir seu próprio conteúdo *on-line*. O Guia é um projeto conjunto de Digital Learning Now!, Getting Smart e The Learning Accelerator (DIGITAL LEARNING NOW!; GETTING SMART; THE LEARNING ACCELERATOR. *Blended Learning implementation guide*: version 2.0. DLN Smart Series, 2013. Disponível em: <http://learningaccelerator.org/media/5965a4f8/DLNSS.BL2PDF.9.24.13.pdf>. Acesso em: 5 fev. 2015).

14 HORN, M. B. Beyond good and evil: understanding the role of for-profits em education through the theories of disruptive innovation. In: HESS, F. M.; HORN, M. B. (Ed.). *Private enterprise and public education*. New York: Teachers College Press, 2013.

15 As escolas que desejam desenvolver seu próprio conteúdo *on-line* devem ser criativas ao procurar formas de produzir conteúdo de alta qualidade a despeito de um orçamento limitado. A School for Integrated Academics and Technologies (SIATech), uma organização de gestão cooperativada que fornece formação na força de trabalho para desistentes do ensino médio, terceirizações para desenvolvedores de *software* na Índia para ajudar a diminuir os custos de desenvolver seus cursos *on-line* (STAKER et al., 2003).

16 Constatamos que o mercado de companhias e organizações que fornecem conteúdo para as 40 organizações era altamente fragmentado. A K12 Inc., tinha a maior presença, com cinco implementações de seus produtos Aventa Learning, três implementações de seus cursos da marca K12, Inc., e uma implementação do programa A+ pela American Education Corporation, que ela tinha adquirido.

Apex Learning e NROC eram as seguintes maiores, com sete e quatro implementações, respectivamente. A notável exceção foi a School of One, que, na época, nos disse que tinham feito todo o possível para oferecer a mais de cinquenta provedores de conteúdo seu programa de matemática (STAKER et al., 2003).

17 Este número, de US$300 mil, é baseado em uma estimativa do ano letivo de 2008-2009 (MACKEY, K.; HORN, M. B. *Florida Virtual School:* building the first statewide, internet-based public high school. Clayton Christensen Institute, 2009. Disponível em: <http://www.christenseninstitute.org/publications/florida-virtual-school-building-the-first-statewide-internet-based-public-highschool/>. Acesso em: 5 fev. 2015).

18 O MIND Research Institute, criador do ST Math, faz investimentos contínuos na pesquisa de matemática e neurociência para estudar os mecanismos associados com memória operacional, pensamento conceitual e aprendizagem. Seu questionamento rigoroso das circunstâncias que otimizam a aprendizagem está dando retorno, visto que o ST Math é líder na promoção do crescimento do desempenho em matemática entre alunos do ensino fundamental.

19 Divulgação completa: o Clayton Christensen Institute associou-se ao Silicon Schools Fund para adicionar conteúdo em parceria na plataforma da Khan Academy sobre como criar experiências de ensino híbrido de alta qualidade (Ver KHAN ACADEMY. 2014. Disponível em: <https://www.khanacademy.org/partner-content/ssf-cci>. Acesso em: 5 fev. 2015).

20 *Inovação Disruptiva* discute e prevê esta evolução no Capítulo 5 (CHRISTENSEN; HORN; JOHNSON, 2012).

21 Os fornecedores de sistemas de gestão da aprendizagem (LMSs) para educação superior estão começando a abrir suas plataformas a aplicativos de terceiros e também lembram as redes facilitadas. Elas estão se tornando um "mercado de complementos", em vez de plataformas patenteadas de um único provedor. A mudança pode ser vista nos cinco maiores fornecedores de LMS: Blackboard, Desire2Learn, Instructure, Moodle e Sakai. STRAUMSHEIM, C. *The Post-LMS LMS*. Inside Higher Ed, 2014. Disponível em: <http://www.insidehighered.com/news/2014/07/18/analysts-see-changes-ahead-lms-market-after-summer-light-news#sthash.Cwx82qQH.nqj5hAYi.dpbs>. Acesso em: 5 fev. 2015.

22 Esta transformação pode não estar muito longe. Um sinal de que mudanças estão em andamento – de que a funcionalidade e a confiabilidade dos cursos *on-line* integrados tornaram-se mais do que suficiente – é que os vendedores em grandes empresas de conteúdo *on-line* começaram a se queixar de que seus clientes estão tratando seu produto "como uma *mercadoria*!". Já ouvimos este mesmo comentário de alguns fornecedores de cursos *on-line*, o que é revelador. Isso é sinal de que as soluções integradas – particularmente aquelas que atendem as escolas com a estratégia #2 no *continuum* – estão superando as necessidades de seus clientes em termos de desempenho e que as escolas estão começando a mudar para preferir

uma estratégia mais modular. O livro *The Innovator's Solution* explica como a mercantilização de soluções patenteadas sinaliza que os clientes estão prontos para os benefícios da modularidade (CHRISTENSEN; RAYNOR, 2003).

23 Muitas dessas ideias são do curso *on-line* pelo Silicon Schools Fund e Clayton Christensen Institute, "Blended Learning: Blended Learning Software – The Challenges to Picking Software" (KHAN ACADEMY. *Criteria to pick software*. 2014. Disponível em: <https://www.khanacademy.org/partner-content/ssf-cci/sscc-blendedlearning-decisions/sscc-blended-software/v/ssccblended-software-criteria>. Acesso em: 5 fev. 2015). Ver também DIGITAL LEARNING NOW!; GETTING SMART; THE LEARNING ACCELERATOR. *Blended Learning implementation guide*: version 2.0. DLN Smart Series, 2013. Disponível em: <http://learningaccelerator.org/media/5965a4f8/DLNSS.BL2PDF.9.24.13.pdf>. Acesso em: 5 fev. 2015. p. 33.

24 MADDOCKS, P.; RUSSEL, K.; WATSON, A. *Individual computing devices at 10% penetration in K–12 education by 2017*. Futuresource Consulting, 2013. Disponível em: <http://www.futuresource-consulting.com/2013-12-computers-ineducation-research.html>. Acesso em: 5 fev. 2015.

25 A loja de aplicativos da Apple (App Store) é interdependente com o OS X, mas seus APIs criam uma interface modular que permite que uma ampla variedade de *software* de terceiros rodem nos dispositivos Apple. A Apple deve aprovar o *software*, entretanto, antes de ele ser disponibilizado na loja.

26 MADDOCKS, P.; RUSSEL, K. *Google's Chromebook accounted for 1 in every 4 devices shipped into US Education Market in Q4*. Futuresource Consulting, 2014. Disponível em: <http://www.futuresource-consulting.com/2014-01-Google-Chromebook-8604.html>. Acesso em: 5 fev. 2015.

27 Christensen e Raynor (2003).

28 FOX, C. et al. *The broadband imperative*: recommendations to address K–12 education infrastructure needs. State Educational Technology Directors Association (SETDA), 2012.

29 DARLING-HAMMOND, L. *A right to learn*: a blueprint for creating schools that work. San Francisco: Jossey-Bass, 1997. p. 149.

30 ASH, K. *Digital learning priorities influence school building design*. Education Week, 2013. Disponível em: <http://www.edweek.org/ew/articles/2013/03/14/25newlook.h32.html>. Acesso em: 5 fev. 2015.

31 TAVENNER, D. *Embarking on year two*: moving beyond blended learning. Blend My Learning, 2012. Disponível em: <http://www.blendmylearning.com/2012/11/27/embarking-on-year-two-moving-beyond-blended-learning/>. Acesso em: 5 fev. 2015.

32 GREENBERG, B.; SCHWARTZ, R. *Blended Learning*: personalizing education for students. Coursera, Week 5, Video 8: Facilities and Space pt. 2. Disponível

em: <https://class.coursera.org/blendedlearning-001>. Acesso em: 11 fev. 2015. Acesso mediante cadastro.

33 ASH, K. Digital learning priorities influence school building design. *Education Week*, 2013. Disponível em: <http://www.edweek.org/ew/articles/2013/03/14/25newlook.h32.html>. Acesso em: 5 fev. 2015.

34 MILLAR, E. No classrooms and lots of technology: a danish school's approach. *The Globe and Mail*, 2013. Disponível em: <http://www.theglobeandmail.com/report-on-business/economy/canada-competes/no-classrooms-andlots-of-techonology-a-danish-schools-approach/article12688441/>. Acesso em: 5 fev. 2015.

35 PEARLMAN, B. Designing new learning environments to support 21st Century Skills. In: BELLANCA, J.; BRANDT, R. (Eds.). *21st Century Skills*: rethinking how students learn. Bloomington, Indiana: Solution Tree Press, 2010.

36 Pearlman (2010).

37 Pearlman (2010).

38 LEA, J. Mentor public schools experiment with Blended Learning classroom. *Mentor Patch*, 2013. Disponível em: <http://mentor.patch.com/groups/schools/p/mentor-public-schools-experiment-with-blended-learninda7b16f78e>. Acesso em: 5 fev. 2015.

Capítulo 8

Escolha o modelo

Você sabe os problemas que quer resolver e organizou suas equipes. Você planejou as experiências que quer proporcionar aos alunos, as oportunidades que quer que os professores tenham em seus trabalhos e a tecnologia e os espaços físicos que gostaria que suas escolas tivessem. Agora é hora de calcular como operacionalizar essa visão. Isso muito provavelmente significa escolher entre os modelos de ensino híbrido que apresentamos no Capítulo 1 e, então, personalizá-los para realizar seu plano.

Em 2013, Todd Sutler, Brooke Peters e Michelle Healey iniciaram uma viagem ao redor dos Estados Unidos, da Finlândia e da Itália para pesquisar as práticas preferidas para sua *charter school* no Brooklyn. Sob a bandeira da "Iniciativa Odisseia", a equipe visitou as instalações, conversou com os alunos e sondou os professores em mais de 70 escolas inovadoras.[1] A CityBridge Foundation e o NewSchools Venture Fund patrocinaram uma viagem semelhante no mesmo ano, quando enviaram 12 professores de todo o país para visitar programas de ensino híbrido antes de implementar salas de aulas híbridas em suas escolas locais em Washington, D.C.

Uma viagem de múltiplas paradas certamente não é prática ou necessária para todos, no entanto, pesquisar os melhores modelos para ajustar-se às suas circunstâncias é uma boa ideia.[2] Cinco anos atrás, poderíamos não ter recomendado essa abordagem, pela simples razão de que os modelos básicos de ensino híbrido ainda eram amorfos e poucos podiam atestar seus benefícios. O melhor conselho, na época, era começar com uma folha de papel em branco, apelar para nossos poderes criativos latentes e reunir um modelo de ensino híbrido do princípio, com base nos trabalhos dos alunos, dos recursos e das oportunidades dos professores, da tecnologia disponível e de outras preferências das partes interessadas.

Hoje, porém, escolas e programas suficientes implementaram cada um dos modelos que todos os outros podem se beneficiar, em vez de reinventar a roda. Em síntese, o próximo passo para o ensino híbrido bem-sucedido é *reproduzir*. Faça o que for necessário para copiar os exemplos de modelos de ensino híbrido bem-sucedidos. Naturalmente, personalizar e combinar modelos para suas necessidades e circunstâncias é fundamental, por isso, exploramos essas ideias com antecedência nos Capítulos 5, 6 e 7. Porém, como um precursor da personalização, escolha o modelo ou o conjunto de modelos básicos imediatamente disponíveis. Uma futura explosão de inspiração pode entusiasmar algum inovador a propor um modelo inteiramente novo, mas isso será uma exceção. Na maioria dos casos, será mais simples copiar um modelo existente, uma vez que alguns deles já são bons o suficiente e irão coincidir com as experiências que você deseja para os alunos.

Este capítulo examina seis questões para ajudá-lo a escolher os melhores modelos para suas necessidades entre aqueles que estão surgindo com mais notoriedade nos Estados Unidos: Rotação por Estações, Laboratório Rotacional, Sala de Aula Invertida, Rotação Individual, Flex, À la Carte e Virtual Enriquecido. Se você acompanhou as primeiras partes do livro, provavelmente já examinou estas seis questões:

1. Que problema você está tentando resolver?
2. Que tipo de equipe você precisa para resolver o problema?
3. O que você quer que os alunos controlem?
4. Qual deve ser, na sua opinião, o papel principal do professor?
5. Que espaço físico você pode utilizar?
6. Quantos dispositivos conectados à internet estão disponíveis?

Você irá pesar outros fatores para tomar sua decisão, mas essas seis questões – as respostas para as quais provavelmente surgiram do debate de ideias realizado nos capítulos anteriores – estão no topo da lista para ajudar as equipes locais nas opções com mais probabilidade de corresponder a suas circunstâncias, suas limitações e seus ideais. A Tabela 8.7 e a tabela no Apêndice 8.1 ajudam a reunir em um só local todas as ideias que você debateu para responder essas questões e formular seu modelo de ensino híbrido.

ADAPTE O MODELO AO TIPO DE PROBLEMA

A primeira pergunta a ser respondida é se sua equipe está resolvendo um problema relacionado a alunos regulares em disciplinas essenciais ou solucionando uma lacuna de não consumo. No Capítulo 3, enfatizamos exemplos de diversos problemas centrais, incluindo tratar, por exemplo, as necessidades das crianças da educação infantil que entram na escola com amplas disparidades em habilidades de leitura ou o financiamento insuficiente para laboratórios de ciências do ensino médio. Os problemas de não consumo incluem a necessidade de recuperação de créditos, o acesso a cursos fora do currículo existente ou opções de compensação de faltas – para citar apenas algumas.

Hoje, de modo geral, os modelos sustentados de ensino híbrido dão melhores resultados para os problemas centrais, e os modelos disruptivos dão melhores resultados para problemas de não consumo.[3] À medida que o ensino *on-line* e os modelos disruptivos de ensino híbrido melhoram ao longo do tempo, isso começará a mudar, mas, quando as inovações disruptivas começam, elas são quase sempre mais adequadas para qualquer problema para o qual não existam soluções acessíveis ou para os problemas *menos* complicados.

Incontáveis organizações e empresas de outros setores aprenderam essa lição da maneira mais difícil. Em 1947, quando os cientistas dos Laboratórios Bell da AT&T inventaram o transistor – um dispositivo que, basicamente, controla o movimento da eletricidade –, ele foi disruptivo em relação à tecnologia anterior, os tubos de vácuo. O transistor era menor e mais durável do que um tubo de vácuo, mas os primeiros não conseguiam arcar com a potência necessária para os produtos eletrônicos de consumo da década de 1950: rádios de mesa e televisões de chão. Entretanto, os fabricantes de rádio e televisão existentes ficaram intrigados e, então, investiram centenas de milhões de dólares tentando construir um transistor suficientemente bom para satisfazer seus clientes em substituição aos tubos de vácuo. No entanto, apesar de todo o investimento, naquela época, não fazia sentido trocar para o transistor, pois o tubo de vácuo era melhor.[4]

Esse tipo de investimento é típico de tentativas de implantar tecnologias disruptivas em aplicações regulares existentes. Contudo, visto que as tecnologias disruptivas em sua forma inicial são mal preparadas para concorrer com o sistema existente, as empresas investem dinheiro e tempo extraordinários para tentar torná-las suficientemente boas para seus clientes regulares, porém, elas quase nunca são recompensadas. Elas não fracassam por falta de investimento, mas porque tentam empurrar a disrupção para dentro do mercado maior e mais óbvio, em que os clientes ficarão felizes apenas se a nova tecnologia for melhor do que a solução estabelecida que eles já estavam usando. Este é um padrão de desempenho muito desmotivador para uma ideia promissora, porém nova.

A forma mais fácil de alavancar uma inovação disruptiva é implantá-la em áreas de não consumo. No caso do transistor, a primeira versão comercialmente bem-sucedida surgiu de fora do mercado eletrônico de consumo estabelecido, na forma de um instrumento acústico que exigia algo menor do que um tubo de vácuo do tamanho de um punho para obter potência. Alguns anos mais tarde, em 1955, a Sony apresentou o primeiro rádio portátil transistorizado alimentado por bateria do mundo. Distorcido devido à estática, o rádio portátil transistorizado não podia concorrer com os elegantes rádios de mesa. Porém, ele encontrou uma versão comercial bem-sucedida entre um grupo negligenciado: os adolescentes, para os quais a capacidade de levar aquele rádio transistorizado resistente, compacto e crepitante para longe dos ouvidos dos pais era de um valor tremendo. Com o tempo, o transistor tornou-se suficientemente bom para arcar com a potência que as televisões e os rádios maiores requeriam e, dentro de poucos anos, os negócios baseados no tubo de vácuo estavam fora do mercado, apesar de seu próprio investimento no transistor.

Apontar os modelos disruptivos de ensino híbrido para áreas de não consumo faz mágica em dois aspectos. Primeiro, visto que o ponto de referência da comunidade escolar é não ter opção nenhuma de oportunidades de ensino, é muito mais provável ficar encantado com uma solução promissora, porém, nova. A barreira de desempenho que o modelo disruptivo tem de ultrapassar, portanto, é relativamente fácil. Em alguns casos, mesmo um curso *on-line* primitivo é melhor do que nada. Cursos essenciais para alunos regulares, em contrapartida, apresentam uma barreira de desempenho *muito* mais alta a ultrapassar, porque a comunidade escolar adotará o modelo disruptivo apenas quando ele se tornar superior à melhor versão da sala de aula tradicional.

Segundo, é uma pena *não* usar modelos disruptivos para tratar o não consumo. O sistema educacional tem sofrido há muito tempo com a falta de recursos para satisfazer uma lista cada vez maior de demandas sociais. A estrutura da escola tradicional estendeu-se muito ao longo do tempo para oferecer mais serviços sociais, cafés da manhã, educação especial e cuidados após a escola. Os modelos disruptivos de ensino híbrido apresentam uma oportunidade notável. Finalmente as escolas podem personalizar o ensino, ampliar o acesso e controlar os custos de formas que pareciam impossíveis antes da chegada dessa inovação. Ignorar a perspectiva de usar a inovação disruptiva para resolver problemas de não consumo é negligenciar uma luz de esperança historicamente muito aguardada em um sistema que, do contrário, tem recursos limitados.

Em síntese, a primeira pergunta a fazer ao escolher os melhores modelos de ensino híbrido a reproduzir é a seguinte:

Pergunta 1: Que problema você está tentando resolver?

A. Problema central envolvendo alunos regulares
B. Problema de não consumo

Se sua resposta for A, o ponto de partida mais fácil é escolher um modelo, ou conjunto de modelos, que seja sustentado para a sala de aula tradicional, tal como Rotação por Estações, Laboratório Rotacional ou a Sala de Aula Invertida. Se sua resposta for B, você tem uma oportunidade amadurecida de implantar modelos disruptivos, como os modelos de Rotação Individual, À la Carte ou Virtual Enriquecido. A Tabela 8.1 mostra os modelos mais adequados para a opção A em relação à opção B.

Nem todas as equipes escolhem adaptar modelos aos problemas de acordo com a recomendação na Tabela 8.1, e não há problema nisso. Por exemplo, algumas escolas optam por redesenhar a aprendizagem em suas disciplinas essenciais com um modelo Flex, porque ele é inerentemente mais adequado para personalização e ensino baseado na competência do que o modelo de Rotação por Estações. Nossa única advertência para escolas que estão decidindo aplicar um modelo sustentado a um problema de não consumo ou um modelo disruptivo a um problema central é que, em ambos os casos, a implementação provavelmente exigirá mais esforço para explicar para a comunidade escolar e preparar o lançamento do que se a escola invertesse essa escolha. Entretanto, qualquer uma das opções é viável, e as equipes podem decidir retirar a prioridade dessa primeira pergunta. Com o tempo, os modelos disruptivos se tornarão cada vez melhores em agradar até mesmo o tradicional

Tabela 8.1 Que problema você está tentando resolver?

	Modelos sustentados			Modelos disruptivos			
	Rotação por Estações	Laboratório Rotacional	Sala de Aula Invertida	Rotação Individual	Flex	À la Carte	Virtual Enriquecido
A. Problema central envolvendo alunos regulares	✓	✓	✓				
B. Problema de não consumo				✓	✓	✓	✓

e o central. Alguns acreditam que isso já está se concretizando. À medida que os modelos disruptivos continuam a melhorar, a pergunta 1 se tornará menos relevante.

A Tabela 8.7, no final deste capítulo, fornece um mapa para manter uma contagem dos modelos que correspondem mais especificamente a suas necessidades para cada uma das seis perguntas.

ADAPTE O MODELO AO TIPO DE EQUIPE

A segunda pergunta a ser feita quando se escolhe o modelo de ensino híbrido é que tipo de equipe você reuniu para resolver o problema. Como dissemos no Capítulo 4, certos tipos de equipes são adequadas para resolver certos tipos de problemas, dependendo do nível de mudança que uma organização deseja fazer.

Se você estiver usando uma equipe funcional ou peso leve para resolver um problema, ela será incapaz de implementar modelos de ensino híbrido. As equipes funcionais e peso leve não têm o poder de criar um modelo de ensino próprio verdadeiramente transformador. Pela mesma razão, equipes peso pesado e autônomas são soluções ineficazes e burocráticas para problemas de âmbito limitado. Portanto, a segunda pergunta:

Pergunta 2: Que tipo de equipe você precisa para resolver o problema?

A. *Equipe funcional*. O problema é apenas no nível da sala de aula, do departamento ou da série.
B. *Equipe peso leve*. O problema requer coordenação com outras partes da escola, fora da sala de aula, do departamento ou com professores das séries.
C. *Equipe peso pesado*. O problema requer mudança da arquitetura da escola.
D. *Equipe autônoma*. O problema requer um modelo de educação inteiramente novo.

Para responder a esta pergunta, pode ser útil rever o Capítulo 4 para detalhes sobre o tipo de equipe que funciona melhor para diferentes problemas.

A Tabela 8.2 lista os modelos que correspondem a essas escolhas. As equipes funcionais (opção A) podem implementar qualquer modelo de Rotação por Estações ou Sala de Aula Invertida que não dependam de recursos de outras partes da escola. As Salas de Aula Invertidas são especialmente compatíveis com as equipes funcionais. Muitos professores invertem suas salas de aula por conta própria com apenas um leve aceno de aprovação da administração e absolutamente nenhuma ajuda de uma equipe. Às vezes, porém, esses dois modelos requerem outros tipos de equipes, como discutiremos a seguir.

As equipes peso leve (opção B) são adequadas para implementar qualquer modelo de Rotação por Estações, Laboratório Rotacional ou Sala de Aula Invertida que requeira coordenação entre partes da escola, mas não envolva mudanças arquitetônicas, como novos arranjos de horários e funcionários. Um Laboratório Rotacional necessita de, pelo menos, uma equipe peso leve, se não de uma equipe peso pesado, visto que ele requer coordenação entre o laboratório de informática e as salas de aula e, às vezes, outras partes da organização. Uma Sala de Aula Invertida se beneficiará de uma equipe peso leve para fornecer capacitação profissional, apoio tecnológico e fundos de transição.

As equipes peso pesado (opção C) são a estrutura organizacional ideal para implementar um modelo de Rotação por Estações ou de Laboratório Rotacional, que requer uma configuração inovadora das salas de aula, dos departamentos e de outros componentes dentro da escola. As Salas de Aula Invertidas raramente, ou nunca, requerem mudanças arquitetônicas na escola, mas muitos modelos de Rotação por Estações e de Laboratório Rotacional aspiram a desenvolver novos processos e mudanças inovadoras na escola e se beneficiam da liderança de uma equipe peso pesado.

As equipes autônomas (opção D) são ideais para implementar os modelos disruptivos. A melhor maneira de os líderes realizarem a mudança disruptiva é criando uma equipe autônoma, que tem a liberdade da estrutura da sala de aula tradicional de reconstruir o orçamento, o plano de carreira, o projeto das instalações e o currículo a partir do zero.

Tabela 8.2 Que tipo de equipe você precisa para resolver o problema?

	Modelos sustentados			Modelos disruptivos			
	Rotação por Estações	Laboratório Rotacional	Sala de Aula Invertida	Rotação Individual	Flex	À la Carte	Virtual Enriquecido
A. Equipe funcional	✓		✓				
B. Equipe leve	✓	✓	✓				
C. Equipe pesada	✓	✓					
D. Equipe autônoma				✓	✓	✓	✓

ADAPTE O MODELO À EXPERIÊNCIA DESEJADA DO ALUNO

A terceira pergunta a ser feita na escolha dos modelos é quanto controle você deseja dar aos alunos sobre tempo, lugar, caminho e ritmo de sua aprendizagem. O ensino *on-line* dá o potencial para os alunos planejarem um curso personalizado, que teria sido impossível gerenciar em uma sala de aula tradicional com 30 alunos e um professor. Isto facilita que o aluno controle o ritmo; eles podem fazer uma pausa, retroceder e avançar de acordo com a velocidade em que aprendem. Pode permitir ao aluno controlar o caminho, tanto em relação ao provedor ("Hoje quero aprender divisão longa por meio da Khan Academy, do TenMarks, do ST Math, do ALEKS, de um livro ou de um seminário em grupo pequeno?") quanto ao projeto pedagógico ("Quero assistir a uma aula em vídeo, tentar um desafio interativo, obter uma dica ou fazer uma avaliação?"). O ensino *on-line* também facilita o controle do aluno sobre a hora e o lugar. No passado, os estudantes podiam assistir a aulas expositivas apenas ao vivo. Hoje, eles podem acessá-las – e a muitas outras experiências educacionais – 24 horas por dia, 7 dias por semana, de qualquer lugar com conexão à internet.

Os educadores deparam-se com uma escolha em termos de quanto e que tipo de controle ceder aos alunos. Alguns modelos híbridos permitem que os alunos controlem seu ritmo e caminho para uma parte do curso ou da disciplina, alguns os deixam controlar seu ritmo e caminho ao longo de todo o curso, e outros não apenas os deixam estabelecer seu ritmo e caminho, mas também lhes dão liberdade de ação para pular aulas presenciais totalmente. Esta é a pergunta a ser feita e as respostas mais típicas:

Pergunta 3: O que você quer que os alunos controlem?

A. Seu ritmo e caminho durante a porção *on-line* do curso
B. Seu ritmo e caminho ao longo de quase todo o curso
C. Seu ritmo e caminho ao longo de quase todo o curso, com a flexibilidade de não comparecer às aulas presenciais às vezes

A Tabela 8.3 lista os modelos que correspondem a essas escolhas. A maioria dos modelos de Rotação permite que o aluno controle o ritmo e o caminho durante a porção *on-line* do curso (opção A). O modelo Flex permite que o aluno controle o ritmo e o caminho ao longo de quase todo o curso, assim como o modelo de Rotação Individual em sua maior parte (opção B). Os modelos À la Carte e Virtual Enriquecido permitem que os alunos não apenas controlem o ritmo e o caminho ao longo de quase todo o curso, mas também dão a eles mais flexibilidade caso a aula seja presencial (opção C).

Alguns outros detalhes esclarecem essas diretrizes, bem como as exceções. A Rotação por Estações, o Laboratório Rotacional e a Sala de Aula Invertida limitam o controle do aluno em alguma medida. Na Rotação por Estações e no Laboratório Rotacional, eles podem avançar com a velocidade que quiserem enquanto estão sentados com seus computadores trabalhando sozinhos. Porém, quando o professor os chama para passar para a próxima estação (ou para voltar para a sala de aula, no caso do Laboratório Rotacional), os alunos geralmente voltam a ficar em sincronia com o ritmo do grupo e não têm mais autonomia em relação ao ritmo, mesmo que eles estejam agrupados dinamicamente em um determinado ponto em sua aprendizagem. No caso da Sala de Aula Invertida, os alunos podem ter seu ensino *on-line* à noite na velocidade que preferirem. Porém, no dia seguinte, em aula, eles frequentemente mudam para um ritmo coletivo – ou para uma atividade estabelecida, mesmo se o trabalho for individualizado para o nível deles – de acordo com a atividade presencial que o professor programou para aquele período de aula.

Naturalmente, há exceções. Alguns professores combinam uma Sala de Aula Invertida com elementos de um modelo Flex para permitir que os alunos avancem no seu próprio caminho e ritmo durante uma hora de projeto presencial. Algumas Rotações por Estações e por Laboratório Rotacional têm múltiplas estações individualizadas além da estação de ensino *on-line*. No en-

Tabela 8.3 O que você quer que os alunos controlem?

	Modelos sustentados			Modelos disruptivos			
	Rotação por Estações	Laboratório Rotacional	Sala de Aula Invertida	Rotação Individual	Flex	À la Carte	Virtual Enriquecido
A. Seu ritmo e caminho durante a porção *on-line* do curso	✓	✓	✓				
B. Seu ritmo e caminho ao longo de quase todo o curso				✓	✓		
C. Seu ritmo e caminho ao longo de quase todo o curso, com a flexibilidade de não comparecer às aulas presenciais às vezes						✓	✓

tanto, nossa intenção ao fazer essas caracterizações é fornecer uma observação de alto nível sobre como a maioria desses modelos funciona na prática, para facilitar a escolha das equipes de um modelo básico sem ter de examinar exemplos de todos os diferentes modelos pessoalmente. Apesar das exceções, o padrão geral é que, modelos autônomos, mais comumente a Rotação por Estações, o Laboratório Rotacional e a Sala de Aula Invertida, permitem menos controle do aluno em relação ao caminho e ao ritmo durante o horário de aula presencial do que os outros modelos.

Voltando nossa atenção para os modelos disruptivos, temos observado que os líderes que desejam implementá-los podem escolher entre diversos níveis de controle pelo aluno. O modelo de Rotação Individual é semelhante aos outros modelos Rotacionais, no sentido de que ele permite aos alunos controlarem seu ritmo e caminho quando estão em uma estação *on-line*, mas, em horários fixos, eles retornam para um ritmo e um caminho do grupo. Na Carpe Diem, por exemplo, os alunos mudam para uma nova estação a cada 35 minutos, independentemente de onde estão na estação ou o que podem preferir fazer em seguida. Uma vez que cada aluno tem um cronograma individualizado ao longo das estações, entretanto, a experiência global oferece a eles muito mais controle sobre o ritmo e o caminho do que um modelo de Rotação por Estações ou Laboratório Rotacional. Em contrapartida, o modelo Flex dissolve o cronograma fixo e permite que cada aluno avance no conteúdo e transite entre as modalidades de forma mais fluida. Nos centros de recuperação de desistentes das Wichita Public Schools, os alunos sentam-se em estações de trabalho individuais e controlam seu ritmo enquanto percorrem os cursos Apex Learning. Os professores locais os chamam para discussões de grupo e orientação individual, mas essas interações ocorrem de acordo com a necessidade do momento, não após o toque do sinal.

Os modelos À la Carte e Virtual Enriquecido são opções para equipes que desejam dar aos alunos o controle sobre o tempo e o lugar, além do caminho e do ritmo. Os cursos À la Carte não requerem necessariamente que os alunos venham à escola e, embora nem todos, necessariamente, deem controle aos alunos sobre o caminho e o ritmo de aprendizagem, se eles estão em total sincronia, em geral, se movem nessa direção. Este formato tende a ser uma boa opção para alunos autodirigidos que não têm tempo para fazer outro curso durante o dia letivo regular, que frequentemente estão ausentes devido a atividades extracurriculares ou que, por alguma outra razão, têm dificuldade para fazer um determinado curso na escola – talvez porque não haja um professor na escola que possa lecioná-lo. O modelo Virtual Enriquecido é semelhante, incluindo o fato de que os alunos podem, mas não necessariamente, ter o controle sobre seu caminho e ritmo de aprendizagem. A diferença fundamental é que os alunos devem comparecer à aula pelo menos uma parte do tempo, seja três dias por semana ou três dias por mês. Este modelo ajuda as escolas a melhorar suas taxas de utilização das instalações e pode funcionar bem para alunos autodirigidos que preferem realizar parte do curso afastados do professor presencial. Esses modelos com frequência não são uma boa escolha para alunos que não têm um lugar seguro com pais atenciosos ou outro responsável para ajudá-los e supervisioná-los fora da classe.

ADAPTE O MODELO AO PAPEL DO PROFESSOR

Poucas pessoas discutem que o recurso mais importante que as escolas podem fornecer aos alunos são professores de qualidade. Estudos mostram que famílias fortes e infâncias livres de traumas são imensamente benéficas, mas, em termos do elemento que recai sobre os ombros das escolas, nada é mais importante do que garantir acesso a ótimos professores.

A chegada do ensino *on-line* trouxe mudanças sísmicas ao papel dos professores e traçou as diferenças entre o que os alunos aprendem melhor por meio de *softwares*, com um professor *on-line* e com um professor presencial. Jon Bergmann passou 24 anos dando aulas de ciências para alunos dos ensinos fundamental e médio antes de perceber que poderia gravar suas aulas em vídeo, postá-las para os alunos assistirem em casa e, então, replanejar o tempo em sala de aula para torná-lo mais centrado no aluno, voltado à pesquisa e baseado em projetos.

Em certas circunstâncias, indiscutivelmente, a melhor coisa que um professor pode fazer por um aluno é fornecer ensino presencial excelente. Em outras, quando os alunos estão progredindo com uma experiência *on-line*, o papel mais útil para um professor é sair da frente da sala de aula e, em vez disso, ajudar a planejar o ensino de cada aluno, dar apoio, orientar, facilitar discussões e projetos, avaliar o trabalho e o domínio do aluno e enriquecer a experiência. Além disso, às vezes, o melhor papel para os professores é eles mesmos entrarem na rede e levarem sua *expertise* para uma plateia global como professores *on-line*.

Isso leva à quarta pergunta para as equipes considerarem na escolha do melhor modelo de ensino híbrido:

Pergunta 4: Qual deve ser, na sua opinião, o papel principal do professor?

A. Transmitir conteúdo presencial

B. Fornecer tutoria, orientação e enriquecimento para suplementar as lições *on-line*

C. Atuar como professor *on-line*

Diferentes professores podem assumir diferentes papéis, mas, para o propósito deste exercício, considere apenas o professor principal para o curso ou a disciplina que você deseja combinar. Qual você quer que seja o papel do professor dentro desse curso? Como nas perguntas anteriores, nenhum modelo se encaixa perfeita e exclusivamente em qualquer uma dessas respostas. Muitos cursos Rotacionais, Flex, À la Carte e Virtual Enriquecido têm professores que atuam em várias frentes. Algumas escolas estão combinando mais de um modelo, que pode fazer o papel dos professores se ampliar. Porém, para o propósito de criar uma estrutura básica sobre a qual construir, observamos que o papel principal dos professores tende a diferir de acordo com o padrão demonstrado na Tabela 8.4.

Os professores que adotam Rotação por Estações e Laboratório Rotacional normalmente passam o tempo de aula fornecendo instrução presencial para grupos pequenos ou para a classe inteira (opção A). Eles também monitoram outras estações e modalidades, mas quase todos os casos de Rotação por Estações e de Laboratório Rotacional em nossa pesquisa exibem a aula presencial como um elemento proeminente do curso ou da disciplina híbridas.

Em contrapartida, os professores nos ambientes de Sala de Aula Invertida, Rotação Individual, Flex e Virtual Enriquecido deixam de ser a fonte física primária de lições e conteúdo para serem um guia presencial que ajuda os alunos a viajar pelo conhecimento e as capacidades que eles desenvolvem preliminarmente *on-line* (opção B). Após Aaron Sams, da Woodland Park High School, no Colorado, inverter sua sala de aula, embora continuasse a

Tabela 8.4 Qual deve ser, na sua opinião, o papel principal do professor?

	Modelos sustentados			Modelos disruptivos			
	Rotação por Estações	Laboratório Rotacional	Sala de Aula Invertida	Rotação Individual	Flex	À la Carte	Virtual Enriquecido
A. Transmitir conteúdo presencial	✓	✓					
B. Fornecer tutoria, orientação e enriquecimento presencial para suplementar as lições *on-line*			✓	✓	✓		✓
C. Atuar como o professor *on-line*						✓	

criar lições *on-line* para seus alunos, ele parou de dar aulas expositivas durante o horário de aula e, em vez disso, passou a facilitar experimentos de ciência e projetos baseados em investigação em grupos. A experiência na classe hoje é completamente diferente daquela antes de sua inversão, quando a aula expositiva era uma parte significativa de cada período de aula. Agora, os alunos reúnem-se em grupos com óculos de proteção e diários de experimentos, e o papel de Sams passou a ser gerenciar e orquestrar essa sessão presencial mais turbulenta. Na Carpe Diem, onde um modelo de Rotação Individual fortalece disciplinas acadêmicas essenciais e eletivas, os alunos têm acesso a cursos totalmente *on-line* fornecidos pela Edgenuity. Eles alternam para atividades presenciais para apoiar seu trabalho *on-line* com seminários e ensino baseado em projetos, mas não como fonte principal de conteúdo e instrução.

De maneira semelhante, o modelo Flex para matemática, ortografia e gramática, na Acton Academy, baseia-se em orientadores, em vez de professores, durante o desenvolvimento de habilidades essenciais. O papel do orientador é ajudar os alunos a (1) estabelecer metas semanais, (2) traçar seu próprio progresso e (3) manter portfólios e fazer perguntas úteis quando os alunos ficam "emperrados". Os professores para cursos Virtuais Enriquecidos normalmente desempenham um papel semelhante. Eles se reúnem com os alunos de forma presencial para auxiliar e enriquecer seu trabalho *on-line*, mas não dão as lições fundamentais diárias.

Finalmente, em alguns casos, os professores são mais úteis como professores *on-line* dando cursos À la Carte (opção C). Para as escolas que não têm professores altamente qualificados disponíveis para disciplinas específicas ou têm outros conflitos de horários, a melhor alternativa, com frequência, é encontrar um curso bem conceituado e um professor *on-line*. Outras escolas escolhem esta opção porque seus alunos estão implorando por cursos *on-line* e elas preferem construir e fornecer seus próprios cursos do que pagar terceiros. A Quakertown treinou seus professores do ensino médio para se tornarem professores *on-line* porque o sindicato dos professores se opôs fortemente à contratação de professores *on-line* de fora.

ADAPTE O MODELO AO ESPAÇO FÍSICO

Uma limitação importante a considerar quando você seleciona seu modelo de ensino híbrido é a realidade do espaço físico disponível na escola. No final do ano letivo de 2012-2013, no campus Rainer das Summit Public School, uma *charter school* em San Jose, Califórnia, o professor de matemática, Zack Miller, lamentou: "Minha maior luta no projeto híbrido do ano passado (2011-2012) foi que, embora meus alunos tivessem níveis de habilidade muito variados e lacunas de aprendizagem, eu ainda tinha de ensinar em um ritmo predeterminado. Eu fiquei pensando, 'Se eu simplesmente pudesse derrubar as paredes'". Ele sentia que as limitações físicas das paredes da sala de aula e do formato caixa de ovos da escola impediam o fluxo de estudantes necessário para um modelo Flex.

Portanto, naquele verão, a escola derrubou as paredes. Quando as aulas recomeçaram, no outono, os alunos entraram em um prédio de arquitetura aberta de 700 metros quadrados que incluía bancadas individuais para 200 alunos e quatro espaços flexíveis para aprendizagem em grupos pequenos, orientação individual, oficinas e seminários.[5]

Em outros casos, o espaço físico apresenta mais uma oportunidade do que uma limitação. Quando John Murray, CEO da AdvancePath Academics, pediu que os distritos deixassem sua empresa estabelecer um centro de recuperação de desistentes e de créditos na escola, seu argumento foi simples: "Me dê um espaço de 300 metros quadrados. Eu lhes dou diplomados do ensino médio". Os distritos encontraram ou fizeram o espaço em um prédio pouco usado, e a equipe de Murray trabalhou remodelando-o para uma instalação de ensino com quatro zonas: uma área de recepção de pais e visitantes, um laboratório de informática, uma zona de leitura e escrita *off-line* e uma área para ensino em pequenos grupos com professores.[6]

Seja alugando, construindo, remodelando ou fazendo o possível com o que há disponível, as escolas devem responder às realidades de suas instalações físicas. Isso leva à quinta pergunta que ajuda as equipes a escolher o modelo híbrido certo:

Pergunta 5: Que espaço físico você pode utilizar?

A. Salas de aula existentes
B. Salas de aula existentes e um laboratório de informática
C. Um espaço de aprendizagem grande e aberto
D. Qualquer ambiente supervisionado e seguro

A Tabela 8.5 resume os espaços físicos que cada um dos modelos híbridos normalmente ocupa. A maioria das Rotações por Estações e Salas de Aula Invertidas se desenvolve dentro das salas de aula existentes (opção A). Elas geralmente requerem reorganização da mobília e, às vezes, instalação de tomadas elétricas, mas, em geral, a planta original da sala de aula tradicional pode acomodar essas Rotações. A maioria dos Laboratórios Rotacionais conta com salas de aula tradicionais também para o componente de ensino presencial mais tradicional. Porém, eles requerem um laboratório de informática ou de tecnologia para a estação de ensino *on-line* (opção B). As escolas sem esse espaço são pressionadas para configurar um Laboratório Rotacional.

Os cursos de Rotação Individual, Flex e Virtual Enriquecido se beneficiam de um espaço de aprendizagem aberto maior, em vez das paredes da sala de aula tradicional (opção C). A vantagem de um espaço de sala de aula de tamanho grande é que ele permite que os alunos se movimentem entre os múltiplos formatos e os orientadores andem mais facilmente entre os estudantes nas bancadas individuais, em equipes de aprendizagem e em outras áreas de escape. Os espaços da sala de aula tradicional podem funcionar em uma emergência, mas espaços flexíveis e maiores são mais adequados para esses modelos. Um aspecto único do modelo Virtual Enriquecido é que ele reduz muito a demanda entre alunos individuais para o tempo presencial, o que permite que modelos de programação inovadores que usam o espaço existente atendam mais alunos.

O modelo À la Carte é o mais adaptável a diferentes limitações de espaço. Ele pode funcionar igualmente bem em salas de aula tradicionais, laboratórios de informática, bibliotecas escolares ou em qualquer ambiente seguro e supervisionado dentro e fora da escola com uma boa conexão à internet (opção D). A única exceção é que, quando as escolas querem fornecer um ambiente supervisionado e confortável para que grandes grupos de alunos participem de cursos nessa modalidade, eles se beneficiam de uma sala suficientemente grande. No Capítulo 3, discutimos como a Miami-Dade estabeleceu Laboratórios de Aprendizagem Virtual que abrigam pelo menos 50

Tabela 8.5 Que espaço físico você pode utilizar?

	Modelos sustentados			Modelos disruptivos			
	Rotação por Estações	Laboratório Rotacional	Sala de Aula Invertida	Rotação Individual	Flex	À la Carte	Virtual Enriquecido
A. Salas de aula existentes	✓		✓				
B. Salas de aula existentes e um laboratório de informática		✓					
C. Um espaço de aprendizagem grande e aberto				✓	✓		✓
D. Qualquer ambiente supervisionado e seguro						✓	

alunos por local. Salas grandes permitem que o distrito supervisione os alunos com mais eficiência enquanto eles completam cursos À la Carte por meio da Florida Virtual School. Além disso, muitos desses modelos exibem *cyber* cafés, nos quais os alunos podem aprender entre amigos.

ADAPTE O MODELO À DISPONIBILIDADE DE DISPOSITIVOS CONECTADOS À INTERNET

Como as instalações físicas, a disponibilidade de dispositivos de informática conectados à internet pode ser o fator determinante na seleção de modelos de ensino híbrido, simplesmente porque, às vezes, ela é a limitação básica. Quanto menos acesso os alunos têm a dispositivos, menos modelos irão funcionar. Consequentemente, a sexta pergunta a ser feita na seleção dos modelos é esta:

Pergunta 6: Quantos dispositivos conectados à internet estão disponíveis?

A. Suficientes para uma fração dos alunos
B. Suficientes para todos os alunos ao longo de todo o período de aula
C. Suficientes para todos os alunos usarem em aula e ter em casa ou após a aula

Os dispositivos habilitados para a internet incluem *desktops*, *laptops*, *tablets* e telefones celulares. O problema com os *tablets* e os telefones celulares, entretanto, é que, embora eles funcionem como ferramentas de consumo convenientes, são péssimos para produção por si só. Em outras palavras, eles são ótimos para assistir a vídeos e outras mídias *on-line*, mas não espere que os alunos sejam capazes de compor redações ou produzir projetos digitais neles quase tão bem como se tivessem um teclado e uma tela de tamanho grande. (Notamos que cada vez mais escolas estão conectando teclados físicos aos *tablets* para permitir que eles superem esta deficiência.)

Alguns modelos de ensino híbrido funcionam bem em salas de aula que não têm um dispositivo para cada aluno, enquanto outros o requerem, não apenas na aula, mas também em casa. A Tabela 8.6 resume os modelos que se adaptam melhor a cada circunstância.

Um achado importante é que muitos programas híbridos prosperam mesmo quando os alunos não têm um dispositivo pessoal para usar (opção A). A KIPP Empower Academy, de Los Angeles, e a Comienza Community Prep mantêm, ambas, uma proporção de um dispositivo para cada dois alunos.[7] Isso funciona devido ao seu modelo de Rotação por Estações, que geralmente requer que apenas alunos na estação de ensino *on-line* tenham acesso a um computador.⁸ Algumas escolas, por exemplo, estabelecem Rotação por Estações que têm até seis estações, o que pode diminuir ainda mais a necessidade por tecnologia. Muitas escolas também não necessitam de um dispositivo para cada estudante para seu modelo de Laboratório Rotacional. O laboratório de aprendizagem de uma escola poderia acomodar 130 alunos em determinados horários e, devido ao seu modelo Rotacional, isso seria bastante para uma escola de aproximadamente 600 alunos.⁹

Em contrapartida, os modelos de Rotação Individual e Flex requerem que os alunos tenham acesso a um computador ao longo de todo o curso ou toda a disciplina híbrida (opção B). A internet é a espinha dorsal da aprendizagem nesses dois modelos, e os alunos precisam ser capazes de acessar conteúdo e instrução *on-line* sem aguardar sua vez.

Três modelos levam a necessidade de acesso dos alunos a dispositivos um passo adiante. Os modelos Sala de Aula Invertida, À la Carte e Virtual Enriquecido funcionam melhor quando os alunos têm acesso a um dispositivo tanto na escola, durante todo o período híbrido, quanto fora dela, para completar seu trabalho no curso designado para ser acompanhado *on-line* (opção C). Em alguns casos, as escolas esperam que os alunos completem cursos À la Carte na escola usando os computadores locais, mas isto limita a capacidade do estudante de acelerar ao longo de um curso durante os horários fora da

Tabela 8.6 Quantos dispositivos conectados à internet estão disponíveis?

	Modelos sustentados			Modelos disruptivos			
	Rotação por Estações	Laboratório Rotacional	Sala de Aula Invertida	Rotação Individual	Flex	À la Carte	Virtual Enriquecido
A. Suficientes para uma fração dos alunos	✓	✓					
B. Suficientes para todos os alunos ao longo de todo o período de aula				✓	✓		
C. Suficientes para todos os alunos usarem em aula e ter em casa ou após a aula			✓			✓	✓

escola. Em geral, o melhor cenário em relação a dispositivos para os modelos de Sala de Aula Invertida, À la Carte e Virtual Enriquecido é a escola garantir que todos os alunos tenham acesso a um dispositivo conectado à internet em casa e na escola.

PRIORIZANDO OPÇÕES E FAZENDO A SELEÇÃO

Se você avaliou todas as seis perguntas e considerou a análise por trás das opções, sua equipe está pronta para escolher um modelo de ensino híbrido. Comece usando a Tabela 8.7, priorizando as seis perguntas que analisamos. Qual delas tem mais importância em suas circunstâncias? Quais são as limitações? Um grupo de escolas católicas que aconselhamos não tinha um dispositivo para cada aluno e eles queriam incluir um projeto híbrido. Para elas, a pergunta 6 era a mais importante. Várias escolas na Pensilvânia enfrentaram uma oposição significativa da comunidade à ideia de usar ensino *on-line* para substituir a sala de aula tradicional. A pergunta 1 era uma consideração de alta prioridade para elas. Outra escola em Rhode Island estava construindo um prédio novo; ela precisou dar atenção especial à pergunta 5.

Depois de ter selecionado as questões que mais importam ou que são obstáculos, some os pontos totais para cada modelo com base em suas respostas das perguntas 1 a 6.[10] Isso lhe dará uma ideia do número de formas em que cada modelo se ajusta ao longo de todas as seis dimensões. Os melhores modelos para o seu programa são aqueles que vão em direção ao topo em relação a ambos os critérios – satisfazem suas principais prioridades e correspondem às suas necessidades na maioria das formas. Para mais referências, o Apêndice 8.1, no final deste capítulo, resume como os modelos se comparam em termos de cada uma das seis perguntas.[11]

ADOTANDO MODELOS MÚLTIPLOS

Há uma reviravolta que pode complicar a escolha do modelo, mas que também apresenta uma oportunidade para muita criatividade. Descobrimos que muitas escolas vão além de escolher apenas um modelo para criar um processo contínuo de seleção de modelos à medida que as circunstâncias e as necessidades se apresentam. As Da Vinci Schools, em Hawthorne, na Califórnia, combinam a Sala de Aula Invertida e o Laboratório Rotacional, por exemplo. Os professores apresentam o novo conteúdo *on-line* aos alunos em casa; na escola, no dia seguinte, eles alternam entre ensino de grupo pequeno, trabalho de grupo colaborativo, aconselhamento, estágios, laboratórios de projetos e tempo de laboratório de ensino *on-line*.[12]

As Schools for the Future (SFF), em Detroit, estruturam o dia para inserir os alunos em uma Rotação Individual; eles alternam em um cronograma personalizado entre aulas, trabalho individual, estações de trabalho, estágios e experiências na comunidade. À medida que avançam para os níveis superiores da SFF, os alunos ganham maior independência e opções mais amplas sobre como, onde e o que aprendem. Seu "*campus* ilimitado" inclui uma série de cursos À la Carte de ensino médio e de ensino superior.[13]

O Danville Independent Schools, um distrito em Danville, Kentucky, conta com um Laboratório Rotacional para ajudar os alunos a completar um currículo central baseado na competência. Eles demonstram competência por meio de avaliações baseadas em padrões, tarefas de desempenho ou recomendação do professor. Após dominar os requisitos para a carreira e para

Tabela 8.7 Escolha o modelo que se ajusta a suas circunstâncias

Dê um ponto para o(s) modelo(s) que se adapta(m) às suas necessidades para cada pergunta	Modelos sustentados			Modelos disruptivos			
Pergunta	Rotação por Estações	Laboratório Rotacional	Sala de Aula Invertida	Rotação Individual	Flex	À la Carte	Virtual Enriquecido
1. Que problema você está tentando resolver?							
2. Que tipo de equipe você precisa para resolver o problema?							
3. O que você quer que os alunos controlem?							
4. Qual deve ser, na sua opinião, o papel principal do professor?							
5. Que espaço físico você pode utilizar?							
6. Quantos dispositivos conectados à internet estão disponíveis?							
Total de pontos:							

o ensino superior estabelecidos pelo estado, os estudantes estabelecem um caminho personalizado, com uma área de foco selecionada por eles para sua aprendizagem, e estão livres para iniciar cursos À la Carte.[14]

Talvez a linguagem das escolas e das salas de aula esteja ultrapassada. No entanto, os educadores estão começando a falar de estúdios de aprendizagem, praças de aprendizagem e bases domésticas para tentar ter uma noção das escolas que oferecem um portfólio de opções em conformidade com as necessidades de cada aluno.[15] Para desenvolver todo esse cardápio, o processo de escolher modelos e desenvolvê-los deve ser contínuo.

Resumindo

- Em vez de tentar planejar um modelo de ensino híbrido a partir do zero, os líderes devem escolher um dos modelos já estabelecidos – Rotação por Estações, Laboratório Rotacional, Sala de Aula Invertida, Rotação Individual, Flex, À la Carte e Virtual Enriquecido – e então personalizá-lo.
- A primeira pergunta a fazer é: que problema você está tentando resolver? Os problemas centrais envolvendo alunos regulares são mais bem atendidos pelos modelos sustentados. Problemas de não consumo são um solo fértil para os modelos disruptivos.
- A segunda pergunta é: que tipo de equipe você precisa para resolver o problema? Os modelos disruptivos têm mais probabilidade de serem bem-sucedidos quando você tem uma equipe autônoma, enquanto há mais flexibilidade com os três modelos híbridos.
- A terceira pergunta é: o que você quer que os alunos controlem? Três dos modelos permitem que os alunos controlem seu ritmo e caminho durante a porção *on-line* do curso. Os outros modelos concedem maior controle aos alunos.
- A quarta pergunta é: qual deve ser, na sua opinião, o papel principal do professor? Alguns modelos implementam o professor como um guia ou professor *on-line*, em vez de fonte do ensino presencial.
- A quinta pergunta é: que espaço físico você pode utilizar? Todos os modelos, exceto a Rotação por Estações e a Sala de Aula Invertida, se beneficiam de um espaço de sala de aula não tradicional.
- A sexta pergunta é: quantos dispositivos conectados à internet estão disponíveis? As Rotações por Estações e os Laboratórios Rotacionais funcionam bem quando apenas uma fração dos alunos tem acesso a um computador.
- As equipes devem escolher um modelo analisando quais atendem suas necessidades na maioria das formas e naquelas de mais alta prioridade.
- Escolas inovadoras repetem esse processo para desenvolver um cardápio de modelos e opções para os alunos.

APÊNDICE 8.1: QUE MODELOS DE ENSINO HÍBRIDO SÃO MAIS ADEQUADOS PARA SUAS CIRCUNSTÂNCIAS?

Pergunta	Rotação por Estações	Laboratório Rotacional	Sala de Aula Invertida	Rotação individual	Flex	À la Carte	Virtual Enriquecido
Que problema você está tentando resolver?	Problema central envolvendo alunos regulares	Problema central envolvendo alunos regulares	Problema de não consumo	Problema de não consumo	Problema de não consumo	Problema de não consumo	Problema de não consumo
Que tipo de equipe você precisa para resolver o problema?	Funcional, peso leve e peso pesado	Peso leve ou peso pesado	Funcional ou peso pesado	Funcional ou peso leve	Autônoma	Autônoma	Autônoma
O que você quer que os alunos controlem?	Seu ritmo e caminho durante a porção on-line do curso	Seu ritmo e caminho durante a porção on-line do curso	Seu ritmo e caminho durante a porção on-line do curso	Seu ritmo e caminho durante quase todo o curso	Seu ritmo e caminho durante quase todo o curso	Seu ritmo e caminho durante quase todo o curso, com a flexibilidade de pular aula presencial às vezes	Seu ritmo e caminho durante quase todo o curso, com a flexibilidade de pular aula presencial às vezes

(continua)

Pergunta	Rotação por Estações	Laboratório Rotacional	Sala de Aula Invertida	Rotação Individual	Flex	À la Carte	Virtual Enriquecido
Qual deve ser, na sua opinião, o papel principal do professor?	Transmitir conteúdo presencial	Transmitir conteúdo presencial	Fornecer tutoria, orientação e enriquecimento presenciais para suplementar as lições on-line	Fornecer tutoria, orientação e enriquecimento presenciais para suplementar as lições on-line	Fornecer tutoria, orientação e enriquecimento presenciais para suplementar as lições on-line	Atuar como professor on-line	Fornecer tutoria, orientação e enriquecimento presenciais para suplementar as lições on-line
Que espaço físico você pode utilizar?	Salas de aula existentes	Salas de aula existentes e um laboratório de informática	Salas de aula existentes	Um espaço de aprendizagem grande e aberto	Um espaço de aprendizagem grande e aberto	Qualquer ambiente supervisionado e seguro	Um espaço de aprendizagem grande e aberto
Quantos dispositivos conectados à internet estão disponíveis?	Suficientes para uma fração dos alunos	Suficientes para uma fração dos alunos	Suficientes para todos os alunos usarem em aula e ter em casa ou após a escola	Suficientes para todos os alunos ao longo de todo o período de aula	Suficientes para todos os alunos ao longo de todo o período de aula	Suficientes para todos os alunos usarem em aula e ter em casa ou após a aula	Suficientes para todos os alunos usarem em aula e ter em casa ou após a aula

(continuação)

NOTAS

1 DINARDO, N. *A cross-country roadtrip to design a school*. EdSurge, 2014. Disponível em: <https://www.edsurge.com/n/2014-01-14-a-cross-country-roadtrip-to-design-a-school>. Acesso em: 5 fev. 2015.

2 Para saber sobre mais modelos em operação, recomendamos dar uma olhada nos perfis de ensino híbrido e em estudos de caso acumulados no Blended Learning Universe, no Clayton Christensen Institute.

3 Observamos que as inovações disruptivas também são bem adequadas para problemas cujas soluções existentes excedem ao que os usuários necessitam para resolver o problema e, portanto, eles estão *saturados*. Também notamos que isso pode ser uma realidade frustrante para alguns, visto que os especialistas geralmente estão preocupados com os problemas mais intratáveis e desafiadores, que, no caso das escolas, significa atender os alunos com as necessidades mais altas e os problemas mais complicados, mas as disrupções bem-sucedidas geralmente lidam com os desafios menos sofisticados no início.

4 A história do transistor é resumida de Christensen e Raynor (CHRISTENSEN, C. M.; RAYNOR, M. E. The *Innovator's solution*: creating and sustaining successful growth. Boston: Harvard Business School Press, 2003).

5 TAVENNER, D. *Embarking on year two:* moving beyond blended learning. Blend My Learning, 2012. Disponível em: <http://www.blendmylearning.com/2012/11/27/embarking-on-year-two-moving-beyond-blended-learning/>. Acesso em: 5 fev. 2015.

6 STAKER, H. et al. *The rise of K–12 Blended Learning:* profiles of emerging models. Clayton Christensen Institute, 2011. Disponível em: <http://www.christenseninstitute.org/wp-content/uploads/2013/04/The-rise-of-K-12-blended-learning.emerging-models.pdf>. Acesso em: 5 fev. 2015.

7 BERNATEK, B. et al. *Blended Learning in practice*. Michael & Susan Dell Foundation, 2012. Disponível em: <http://5a03f68e230384a218e0-938ec019df699e606c950a5614b999bd.r33.cf2.rackcdn.com/Blended_Learning_Summit_083012.pdf>. Acesso em: 5 fev. 2015.

8 Os alunos frequentemente alternam entre duas ou três estações, em que apenas uma delas é para ensino *on-line*, o que significa que apenas metade ou um terço dos alunos precisa de um computador em qualquer momento durante a rotação (BERNATEK, B. et al. *Blended Learning in Practice*. Michael & Susan Dell Foundation, 2012. Disponível em: <http://5a03f68e230384a218e0-938ec019df699e606c950a5614b999bd.r33.cf2.rackcdn.com/Blended_Learning_Summit_083012.pdf>. Acesso em: 5 fev. 2015).

9 Bernatek et al. (2012).

10 Essas questões também irão ajudá-lo a refletir sobre suas considerações de orçamento enquanto você constrói seu modelo de ensino híbrido. O tópico de or-

çamento e finanças para apoiar o ensino híbrido é uma questão que escolhemos não nos aprofundar neste livro.

11 Também recomendamos fortemente que os educadores recorram ao Blended Learning Implementation Guide (Cap. 1, n. 11) para assistência. As seis perguntas e o Apêndice 8.1 oferecem uma forma de alto nível de refletir sobre as questões que não foram abordadas aqui.

12 DA VINCI schools: Da Vinci communications. Next Generation Learning Challenges, [201-?]. Disponível em: <http://net.educause.edu/ir/library/pdf/NG1205.pdf>. Acesso em: 5 fev. 2015.

13 SCHOOLS for the future: SFF Detroit. Next Generation Learning Challenges, [201?]. Disponível em: <http://net.educause.edu/ir/library/pdf/NG1215.pdf>. Acesso em: 5 fev. 2015.

14 DANVILLE Independent Schools: Bate Middle School e Danville High School. Next Generation Learning Challenges, [201?]. Disponível em: <http://net.educause.edu/ir/library/pdf/NGP1301.pdf>. Acesso em: 5 fev. 2015.

15 PEARLMAN, B. Designing new learning environments to support 21st Century Skills. In: BELLANCA, J.; BRANDT, R. (Eds.). *21st Century Skills*: rethinking how students learn. Bloomington: Solution Tree Press, 2010.

Parte 4

Implementação

Entendimento › Mobilização › Planejamento › **Implementação**

Capítulo 9

Crie a cultura

Alguma vez você entrou em uma escola que, na teoria, parecia fantástica, mas, na prática, era simplesmente "apagada"? Os alunos não estavam fazendo o que deveriam; os professores pareciam cansados; ou talvez as instalações fossem confusas. Após todo o debate e o planejamento que entram na criação de uma inovação na educação, a execução ainda importa muito. E, quando a cultura não é certa, ou é desigual, a execução pode desmoronar. Muitos consideram a cultura um assunto nebuloso para dedicar um capítulo em um livro sobre planejar e implementar o ensino híbrido a partir do zero. É uma daquelas coisas sobre as quais as pessoas tendem a falar em termos oblíquos; elas sugerem que a cultura de uma organização está simplesmente no ar do lugar. "Você conhece a cultura quando você a sente", eles dizem com frequência.

Porém, a cultura é uma parte fundamental do sucesso de qualquer programa de ensino híbrido. Um amigo que trabalha em escolas híbridas uma vez nos comentou: "O ensino híbrido acelera uma boa cultura e a torna excelente, mas ele também irá acelerar uma má cultura e torná-la terrível".[1] A cultura é especialmente útil – ou tóxica – em programas híbridos, porque eles implicam dar aos alunos mais controle e flexibilidade. Se faltam aos alunos os processos e as normas culturais para lidar com essa instância, a mudança para um ambiente personalizado pode ter o efeito oposto.[2] Não tratar o tema da cultura é não tratar uma das partes mais importantes do planejamento de um programa de ensino híbrido – na verdade, é negligenciar uma das partes mais importantes de qualquer escola.

Isso significa que, mesmo após uma equipe planejar cada aspecto de seu modelo híbrido, das experiências de alunos e professores ao ambiente físico e virtual, seu trabalho não terminou. Na verdade, seus esforços certamente serão insuficientes se os membros da equipe deixarem de dar atenção ao planejamento e à criação de normas culturais fortes para consolidar seu projeto e fazê-lo funcionar bem. Independentemente de a equipe inicial ser funcional, peso leve, peso pesado ou autônoma, ela deve levar a cabo tal esforço, dando atenção a cada detalhe da elaboração da cultura certa.

Apesar de a cultura ser tão importante, não é fácil acessá-la. Então, como as equipes podem controlá-la e moldá-la para aumentar ao máximo suas chances de sucesso? Entender isso levanta a questão: o que é cultura? E, se ela é tão importante para fazer bem o ensino híbrido, como se pode criar uma "boa" cultura?

O QUE É CULTURA?

Edgar Schein, professor emérito no MIT, é um estudioso de renome da cultura organizacional.[3] Ele define cultura organizacional nestes termos:

> Cultura é uma forma de trabalhar em conjunto para alcançar objetivos comuns seguidos com tanta frequência e com tanto sucesso que as pessoas nem mesmo pensam em tentar fazer as coisas de outra maneira. Se uma cultura se formou, as pessoas, de forma autônoma, fazem o que precisam fazer para serem bem-sucedidas.[4]

O instinto de trabalhar em conjunto para alcançar objetivos comuns não é formado da noite para o dia. Ele se desenvolve gradualmente ao longo do tempo, à medida que as pessoas em uma organização trabalham juntas para solucionar problemas e fazer as coisas. Em toda organização, há uma primeira vez em que um problema surge. Em uma escola, esse problema pode se parecer mais ou menos com isto:

> "A sala dos professores está um desastre – quem é o responsável por limpar este lugar, afinal?"

> "Como vamos lidar com as queixas de um pai?"

> "John já faltou a escola dez vezes este ano; o que devemos fazer em relação a isso?"

> "Como vamos manter o nível de ruído no refeitório sob controle?"

Em cada instância de um problema ou uma tarefa decorrente, as pessoas responsáveis tomam uma decisão sobre o que e como fazer. Se a solução delas funcionar, no mínimo, de forma adequada, elas provavelmente irão apelar para a mesma solução da próxima vez que um desafio semelhante surgir. Se ela for malsucedida – os alunos se rebelarem, os professores resistirem ou o diretor repreender, por exemplo –, as pessoas responsáveis pela solução provavelmente irão buscar um recurso diferente da próxima vez. À medida que esse processo de tentativa e erro se repete, os responsáveis refinam sua aprendizagem sobre o que importa para a organização – as *prioridades* da organização – e como executá-las – os *processos*. Eles aprendem quais comportamentos a organização recompensa e quais ela pune.

No fim, o sistema fica tão internalizado que esses processos e prioridades se tornam reflexos. Desde que a rotina continue funcionando suficientemente bem, por que mudá-la? Uma cultura começa a se aglutinar em torno daquele comportamento.

As escolas têm muitos processos e prioridades que podem se aglutinar ao longo do tempo em uma cultura compartilhada. Se os administradores da escola de ensino médio acham que um processo para criar horários de alunos funciona bem, então, da próxima vez em que eles precisarem fazer isso, provavelmente usarão o mesmo processo. Com o tempo, aquela se torna a cultura para organizar os alunos, sem ter de pensar muito sobre isso. Se os professores acham que abrir as discussões de classe de uma certa forma tende a envolver os alunos, eles provavelmente irão usar a mesma técnica novamente. Com o tempo, isso se torna parte da cultura de sala de aula.[5] Se os alunos aprendem que são sempre felicitados quando caminham pelos corredores e sempre repreendidos por correr, com o tempo, uma norma cultural se desenvolve, e os estudantes acham mais fácil autorregular sua velocidade nos corredores.

O poder da cultura é que, quando os membros de uma organização alcançam um paradigma comum sobre como trabalhar em conjunto para ser bem-sucedido, fundamentalmente, eles não precisam parar para perguntar uns aos outros o que fazer. Eles simplesmente supõem que devem continuar fazendo o que eles têm feito, porque funciona. Em outras palavras, ela satisfaz as prioridades e os valores daquela organização em particular. Como resultado, a organização se torna autogerenciável, uma vez que as pessoas fazem o que precisam para serem bem-sucedidas, de forma autônoma.[6]

O PODER DA CULTURA PARA AS CRIANÇAS

Organizações repletas de crianças são especialmente recompensadas pelo esforço em ajudar seus jovens membros a se tornarem colaboradores que gerenciam sua rotina para o bem comum. Uma história da família Eyre mostra o poder da cultura forte em uma organização com crianças.

Richard e Linda Eyre são pais de nove filhos e fizeram carreira dando palestras e escrevendo sobre como construir famílias bem-sucedidas.[7] Eles apareceram em todos os programas de maior audiência dos Estados Unidos. Em um livro sobre ensinar responsabilidade às crianças, Linda contou sobre um problema que enfrentou quando era uma jovem mãe, na época com três filhos. Ela ficava irritada com a falta de vontade de seus filhos de arrumar suas camas. Ter uma casa arrumada era uma prioridade para ela, e se perguntava como incutir isso em seus filhos. Inicialmente, tentou censurar e reclamar toda vez que percebia uma cama desarrumada. Aquele processo logo se revelou irritante tanto para Linda quanto para seus filhos. Então, ela tentou ignorar a bagunça, esperando que seus filhos amadurecessem com isso. O tempo passou e esse processo também fracassou. Ela tentou a abordagem suportar-com-um-sorriso e o método ficar-com-raiva, mas ambos foram igualmente inúteis.

Finalmente, ela encontrou um processo que funcionou. Primeiro, teve de ensinar a seus filhos como arrumar suas camas. Toda manhã, ela pegava cada filho pela mão, um por um, e dizia: "Vamos arrumar sua cama". Após estabelecer essa habilidade, ela e seu marido reuniram a família e tiveram uma conversa sobre como trabalhar em conjunto era importante para o bem-estar de cada pessoa. Então, eles pediram que as crianças estabelecessem suas próprias metas sobre arrumar suas camas, limpar seus quartos e escovar seus dentes. O filho de 14 anos estabeleceu a meta de arrumar sua cama todos os dias durante uma semana. Quatro dias por semana Linda entrava em seu quarto para descobrir, para seu espanto, que a cama já estava arrumada. Nos outros três dias, apenas algumas palavras para lembrá-lo de sua meta traziam resultados imediatos.

Por meio de tentativa, erro e muita reflexão, Linda encontrou um processo que funcionou para sua família: primeiro, ensinar aos filhos *como*; então, deixar que *eles* estabelecessem a meta. Os Eyres repetiram esse processo várias vezes, não apenas para as camas, mas também para fazer o café da manhã, lavar a louça e realizar outras tarefas. Com o tempo, a rotina tornou-se uma cultura familiar forte de trabalhar em conjunto nas tarefas domésticas.[8]

O PODER DA CULTURA NAS ESCOLAS

Assim como nas empresas e nas famílias, a cultura nas escolas é fundamental para suavizar o caminho para que elas possam cumprir sua missão. Um amigo nos contou sobre uma escola que ele fundou em San Francisco, em meados da década de 1990, que necessitava de uma mudança de cultura. A escola enfrentava um problema comum a muitas outras: após dias longos, a última coisa que os professores queriam fazer era sentar para uma reunião. Eles estavam cansados e tinham mais trabalho a fazer para se preparar para o dia seguinte. Queriam ir pra casa. Uma reunião parecia uma distração inútil.

Porém, as reuniões são importantes para comunicar sobre as atividades de toda a escola e para dar aos professores um tempo para coordenarem seus planos de aula. O desafio era torná-las produtivas e manter os professores envolvidos.

A escola decidiu experimentar um novo processo para solucionar o problema. Ele envolvia um método que a Interaction Associates, uma empresa de desenvolvimento de liderança global, tinha criado para melhorar a forma de realizar reuniões. O método introduzia uma variedade de estruturas para tornar uma reunião mais eficaz, mas, em particular, implantava uma técnica para ajudar a entusiasmar os professores com a reunião no início, de modo que ela começasse com o pé direito. As reuniões começavam com os professores compartilhando uma celebração ou uma reflexão de "conexão". Como nosso amigo disse:

> A celebração é baseada na pesquisa que mostra que os professores – e qualquer pessoa, inclusive – encontrarão mais produtividade se eles se sentirem celebrados e apreciados por seus colegas ou conectados com eles. As celebrações mudam o tom e o sentimento da reunião de uma distração inútil para alguma coisa que vale a pena valorizar. A celebração pode ser de um colega, de um aluno, de um membro da família ou de qualquer coisa. Ninguém tem de falar mais alto. Geralmente, damos três a cinco minutos para partilhar celebrações rápidas. Realmente funciona e muda a forma como as reuniões acontecem. Uma conexão é usada quando alguma coisa ruim aconteceu ou, às vezes – como após o 11/9 ou um suicídio ou algo assim –, quando uma celebração simplesmente parece certa, então, o incentivo é "Ao que você se sente conectado?".

O processo funcionou tão bem que a escola usou essa técnica de reunião repetidamente, até que ela se tornou parte da cultura. Nosso amigo então deixou a escola para fundar outra. Doze anos mais tarde, ele retornou para visitar a escola. O que ele viu o deixou maravilhado. A equipe e os professores ainda estavam fazendo celebrações em todas as suas reuniões. Quando perguntou por que eles as faziam, ninguém sabia. Era apenas a forma como as coisas eram feitas. A cultura tinha sobrevivido à sua partida. A implicação é que não apenas a cultura é poderosa, mas ela também é resistente. Proceda com cautela na gestão de uma cultura, porque ela é duradoura.

COMO MOLDAR A CULTURA

Tanto a família Eyre quanto a tradição da celebração atestam o fato de que os líderes podem moldar a cultura de suas organizações. Com relação às escolas, em alguns casos, uma cultura já existe, mas não está funcionando. Os alunos não estão no caminho certo, os professores estão sobrecarregados – alguma coisa em relação à cultura está desequilibrada. A reação instintiva para muitos líderes neste ponto é atacar a própria cultura e pedir mudança cultural. No entanto, simplesmente falar sobre cultura não é eficaz. Outros líderes, particularmente alguns supervisores, nos últimos anos, tentaram dar um susto em seus distritos para mudar sua cultura, criando uma crise de "mudar ou perecer", encontrando apenas resistência feroz e pouca mudança.[9] A boa notícia, entretanto, é que os líderes não precisam esperar – ou forçar – uma crise suficientemente poderosa para provocar uma mudança. Eles podem mudar a cultura por meio de um processo mais dirigido.

Os educadores podem deliberadamente construir uma cultura seguindo um conjunto de regras. A primeira é esta: comece definindo um problema ou uma tarefa – que ocorra repetidamente. Ponha de lado o padrão de resposta existente da escola. A ideia aqui é tentar algo novo que funcione melhor.

Em seguida, forme um grupo externo à organização e o encarregue de encontrar soluções para resolver o problema. Se o grupo fracassar, tudo bem. Peça que eles tentem novamente, com um processo diferente. Então, quando forem bem-sucedidos, não disperse a equipe. Em vez disso, peça que ela resolva o problema toda vez que ele ocorrer – repetidamente. Quanto mais vezes eles resolverem o problema da mesma forma e forem bem-sucedidos, mais instintivo o processo se torna. A cultura é formada por meio de repetição. Com muita frequência, quando os problemas surgem, se uma solução funcionar, a discussão termina e a equipe debanda. Se a solução não funcionar, o líder repreende ou muda a equipe. Nenhuma dessas abordagens funciona para criar uma cultura deliberada.[10]

Uma vez demonstrado que uma cultura funciona, tome nota e converse sobre ela tão frequentemente quanto possível. Muitos líderes escolares acham válido ter um documento por escrito de sua cultura que eles possam promover. Jeff e Laura Sandefer, da Acton Academy, são conscienciosos quanto a definir e promover os aspectos fundamentais da cultura da Acton Academy – que pode não ser adequada para todos, mas que funciona em sua comunidade. Alguns destes incluem:

- Todos podem atuar como alunos e como guias. Os deveres de treinamento cabem a toda a comunidade em um sistema voluntário de troca, em que os maiores dotes e necessidades podem ser ajustados uns aos outros.
- A qualidade do trabalho é julgada pelos pares, frequentemente em relação a um exemplo de classe mundial ou avaliada por visitantes em uma exposição de estúdio. O melhor trabalho é mantido em portfólios eletrônicos e impressos e será usado quando os alunos palestrarem em apresentações internas.
- Os guias atendem alunos e pais valorizando a parceria; pesquisas de satisfação do cliente semanais anônimas são enviadas para os alunos e os pais, e os resultados são publicados.[11]

Entretanto, simplesmente anotar e conversar sobre a cultura não é suficiente. Os líderes devem tomar decisões que estejam inteiramente alinhadas com ela. Considere o que acontece em uma família se os pais simplesmente decretam "É desta forma que a nossa família se comporta", mas não acompanham por meio de recompensas e punições consistentes, dando o exemplo. A comunicação é importante, mas é ainda mais importante defendê-la e praticá-la.

Você pode definir a saúde da cultura de uma organização perguntando: "Confrontados com uma escolha de como fazer algo, os membros da organização tomam a decisão que a cultura 'queria' que eles tomassem? E o *feedback* que eles receberam foi coerente com ela?".

As regras para mudar uma má cultura e para moldar uma cultura a partir do zero são idênticas. Identifique e defina os problemas que precisam ser resolvidos na nova organização e, então, resolva-os. Se as soluções forem bem-sucedidas, repita-as até que os processos e as prioridades tornem-se reflexos dentro da cultura da organização.

A lista a seguir resume as regras essenciais para criar ou mudar a cultura.

Como moldar a cultura

✓ Definir um problema ou uma tarefa que ocorre repetidamente.
✓ Designar um grupo para resolver o problema.
✓ Se o grupo falhar, peça que eles tentem novamente com um processo diferente.
✓ Se eles forem bem-sucedidos, peça ao mesmo grupo para repetir o processo toda vez que o problema ocorrer.
✓ Anote e promova sua cultura.
✓ Viva de forma consistente com a cultura.

O PODER DA CULTURA NAS IMPLEMENTAÇÕES DO ENSINO HÍBRIDO

Moldar a cultura é fundamental em qualquer escola, principalmente em uma com ensino híbrido. Oliver Sicat declarou o seguinte quando estava há seis meses em seu mandato como CEO da USC Hybrid High School:

> Se houve uma única coisa que aprendemos nas charters v.1.0, é que a cultura importa. E não estou falando sobre cultura no sentido de que todo mundo está caminhando em fila indiana. Estou falando sobre manter os alunos com altas expectativas de comportamento e de receber recompensas e punições por todo comportamento positivo e negativo que não toleramos, sem desculpas. Isto é ainda mais importante se você estiver planejando ambientes de aprendizagem aberta. Como planejamos, modelamos, treinamos e tornamos os alunos responsáveis pela cultura que queremos criar? Tivemos de priorizar isto para que a aprendizagem pudesse acontecer.[12]

Isso resume tudo. Mas aqui estão três exemplos para explicar este ponto.

ASSISTA AO CLIPE 19: A USC Hybrid High School muda o papel do professor e cria uma cultura intencional para fornecer seu modelo Flex.

www.grupoa.com.br/blended/vd/h/vd19.html

Anacostia High School

Ao fazer o perfil da Anacostia High School, uma escola de 697 alunos, em Washington, D.C., que sempre foi uma das escolas de mais baixo desempenho do distrito, um relatório feito pelo American Enterprise Institute ressaltou seus esforços para mudar para um ambiente de ensino híbrido. Os autores escreveram sobre como os alunos usavam *netbooks* com um portal *on-line* que lhes dava acesso a uma série de ferramentas multimídia para ensino e avaliações sob demanda que forneciam *feedback* imediato. O relatório falava sobre como os alunos podiam se conectar com senhas únicas, de modo que os professores podiam acompanhar o progresso individual deles.

Contudo, os autores escreveram que, quando estavam observando uma classe, viram que os alunos não se conectavam com um *login* único, mas com um genérico. Alguns alunos tinham dificuldade até com aquela tarefa, e levavam até cinco minutos para inserir a senha. Em vez de usar as capacidades de avaliação *on-line*, o professor usava planilhas de papel. E, quando um aluno tinha dificuldade para entender uma palavra, em vez de usar o dicionário do computador ou o Google, ele ia até uma estante e perdia tempo folheando um dicionário em busca de ajuda.[13]

Isso representa um exemplo clássico de um programa em que os líderes deixaram a cultura ao acaso, em vez de moldá-la agressivamente. A escola não estava consciente sobre (1) identificar a variedade de problemas e tarefas que os alunos, os professores e os funcionários enfrentariam em um ambiente híbrido; (2) designar uma equipe para encontrar formas bem-sucedidas de resolver ou tratar tais problemas ou tarefas; (3) pedir para eles resolverem os mesmos problemas repetidamente da mesma forma, para construir e, então, reforçar a cultura. Como resultado, era considerado normal os alunos levarem cinco minutos para se conectar ao portal *on-line* no início da aula, não utilizar seu *login* único ou usar seu escasso tempo de aprendizagem levantando e caminhando até a estante para procurar uma palavra em um dicionário físico, em vez de usar um *on-line*. Ninguém tinha definido os processos corretos antecipadamente e, como resultado, a cultura *de fato* era caótica.

Gilroy Prep School

Compare a Anacostia High School com a Gilroy Prep School, uma *charter school* em Gilroy, na Califórnia, que usa um modelo de Laboratório Rotacional. Seus alunos sabem que, quando entram na sala de aula tradicional, devem estar em seus lugares em doze minutos e trabalhar na atividade "Faça Agora" que está no quadro. Quando estão no laboratório de informática, eles têm quinze segundos, a partir da entrada, para colocar seus fones de ouvido e se conectar ao programa. Como resultado, os alunos sabem que, quando estão em um ambiente de aprendizagem, não deve haver tempo ocioso. Em vez disso, quando alternam entre os diferentes agrupamentos, cinco ou seis vezes durante o dia, é que fazem mini-intervalos para relaxar, se reajustar e se aprontar para a próxima tarefa. Embora a cultura da Gilroy possa não ser adequada para todo mundo, a intenção por trás dela funcionou para a escola, visto que alcançou a pontuação da API* mais alta – 978 –, na Califórnia, para uma *charter school* em seu primeiro ano, em 2011-2012.[14]

---

* N. de R.T.: Academic Performance Index é uma medida de desempenho acadêmico das escolas da Califórnia, cuja pontuação varia entre 200 e 1000.

ASSISTA AO CLIPE 20: Na Gilroy Prep School, os alunos vivenciam um Laboratório Rotacional como um aspecto central de sua programação diária.

www.grupoa.com.br/blended/vd/h/vd20.html

Carpe Diem

A cultura é a chave para o sucesso da Carpe Diem, uma escola de ensino híbrido que apresentamos no Capítulo 1. O fundador da Carpe Diem, Rick Ogston, gastou um tempo considerável trabalhando com funcionários, professores e alunos da escola sobre como responder aos desafios ou às situações recorrentes para desenvolver processos – ou rotinas – bem-sucedidos que priorizem o ensino e respeitem as necessidades dos alunos. No modelo da Carpe Diem, os alunos passam para sua próxima atividade a cada 35 minutos. Fazer os alunos se movimentarem de modo eficiente entre as atividades de não aprendizagem para as de aprendizagem é, portanto, de importância vital para que os alunos não percam tempo quando forem para sua próxima atividade nem percam minutos preciosos de aprendizagem. Ogston desenvolveu um processo bem-sucedido para os alunos aprenderem como passar de uma tarefa para outra. Um observador da Carpe Diem lembrou-nos que Ogston mostrava aos seus alunos como marchar para entrar na escola de manhã e, então, fazia com que eles marchassem repetidamente no início do ano letivo, mesmo se estivesse 38 graus lá fora, porque sua cultura era "sagrada". Realizar os processos corretamente era primordial. Nenhum detalhe era demasiado pequeno para assegurar que seus alunos se comportassem bem e soubessem que rotinas usar em diferentes circunstâncias.

Este foco também se estendia para os professores e funcionários. Quando visitamos a Carpe Diem, vimos alguns alunos colocarem brevemente suas cabeças sobre suas mesas e tirarem o que pareceu ser um cochilo. Perguntamos a Ogston se um professor ia aparecer e fazer alguma coisa, apenas para ouvi-lo fazer algumas perguntas de volta: "Vocês nunca precisaram de uma pausa no trabalho – um cochilo rápido?", "Se seu supervisor viesse e os repreendesse, isso seria útil para sua produtividade?". Ele nos disse que exatamente como no trabalho, os alunos às vezes precisam de uma breve pausa, e não há problemas. O que ele tem trabalhado com seus professores é saber quando uma pausa durou tempo demais e, então, ir até o aluno e verificar, apenas para ter certeza de que está tudo bem. Dependendo da resposta, e supondo que tudo está bem, o professor poderia até dizer ao aluno para descansar mais antes de voltar ao trabalho. Efetivamente, como observamos, os alunos que tinham colocado suas cabeças sobre as mesas as levantaram apenas um ou dois minutos depois e retomaram sua aprendizagem.

Ogston também tinha ajudado seus alunos a entender suas responsabilidades e que processos eram ou não aceitáveis em resposta a desafios que eles enfrentariam como alunos envolvidos em um modelo híbrido de ensino. O próprio processo de ajudá-los a desenvolver sua própria cultura de sucesso sinalizava que a Carpe Diem era um lugar que os respeitava e desejava que eles fossem bem-sucedidos.

Com frequência, uma das maiores mudanças em um ambiente de ensino híbrido é que os alunos no mesmo estúdio estarão envolvidos em diferentes modalidades e trabalhando em uma variedade de habilidades. Esse clima requer que a cultura apoie essa flexibilidade. O imperativo para os professores do ensino híbrido nesse novo ambiente é ser capaz de moldar a cultura de forma que ela tenha altas expectativas e seja de domínio do aluno em relação à sua própria aprendizagem. Quando a cultura está criada, um professor não fica necessariamente alarmado em ver seus alunos conversando com os colegas durante o tempo de ensino personalizado. Embora possa parecer caótico, se os professores investirem em criar uma cultura forte desde o início, com normas e expectativas claras, a cultura, na verdade, estará bem estruturada, com métodos claros para organizar a aparente confusão. O segredo não é que as escolas devam sempre ser silenciosas ou sempre barulhentas, mas que devam ser silenciosas quando os alunos precisam de silêncio para aumentar sua aprendizagem e barulhentas quando ruído e colaboração são pertinentes.

NÃO É TARDE DEMAIS

Alguns leitores podem levantar as mãos em desespero e se perguntar se é tarde demais. A cultura em suas escolas já está estabelecida – e não é bonita.

A boa notícia é que a reformulação da cultura não começa com a preocupação sobre como mudar a grande e disfuncional bagunça de uma cultura. Como escrevemos, a reformulação da cultura começa com uma tarefa de cada vez. Como os alunos devem entrar no prédio? Nomeie algumas pessoas (poderia até ser uma equipe de alunos) para pensar em um processo que funcione, utilize-o repetidamente e, então, mantenha as pessoas nele. Agora, passe para a próxima tarefa.

Uma escola que visitamos na Califórnia descobriu a importância de reformular a cultura, mas não sem um primeiro tropeço. Embora fosse um modelo Flex, a escola tinha, em muitos aspectos, se modelado pelo projeto da Carpe Diem. Porém, após um ano de operações, ficou claro que os alunos não tinham se saído bem. O que tinha dado errado? A escola tinha aberto tão rapidamente ao longo do verão que os funcionários não tinham tido tempo para planejar os tipos de processos necessários para lidar com uma população desafiadora em um grande ambiente de ensino aberto. Como resultado, os professores, os funcionários e os alunos desenvolveram seus próprios processos. Uma vez que a organização não tinha concordado claramente sobre as prioridades estabelecidas em torno do sucesso dos alunos, esses processos *ad hoc* que solucionaram os problemas ajudaram estudantes e funcionários a voltar aos processos familiares de seus antigos ambientes de ensino, que não eram adequados para o sucesso em um ambiente de ensino híbrido. Por não terem tido a intenção de reformular sua cultura com antecedência, a escola ficou com um grupo de alunos que tinha ficado para trás durante um ano inteiro de sua escolaridade.

O esforço requerido para inverter a cultura para o próximo ano era significativo, mas não intransponível. O diretor designou equipes para refletir sobre cada interação, atividade e desafio diários; as expectativas da escola, em termos de comportamento; os sistemas para acompanhar o comportamento desejado; como incentivar tal comportamento e desencorajar outros; e como ter certeza de que os professores e funcionários iriam assimilar os processos e as prioridades que a escola buscou instaurar. Isto significava examinar cada desafio que os alunos poderiam enfrentar em um determinado dia, incluindo o que fazer se eles chegassem atrasados, precisassem ir ao banheiro, tivessem um problema no computador, necessitassem de acesso a uma página da internet que estava bloqueada ou tivessem uma dúvida.

Os processos estabelecidos pela escola nem sempre eram previsíveis. Para certos problemas, a escola desenvolveu sinais com as mãos, de modo que os professores não precisassem criar um distúrbio caminhando pela sala para resolver um problema. Para dúvidas sobre o trabalho acadêmico, os alunos foram ensinados a procurar a resposta na internet ou com um colega antes de ir até o professor. Por sua vez, os professores eram treinados para, quando recebessem uma pergunta, questionar os alunos e convidá-los a ser donos de sua aprendizagem e a pesquisar uma resposta, em vez de dar a solução e permitir que se livrassem do esforço necessário para realizar o sucesso genuíno. A atenção à cultura deu frutos, uma vez que a escola melhorou seus resultados consideravelmente, embora ela ainda esteja superando o legado de seu mau começo.

A lição desta escola é que a cultura é uma força para o bem ou para o mal. Aproveitá-la é uma das coisas mais poderosas que os líderes podem fazer para implementar um programa de ensino híbrido no qual as pessoas automaticamente farão o necessário para serem bem-sucedidas.

> **Resumindo**
> - Criar a cultura certa é fundamental para um modelo de ensino híbrido ser bem-sucedido.
> - Edgar Schein define cultura como "uma forma de trabalhar em conjunto para alcançar objetivos comuns que foi seguida com tanta frequência e com tanto sucesso que as pessoas nem mesmo pensam em tentar fazer as coisas de uma outra maneira".
> - A cultura está contida nos processos – ou formas de trabalho conjunto – e nas prioridades – ou critérios comuns para tomada de decisão – de uma organização.
> - Para moldar a cultura, defina os problemas que devem ser resolvidos e, então, permita que uma equipe de pessoas os resolva, um por um. Se a equipe fracassar em resolver um problema, deixe-a tentar novamente. Quando a equipe for bem-sucedida, deixe-a resolver o problema com o mesmo processo repetidamente até que ele se torne arraigado na cultura. Tome nota e reforce a cultura; viva de forma consistente com ela.
> - Existe uma infinidade de atividades ou problemas recorrentes nas situações de ensino híbrido. Ser intencional sobre que processos são usados para resolver esses problemas e as prioridades da organização é fundamental para criar uma cultura que leve ao sucesso dos alunos.
> - A reformulação de uma cultura não começa com a preocupação sobre como mudar a grande e disfuncional bagunça de uma cultura. Começa com uma tarefa de cada vez. Não é tarde demais para começar a criar melhores processos e prioridades.

NOTAS

1 Agradecemos a Anthony Kim, fundador da Education Elements, que ajuda os distritos a implementar o ensino híbrido, por seu auxílio em articular a importância da cultura de uma escola ao longo dos anos, bem como a Mark Kushner, fundador da Flex Public Schools, um conjunto de escolas de ensino híbrido lançadas em todo o país, por nos ajudar a entender mais profundamente como a cultura funciona nas escolas e o quanto é importante criar a cultura certa. Além disso, o ex-secretário de Educação dos Estados Unidos Rod Paige, deu mais voz a

esta ideia em um editorial no *Houston Chronicle*: "Outro componente que separa histórias de sucesso da tecnologia na educação de começos falsos é o 'molho secreto' que todas as escolas bem-sucedidas têm em comum: cultura e valores" (Ver PAIGE, R. *Paige:* digital classrooms are reshaping education. Houston Chronicle, 2014. Disponível em: <http://www.chron.com/opinion/outlook/article/Paige-Digital-classrooms-are-reshaping-education-5217202.php?cmpid=opedhph-cat>. Acesso em: 7 fev. 2015).

2 Brian Greenberg, CEO do Silicon Schools Fund, levantou esta questão importante em uma atualização de *e-mail*, de junho de 2013, sobre o progresso das escolas no portfólio de recursos.

3 Essa seção é adaptada e simplificada a partir da nota publicada por CHRISTENSEN, C. M. What is na organization's culture? Boston: Harvard Business School, 2006. Essa própria nota inspira-se fortemente nos conceitos explicados nos três primeiros capítulos do seguinte livro: SCHEIN, E. *Cultura organizacional e liderança*. São Paulo: Atlas, 2009. Além disso, esta seção baseia-se fortemente em CHRISTENSEN, C. M.; DILLON, K.; ALLWORTH, J. *How will you measure your life*? New York: HarperCollins, 2012.

4 Schein (2009, p. 2) também usa uma definição mais formal para cultura organizacional. Ele a descreve como "o conjunto de pressupostos básicos que um grupo inventou, descobriu ou desvendou ao aprender como lidar com os problemas de adaptação externa e integração interna – que funcionaram bem o suficiente para serem considerados válidos e ensinados a novos membros como a forma correta de perceber, pensar e sentir em relação a esses problemas".

5 Isso levanta uma questão importante. Dada a estrutura da sala de aula da maioria das escolas de hoje, dependendo da filosofia de uma escola ou de como ela é conduzida ou administrada, ela pode ter uma cultura interna forte e coerente dentro da organização. Com isso, queremos dizer que os professores e os funcionários terão um conjunto forte de experiências de aprendizagem comuns por meio de uma variedade de problemas. Em contrapartida, embora a escola possa ter tratado certos problemas como uma organização inteira, de tal forma que a escola tenha uma cultura, certos problemas podem ter sido tratados apenas dentro de cada sala de aula individual e, portanto, cada uma terá sua própria cultura distinta, porque ela tem operado, em certa medida, como sua própria organização. Como resultado, cada professor lidará com certos desafios de formas diferentes.

6 Muitas pessoas, com frequência, irão rotular uma cultura na qual os empregados vestem trajes casuais, em vez de trajes elegantes, e trabalham durante horas esporádicas, em vez de turnos previsíveis, de uma cultura "informal", em oposição a uma cultura "formal". Porém, a forma como as pessoas se vestem não nos diz verdadeiramente qual é a cultura de um lugar, é apenas um artefato da cultura. Em vez disso, devemos observar os processos e as prioridades que as pessoas empregam instintivamente quando resolvem problemas e tomam decisões. Um grupo que veste roupas casuais poderia, na verdade, ser bastante rígido e hierár-

quico na forma como as pessoas trabalham juntas. Esta ainda seria uma cultura "informal"? Em outras palavras, é importante não confundir os artefatos, que são manifestações de uma cultura, com a própria cultura.

7 Uma das filhas dos Eyres, Charity Eyre, também era uma ex-colega nossa no Clayton Christensen Institute.

8 EYRE, L.; EYRE, R. *Teaching children responsibility.* Salt Lake City: Deseret Book Company, 1982.

9 O mandato de Michelle Rhee como superintendente em Washington, D.C., foi marcado por tensão e brigas, porque ela tentou dar um susto nos distritos escolares para mudarem suas culturas. Embora, sem dúvida, ela tenha conseguido mudar a cultura dentro da própria organização do distrito, muitas das escolas públicas tradicionais resistiram às mudanças culturais que tentou realizar durante aquele período.

10 Christensen, Dillon e Allworth (2012).

11 SANDEFER, J. *Learner-driven communities:* preparing young american heroes for lifelong learning in the twenty-first century. (Não publicado).

12 SICAT, O. *Initial conclusions of hybrid High's first year.* Blend My Learning, 2013. Disponível em: <http://www.blendmylearning.com/2013/10/31/initial-conclusions-hybrid-high-first-yea/>. Acesso em: 7 fev. 2015.

13 LAUTZENHEISER, D. K.; HOCHLEITNER, T. *Blended Learning in DC public schools:* how one district is reinventing its classrooms. American Enterprise Institute, 2014. Disponível em: <https://www.aei.org/publication/blended-learning-in-dc-public-schools-how-one-district-is-reinventing-its-classrooms/>. Acesso em: 7 fev. 2015.

14 2012–13 Accountability Progress Reporting (APR). 2012. Disponível em: <http://api.cde.ca.gov/Acnt2013/2012BaseSch.aspx?allcds=43694840123760>. Acesso em 7 fev. 2015.; GREENBERG, B.; SCHWARTZ, R.; HORN, M. *Blended Learning:* personalizing education for students. Coursera, Week 3, Video 6: Shifting Teacher Mindsets, https://class.coursera.org/blendedlearning-001. Em 2013, a pontuação na API da Gilroy Prep School foi de 942 em uma escala de 1000 pontos. Essa nota a colocou entre as escolas de melhor desempenho no estado da Califórnia. CALIFORNIA Schools Guide: top API scores (2013). *Los Angeles Times,* 2013. Disponível em: <http://schools.latimes.com/2013-api-scores/ranking/page/1/>. Acesso em: 7 fev. 2015.

Capítulo 10

Descubra seu caminho para o sucesso

Os líderes com frequência expressam preocupação sobre realizar uma inovação quando crianças estão envolvidas. Inovação implica experimentação e incerteza. Não é muito arriscado implementar a inovação disruptiva, bem como a inovação sustentada avançada nas escolas, sendo que o bem-estar das crianças está em jogo? Como o poeta Robert Burns observou, "Os melhores planos de ratos e homens costumam dar errado".[1] E os educadores sabem que raramente novos planos ousados sobrevivem à implementação com estudantes reais.

Em alguns casos, naturalmente, o risco de dar errado é baixo, e os líderes podem avançar com uma ação rápida para implantar a inovação em toda a escola. Porém, isso só acontece quando três condições são satisfeitas:[2]

- Primeiro, você deve ter um plano que trate de todos os detalhes importantes necessários para o sucesso, com um alto grau de confiança de que as suposições que estão sendo feitas são corretas, e os responsáveis pela implementação devem entender cada ponto importante.
- Segundo, o plano deve fazer sentido para todos os membros da organização na forma como eles veem o mundo, a partir de seu próprio contexto, inclusive para a pessoa que está fazendo o plano, de modo que todos ajam de modo adequado e consistente.

- Terceiro, forças externas – como a reação da comunidade e dos alunos ou o impacto de outras escolas, outros programas ou outra tecnologia – devem ser razoavelmente estáveis e previsíveis à medida que o plano se desenvolve.

Se essas três condições forem verdadeiras, então, vá em frente! No entanto, na maioria dos casos, as equipes que estão implementando um programa de ensino híbrido, particularmente pela primeira vez, necessitam de um processo muito diferente.

PLANEJAMENTO ORIENTADO À DESCOBERTA

Ao lançarem algo desconhecido e imprevisível, com pouco conhecimento de hipóteses, os educadores precisam mudar o processo de planejamento e projeto. Um processo de planejamento padrão – fazer um plano, investigar os resultados projetados e, então, supondo que esses resultados sejam desejáveis, implementá-lo – não funcionará, porque os pressupostos, tanto implícitos quanto explícitos, nos quais os resultados se baseiam, com frequência, são errados.[3] É por esta razão que novos planos ousados – disruptivos ou sustentados – normalmente não sobrevivem muito além de seu ponto de partida.

Mesmo algumas das escolas ou dos exemplos de ensino híbrido mais bem-sucedidos sobre os quais estamos escrevendo fizeram ajustes significativos em seus planos originais enquanto os colocavam em prática. Uma chave para seu sucesso, sem dúvida, foi a capacidade de testar suas hipóteses e continuar a repetir seus planos à medida que obtinham mais informações.

As Summit Public Schools, por exemplo, usam o que é chamado de método de início enxuto, uma forma de repetir o processo rapidamente em direção ao sucesso, para orientar o desenvolvimento de seu modelo de ensino híbrido. Primeiro, a rede de escolas experimentou um modelo de Rotação por Estações que baseava suas aulas de matemática no conteúdo da Khan Academy. Um ano depois, eles concluíram que o modelo não dava aos alunos personalização suficiente e propriedade sobre sua aprendizagem, então, no ano seguinte, iniciaram um projeto de modelo Flex em matemática, em duas de suas escolas. Ao longo de todo o ano, a Summit repetiu o modelo, examinando os dados e usando as percepções de grupos focais de alunos. Munida com esta informação, a escola fez mudanças drásticas na estrutura física do ambiente de ensino, na orientação de alunos e na interação entre conhecimento de conteúdo e aprendizagem baseada em projetos. Um ano mais tarde, eles revelaram um modelo Flex de aparência muito diferente, para todas as matérias em todas as suas escolas, com base no que tinham aprendido. A Summit continua a desenvolver seu modelo de ensino híbrido à medida que reúne mais dados e experiência.

A Rocketship Education, famosa por seu modelo de Laboratório Rotacional, afastou-se temporariamente desse modelo para implantar o ensino *on-line* ao lado dos professores, em vez de em laboratórios de aprendizagem, para ver se isso fortaleceria a conexão entre o que os alunos estavam fazendo com os professores e o que eles estavam fazendo *on-line*. A USC Hybrid High, uma *charter school* de ensino híbrido em Los Angeles, alterou drasticamente seu modelo após seu primeiro ano. A Carpe Diem continuou a mudar seu espaço físico e ajustou seu cronograma rotacional ao longo de toda sua existência. O fato é que é difícil saber antecipadamente o que funcionará ou não quando se lança algo novo. Ser flexível, atualizando seus pressupostos inerentes no modelo é o fundamental.

Isso não acontece apenas quando se trabalha com crianças nas escolas. A pesquisa sugere que, inclusive entre novas empresas bem-sucedidas, 90% tiveram sucesso com uma estratégia diferente daquela que o fundador havia planejado originalmente.[4]

Portanto, quando os educadores estão criando algo novo e diferente do que sempre fizeram, eles necessitam de uma forma diferente de criar um plano – particularmente se a tolerância ao fracasso é baixa e a necessidade de cautela é alta, como geralmente acontece quando se inova na educação com crianças.

Um processo chamado "planejamento orientado à descoberta", – introduzido pela primeira vez por Rita Gunther McGrath, professora da Columbia Business School, e Ian C. MacMillan, professor na Wharton School, da University of Pensilvania – é o único que consideramos mais útil para planejar nessa circunstância.[5] O planejamento orientado à descoberta tem uma forte semelhança com a metodologia de projetos mais recente chamada "início enxuto", uma abordagem que Steve Blank conceituou pela primeira vez em 2003, com base, em parte, no conceito de planejamento orientado à descoberta. Visto que a maioria das escolas não é uma empresa iniciante buscando "adquirir" alunos – pelo contrário, elas já estão trabalhando com alunos, pais e professores que já têm expectativas para sua escola –, acreditamos que a estrutura de planejamento orientado à descoberta, que ajuda a reduzir os riscos da inovação, faz mais sentido para a maioria dos líderes escolares e professores que estão projetando modelos de ensino híbrido.

Em um processo de planejamento orientado à descoberta, é fundamental iniciar com o resultado desejado em mente. A partir daí, o próximo passo crucial é listar todos os pressupostos que devem se provar verdadeiros, a fim de alcançar os resultados desejados. Com os pressupostos em mãos, o próximo passo é implementar um plano para aprender – como uma forma de testar, o mais rápido e barato possível, se os pressupostos críticos são razoáveis. Se eles provarem ser verdadeiros, as organizações podem investir na execução da estratégia. Se provarem ser falsos ou incertos, as organizações podem mudar de forma correspondente ou continuar a testar antes de terem ido longe demais. A ordem desses passos (Quadro 10.1), que examinaremos em seguida, reflete a estrutura deste livro em muitos aspectos.

Quadro 10.1 Processo de planejamento orientado à descoberta

Passo 1: Liste os resultados desejados.

Passo 2: Determine que pressupostos devem provar ser verdadeiros para os resultados serem alcançados.

Passo 3: Implemente um plano para aprender a testar se os pressupostos críticos são razoáveis.

Passo 4: Implemente a estratégia quando os pressupostos cruciais provarem ser verdadeiros.

Quando você deve usar este processo? Quando estiver implementando algo desconhecido e imprevisível.

COMECE COM OS RESULTADOS

Primeiro, comece com os resultados, ou as projeções, desejados de antemão. Se todos souberem quais devem ser os resultados para a inovação valer a pena, não há sentido em jogar uma partida de pôquer.[6] Simplesmente coloque as cartas na mesa no início. O que o estado final da inovação precisa fazer? O que você está tentando realizar? E como saberá que foi bem-sucedido? O fundamental é garantir que você tenha uma meta SMART e possa medir esses resultados, assim, pode saber se alcançou suas metas, como explicamos no Capítulo 3.

A meta das Summit Public Schools, por exemplo, é aumentar drasticamente a taxa de alunos que se forma na faculdade em 6 anos, de 55% para 100% dos alunos bem-sucedidos na faculdade. As First Line Public Schools, em Louisiana – a rede *charter* que conhecemos no Capítulo 3, que elevou as notas dos alunos em escolas de baixo desempenho de 25% para 50% e 60% –, queriam visar a algo ainda maior.[7] Quakertown, o distrito escolar na Pensilvânia que conhecemos no Capítulo 1, inovou para ganhar de volta alunos que tinham deixado o distrito em troca de *charter schools* virtuais de tempo integral.

CRIE UMA LISTA DE VERIFICAÇÃO DE PRESSUPOSTOS

O segundo passo é onde começa o mundo real. Com as metas e os resultados desejados identificados, crie uma lista de verificação de pressupostos. Liste todas as suposições que devem se comprovar verdadeiras, a fim de que os resultados desejados se concretizem. Trate todos os aspectos com profundidade nesse estágio. Todas as suposições que as escolas fazem implicitamente também devem ser apresentadas, incluindo o uso do tempo e os horários, o espaço e os funcionários. Uma forma de capturar toda a gama desses pressupostos é ir seção por seção deste livro e dispor de todos os elementos do projeto que estão sendo postos em prática, incluindo o tipo de equipe que está implementando a inovação e quem faz parte dela; a experiência do aluno, do professor; o *software*, os dispositivos, a infraestrutura e as instalações; o modelo de ensino híbrido e onde ele está sendo implementado (se em uma área acadêmica central ou área de não consumo); e a cultura. Ao catalogar todos esses elementos – e seus componentes subjacentes implícitos –, você irá montar uma lista abrangente de pressupostos. Isso significa incluir tudo, desde "este *software* de matemática será suficientemente rigoroso" até "nossos professores terão os dados que necessitam para intervir da forma correta" e "o tempo que damos aos alunos para aprender é suficiente para eles dominarem o currículo".

As Summit Public Schools, por exemplo, originalmente pressupôs que um modelo de Rotação por Estações daria aos alunos personalização suficiente e ação sobre sua aprendizagem para prepará-los para serem bem-sucedidos na faculdade. A rede logo concluiu que tinha de fazer alguma coisa mais drástica. Se imaginarmos que o modelo escolar que a Summit implementou ainda é apenas um plano que projetamos no decorrer da leitura deste livro, e não uma realidade, podemos debater os vários pressupostos sobre como suas escolas híbridas irão funcionar. Em um nível alto, a Summit faz muitas pressuposições sobre a experiência do aluno, incluindo as seguintes:

- Os alunos podem controlar o próprio ritmo.
- A aprendizagem baseada em projetos desenvolverá melhor o pensamento mais profundo e as habilidades cognitivas dos alunos e realizará seu "trabalho a ser feito" de se sentir bem-sucedido.
- A Summit pode construir de maneira mais eficaz seu próprio sistema de gestão da aprendizagem, o Activate, em parceria com uma empresa sem fins lucrativos, a Illuminate, em vez de comprar algo pronto.
- Dez minutos de orientação acadêmica dedicada para cada aluno, toda sexta-feira, serão suficientes.

Os vários pressupostos sobre a experiência docente da Summit incluem que (1) as excursões dos alunos, que ocorrem quatro vezes por ano, juntamente com outras atividades de capacitação profissional, serão suficientes para os professores mudarem para novos papéis focados em ler os dados dos alunos e desenvolver as habilidades cognitivas e não cognitivas deles, e (2) as reuniões dos professores, duas vezes por semana, como equipe, lhes dará a quantidade de tempo certa para revisar e tomar decisões com os dados dos alunos. No ambiente físico, os vários pressupostos que a Summit debate incluem que (1) um ambiente aberto, sem paredes, que elimina a sala de aula, funcionará neste novo modelo de aprendizagem e (2) fornecer Chromebooks individuais apenas para uso na escola é a tecnologia certa para seu modelo. Como último exemplo, também se pressupõe, em sua cultura, que os grupos focais de alunos produzirão informações valiosas para repetir e melhorar.

As FirstLine Schools também têm vários pressupostos que devem se comprovar verdadeiros, a fim de realizar suas metas. Por exemplo, ela inicialmente presumia que seus laboratórios de ensino *on-line* seriam a melhor maneira para seus alunos aprenderem inglês/linguagem, mas logo decidiu se afastar do modelo de ensino híbrido para essas disciplinas. Se a escola ainda não tivesse sido criada, mas fosse apenas um plano, outro pressuposto relativo à experiência dos alunos seria que 60 minutos de tempo *on-line* para a educação infantil até a 3ª série do ensino médio e 100 minutos *on-line* para alunos do 5º ao 9º ano seria a quantidade certa para realizar suas metas de aprendizagem – e não teria outros efeitos não intencionais, como aqueles que se originam de tempo demais na frente de uma tela de computador. Em sua experiência com professores, alguns pressupostos por trás do modelo da FirstLine são que os professores auxiliares que compõem a equipe do laboratório de aprendizagem não necessitam de conhecimento de conteúdo profundo, mas devem ter habilidades motivacionais; e que 120 minutos de capacitação profissional, aos sábados, com o diretor e um gestor de projeto de ensino híbrido, é a quantidade certa. Inicialmente, a FirstLine também pressupôs que fornecer aos professores capacitação profissional com o *software* do laboratório de aprendizagem por meio de um seminário virtual seria eficaz, então, decidiu investir dinheiro para trazer os representantes do programa de *software* mensalmente. Em seu ambiente físico, a FirstLine inferiu que poderia usar os *laptops* em carrinhos rolantes, mas logo percebeu que, se carregados dessa maneira, eram facilmente danificados.

A FirstLine, como todas as escolas, também fez suposições financeiras. Embora esta seja uma área que não discutimos muito neste livro, toda escola precisa ser capaz de desenvolver seu plano de uma maneira financeiramente sustentável. O fundamental é iniciar com o orçamento total disponível e, então, fazer a engenharia reversa financeira de modo adequado. Por exemplo, a FirstLine tem um orçamento definido para implementar o ensino híbrido, portanto, ela precisa iniciar com aquele número. Três pressupostos em seu plano eram que ela poderia dispor de um certo número de computadores para a escola, não teria de aumentar o tamanho da classe e, em vez disso, poderia reduzir o pessoal de apoio – que não é apenas um pressuposto financeiro, mas também sobre a viabilidade do próprio modelo de aprendizagem.

Da mesma maneira, a Quakertown fez as seguintes suposições sobre as habilidades presenciais de seus professores e a transferência delas para o meio virtual:

- Os professores saberiam criar bons cursos *on-line*.
- Em cada escola, apenas um mentor seria suficiente para manter os alunos no caminho certo.
- Uma pessoa poderia assumir o papel duplo de funcionário de apoio de capacitação tecnológica e profissional.
- Os professores poderiam lecionar aulas presenciais e *on-line* ao mesmo tempo.
- Os professores não teriam de gastar tempo extra significativo preparando-se para seus cursos *on-line*, porque poderiam usar o mesmo conteúdo dos cursos presenciais.

Este último pressuposto tinha implicações financeiras. Quando ele se comprovou falso, a Quakertown encontrou um pressuposto incorporado: ela não teria de pagar horas extras aos seus professores pelo tempo do curso de capacitação.

O processo de listar os pressupostos deve levar um ou dois dias, e é um tempo bem gasto. Às vezes, neste estágio, essa lista irá enumerar mais de cem suposições! Também recomendamos ter pessoas neste exercício de debate de ideias que representem uma variedade de departamentos e perspectivas, de modo que a lista seja completa e ajude o líder a entender em que as pessoas dentro de uma organização concordam ou não. Na Figura 10.1, fornecemos um cronograma de alguns dos pressupostos a considerar durante o debate de ideias.

EQUIPE
- As pessoas certas estão participando?
- O líder da equipe tem o nível certo de autoridade?
- Temos apoio suficiente do líder sênior?

EXPERIÊNCIA DO ALUNO
- Alguns alunos necessitam de experiências diferentes para serem bem-sucedidos?
- Existem oportunidades suficientes para eles se divertirem com os amigos no decorrer do trabalho?

EXPERIÊNCIA DO PROFESSOR
- Estamos pedindo que os professores façam coisas para as quais eles não foram treinados?
- Os professores estão de acordo com os papéis certos, em que eles podem se sentir bem-sucedidos?

SOFTWARE
- O software tem minutos educativos suficientes?
- O conteúdo é suficientemente rigoroso?
- Ele irá fornecer dados acionáveis, facilmente entendidos?

HARDWARE
- O hardware é durável o suficiente?
- Temos internet sem fio suficiente?
- Podemos arcar com atualizações?
- Temos equipamento de backup suficiente em caso de problema?

INSTALAÇÕES
- Temos tomadas elétricas suficientes?
- A mobília é adequada para as experiências dos alunos?
- O espaço reforça a cultura desejada?

MODELO DE APRENDIZAGEM
- Estamos pedindo que os alunos permaneçam nas rotações por tempo demais?
- Este modelo fornece as oportunidades adequadas às experiências que desejamos oferecer aos alunos?

CULTURA
- O processo para alternar entre as modalidades irá funcionar para os alunos?
- A implementação do ensino híbrido é uma prioridade para os membros da equipe?
- Temos as normas certas instituídas para os alunos?

Figura 10.1 Seja abrangente sobre os pressupostos.

Uma vez que você tiver terminado de compilar todos os pressupostos, a próxima tarefa é classificá-los do mais crucial para o menos crucial. Verificamos que o mesmo grupo de indivíduos fazendo duas perguntas sobre cada pressuposto é a melhor maneira de fazer isso.[8]

Primeiro, pergunte o que poderia acontecer se você estivesse errado sobre um pressuposto. Em outras palavras, qual seria um impedimento mais sério ao sucesso do projeto se fosse comprovado falso? Se o pressuposto estiver errado, será catastrófico para o projeto? Será necessária uma grande reformulação do plano? O impacto foi mínimo e requer apenas alguns ajustes? Ou estar errado não é grande coisa, já que não terá impacto sobre o plano? Se estar errado for catastrófico para o projeto, atribua a ele um valor de prioridade 1; se não for grande coisa, atribuía um 3. Uma classificação 2 está entre os dois.

Segundo, pergunte o quanto você está confiante de que cada pressuposto esteja correto. Um teste divertido para saber o quanto as pessoas estão confiantes é ver se elas estão dispostas a abrir mão de um ano de salário se estiverem erradas – significando que elas têm um alto grau de confiança de que sabem a resposta. Talvez elas estejam dispostas a abrir mão de apenas uma semana de salário se estiverem erradas? Ou do valor de um dia? Ou talvez elas não estejam dispostas a apostar nenhuma parte do salário, porque não têm certeza de o pressuposto estar correto. Atribua um valor baseado na confiança. Uma classificação de 3 sinaliza confiança real, enquanto uma classificação de 1 significa absolutamente nenhuma confiança de que ele está correto.

Após classificar todos os pressupostos, trace-os no gráfico na Figura 10.2, com base em suas pontuações atribuídas. Isso forma a lista de verificação de pressupostos.

IMPLEMENTE UM PLANO – APRENDER MAIS

Com a lista de verificação de pressupostos priorizados em mãos, o próximo passo é implementar um plano para testar sua validade. Planeje verificar os pressupostos mais importantes primeiro – aqueles da Zona 1 –, porque são os de menor confiança e os mais cruciais para o sucesso do projeto.

Nos estágios finais do planejamento, os testes devem ser o mais simples, baratos e rápidos possíveis – eles devem simplesmente validar ou invalidar direcionalmente as informações sobre os pressupostos mais fundamentais. Por exemplo, é uma boa ideia conhecer outras escolas – como aquelas sobre as quais escrevemos neste livro –, para ver se os pressupostos são válidos antes de avançar muito rápido por um caminho. Ler as pesquisas existentes, ter

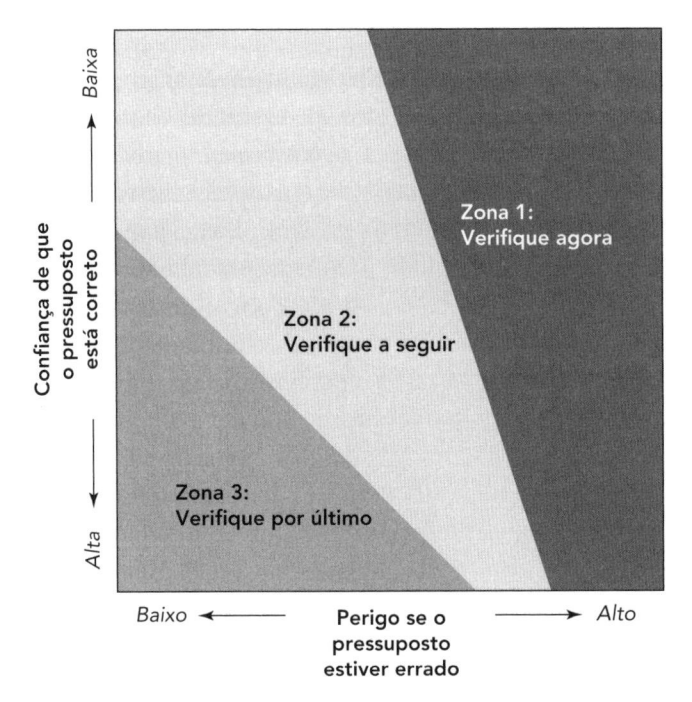

Figura 10.2 Priorizando pressupostos e riscos.

conversas preliminares ou fazer maquetes ou protótipos rápidos faz sentido. Um protótipo é qualquer coisa que ajude a comunicar uma ideia do que você está fazendo, que pode significar tudo, desde maquetes e modelos até simulações e experiências de dramatização. Com frequência, é útil criar o que as pessoas chamam de "produto viável mínimo"; isso significa montar apressadamente o produto, ou protótipo, mais simples que permita testar os pressupostos mais relevantes o mais rápido possível. De forma mais concreta, talvez um pressuposto-chave diga respeito ao rigor de uma programa de matemática. Para testá-lo, após conversar com outros que o utilizaram e ler sobre ele, uma escola poderia pedir uma licença à empresa que desenvolveu o programa para que seus professores possam experimentar e ver se ele, à primeira vista, parece ser suficientemente rigoroso. A escola poderia, então, encontrar um lugar – tal como em cursos de férias ou após a aula – para testar o programa de matemática por algumas semanas, antes de comprá-lo e usá-lo para todos os seus alunos por um ano inteiro. Além disso, poderia fazê-lo com alguns outros programas também. Incluímos no Quadro 10.2 algumas formas de testar os pressupostos com criatividade e rapidez.

À medida que a equipe se aproxima do lançamento, os testes devem se tornar mais abrangentes e precisos – e talvez mais caros. Entretanto, o mais importante é não investir muito tempo e recursos antes de saber se os pres-

Quadro 10.2 Teste com criatividade

Simplifique e economize

- Crie um protótipo rápido e "bom o suficiente".
- Converse com os alunos e os pais.
- Converse com os professores e funcionários.
- Converse com outras escolas que estão fazendo algo semelhante.
- Visite outras escolas.
- Olhe para sua história.
- Leia pesquisas.
- Identifique os marcos iniciais.
- Converse com o diretor comercial para garantir que o projeto seja sustentável.
- Converse com especialistas na área.
- Conduza um grupo focal.
- Lance um projeto-piloto, talvez nas férias ou após a aula.

---

supostos estão se comprovando verdadeiros – ou, pelo menos, estão na estimativa certa. Para criar um ritmo para os testes e saber quando é hora de começar a ser mais específico com eles, crie pontos de verificação para testar sistematicamente os pressupostos.[9] Esses pontos são datas específicas em que os testes de diversos pressupostos devem ser completados, de modo que a equipe possa se reunir e avaliar o que aprendeu, como discutiremos no próximo passo.

O período que leva ao primeiro ponto de verificação poderia durar um mês e ser planejado para dar aos membros da equipe tempo para estudar outras escolas de ensino híbrido e para testar alguns dos (mas não todos os) pressupostos em um alto nível. Um segundo ponto de verificação poderia ocorrer um mês depois e incluir uma análise do mercado de *software*. No mês intermediário, a equipe poderia conversar com outros líderes escolares para testar os pressupostos novamente – incluindo, com frequência, muitos dos que foram testados no passo anterior, em um nível mais preciso, de modo que o plano seja continuamente refinado à medida que a equipe obtém mais informações. No decorrer do processo, um ponto de verificação poderia incluir um protótipo, ou piloto operacional, do modelo de ensino híbrido e, então, o lançamento do próprio modelo de ensino híbrido.

Após o modelo ser lançado, deve haver pontos de verificação contínua, para permitir que a equipe retroceda e veja o que aprendeu e poderia ajustar, de modo que o melhoramento constante torne-se incorporado ao DNA da equipe. Uma vez que a inovação seja implementada, entretanto, existe um risco em inovar muito rápido e de modo agressivo. Por exemplo, fazer mudanças drásticas toda semana arrisca confundir a comunidade escolar e enfraquecer a confiança dos alunos, dos pais e dos professores. Uma razão para planejar e executar testes antes de implantar todo o plano é tentar entender as coisas antes de avançar muito rápido com uma implementação. Seguir esse processo ajuda as escolas a evitar fracassos notórios e onerosos, uma vez que os pontos de verificação tornam-se oportunidades para decidir se é hora de avançar – o último passo no processo.

DEVEMOS PROSSEGUIR, MUDAR OU ENGAVETAR O PLANO?

O último passo é a decisão de continuar implementando a estratégia. Toda vez que um ponto de verificação passa, há um conjunto de escolhas que devem ser feitas, em vez de avançar cegamente, independentemente dos resultados.

Se seus pressupostos estão se comprovando verdadeiros, continue avançando para o próximo ponto de verificação. Se eles não estão – como é bem provável que seja o caso –, você tem algumas opções. Talvez seja possível ajustar o plano para continuar avançando; por exemplo, talvez o *software* de matemática que um educador tinha planejado usar seja bom para apenas 20 minutos de instrução por dia, em vez de 30; isso significa que o cronograma de rotação terá de ser ajustado.

Em contrapartida, ajustes maiores podem ser necessários. Talvez o modelo de ensino híbrido precise ser implementado por uma equipe diferente, em uma área de não consumo onde haverá mais tempo para ajustar a inovação antes de ela ser implementada para toda a escola para comprovar que é bem-sucedida.

Ou, finalmente, talvez os pressupostos subjacentes ao sucesso do plano sejam extremamente irreais e ele simplesmente não funcione. Se este for o caso, então, há uma oportunidade de engavetá-lo antes que muito dinheiro tenha sido investido e as apostas tenham se tornado muito altas para abandonar a ideia.

Em cada ponto de verificação, a equipe obterá novas informações. Um pressuposto que parecia certo em um ponto de verificação anterior pode se revelar mais complexo do que originalmente se pensava. Sem problemas. E se a equipe descobrir, finalmente, que os pressupostos são irreais e que não será possível realizar o programa, não há razão para desespero. O fracasso rápido é um sucesso; a equipe descobriu que a ideia não funcionaria antes de desperdiçar muito tempo e dinheiro implementando-a. É fundamental celebrar toda vez que uma decisão é tomada. Em vez de as pessoas se sentirem como se tivessem de defender uma ideia favorita, a vitória é aprender mais sobre um pressuposto, e não provar que alguém está certo ou errado.

Por fim, à medida que a equipe faz ajustes e repete o processo, ela pode descobrir que está indo por um caminho com pressupostos que estão se comprovando verdadeiros. Ainda que o plano que está surgindo e sendo implementado gradualmente seja diferente do previsto originalmente, se ele for bem-sucedido em alcançar os resultados desejados, isto é um sucesso estrondoso – e o valor supremo do processo orientado à descoberta.

Resumo

- Ao lançar algo desconhecido e imprevisível, para o qual há pouco conhecimento de hipóteses, os educadores precisam mudar o processo de planejamento e projeto. O planejamento orientado à descoberta é o método que consideramos mais útil para planejar nestas circunstâncias.
- O planejamento orientado à descoberta tem quatro passos. Ele visa a reduzir o risco da inovação. Encorajar o fracasso rápido ajuda a evitar fracassos notórios e onerosos.
- Primeiro, comece com os resultados, ou as projeções, desejados. Tenha uma meta SMART.
- Segundo, com as metas e os resultados desejados identificados, crie uma lista de verificação de pressupostos. Liste todos os pressupostos que devem se comprovar verdadeiros, a fim de que os resultados desejados se concretizem. Então, classifique-os pelo grau de confiança que você tem de que cada um deles está correto e qual o perigo para o sucesso do projeto se você estiver errado.
- Terceiro, implemente um plano para aprender mais, para testar se os pressupostos fundamentais são razoáveis.
- Quarto, em pontos de verificação predeterminados, com base nos resultados dos testes, decida se deve implementar uma inovação, mudá-la ou engavetá-la.

NOTAS

1 O verso do poema de Robert Burns, *To a Mouse, on Turning Her Up in Her Nest with the Plough* (A um camundongo, ao revirá-lo no seu ninho com o arado), diz "Os projetos melhor elaborados, sejam de ratos, sejam de homens, fracassam muitas vezes", mas é frequentemente parafraseado da forma que temos aqui.

2 Muito do pensamento por trás desta teoria baseada na circunstância para planejamento estratégico foi adaptado de CHRISTENSEN, C.; RAYNOR, M. *The innovator's solution*. Boston: Harvard Business Press, 2003. cap. 8. As seções seguintes baseiam-se nessas ideias.

3 O processo de planejamento padrão funciona bem em uma circunstância na qual a proporção de conhecimento para hipóteses é alta. Isso significa que existe um alto grau de confiança de que os pressupostos feitos sejam corretos, porque você fez isso com muita frequência no passado em uma circunstância semelhante. Frequentemente, esse processo funcionará bem, por exemplo, em um mundo de inovações sustentadas familiares – precisamente porque aquele mundo é tão familiar e previsível. Muitos educadores experientes, por exemplo, que deram aulas de estudos sociais ou ofereceram projetos da disciplina por muitos anos não acham muito difícil planejar uma nova aula ou um novo projeto que funcionará na sala de aula razoavelmente próximo de como eles imaginaram. Da mesma forma, aqueles que abriram várias novas escolas semelhantes e bem-sucedidas entre si não acham difícil planejar a abertura de outra nova escola que também será semelhante – em sua metodologia, seus níveis de notas e os alunos e a comunidade aos quais ela atende – e alcançar o sucesso com aquele plano inicial.

4 Christensen e Raynor (2003, cap. 8).

5 Recomendamos fortemente o livro de MCGRATH, R. G.; MACMILLAN, I. C. *Discovery-driven growth*: a breakthrough process to reduce risk and seize opportunity. Boston: Harvard Business Press, 2009.

6 Quando as pessoas usam um processo de planejamento padrão, em vez de um orientado à descoberta, em uma determinada circunstância incerta, elas, com frequência, jogam com seus pressupostos no cerne de seu plano ao mobilizá-los continuamente para fazer os resultados parecerem cada vez melhores de modo que o plano seja aprovado.

7 Como foi mencionado no Capítulo 3, a FirstLine poderia ter tido um objetivo mais preciso. O mesmo é verdadeiro para a Quakertown.

8 Agradecemos à Innosight, LLC, uma empresa de consultoria que usa as teorias de inovação disruptiva para impulsionar novo crescimento para os clientes, por seu *insight* neste processo. Grande parte desta seção é baseada no trabalho original deles. Para aqueles que desejam se aprofundar mais, recomendamos um livro que explica de forma útil seus achados (Ver ANTHONY, S. D. et al. *The innovator's guide to growth*: putting disruptive innovation to work. Boston: Harvard Business Press, 2008. cap. 7).

9 Para saber mais sobre como selecionar pontos de verificação, ver McGrath e MacMillan (2009, cap. 7).

Capítulo 11

Conclusão

Inovação é um processo, não um evento.

Neste livro, buscamos primeiro mostrar as oportunidades sem precedentes que inovar com o conjunto emergente de ferramentas de ensino *on-line* oferece aos alunos, aos professores, às escolas e à sociedade e, então, descrever um processo para compreender esses benefícios.

Porém, seguir esse processo uma vez – mesmo para inovações fora do ensino híbrido – não constitui o fim da viagem. Como observamos no Capítulo 10, inspirar um *éthos* de melhoria contínua – sempre buscando aprender e fazer melhor – é importante. Progredir e nunca ficar parado é a marca de sociedades e escolas saudáveis e modela a capacidade para aprendizagem ao longo da vida, que buscamos suscitar nos alunos. Esperamos que as ideias deste livro o estimulem – e aos educadores ao redor do mundo – a desenvolver um ritmo constante de inovação.

A adoção dessa mentalidade de inovação será fundamental para alcançar o sucesso. Embora o ensino híbrido ofereça enorme potencial para personalizar o ensino para as diferentes necessidades de cada aluno e para liberar tempo de professor e estudante para focalizarem em muitas das atividades que são fundamentais para o sucesso do aluno, mas que muito frequentemente recebem pouca atenção hoje, ainda é cedo. Na verdade, existem grandes histórias de sucesso na área – descrevemos várias delas neste livro –, e alguns caminhos claros à frente. Porém, tanto as ferramentas *on-line* quanto os próprios modelos de ensino híbrido estão em contínua evolução. Os professores não têm dificuldade para indicar suas listas de desejos de como as tecnologias disponíveis precisam melhorar. Os educadores inovadores estão misturando e combinando modelos para criar projetos que funcionem em suas escolas com seus alunos. No entanto, o ensino híbrido, neste ponto de sua evolução, não é um passeio no parque.

IMPLEMENTE AO LONGO DO TEMPO

A boa notícia é que você não precisa correr e fazer tudo de uma só vez.

Primeiro, dê-se tempo para planejar e implementar com prudência. Para seu primeiro projeto híbrido, o Oakland Unified School District selecionou as escolas em janeiro e começou a planejar em fevereiro, e os programas começaram no início do ano letivo, em agosto e setembro.[1] Montessori For All, uma escola pública híbrida em Austin, no Texas, demorou mais de um ano planejando antes de abrir suas portas.[2] Esse não é um processo do dia para a noite. Uma estrutura de tempo de planejamento saudável para escolas que estão adicionando um componente híbrido ao seu modelo existente é de, no mínimo, seis meses; para aqueles que estão lançando um modelo novo, 12 a 18 meses é mais normal.[3] Embora você deva sentir alguma urgência em relação ao trabalho, permita-se uma quantidade de tempo razoável proporcional ao nível de mudança que está sendo feito e aos recursos disponíveis para planejar e implementar a mudança.

Segundo, a inovação deve acontecer em fases. Uma forma de fazer isso é focalizar-se em um único problema ou meta antes de tratar de um desafio diferente ou mais amplo para o próximo ano. Um curso de férias é com frequência um campo de provas atrativo. Algumas escolas ou sistemas escolares escolhem iniciar o ensino híbrido para alunos de uma série e, então, expandi-lo para uma ou mais séries a cada ano. Outros começam com os professores em determinada disciplina. Os distritos e as redes de *charter schools*, às vezes, hibridizam escola por escola. Outros, ainda, preferem dar os primeiros passos com um modelo e, então, desenvolver sua inovação ao longo do tempo. Por exemplo, as Summit Public Schools primeiro se aventuraram no ensino híbrido com um projeto-piloto básico de Rotação por Estações em suas classes de matemática, em duas de suas escolas. Um ano mais tarde, experimentaram um modelo Flex em lugar da Rotação por Estações para aquelas classes de matemática. No ano seguinte àquele, em 2013-2014, mudaram para um modelo Flex completo para todas as suas disciplinas em todas as suas escolas. Muitos escolherão alguma combinação dessas abordagens.

Se você trabalhar em fases, comece com um plano global, tendo em mente a sequência de estágios e a estrutura de tempo, mas trate isso também como um plano orientado à descoberta. Faça ajustes enquanto aprende. Quando os membros da comunidade veem o ensino híbrido em ação, o apetite deles por mais inovação com frequência aumenta. Além disso, quando você se move em uma abordagem de fases, inevitavelmente haverá estruturas de equipe diferentes ao longo do caminho, e as pessoas irão desempenhar diferente papéis. É importante estabelecer expectativas e metas claras para os administradores, os professores, os alunos e os pais, assim como garantir que as pessoas tenham uma compreensão de seu papel na inovação e como ela irá evoluir.

O ENSINO HÍBRIDO É UM ESPORTE DE EQUIPE

Todo mundo tem um papel a desempenhar no ensino híbrido.

Os *professores* podem começar inovando imediatamente e dinamizando o ensino invertendo suas salas de aula e implementando uma Rotação por Estações. À medida que eles se envolvem em suas próprias inovações dentro de suas equipes funcionais, podem começar a gerar entusiasmo sobre o que estão fazendo entre as outras pessoas na comunidade escolar para estimular mais mudança. Ainda, podem levar outros professores a se organizarem em equipes para planejar mudanças mais amplas.

Os *administradores de escola* podem apoiar abordagens de baixo para cima dos professores, encorajando e facilitando seus esforços para inovar. Ajudar os professores a ter tempo para planejar e aprender, proporcionar oportunidades de capacitação profissional e remover obstáculos que estejam no caminho deles, como barreiras tecnológicas, é vital. Pela mesma razão, os líderes escolares podem ser proativos, formando equipes e convidando os professores a se unirem a elas para responder a uma variedade de palavras de ordem.

Os *pais* devem ser envolvidos em qualquer esforço de inovação. Se eles não entendem o que está acontecendo e por que isso irá beneficiar seus filhos, podem rápida e compreensivelmente se tornarem barreiras à mudança. No entanto, eles também podem ser os maiores defensores de todo o projeto. Na Rocketship Education, as escolas cultivam a comunidade parental – por meio de esforços como reuniões matinais diárias em que os pais possam comparecer, uma política de pais voluntários e o reconhecimento público dos seus esforços.[4] Os pais, por sua vez, ajudam a comunidade mais ampla a entender o poder do modelo de educação da Rocketship. A demanda deles pode ser uma força poderosa também para criar mudanças. Em algumas comunidades, as escolas estão mudando para o ensino personalizado em resposta a pedidos dos pais. Em outras, como no Los Altos School District, na Califórnia, a comunidade parental também é fundamental para ajudar a arrecadar fundos para apoiar a transição para um ambiente de ensino híbrido.

Os *supervisores, os diretores de redes escolares e outros líderes no âmbito do sistema* têm importantes papéis a desempenhar, como deixa claro a discussão no Capítulo 4 sobre a relevância das equipes autônomas e peso pesado. Para esses atores, adotar uma abordagem de portfólio – encorajando diferentes escolas a criar diversas inovações que solucionem problemas em várias circunstâncias – é importante. De modo similar, todos os líderes devem adotar uma estratégia de tela ampla e resolver tanto os problemas centrais com as inovações sustentadas, como os modelos de Rotação por Estações, quanto os problemas de não consumo com as inovações disruptivas, como os modelos Flex e À la Carte. Não existe um modelo melhor que o outro, mas existe uma necessidade de instituir um processo de inovação abrangente que encoraje ambos os tipos de inovação e que especificamente abrigue e proteja as inovações disruptivas de serem subordinadas aos processos tradicionais de uma organização.

Esses líderes também devem desempenhar um papel ativo em garantir que exista uma infraestrutura que permita a inovação. Assegurar acesso adequado à internet é fundamental; determinar o papel certo para a autoridade central na aquisição de dispositivos, licenciamento de *software* e apoio tecnológico é mais complicado, visto que diferentes escolas e professores têm necessidades distintas. Determinar o que centralizar *versus* o que encorajar os outros a liderar é um ato de equilíbrio que demanda consideração cuidadosa. Por exemplo, permitir que as escolas escolham o *software* de um cardápio de opções selecionadas poderia ser um equilíbrio razoável, mas permitir que cada escola em uma rede use um sistema diferente de informação de alunos provavelmente faz menos sentido.

Conselhos escolares, legisladores e outros líderes precisam permanecer envolvidos para apoiar a ação, tanto nas frentes sustentadas quanto nas disruptivas, com poder orçamental, e fazer perguntas que animem os inovadores a dar passos prudentes com uma missão comum de sucesso dos alunos. Porém, eles também devem ser cautelosos com ações de cima para baixo que poderiam reprimir a inovação.

Redes, ou grupos inovadores (*clusters*) fornecem oportunidades importantes para líderes e professores conversarem com outras pessoas envolvidas em trabalhos semelhantes para solucionar problemas, aprender com técnicas e projetos que funcionaram em circunstâncias parecidas, ter discussões francas sobre oportunidades e armadilhas e agregar demanda inteligente para encorajar os fornecedores a serem mais receptivos. A liderança pode ser um esforço solitário. Ser parte de uma rede de inovadores ou liderar um grupo tem grandes benefícios para o acesso a informações, tecnologia e instituições necessárias para facilitar o processo de inovação.[5] *Clusters* regionais envolvidos com a próxima geração de modelos de ensino híbrido estão surgindo no Vale do Silício, em Washington, D.C., em Chicago e em outros lugares apenas para esses propósitos.

Finalmente, lembre de incluir *alunos* na equipe. Se o papel da escola é ajudá-los a se tornarem eternos aprendizes bem-sucedidos, então, auxiliá-los a conduzir sua aprendizagem – desenvolver a ação do aluno – é fundamental. À medida que eles progridem em sua escolarização da educação infantil ao ensino médio, as escolas os ajudam a ter níveis crescentes de controle sobre o tempo, o lugar, o caminho e o ritmo de sua aprendizagem. Não apenas isso, mas os alunos também podem auxiliar no ensino e na orientação acadêmica. As Summit Public Schools, como escrevemos anteriormente, usam grupos focais de alunos para inspirar o projeto e a evolução de suas escolas.

ENTENDA, MOBILIZE, PLANEJE, IMPLEMENTE

Não inove apenas por inovar, não mais do que você implementaria tecnologia apenas pela tecnologia.

Inicie com uma palavra de ordem e uma meta SMART que lhe permitirá saber se você tem sido bem-sucedido na inovação.

Monte a equipe certa, que seja adequada ao âmbito do desafio.

Entenda os trabalhos a serem feitos por seus alunos e projete o conjunto certo de experiências para eles. A experiência deles deve inspirar tudo o que você faz.

Planeje a experiência de ensino certa para cumprir a meta e a experiência do aluno desejadas.

Apenas nesse momento você deve pensar sobre a tecnologia – *software*, *hardware* e infraestrutura – e as instalações. O que você pode mudar e o que precisa para trabalhar que irá modificar seus planos existentes?

Então, escolha seu modelo e o personalize de forma que faça sentido para suas circunstâncias.

Seja intencional sobre a cultura que você quer ver e modele ativamente os processos e as prioridades da organização para ser bem-sucedido.

Finalmente, siga um processo orientado à descoberta para ajudá-lo a ter sucesso e evitar fracassos notórios. Com os resultados para o sucesso capturados em sua meta SMART e seu plano preliminar instituído, identifique os pressupostos, classifique-os, implemente um plano para saber quais deles são certos e quais precisam de ajustes e, então, estabeleça pontos de verificação intencionais para ver como e por que prosseguir.

Este livro não oferece um guia do que toda escola deveria fazer, mas informações para ajudar a encontrar a abordagem certa para *você* em *suas* circunstâncias. Assim como não existe uma maneira única e universal de educar todos os alunos, não existe uma escola, um modelo de ensino híbrido, um *software* ou mesmo uma forma de inovar únicos para todos. A Figura 11.1 resume o diagrama para desenvolver e implementar uma estratégia de ensino híbrido que oferecemos neste livro.

O ensino híbrido tem o enorme potencial de transformar nosso sistema educacional industrial em um modelo centrado no aluno, que capture os benefícios de personalização, equidade, acesso e controle de custos. Embora não seja uma panaceia para escolas cada vez mais antiquadas – e para os seus alunos –, é uma peça essencial do quebra-cabeças.

Com este conhecimento e *expertise* em mãos, é hora de arregaçarmos as mangas e construir o futuro do ensino. Professores, líderes escolares e comunitários, pais e alunos têm todos um papel a desempenhar para ajudar todos os alunos a se preparar para o futuro complexo e promissor que os aguarda.

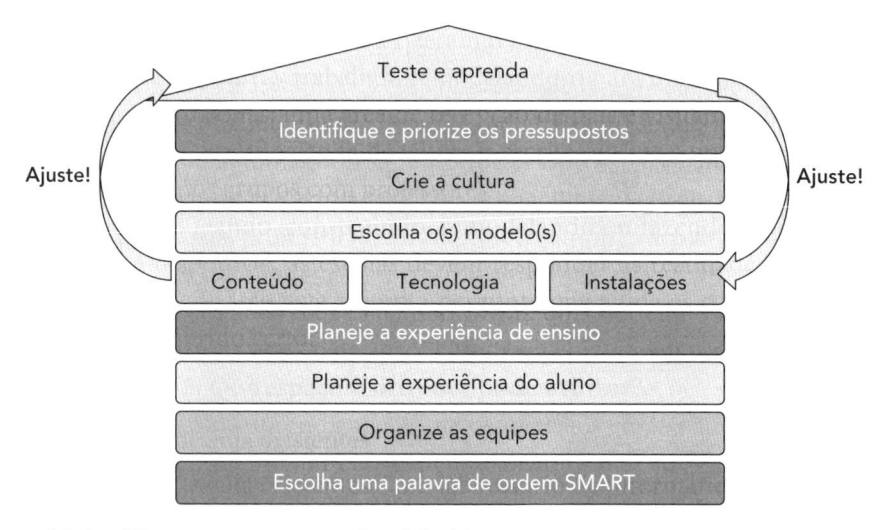

Figura 11.1 Diagrama para o ensino híbrido.

NOTAS

1 Entrevista com Carrie Douglas, diretora de estratégia, CEE-Trust, 6 de junho de 2014.

2 Na verdade, os fundadores trabalharam no plano por três anos e meio, mas começaram a planejar em regime de tempo integral assalariado apenas dez meses antes da data de lançamento. Entrevista com Sara Cotner, fundadora e diretora executiva, Montessori For All, 6 de junho de 2014.

3 Entrevista com Andy Calkins, vice-diretor, Next Generation Learning Challenges, Educause, 6 de abril de 2014.

4 KISNER, R. *The parent engagement continuum in high-performing charter schools*: a guide for schools. Dencer: Donnell-Kay Foundation, 2013.

5 O professor da Harvard Business School Michael Porter escreveu, "As vantagens competitivas duradouras em uma economia globalizada dependem cada vez mais de fatores locais – conhecimento, relacionamentos, motivação – com os quais rivais geograficamente distantes não conseguem competir" (PORTER, 1998, p. 78). Embora a ideia expressa aqui diga respeito a redes de valor comercial, os princípios também valem para os educadores. Porter também escreve: "Ser parte de um cluster permite que as empresas operem de um modo mais competitivo na obtenção de insumos: acesso a informação, tecnologia e instituições necessárias; coordenação com empresas relacionadas; bem na medida e na motivação de melhorias" (PORTER, 1998, p. 81).

Ver: PORTER, M. E. Clusters and the new economics of competition. *Harvard Business Review*, p. 78, 1998.

Apêndice

Questões para discussão

As perguntas a seguir podem ajudá-lo a refletir sobre o ensino híbrido. Elas também podem ser usadas para estimular a discussão em grupos de professores, oficinas de desenvolvimento de pessoal ou cursos de formação docente.

CAPÍTULO 1

1. Imagine que você voltou para a escola como aluno do ensino fundamental. Você preferiria uma educação baseada em tecnologia ou ensino híbrido? Para você, como aluno do ensino fundamental, quais seriam as vantagens e as desvantagens de cada modalidade?

2. Qual é a melhor utilização do tempo presencial? Jon Bergmann, um dos fundadores da Sala de Aula Invertida, descobriu que, para seus alunos, "Não era eu de pé, na frente dos meus alunos, falando sem parar. Não era a resposta certa; a resposta certa era atividades práticas [e indagação] – e aprendizagem baseada em projetos". Em uma escala de 1 a 5, com 1 representando "verdadeiro em todos os casos" e 5 "nunca verdadeiro", em que medida você acha que a resposta de Bergmann é verdadeira para todos os alunos?

3. Quais são as oportunidades e as desvantagens do modelo Flex? Em que circunstâncias você pode imaginá-lo funcionando bem, e em quais você acha que é improvável que ele tenha sucesso?

4. Se amanhã você tivesse que começar a aprender uma língua estrangeira por meio de ensino híbrido, que modelo ou combinação de modelos desejaria usar?

CAPÍTULO 2

1. Você concorda que as escolas continuarão a existir, mas que as salas de aula de ensino médio não? Por quê?

2. Na sua opinião, dos amplos conjuntos de atividades descritos pelos autores – aprendizagem mais reflexiva, assistência segura, serviços envolventes e diversão com os amigos e atividades extracurriculares – que as escolas poderiam começar a adotar com o surgimento do ensino *on-line*, qual é o mais importante para sua comunidade? Classifique-os por ordem de importância. Por que você escolheu esta ordem?

3. Existem atividades essenciais que as escolas deveriam realizar, mas que os autores não incluíram? Cite-as e explique por que são importantes.

CAPÍTULO 3

1. Se você pudesse usar ensino híbrido para resolver um déficit orçamentário em sua(s) escola(s), qual seria e por quê?

2. Os autores listaram várias metas que outras escolas estabeleceram antes de adotar o ensino híbrido, incluindo personalizar a aprendizagem e, desse modo, melhorar as notas das provas, dotar os alunos de maior ação e controle e melhorar o treinamento dos professores. Defenda por que uma destas é a mais importante em sua comunidade.

3. Se você tivesse de escolher entre (a) melhorar a sala de aula tradicional com uma inovação sustentada que atenda alunos regulares em disciplinas essenciais e (b) introduzir um modelo disruptivo para trazer uma nova solução para uma área de não consumo, qual você escolheria? Por quê?

CAPÍTULO 4

1. Em suas circunstâncias atuais, que nível de problema é mais urgente resolver e por quê? Que tipo de equipe você necessitaria a fim de resolvê-lo? Quem você colocaria na equipe, e quem seria o líder?

2. Considere as tentativas da cidade de Nova York de inovar por meio do uso de equipes múltiplas. Você acha que eles serão bem-sucedidos com a abordagem que adotaram? Em suas circunstâncias, se você achasse que a flexibilidade regulamentar era importante, que tipo de equipe você necessitaria para implantá-la e por quê?

3. Você preferiria fazer parte de uma equipe peso pesado ou de uma funcional? Por quê?

CAPÍTULO 5

1. Em uma escala de 1 a 5, com 1 representando "muito importante" e 5 representando "nada importante", quão fundamental você acha planejar as escolas, de modo que os alunos considerem a aprendizagem divertida e intrinsecamente motivadora? Discuta.
2. Pense em uma época recente em que você comprou algum produto. Analise esta compra usando a estrutura de demandas. Que trabalho você estava "contratando" para esse produto realizar em sua vida? O fornecedor esclareceu bem todas as experiências certas associadas com a sua compra e o uso do produto para ajudá-lo a cumprir a tarefa que você precisava fazer? Que outras experiências o fornecedor deveria ter oferecido?
3. A Summit proporciona oito experiências que ajudam os alunos a se sentirem bem-sucedidos e a se divertirem com os amigos: ação do aluno, domínio individual, acesso a dados acionáveis e *feedback* rápido, transparência nas metas de aprendizagem, períodos prolongados de leitura, experiências de trabalho significativas, experiências de orientação acadêmica e experiências de grupo positivas. Quais você considera mais importantes do ponto de vista das demandas dos alunos?
4. Debata ideias para experiências que poderiam ajudar os alunos a se sentirem bem-sucedidos e a se divertirem com os amigos em sua comunidade, dadas as circunstâncias específicas que eles enfrentam.

CAPÍTULO 6

1. Em uma escala de 1 a 5, com 1 representando "muito importante" e 5 representando "nada importante", quão importante você acha que é um professor adotar uma postura de mentor em sua atuação? Em sua própria comunidade, você acha que existe uma necessidade crescente de as crianças terem modelos de papel e mentores positivos? Por quê?
2. Cite duas demandas que a maioria dos professores tem em suas vidas. Por que elas são importantes?
3. Você concorda com os autores que os professores são motivados pelo reconhecimento de suas realizações e ficariam satisfeitos de parar de trabalhar em um ambiente solitário e passar para o ensino baseado em equipe?

4. Esboce o seu modelo de ensino ideal. Haveria um professor ou vários professores? Quais seriam os papéis deles?

CAPÍTULO 7

1. Discuta de que maneira a modularidade permitiu mais flexibilidade e personalização em qualquer aspecto de sua vida.
2. Os autores dizem que, para alguns alunos, o modelo interdependente totalmente integrado é mais do que adequado em termos de funcionalidade abrangente e, agora, a maior necessidade é por escolha, flexibilidade e oportunidade de personalização. Você acha que isto ainda é verdade para qualquer aluno em sua comunidade?
3. Se você tivesse de escolher entre as escolas desenvolverem todo o seu próprio conteúdo *on-line* ou usarem uma rede facilitada, qual você preferiria? Por quê?
4. Com relação à arquitetura física dos prédios escolares, se você tivesse de escolher entre salas de aula tradicionais, em forma de caixa de ovos, e estúdios de aprendizagem flexíveis e abertos, qual você escolheria? Quais são os prós e os contras de cada um, na sua opinião?

CAPÍTULO 8

1. Que problema você está tentando resolver?
2. Que tipo de equipe você precisa para resolver o problema?
3. O que você quer que os alunos controlem?
4. Qual deve ser, na sua opinião, o papel principal do professor?
5. Que espaço físico você pode utilizar?
6. Quantos dispositivos conectados à internet estão disponíveis?
7. Qual destas questões é a mais importante em suas circunstâncias ou na sua opinião?
8. A qual dessas questões você não tem autoridade para responder ou poder para mudar?

CAPÍTULO 9

1. Cite um processo ou uma rotina que se fundiu em um aspecto saudável da cultura de sua organização? O que você gosta em relação a essa norma cultural?
2. Cite um processo ou uma rotina na cultura de sua organização que você considera malsucedido(a) ou prejudicial. Que processo diferente, e que poderia funcionar melhor, você testaria como alternativa?
3. Que novo processo você gostaria de testar para tornar seu modelo híbrido bem-sucedido?

CAPÍTULO 10

1. Cite um fracasso notório na educação, nos negócios ou no governo. Que pressupostos importantes você acha que foram elaborados e que, se tivessem sido testados antes do lançamento, poderiam tê-lo impedido?
2. Imagine se você fizesse parte da equipe inicial que projetou o modelo das Summit Public Schools. Que pressupostos sobre o projeto você acha que são os mais arriscados?
3. Que testes simples, baratos e rápidos você quer instituir para testar esses pressupostos?

CAPÍTULO 11

1. Na sua opinião, qual dos seguintes grupos em sua comunidade necessita tomar medidas primeiro para mobilizar a transformação para a aprendizagem centrada no aluno: professores, administradores escolares, pais, supervisores, diretores de redes escolares e outros líderes do sistema, conselhos escolares e legisladores, redes de inovadores ou alunos?
2. Recapitule o diagrama de aprendizagem combinada (ver Fig. 11.1). O que você aprendeu lendo e discutindo suas camadas? Quais são suas principais conclusões?

Índice

A

Abraham, Salem, 49-51
Acton Academy, 99-100, 152-154, 157, 243-245
AdvancePath Academics, 225-226
Alabama Connecting Classrooms, Educators, & Students Statewide (ACCESS), 14-16
À la Carte, modelo, sobre, 49-51, 56-57, 59
    como modelo disruptivo, 74-76, 83-84
    modularidade educacional e, 187-189
    tabela de opções, 233-234
    uso da Quakertown de, 97-99
    uso de Laboratórios de Aprendizagem Virtual, 104-105
Aladjem, Terry, 43
Alliance College-Ready Public Schools, 39-40
Alunos
    ação para, 145-146
    administrando o controle e a flexibilidade, 239-240
    benefícios do ensino híbrido para, 5-6
    controle da aprendizagem por, 34-35, 52-53, 219-223
    disponibilidade de dispositivos conectados à internet para, 3-4, 226-230, 232
    disposição para aprender, 135-137
    domínio por, 145-146
    escolhendo modalidades de aprendizagem, 12-15
    estágios para, 170
    experiências de grupo positivas para, 147-148
    experiências de trabalho significativas para, 146-148
    experiências estressantes de, 148-150, 155, 169
    feedback por, 146-147
    limitações do ensino *on-line* para, 33
    melhorando a aprendizagem ativa de, 43
    mentoria, 147-148, 152-153, 168-171, 178-179
    metas de aprendizagem transparentes para, 146-147
    playlists de materiais para, 45
    privação do sono e atividade física para, 56-57, 147-149, 155
    supervisão custodial de, 33, 52-53
    tempo de leitura solitária para, 146-147, 151-152
    usando inovações híbridas com existentes, 72
    Ver também Experiência do aluno; Motivar os alunos
Amato, Paul R., 170
American Enterprise Institute, 246-247
Anacostia High School, 246-247
Apple
    arquitetura do produto da, 185-187
    iPhone vs. tecnologia anterior, 183
    sistema operacional para, 196-198
Aprendizagem
    ativa e passiva, 43
    baseada em projetos, 55
    baseada na competência, 7-10
    criando a centrada no aluno, 7-12
    efeitos de experiências da infância estressantes sobre, 148-150, 155
    fora da escola, 151-153
    na educação de modelo industrial, 6-8

preenchendo lacunas na, 103-106
reconhecendo o híbrido, 36-37
usando *"playlists* de aprendizagem", 13-14. *Ver também* Aprendizagem centrada no aluno; Ensino híbrido; Ensino *on-line*; Motivar os alunos

Aprendizagem centrada no aluno
acesso à aprendizagem, 11-12, 14-16
aprendizagem baseada na competência na, 7-10
controle de custos e, 11-13, 15-18
definida, 7-8
encontrando oportunidades inovadoras para, 105-107
ensino personalizado no, 7-9. *Ver também* Ensino personalizado
implementando, 10-12

Arquitetura
aberta, 199-202
adaptando estratégias à existente, 202
computador pessoal, 185-187
efeito sobre a educação básica, 76-78
interfaces e produto, 183-184
modular e interdependente, 183-186, 203
trabalho, 143-144, 153-155
Ver também Arquitetura modular

Arquitetura modular
conceito de modularidade, 183-184
modularidade de cursos de educação, 187-190
mudança no computador pessoal para, 186-187
sobre, 184-186, 203

Arthur Ashe Charter School, 98-101
Aspire ERES Academy, 39-40
AT&T, 214-215
Atena, 168
Atividade física, 147-149
Avenues World School, The, 39-41

B

Bergmann, Jon, 43, 222-224
Bergsagel, Victoria, 200-201
Big Picture Learning, escolas, 170-171
Blank, Steve, 257
Blended Learning Universe (BLU), 38-39, 42, 44, 53
  lista de conteúdo *on-line*, 196-197, 203-206
  programas Flex no, 48-49
  programas Virtuais Enriquecidos no, 51-52
Bloom, Benjamin, 9
Bloomberg Businessweek, 46-47
Bonobos, 33
Burns, Robert, 255

C

Carpe Diem Schools, 45-47, 221-222, 224-225, 247-249, 257
Christensen, Clayton M., 1-2, 186-187
Chromebooks, da Google, 198-200
Ciclo de aprendizagem (Summit Public Schools), 149-151, 155
CityBridge Foundation, 213
Clayton Christensen Institute, 38-39, 53, 165
ColorMatch, 172-174
Columbos Signature Academy, 201
Commonwealth Connections Academy (CCA), 50-52
Computadores pessoais
  mudanças na arquitetura, 185-187
  número nas escolas, 93-94
  programas de computador individuais na educação básica, 93-95
Conteúdo *on-line*
  combinando múltiplos provedores externos, 192-193
  construindo o próprio, 190-191
  escolhendo o *software* para, 196-197
  estratégias para, 189-190, 203
  lista do BLU de, 196-197, 203-206
  provedores externos para, 191-192
  redes facilitadas para, 193-195
  sistemas operacionais e, 196-200
Cuban, Larry, 93-95
Cultura
  adicionando a reuniões escolares, 242-244
  ajudando a desenvolver, 241-242
  Anacostia High School, 246-247
  Carpe Diem, 247-249
  como moldar, 243-246, 250-251
  definindo, 239-241, 250-251
  efeito do ensino híbrido sobre, 239-240
  Gilroy Prep School, 246-248
  importância em escolas de ensino híbrido, 245-249
  pressupostos sobre, 262
  remodelando a existente, 249-252
Cursos. *Ver* Conteúdo *on-line*
Custos
  controle do KIPP de, 15-18
  desafios educacionais de, 11-13
  economia com Laboratório Rotacional, 42
  inovação na sala de aula, 200-201
  perdendo financiamento por aluno para *charter schools* virtuais, 97-100
  rede facilitada, 194-195
  software integrado, 192, 196

D

Da Vinci Schools, 230-231
Danner, John, 41
Danville Independent Schools, 231-232
Darling-Hammond, Linda, 200-201
Defesa envolvente, 168
Dell, 140-141, 186-187
Dempsey, Martin, 166-167
Departamento de Educação dos Estados Unidos, 111
Desempenho acadêmico. *Ver* Desempenho escolar
Desempenho escolar
    de filhos de pais divorciados, 169
    inovações disruptivas e, 2-3
    medindo com o KIPP, 16-19
    READ 180, 38-39
    redefinindo para Sala de Aula Invertida, 73
    Rotação Individual e, 46-47
Digital Equipment Corporation (DEC), 65-66
"2 Sigma Problem", estudo (Bloom), 9
Domínio
    pelos alunos, 145-146
    premiando professores por, 177-178
Duran, George T., 100-101
Dwyer, Tommy, 202

E

Educação básica
    efeito da arquitetura sobre, 76-78
    efeito da implementação do ensino híbrido sobre, 77-83
    prevendo revolução na, 75-78, 83-84
    programas de computador individuais na, 93-95
    programas de educação infantil KIPP, 16-18
    taxonomia para ensino híbrido, 55-60
    uso de ensino híbrido na, 31-32
Education Achievement Authority (EAA), 47-49
Elizondo, Alison, 121-122
Ensino a distância
    oportunidades e desafios na, 11-12
    programa ACCESS do Alabama, 14-16
Ensino enriquecido por tecnologia, 54
Ensino híbrido
    combinando modelos de, 52-53
    construindo um campo de especialistas em, 17-19
    controle de custos com, 16-18
    definição, 34-36, 53-54
    definindo o problema ou estabelecendo a meta, 97-102
    desenvolvendo equipes para, 270-273
    diagrama para, 272-274
    efeito sobre a cultura, 239-240
    elemento de controle do aluno na, 34-35, 52-53
    ensino enriquecido por tecnologia vs., 53
    identificando experiências dos alunos, 145-150, 155
    implementando ao longo do tempo, 269-271
    integrando tecnologia nas salas de aula, 93-94
    local físico e, 35
    metas SMART para, 100-103, 107
    modalidades integradas na, 35-36
    modelo À la Carte, 49-51, 56-57, 59
    modelo de Rotação, 37-47
    modelo Flex para, 112-114, 117-122, 129-130
    modelo Virtual Enriquecido, 50-53, 56-60
    modelos de, 37-38
    modelos disruptivos de, 69-70, 83-84
    modelos híbridos de, 69-73, 83-84
    motivando os professores sobre, 175-178
    papel dos professores na, 165-166, 178-179
    questões para a escolha, 213-230, 232
    raízes do ensino *on-line*, 31-33
    reconhecendo aplicações de, 36-37
    reproduzindo sucessos na, 213-214, 232
    sobre, 3-4
    tabela de opções para, 233-234
    taxonomia para a educação básica, 55-60
    usando, 5-6. *Ver também* Iniciando programas de ensino híbrido; Implementando o ensino híbrido
    uso da educação básica, 31-32
Ensino *on-line*
    combinando na aprendizagem centrada no aluno, 10-12
    definido, 54
    ensino híbrido como parte de, 34-35
    impacto sobre a educação, 1-2
    inovações tecnológicas alimentando o, 3-4
    modelos disruptivos de ensino híbrido no, 69-70, 74-76
    padrão de inovação disruptiva no, 2-5
    raízes do ensino híbrido no, 31-33
    usando a Khan Academy para, 5-6. *Ver também* Conteúdo *on-line*
    vantagens para os alunos, 3-5
Ensino personalizado
    como parte da aprendizagem centrada no aluno, 7-8
    integrando no ensino híbrido, 155
    necessidade por, 11-12
    programas inovadores de Rose no, 12-15
    sobre, 9

Ensino tradicional
  definido, 54
  reconsiderando o ensino de cima para baixo, 165-168, 178-179
Equipes
  adaptando o modelo ao tipo de, 217-220, 232
  autônomas. *Ver* Equipes autônomas
  concedendo autoridade às, 177-178
  criando normas culturais, 239-240
  desenvolvendo a implementação, 270-273
  ensinando em, 176-178
  funcionais. *Ver* Equipes funcionais
  implementando decisões a partir da testagem, 265-268
  iniciando o ensino híbrido com, 111-112
  leves. *Ver* Equipes leves
  pesadas. *Ver* Equipes pesadas
  pressupostos sobre, 262
  prós/contras de, 128-130
  recrutando professores para ensino híbrido, 177-179
  redesenhando a arquitetura do trabalho, 153-155
  tipos de, 111-113
  usando múltiplos tipos de, 127-128
  visão geral de, 129-130-130-131
Equipes autônomas
  características de, 115-118
  desenvolvendo o ensino híbrido, 124-128
  ilustradas, 112-119
  modelos de ensino híbrido para implementar com, 217-220, 232
  prós/contras de, 128-130
  visão geral, 130-131
Equipes da Toyota, 114-118
Equipes funcionais
  características de, 112-114
  implementando modelos com, 217-220, 232
  prós/contras de, 128-129
  usando para ensino híbrido, 117-122
  visão geral, 129-130
Equipes leves
  características, 114-113
  ilustrada, 112-113, 119
  implementando modelos com, 217-220, 232
  usando para ensino híbrido, 121-123
  visão geral de, 129-130
Equipes pesadas
  características de, 115-116
  desenvolvendo o ensino híbrido, 122-125
  ilustradas, 112-113, 119
  implementando modelos com, 217-220, 232
  prós/contras de, 128-130
  visão geral, 130-131
Escolas
  ajustando novas estratégias à atual, 202
  aplicando a estrutura de equipe às, 117-128
  arquitetura aberta nas, 201-202
  efeito do ensino híbrido sobre a cultura, 239-240
  espaço físico integrado *vs.* modular nas, 199-202
  importância da cultura nas, 242-244
  interesse no ensino *on-line*, 11-18
  modelando a cultura para, 243-246, 249-252
  modelo industrial, 5-8
  origens das, 5-7
  processos e prioridades das, 240-241
  proporcionando experiências significativas para os alunos, 146-148
  Ver também Escolas físicas; Planejando instalações virtuais e físicas
Escolas físicas
  como parte do ensino híbrido, 35
  estabelecendo ensino híbrido com, 31-33
  modelos híbridos de aprendizagem, 69-70
  origens de, 5-7
  supervisão custodial de, 33, 52-53
Escolhendo modelos de aprendizagem
  adaptando à experiência do aluno, 219-223, 232
  disponibilidade de dispositivos conectados à internet, 226-230, 232
  escolhendo o espaço físico, 225-228, 232
  identificando problemas a serem resolvidos, 216-218
  modelo adaptado ao tipo de equipe, 217-220, 232
  planejando o papel do professor, 222-226, 232
  priorizando opções, 230-231
  questões-chave para, 213-230, 232
  reproduzindo sucessos de ensino híbrido, 213-232
  usando modelos múltiplos, 230-232
  visão geral, 232
Estratégia DIY, 190-191
Estrutura do trabalho a ser realizado
  arquitetura de um trabalho, 143-144, 155
  avaliando produtos fracassados na, 136-140, 172-174
  combinar trabalhos para motivação, 139-141
  comprando *milkshakes*, 137-140

cumprindo a experiência de trabalho para os alunos, 143-150
ensino híbrido e execução dos trabalhos dos alunos, 152-154
entendendo os trabalhos a serem feitos dos alunos, 140-143
visão geral, 155
Experiência do aluno
adaptando o modelo de aprendizagem à desejada, 219-223, 232
arquitetura do trabalho e, 143-144
educação de modelo industrial e, 6-8
mentoria, 168-171
papel do ensino híbrido na realização dos trabalhos para, 152-154
papel dos professores na, 157-166, 178-179
personalizando, 11-15, 143-150
pressupostos sobre, 262
reconsiderando o ensino de cima para baixo, 165-168, 178-179
Ver também Aprendizagem centrada no aluno; Escolas físicas
Eyre, Richard e Linda, 241-244

F

Fases no ensino híbrido, 269-271
Fates, Steve, 170
Feedback pelos alunos, 146-147
FirstLine Public Schools, 98-101, 258-261
Flex Academy San Francisco, 48-49
Florida Virtual School (FLVS), 103-105, 192
Frymier, Jack, 153-154
FSG, 17-18

G

Getting Smart (Vander Ark), 47-48
Gilbert, Clark, 105-106
Gilroy Prep School, 156, 246-248
Girard Education Foundation, 149-150
Grupo de Educação Evergreen, 31

H

Harris, Nadine Burke, 148-149
Harris, Shelby, 44
Healey, Michelle, 213
Hellerup School, 201
Hernandez, Alex, 126-128
Herzberg, Frederick, 173-178
High Tech High, 31-32
Horn, M. B., 1-2, 17-18, 33, 137-138

I

Illuminate Education, 149-150
Impact Academy, 51-53
Implementando o ensino híbrido
condições necessárias para, 255-256
decisões de equipe para, 265-268
desenvolvendo *expertise* no ensino híbrido, 17-19
diagrama para, 272-274
efeitos sobre as escolas, 77-83
em fases, 269-271
modelos disruptivos de ensino híbrido, 69-70, 74-76
planejamento orientado à descoberta, 256-258
prevendo a revolução na educação básica, 75-78, 83-84
processo de inovação e, 65-67
usando modelos híbridos, 71-73. *Ver também* Planejamento orientado à descoberta
visão geral, 266-268
Índice de Desempenho Acadêmico (API), 16-18, 144-145
Infinity Cyber Academy, 98-99, 106, 190
Influências sociais sobre os alunos
aprendizagem e experiências estressantes da infância, 148-150, 155
divórcio, 170
Iniciando programas de ensino híbrido
escolhendo inovações sustentadas ou disruptivas, 101-103, 107
estabelecendo metas SMART, 100-103, 107
identificando oportunidades de não consumo, 103-107
identificando oportunidades essenciais, 102-104
problemas para integrar tecnologia na sala de aula, 93-94
reformulando ameaças como oportunidades, 105-107
Iniciativa "Odisseia", 213
Iniciativa iZone, 127-128
Inovação. *Ver* Inovações disruptivas; Inovações sustentadas; Soluções híbridas
Inovação na Sala de Aula (Horn), 1-2, 17-18, 33, 137-138
Inovações disruptivas
adaptando à experiência do aluno, 219-223, 232
dispositivos conectados à internet necessários para, 226-230, 232
ensino *on-line* e, 2-5, 31-33
equipes necessárias para desenvolver, 217-220, 232

exemplos de, 1-3
impacto sobre o desempenho por, 2-3
modelos de ensino híbrido usando, 69-70, 74-76, 83-84, 216-218
papéis do professor e, 222-226, 232
reformulando ameaças como oportunidades, 105-106
selecionando o espaço físico para os modelos de, 225-228
soluções híbridas e, 67-70
sustentadas vs., 101-103, 107
usando para problemas de não consumo, 214-217, 232

Inovações sustentadas
adaptando à experiência do aluno, 219-223, 232
dispositivos conectados à internet necessários para, 226-230, 232
disruptivas vs., 75-76
equipes necessárias para, 217-220, 232
escolhendo disruptivas ou, 101-103, 107
modelos de ensino híbrido usando, 216-218
papéis dos professores e, 222-226, 232
selecionando o espaço físico para o modelo, 225-228
usando para problemas centrais, 214-215. *Ver também* Soluções híbridas

Instalações. *Ver* Escolas; Planejando instalações virtuais e físicas
Interface, 183-184
Investindo em Inovação (i3), concorrência por subvenção, 111

J

J.A. e Kathryn Albertson Foundation, 44
Jefferson, Thomas, 5-6
Jones, Keitha, 169

K

Kasrai, Bibi, 172-173
Kerr, Mike, 15-17
Khan Academy, 5-6, 31, 44, 193-195, 256
Khan, Sal, 31, 175-176, 193-194
Klein, Joe, 12-14
Knowledge is Power Program (KIPP)
identificando oportunidades essenciais, 102-103
KIPP Comienza Community Prep, 156, 228-229
KIPP Empower, 16-18, 228-229
modelo híbrido de, 71
realizações de controle de custos por, 15-18

L

Laboratórios de Aprendizagem Virtual, 103-105
Ladjevardi, Max, 172-173
Leitura
criando tempo para o aluno, 146-147, 151-152
resultados do programa READ 180, 31, 38-39
Liang-Vergara, Chris, 100-101
Lockheed Martin, 184-185

M

MacMillan, Ian C., 257
Mapeando a confiança do pressuposto, 263-264
Marysville Getchell High School, 201
Matsuoka, Cary, 121-124
McDonalds, 136-140
McGrath, Rita Gunther, 257
Measures of Academic Progress (MAP) avaliação, 14-15
Medindo os resultados, 258-259
Megastudy, 175-176
Memória, 43
Mentor, 168
Metas
ensinando as crianças a estabelecer, 241-242
estabelecendo ambiciosas, 98-101
falando aos alunos sobre aprendizagem, 146-147
integrando recursos para atingir, 149-153
mnemônico SMART para, 100-102, 107
Metas de aprendizagem transparentes, 146-147
Metas SMART
estabelecendo, 100-103
medindo os resultados com, 258, 266-267
para as Summit Public Schools, 145-148
visão geral, 107
Método de início enxuto, 256, 257
Método de Resposta à Intervenção (RTI), 98-99
Metropolitan Regional Career and Technical Center, The (The Met), 201
Microsoft, 186-187, 198
Miller, Rick, 120
Miller, Zack, 225-226
Mission Dolores Academy, 39-40
Modalidades integradas no ensino híbrido, 35-36
Modelo de Laboratório Rotacional
combinando com outros modelos, 52-53
como híbrido, 70-72, 83-84
exemplos de, 42
ilustrado, 38, 56-57
sobre, 41-42, 55
tabela de opções para, 233-234

Modelo de Rotação
  Flex vs., 47-48
  Laboratório Rotacional, 38, 41-42, 55-57
  Rotação Individual, 45-47, 55-56, 58
  Rotação por Estações, 38-41, 55, 56
  Sala de Aula Invertida, 42-44, 55, 58
  sobre, 38, 55
  soluções híbridas de, 70-73, 83-84
  tabela de opções, 233-234. *Ver também tipos específicos de modelos Rotacionais*
Modelo de Rotação por Estações
  como híbrido, 70-72, 83-84
  ilustrado, 38, 56
  sobre, 38-41, 55
  tabela de opções, 233-234
Modelo de Sala de Aula Invertida
  combinando com outros modelos, 52-53
  como híbrido, 70-72, 83-84
  construindo o próprio conteúdo para, 190
  ilustrado, 38, 58
  modelo Virtual Enriquecido vs., 57-60
  redefinindo o desempenho no, 73
  sobre, 55
  tabela de opções para, 233-234
  usando, 42-44
Modelo Flex
  benefícios do uso das Summit Public Schools, 166-168
  como modelo disruptivo, 74-76, 83-84
  sobre, 46-49, 56, 59
  tabela de opções para, 233-234
Modelo Virtual Enriquecido
  como modelo disruptivo, 74-76, 83-84
  sobre, 50-53, 56-60
  tabela de opções para, 233-234
  Virtual Enriquecido vs., 57-60
Modelos de ensino híbrido
  À la Carte, 49-51, 56-57, 59
  adaptando à experiência desejada do aluno, 219-223, 232
  combinando, 51-52
  de Rotação, 37-47
  disruptivos, 69-70, 74-76
  escolhendo para problemas centrais ou de não consumo, 216-218, 232
  Flex, 46-49, 56, 59, 74-76
  híbridos vs. disruptivos, 69-70
  perguntas para escolher, 213-230, 232
  pressupostos sobre, 262
  tabela de opções, 233-234

usando modelos múltiplos, 230-232. *Ver também Escolhendo modelos de ensino e modelos específicos*
  Virtual Enriquecido, 50-53, 56-60
  visão geral, 37-38, 53
  implementando modelos com, 217-220, 232
  usando para aprendizagem combinada, 121-123
  visão geral de, 129-130
Montessori For All, 269-270
Motivar os alunos
  combinando trabalhos para, 139-141
  disposição do aluno para aprender, 135-137
  entendendo o trabalho a ser realizado pelos alunos, 140-143
  identificando experiências críticas dos alunos, 145-150, 155
  integrando recursos para alcançar as metas para, 149-153
  metas SMART designadas para, 145-148
  personalizando a experiência educacional para os alunos, 143-150
  perspectiva da estrutura do trabalho a ser realizado, 136-141
  planejando programas para, 135-136
  redesenhando a arquitetura do trabalho, 153-155
  Ver também Estrutura do trabalho a ser realizado
Mudança
  resistência à inovação e, 65-67. *Ver também* Inovações disruptivas; Inovações sustentadas
  soluções híbridas e, 67-70
Murray, John, 225-227

N

Não consumo
  definido, 3-5
  encontrando oportunidades em, 103-107
  modelos de ensino híbrido melhores para, 216-218, 232
  salas de aula tradicionais e, 3-5
  taxas de, no ensino médio, 5
  visando a inovação disruptiva em áreas de, 214-217, 232
National Education Association, 177-178
New Classrooms, 14-15
New Learning Academy, 202
NewSchools Venture Fund, 213
Nolan Elementary-Middle School, 48
Northwest Evaluation Association (NWEA), 14-15

O

Oakland Unified School District, 102-103, 269-270
Ogston, Rick, 247-249
One More Time, How Do You Motivate Employees? (Herzberg), 173-174
One-to-One Institute, 93-95
Organizando as equipes
    aplicando a estrutura de equipe às escolas, 117-128
    equipes autônomas, 112-113, 115-119, 124-131
    equipes leves, 112-115, 119, 121-123, 129-130
    equipes pesadas, 112-113, 115-116, 119, 122-125, 128-131
    para iniciar o ensino híbrido, 111-112
    prós/contras das equipes, 128-130
    tipos de equipes e tarefas, 111-113
    usando equipes funcionais, 112-114, 117-122
    usando múltiplos tipos de equipes, 127-128
    visão geral, 129-131
Orientação acadêmica
    benefícios da, 170-171, 178-179
    dos alunos, 147-148, 152-153
    exemplo de bem-sucedida, 169
"Os computadores vão substituir os professores?" (Christensen Institute), 165
Osborne Executive, 183
Oversold and Underused: Computers in the Classroom (Cuban), 93-95

P

Pais, 270-272
Papéis especializados dos professores, 175-176
Perguntas
    discussão, 277-281
    para escolher modelos de ensino híbrido, 213-215, 216-230, 232
Peters, Brooke, 213
Planejamento
    Ver Planejamento orientado à descoberta
Planejamento orientado à descoberta
    criando uma lista de verificação de pressupostos, 258-263, 266-267
    implementando decisões de equipe, 265-268
    iniciando com resultados no, 258-259, 266-267
    mapeando a confiança nos pressupostos, 263-264
    pressupostos durante debates, 260-262
    sobre, 256-258
    testando pressupostos, 263-266
Planejando instalações virtuais e físicas
    adaptando ao modelo de aprendizagem, 225-228, 232
    alinhando as estratégias às circunstâncias, 202
    construindo arquiteturas interdependentes, 183-184, 203
    construindo o próprio conteúdo, 190-191
    escolhendo o conteúdo *on-line*, 189-195
    escolhendo o *software*, 196-197
    escolhendo os sistemas operacionais, 196-200
    espaço físico integrado vs. modular, 199-202
    mudanças na arquitetura do computador pessoal, 185-187
    mudando para arquitetura modular, 187-189
    provedores de conteúdo externo, 191-193
    visão geral, 203
    Ver também Conteúdo *on-line*
Planejando o papel do professor
    concedendo autoridade para equipes de ensino híbrido, 177-178
    ensinando em equipes, 176-178
    integrando motivadores no ensino híbrido, 175-178
    integrando o professor no ensino híbrido, 165-166, 178-179
    reconhecendo o domínio de habilidades, 177-178
Pressupostos
    criando uma lista de verificação de, 258-263, 266-267
    mapeando a confiança em, 263, 264
    para debate, 260-262
    testando a validade de, 263-266
Privação do sono, 147-148, 155
Problemas centrais
    identificando, 102-103
    inovações sustentadas para, 214-215, 232
    melhores modelos de ensino híbrido para, 216-218
Processos, 258
Produtos
    arquitetura de, 183-184
    arquitetura interdependente e modular de, 184-186
    falha em produzir bem-sucedidos, 136-140
    inovação ColorMatch malsucedida, 172-174
Professores
    adaptando tecnologia nas práticas, 93-95
    administrando a aprendizagem de School of One, 13-15
    ampliando o alcance de, 175-176

atribuindo responsabilidades especiais, 175-176
ensinando em equipes, 176-178
higiene e motivação para, 173-174, 178-179
integrando no ensino híbrido, 165-166, 178-179
liberando tempo de, 41-42
lidando com a motivação dos alunos, 135-137
mudando do ensino de cima para baixo, 165-168, 178-179
orientando os alunos, 147-148, 152-153, 168-171, 178-179
papel na Sala de Aula Invertida, 44
planejando a experiência do aluno, 143-144
planejando o papel para corresponder ao modelo de aprendizagem, 222-226, 232
pressupostos sobre, 262
usando tecnologia para o ensino efetivo, 96
Ver também Motivar os alunos; Planejando o papel do professor
Programa Doodle do Yahoo, 194
Programa Teach to One, 45, 176
Programação diária
    Acton Academy, 157
    Gilroy Prep, 156
    KIPP Comienza Community Prep, 156
    Summit Public Schools, 151-152
Programas Course Access, 187-189
Programas de computador individuais, 93-95
Projetos-piloto, 263-266
Provedores de conteúdo externos, 191-193

Q
Quakertown Community School District, 97-99, 258-261
Questões para discussão, 277-281

R
Ratey, John, 147-148
Redes (*clusters*), 271-273
Redes facilitadas, 193-195
Reed, Lanita, 169
Reproduzindo sucessos de ensino híbrido, 213-214, 232
Reuniões, 242-244
Ridge Middle School, 202
Right Denied, A, 1
Riley, bob, 14-15
Rocketship Education, 41-42, 257
Roger Family Foundation, 102-103
Rose, Joel, 12-15, 45
Rosenstock, Larry, 31-32

Rosetta Stone, 31-32
Rotação Individual
    como modelo disruptivo, 74-76, 83-84
    ilustrada, 38, 58
    sobre, 45-47, 55-56
    tabela de opções para, 233-234

S
Salas de aula
    adaptando ao modelo Flex, 48-49
    adaptando estratégias de aprendizagem à arquitetura de, 202
    aprendizagem ativa em, 43
    arquitetura aberta nas, 201-202
    efeito das experiências da infância sobre, 148-150, 155
    espaço físico integrado *vs.* modular nas, 199-203
    exemplo de programação diária para, 151-152, 156, 157
    implementando ensino híbrido nas, 77-83
    integrando tecnologia nas, 31-33
    tradicionais, 2-5. *Ver também* Planejando instalações virtuais e físicas
Sams, Aaron, 43-44, 224-225
Sandefer, Jeff e Laura, 99-100, 243-245
Schein, Edgar, 239-240, 250-251
School of One, 12-14
Schools for the Future (SFF), 230-232
Sicat, Oliver, 245-246
Sistemas operacionais integrados *vs.* modulares, 196-200
Smith, Preston, 41
Sobre este livro, 18-19
Software
    combinando módulos de, 192-193
    escolhendo, 196-197
    pressupostos sobre, 262
    prós e contras de integrado, 192
Soluções híbridas
    adiando a disrupção, 69-70
    automóveis, 68-70
    modelos de ensino híbrido como, 71-73
    navios a vapor, 67-68
Sony, 215-216
Summit Public Schools
    arquitetura aberta da, 201
    ciclo de aprendizagem, 149-151, 155
    excursões na, 151-153, 155
    identificando experiências críticas dos alunos, 145-150, 155

integrando recursos para alcançar metas, 149-153
mentoria na, 171
metas SMART da, 143-148, 258
método de início enxuto da, 256-257
mudando de ensino para tutoria, 166-168
pressupostos da, 258-260
programação diária para, 151-152
Sutler, Todd, 213

T

Tavenner, Diane, 144-147
Tecnologia
   amontoamento, 93-94, 106
   contribuições para o ensino *on-line*, 3-4
   disponibilidade de dispositivos conectados à internet, 226-230, 232
   enraizamento na eficácia educacional, 96
   integrando na sala de aula, 93-94.
   mudanças na arquitetura do computador pessoal, 185-187
   pressupostos sobre *hardware* e *software*, 262
   programas de computador individuais da educação básica, 93-95
   sistemas operacionais integrados vs. modulares, 196-200
   sustentada vs. disruptiva, 214-215
Telemachus, 168
Teoria da "motivação-higiene" (Herzberg), 173-174, 178-179
Termos-chave, 54-55
Testando pressupostos, 263-266
Testes de protótipos, 263-266
The Avenues World School, 39-41
Tough, Paul, 169
Turbo Tax, 1-3
Tutoria
   ruptura das salas de aula do ensino fundamental, 76-77

U

Uchiyamada, Takeshi, 19
U.S. News & World Report, 46-47
USC Hybrid High School, 245-246, 257

V

Vander Ark, Tom, 47-48
VanLehn, Kurt, 9
Vídeos
   Aaron Sams sobre Salas de Aula Invertidas, 44
   Acton Academy, 80
   Alliance College-Ready Public Schools, 39-40
   Aspire ERES Academy, 39-40
   Big Picture Learning, 171
   Burnett Elementary, 121-122
   DongPyeong Middle School, 44
   Escolas Carpe Diem, 46-47
   Florida Virtual School, 104-105
   Gilroy Prep School, 246-248
   Impact Academy, 52-53
   KIPP Empower, 16-17
   Mission Dolores Academy, 39-40
   Quakertown Community School District, 97
   Rocketship Education, 42
   San Francisco Flex Academy, 48-49
   Summit Public Schools, 145-146
   Teach to One, 13-14
   The Avenues World Schools, 41
   USC Hibrid High School, 245-246

W

Waiting for Superman, 1
Western Governors University (WGU), 194
What Works Clearinghouse (WWC), 38-39

Y

Youth Advocates Program (YAP), 169